检验检测机构质量工程师手册

Handbook for Quality Assurance Engineer of
the Inspection and Testing Institution

实验室内部审核理论与实务

（第2版）

杨克军 ◎ 主编

Theory and Practice of
Laboratory Internal Audit

企业管理出版社
ENTERPRISE MANAGEMENT PUBLISHING HOUSE

图书在版编目（CIP）数据

实验室内部审核理论与实务 / 杨克军主编. -- 2版. 北京：企业管理出版社，2025.3.
-- ISBN 978-7-5164-3224-2

Ⅰ．F279.23

中国国家版本馆CIP数据核字第202522J50R号

书　　名：	实验室内部审核理论与实务（第2版）
书　　号：	ISBN 978-7-5164-3224-2
作　　者：	杨克军
责任编辑：	刘玉双
出版发行：	企业管理出版社
经　　销：	新华书店
地　　址：	北京市海淀区紫竹院南路17号　　邮　　编：100048
网　　址：	http://www.emph.cn　　电子信箱：654552728@qq.com
电　　话：	编辑部（010）68701661　　发行部（010）68417763/68414644
印　　刷：	河北宝昌佳彩印刷有限公司
版　　次：	2025年3月第2版
印　　次：	2025年3月第1次印刷
规　　格：	787毫米 × 1092毫米　　1/16
印　　张：	22.25 印张
字　　数：	523 千字
定　　价：	88.00 元

版权所有　翻印必究　·　印装有误　负责调换

主　　编 杨克军

副 主 编 黄　靓　黄海兵

编写人员（按姓氏笔画排序）

　　　　　　马　男　　王　静　　刘　莹　　刘婷婷

　　　　　　李晓帆　　李　煜　　杨克军　　汪湘玲

　　　　　　陈　帆　　陈佐威　　陈盼盼　　苗丛伟

　　　　　　赵培丕　　胡和平　　胡　思　　钟冰怡

　　　　　　祖广权　　黄一珺　　黄海兵　　黄　靓

　　　　　　曾平龙　　廖礼祥

前言

2023年6月1日，国家市场监督管理总局发布了《检验检测机构资质认定评审准则》修订版，于2023年12月1日起正式施行，以落实《质量强国建设纲要》关于深化检验检测机构资质审批制度改革、全面实施告知承诺和优化审批服务的要求。《检验检测机构资质认定评审准则》作为资质认定主要的评审依据，对检验检测从业者来说举足轻重，借此机会编写组对本书目录进行重新梳理，并对书中内容做了修订和增补。相对于本书第1版的内容，第2版的主要变化如下。

第一章"实验室认可与检验检测机构资质认定制度介绍"中，增加新版《检验检测机构资质认定评审准则》的相关内容，说明其对行业的影响并阐述未来的发展趋势。

第二章"检验检测机构相关法律法规及其他要求介绍"由本书第1版中的第三、四、五章合并而成，融入违规处罚案例和点评，并增加讲解生态环境、医疗器械、机动车等重点行业的特殊管理要求，以适应各领域读者的需求，使读者更全面地理解法律法规的要求。

第三章"实验室认可和资质认定要求理解与实施"重点增加了对新版《检验检测机构资质认定评审准则》与ISO/IEC 17025:2017（CNAS-CL01:2018）的比较，通过对比加深读者的理解。此外，我们针对实验室在内部审核策划时容易忽略的实验室认可准则在特殊领域的应用要求或资质认定评审准则在特定领域的补充要求，特别增加了实用性表格，以便读者根据需求将其纳入自己的内审检查表中。

第四章"基于风险思维的实验室管理体系建立"对章节架构进行了调整，强调在实验室质量管理体系建立之初要充分考虑注入风险思维；增加绩效评价的检验检测机构实例，便于读者理解和应用；精简有关风险评估的内容（此内容在杨克军主编的检验检测机构质量工程师手册《实验室风险管理理论与实践》中有详细阐述）。

第五章"实验室内部审核"对章节架构进行了调整，重点修订内部审核策划和内部审核实施的相关内容，充分考虑了风险和内部审核的关系，使内容精炼，重点突出，表格更加实用。为强调审核员的能力对于保证内部审核有效实施的重要性，新增了"内审员管理"一节，为读者提供有效的管理措施。

第六章"内部审核要点与难点"为全新章节，旨在深入解读内部审核实施中的要点和难点，帮助读者全方位地掌握审核技能。在前文基础上进一步利用案例，从计量溯源性，方法选择、验证与确认，测量不确定度，检测结果的质量控制，合同评审等五个方面，为读者在审核实务中提供精准的技术指导。

结尾新增了附录，为读者精选了100个覆盖各要素的典型不符合案例，另外选编了两套试卷，合计120道题，供读者练习和巩固。

本书共有六章、四个附录。第一章和第二章由胡和平、钟冰怡、陈佐威编写，第三章由胡思、陈帆、汪湘玲、刘莹、马男编写，第四章由杨克军、李煜、黄海兵编写，第五章由黄靓、王静、陈盼盼、李晓帆编写，第六章由赵培丕、曾平龙、祖广权、苗丛伟、刘婷婷、黄一珺编写，附录由黄海兵、廖礼祥编写。杨克军担任本书主编，并负责统稿与审核工作，黄靓、黄海兵担任副主编，并负责审稿和校对工作。

限于编者水平，本书仅是一家之言，不妥之处敬请广大读者朋友批评指正，并予以反馈。（作者电子邮箱：1554611471@qq.com）。

杨克军
2024年9月

目 录

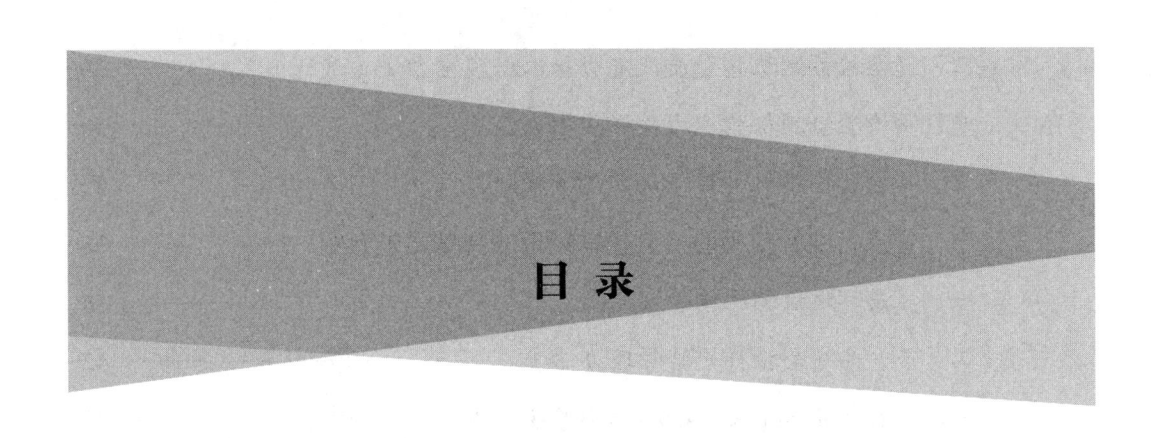

第一章 实验室认可与检验检测机构资质认定制度介绍 1

第一节 实验室认可制度 2
一、合格评定与实验室认可 2
二、实验室认可的国际发展概况 6
三、我国实验室认可工作的探索与成果 9

第二节 检验检测机构资质认定制度 10
一、计量认证（CMA）的发展历程 10
二、审查认可（CAL）的发展历程 11
三、矛盾与统一 12
四、改革之路 13

第三节 检验检测行业的现状、要求与机遇 17
一、检验检测行业的现状 17
二、检验检测行业的要求 19
三、检验检测行业的机遇 19

第二章 检验检测机构相关法律法规及其他要求介绍 21

第一节 我国检验检测机构资质认定管理法律法规介绍 22
一、《检验检测机构资质认定管理办法》 22
二、《检验检测机构监督管理办法》 25

　　　　三、《检验检测机构资质认定告知承诺实施办法（试行）》　　28
　　　　四、《检验检测机构能力验证管理办法》　　30
　　　　五、《检验检测机构资质认定评审准则》　　32
　　第二节　重点行业针对检验检测机构管理的特殊要求介绍　　35
　　　　一、生态环境检测机构管理要求　　35
　　　　二、《食品安全抽样检验管理办法》　　42
　　　　三、《农产品质量安全检测机构考核办法》　　43
　　　　四、《建设工程质量检测管理办法》　　44
　　　　五、《医疗器械检验机构资质认定条件》　　47
　　　　六、《机动车检验机构资质认定评审补充技术要求》　　48
　　第三节　中国合格评定国家认可委员会关于检验检测机构的重要认可规则介绍　　51
　　　　一、《实验室认可规则》　　51
　　　　二、《能力验证规则》　　53
　　　　三、《认可标识使用和认可状态声明规则》　　56

第三章　实验室认可和资质认定要求理解与实施　　59
　　第一节　范　围　　60
　　第二节　规范性引用文件　　61
　　第三节　术语和定义　　61
　　第四节　ISO/IEC 17025:2017标准释义：通用要求　　63
　　第五节　ISO/IEC 17025:2017标准释义：结构要求　　68
　　第六节　ISO/IEC 17025:2017标准释义：资源要求　　74
　　第七节　ISO/IEC 17025:2017标准释义：过程要求　　102
　　第八节　ISO/IEC 17025:2017标准释义：管理要求　　149

第四章　基于风险思维的实验室管理体系建立 —— 175

第一节　风险管理概述 —— 176
一、ISO 31000:2018 风险管理的原则、框架和过程 —— 176
二、ISO 45001 职业健康安全管理体系：框架 —— 178
三、检验检测服务风险管理：GB/T 27423标准在检验检测行业的应用尝试 —— 179
四、实验室质量风险管理：一种新模式 —— 181

第二节　策划 —— 183
一、风险和机遇的应对措施 —— 183
二、质量目标及其实施的策划 —— 185

第三节　实施 —— 188
一、公正性和保密性保证 —— 188
二、资源提供 —— 189
三、运行策划与控制 —— 191
四、应急准备和响应 —— 192

第四节　绩效评价 —— 193
一、产品监视和测量 —— 193
二、过程监视和测量 —— 195
三、体系监视和测量 —— 196
四、管理评审 —— 199

第五节　改进 —— 200
一、不符合与纠正措施 —— 200
二、潜在风险和机遇的应对 —— 200
三、持续改进 —— 200

第五章 实验室内部审核 — 203

第一节 审核基础知识 — 204
一、审核的术语和概念 — 204
二、审核的特点 — 205
三、审核的分类 — 205
四、内部审核的作用 — 206

第二节 内部审核策划 — 207
一、内审方案概述 — 208
二、内审方案建立 — 208

第三节 内部审核实施 — 214
一、内部审核工作流程 — 214
二、明确内部审核计划 — 215
三、编制内部审核检查表 — 217
四、召开首次会议 — 222
五、实施现场审核 — 222
六、形成审核发现 — 227
七、召开末次会议 — 233

第四节 内部审核的后续活动 — 233
一、不符合的应对 — 234
二、消除产生不符合的原因 — 234
三、纠正措施的制定与实施 — 236
四、纠正措施的效果验证 — 238

第五节 内部审核报告 — 240
一、内审报告的编制 — 240
二、内审结果的利用 — 245

第六节 内审员管理 — 246
一、内审员资格能力要求 — 246

二、内审员的培训 246
　　三、内审员的考核和评价 247

第六章　内部审核要点与难点 249
第一节　计量溯源性 250
　　一、扩展基本概念与知识 250
　　二、计量溯源性内部审核实务 254
第二节　方法选择、验证与确认 257
　　一、扩展基本概念与知识 257
　　二、方法选择、验证与确认内部审核实务 262
第三节　测量不确定度 270
　　一、扩展基本概念与知识 270
　　二、测量不确定度内部审核实务 274
第四节　检测结果的质量控制 277
　　一、扩展基本概念与知识 277
　　二、检测结果的质量控制内部审核实务 283
第五节　合同评审 288
　　一、扩展基本概念与知识 288
　　二、合同评审内部审核实务 293

附录 298
　附录一　法律法规及相关资料清单 298
　附录二　不符合案例集 300
　附录三　内审员考核模拟试卷（A卷） 326
　附录四　内审员考核模拟试卷（B卷） 333
　模拟试卷参考答案 340

参考资料 342

第一章

实验室认可与检验检测机构资质认定制度介绍

实验室认可制度是目前国际上的通行认可制度，实验室按照国际认可准则的要求开展检测/校准活动，既能增强市场竞争能力，赢得政府及社会各方的信任，又能借助于签署互认协议获得国际互认，促进工业、技术和商贸的发展。检验检测机构资质认定（China Inspection Body and Laboratory Mandatory Approval，CMA）是我国一项市场准入的行政许可制度，是市场监督管理部门依照法律、行政法规等的规定，对向社会出具具有证明作用的数据、结果的检验检测机构是否符合法定要求实施的评价许可。

本章首先介绍实验室认可制度的发展历程，从20世纪70年代起到世界上最早的合格评定活动出现，再到目前国际实验室认可合作组织（International Laboratory Accreditation Cooperation，ILAC）一枝独秀、大型地区性认可组织（EAL、APAC等）各有特色的局面形成；然后阐述我国当前实行的检验检测机构资质认定制度的发展之路，包括历史渊源及新生活力；最后对我国的检验检测行业现状进行分析，结合实际，阐述在新时期持续深化改革和行业开放的背景下，检验检测行业面临的风险与机遇，以及各检验检测从业机构面临的发展新课题。

第一节　实验室认可制度

一、合格评定与实验室认可

在JJF 1001—2011《通用计量术语及定义》中，"实验室认可"被定义为"对校准和检测实验室有能力进行特定类型校准和检测所做的一种正式承认"。在GB/T 27011—2019《合格评定 认可机构要求》中，"认可"被定义为"正式表明合格评定机构具备实施特定合格评定工作的能力的第三方证明"。认可的对象是合格评定机构，包括校准和检测实验室；认可的目的在于向公众证明合格评定机构的特定能力；认可机构则是第三方，即权威或获授权的组织。

（一）合格评定的发展

伴随标志着工业革命的蒸汽机的发明和电的使用，加上现代标准化的诞生，工业化大生产形成，市场经济逐步发育并日趋成熟。然而，随之而来的诸如锅炉爆炸、电器失火等大量造成财毁人亡的事故，给社会造成不安，给公众带来痛苦，也给保险商带来巨额损失。人们意识到，来自产品提供方（第一方）的自我评价和来自产品接收方（第二方）的验收评价，因其各自的利益考虑而变得越来越不可信。所以，公众强烈呼吁由独立于产销双方并不受双方经济利益支配和影响的第三方，用科学、独立、公正的方法对市场上流通的，特别是涉及安全、健康的产品的性能进行评价。

实现这个目的有两种办法：一是等待政府立法，即定规矩、建机构，然后实施；二是由民间（主要是保险商）集资组建检测实验室，即先行动，推动政府立法和规范。多数工业化国家选择的是后者，因而第三方检测、检验、认证等合格评定活动首先从民间为适应市场需求而自发产生。诸如美国保险商实验室（UL）、德国技术监督协会（TUV）等就是这样应运而生的，它们均始于锅炉、电器、防火材料等的检验，现多已成为国际著名检验、认证集团。1903年，英国政府授权英国标准协会（BSI）对铁轨进行合格认证，并给合格的铁轨打上BSI风筝标志（认证标志），开创了政府直接管理和组织认证的先河。由此，第三方的测量、评价、认证和合格评定，从民间行为转变成政府立法管理和民间参与的活动。

合格评定是对与产品、过程、体系、人员或机构有关的规定要求得到满足的证实。工业化生产使商品交换从简单的供需见面、以货易货，走向供需双方不见面即能成交的商业网络形式，从而促进了合格评定的发展。20世纪70年代，关税及贸易总协定（GATT）决议在世界范围内签订《贸易技术壁垒协议》（TBT），该协议生效于1980年，规定了技术法规、标准和认证制度。由GATT改组成立的世界贸易组织（WTO）所使用的1994版的TBT，将"认证制度"一词更改为"合格评定制度"，并在定义中将其内涵扩展为"证明符合技术法规和标准而进行的第一方自我声明、第二方验收、第三方认证以及认可活动"，同时规定合格评定程序应包括抽样、检测和检验程序，合格评价、证实和保证程序、注册、认可和批准程序以及它们的综合运用。近年来,随着质量认证工作向纵深发展,在合格评定领域逐渐形成产品认证、体系认证、人员认证、认证机构认可、实验室认可和检查机构认可等诸多体系。

总之,在WTO/TBT框架下,国际经济与技术体系以计量、标准化与合格评定作为技术支撑,协调相关标准与质量评价活动,促进各国相互承认测量结果,弱化技术壁垒对全球贸易的影响或阻碍。当前,无论是发展中国家还是发达国家,都越来越认识到有必要研究并改善与经济效益及产品、服务的市场准入有关的技术基础。计量标准化、认证认可与检验检测紧密结合,构成国家质量基础设施,保障可持续发展和充分参与全球贸易。

(二)合格评定与实验室认可的关系

从20世纪初到20世纪70年代,各国开展的认证活动均以产品认证为主。1982年国际标准化组织(International Organization for Standardization,ISO)发布《认证的原则和实践》,总结了70年来各国开展产品认证所使用的八种形式:型式检验;型式检验+工厂抽样检验;型式检验+市场抽查;型式检验+工厂抽样检验+市场抽查;型式检验+工厂抽样检验+市场抽查+企业质量体系检查+发证后跟踪监督;企业质量体系检查;批量检验;100%检验。

由此可以看出,各国开展产品认证活动的做法差异很大。为了实现各国相互承认,ISO和国际电工委员会(International Electrotechnical Commission,IEC)向各国正式提出建议,以上述第五种形式为基础,建立各国的国家认证制度。

开展产品认证需要大量具有第三方公正地位的实验室从事产品检测工作,实验室检测在产品认证过程中扮演了十分重要的角色。此外,在市场经济活动和国际贸易中,买卖双方也十分需要检测数据来确定合同中的质量要求。因此,实验室的资格和技术能力的评价显得尤其重要,不仅要满足检测任务的需要,亦是实行合格评定制度的基础,是实现合格评定程序的重要手段。为此,各国和各地区纷纷建立自己的实验室认可制度和体系。我国于1993年建立了实验室国家认可体系。

(三)实验室认可的目的和意义

无论是用于科研、教育、内部质量控制的第一方实验室,还是独立运营的第三方商业实验室,通过建立实验室质量管理体系并获得认可机构认可,均可实现以下目标。

①向社会各界证明获准认可实验室(主要是提供校准、检验和测试服务的实验室)的体系和技术能力满足实验室用户的需要。

②促进实验室提高内部管理水平、技术能力、服务质量和服务水平,增强竞争能力,使其能有效地为社会提供高信誉的服务。

③减少和消除实验室用户(第二方)对实验室进行重复评审或认可。

④通过国与国之间的实验室认可机构签订相互承认协议(双边或多边互认),实现对认可的实验室出具证书或报告的相互承认,以此减少重复检验,消除贸易技术壁垒,促进国际贸易。

实验室认可是一种组织自愿性的行为,就是表明实验室的能力得到认可,对于实验室而言，其意义主要表现在以下几个方面。

①表明实验室具备按相应认可准则开展检测和校准服务的技术能力。

②增强市场竞争能力，赢得政府部门、社会各界的信任。

③获得签署互认协议方国家和地区认可机构的承认。

④有机会参与国际合格评定机构认可双边、多边合作交流。

⑤可在认可的范围内使用CNAS国家实验室认可标志和ILAC国际互认联合标志。

⑥进入获准认可机构名录，提高实验室知名度。

（四）实验室认可标准（ISO/IEC 17025）的发展历程

标准是开展实验室认可活动的基础，为了指导各国开展实验室认可工作，早在1978年ILAC就组织工作组起草了《检测实验室基本技术要求》。ILAC将此文件作为对检测实验室进行认可的技术准则推荐给国际标准化组织（ISO），希望能将其作为国际标准在全世界发布。同年，ISO批准了这份文件，即用于实验室认可的国际标准ISO导则25:1978《实验室技术能力评审指南》。1982年，ISO联合国际电工委员会（IEC）共同发布了该标准的修订版ISO/IEC导则25:1982《检测实验室基本技术要求》。

1987年，ISO 9000系列标准发布实施，并在全世界掀起了采用ISO 9000标准建立质量管理体系的热潮，在国际贸易中需方也常常将能按照ISO 9000标准的要求提供质量保证作为向供方提出的基本要求。为顺应发展潮流，1988年，ILAC全体会议提出进一步修订ISO/IEC导则25的要求。1990年，ISO/IEC导则25:1990《检测和校准实验室能力的通用要求》正式发布实施。1999年，标准再次修订发布，即ISO/IEC 17025:1999《检测和校准实验室能力的通用要求》。

ISO/IEC 17025:1999标准包含了对检测和校准实验室的所有要求，可供希望证明自己实施了质量管理体系并具备技术能力，同时能够出具技术上的有效结果的实验室使用。与ISO/IEC导则25:1990比较，该标准在结构上对实验室应符合的"管理要求"和进行检测／校准的"技术能力要求"进行分别阐述。该标准在内容上已注重将ISO 9001:1994和ISO 9002:1994中与实验室所涉及的检测和校准服务有关的全部要求汇集起来，并突出了检测与校准方法的验证、不确定度和量值溯源等要求。该标准指出，"按照本国际标准运作的检测和校准实验室也能符合ISO 9001:1994和ISO 9002:1994的要求"，但"获得ISO 9001或ISO 9002认证本身并不能证明该实验室具有提供正确的技术数据和结果的能力"，以此明确说明实验室认可标准和ISO 9000认证标准之间的重要区别。

随着2000版ISO 9000系列标准的发布，ISO/IEC 17025于2005年5月15日升级为2005版标准。与1999版标准相比，2005版标准在管理要素上增加了改进、数据分析等要求，同时调整了一些名词表述，而技术要素无变化。2005版标准明确了"实验室质量管理体系符合本标准，也不认为其运作符合ISO 9001的所有要求"，更加突出了该标准对实验室的检测／校准能力的要求。

随着ISO 9001:2015、ISO 14001:2015以及ISO 45001:2018世界三大管理体系标准先后按照ISO/IEC导则第2部分《ISO和IEC文件的结构和起草原则与规则》（第8版）的要求采用高阶结构（High-Level Structure），2017年发布的最新版ISO/IEC 17025也在标准架构上进行了重大调整。

按照ISO合格评定委员会（CASCO）对所辖标准的统一要求，ISO/IEC 17025的总体框架结果必须满足CASCO决议12/2002给出的框架。各项合格评定标准都可能涉及的公共要素，如公正性、保密性和投诉等管理要求，措辞必须采用CASCO内部文件QS-CAS-PROC/33《ISO/CASCO标准中的公共要素》所给出的表述方式。调整后的结构如图1-1所示。

```
1 范围                          7.7 结果有效性的保证
2 规范性引用文件                 7.8 结果的报告
3 术语和定义                     7.9 投诉
4 通用要求                       7.10 不符合工作
  4.1 公正性                     7.11 数据控制和信息管理
  4.2 保密性                    8 管理要求
5 结构要求                       8.1 方式
6 资源要求                       8.2 管理体系文件（方式A）
  6.1 总则                       8.3 管理体系文件的控制
  6.2 人员                           （方式A）
  6.3 设施和环境条件             8.4 记录控制（方式A）
  6.4 设备                       8.5 风险和机会的管理措施
  6.5 计量溯源性                 8.6 改进（方式A）
  6.6 外部提供的产品和服务       8.7 纠正措施（方式A）
7 过程要求                       8.8 内部审核（方式A）
  7.1 要求、标书和合同评审       8.9 管理评审（方式A）
  7.2 方法的选择、验证和确认     附录A（资料性附录）
  7.3 抽样                           计量溯源性
  7.4 检测或标准物品的处置       附录B（资料性附录）
  7.5 技术记录                       管理体系方式 17020
  7.6 测量不确定度的评定         参考文献
```

图1-1　ISO/IEC 17025:2017标准框架

此次ISO/IEC 17025修订，除了在结构框架和公共要素上与CASCO的要求统一以外，标准的管理要求与ISO 9001:2015相协调，采用了新版的术语标准，引入了风险管理、判定规则、免责声明和信息管理系统等内容，在人员、设备、计量溯源性、结果报告、内部审核和管理评审等方面都有重要变化，具体如下。

①引入风险管理的要求。ISO/IEC 17025:2017在引言和第8.5条中明确和引入了风险管理的要求。同时，在修订过程中，在设备校准、质量控制、人员培训和监督等方面引入风险管理的概念，要求实验室在自身的业务范围、客户需求和测试技术的复杂性等风险分析的基础上，制定相应的程序。因此，实验室是否有必要单独建立风险管理体系，由实验室

自己决定。

②判定规则。ISO/IEC 17025:2017增加了对判定规则的要求,即规定实验室在做与规范的符合性判断时,如何考虑测量不确定度,特别是当结果的区间跨越了规定的限值时,实验室如何做出"合格"或"不合格"的判断,使判定结果更加科学和透明。

③免责声明。ISO/IEC 17025:2017中明确要求,在以下情况下实验室应做出免责声明:样品处置(7.4.3条款)——当客户已知检测或校准物品偏离了规定条件,仍要求进行检测或校准时,实验室应在报告中做出免责声明,说明偏离可能影响结果;报告结果(7.8.2.2条款)——当报告中包含客户提供的数据时,应予以明确标识,当客户提供的信息可能影响结果的有效性时,报告中应有免责声明。

④测量不确定度评定。ISO/IEC 17025:2017对测量不确定度评定要求的变化主要体现在以下方面:首次提出在测量不确定度评定中应考虑"抽样"所引入的不确定度(7.6.1条款);明确要求校准和检测实验室均应评定测量不确定度(7.6.2和7.6.3条款),但不再强调实验室应有测量不确定度评定的程序;以"注"的形式说明,对某一特定方法,如果已确定并验证了结果的测量不确定度,实验室只要证明已识别的关键影响因素受控,不需要对每个结果评定测量不确定度(7.6.3注2)。

⑤实验室信息管理系统(Laboratory Information Management Systems,LIMS)。对LIMS的要求主要来自ISO/IEC 17025:2005,同时参考了ISO 15189:2012《医学实验室质量和能力认可准则》,并强调实验室的信息管理系统应有功能记录系统故障以及应急纠正措施。

二、实验室认可的国际发展概况

实验室认可这一概念可追溯到20世纪40年代。由于缺乏一致的检测标准和仪器而无法在第二次世界大战中为英军提供满足要求的军火,1947年,澳大利亚建立了世界上第一个国家实验室认可体系并成立认可机构——澳大利亚国家检测机构协会(NATA)。1973年,丹麦建立了STP制度;同时,美国建立美国实验室认可体系(NVLAP)的实验室认可制度,实验室认可工作开始启动。1977年,由丹麦和美国倡议,第一届国际实验室认可大会召开,具体落实关贸总协定的精神,即消除国家间非关贸壁垒(技术壁垒),促进各国实验室认可活动的合作,实现实验室检测和校准结果的国际相互承认。

ILAC成果经由ISO/CASCO审议,以ISO导则的形式发布。按照ISO导则对实验室认可机构的公正性、组织管理、质量体系、认可过程、监督、实验室评审员、咨询委员会、技术委员会等方面的要求,各国和地区纷纷建立起各自的实验室认可机构。

英国于1985年将英国校准服务局(BCS)和国家检测实验室认可体系(NATLAS,1980年成立)合并成英国国家实验室认可委员会(NAMAS),统一管理本国的核准和检测实验室的认可工作。加拿大标准理事会(BCC)、新西兰实验室国家认可组织(TELARC)、越南实验室认可委员会(VILAS)、新加坡实验室认可机构(SINGLAS)、法国实验室认可体系(COFRAC)、芬兰实验室认可服务机构(FINAS)、韩国实验室认可体系(KOLAS)等分别建立。

随着各国实验室认可机构的建立，20世纪70年代初，欧洲开始出现区域性的合作组织。1975年，西欧各国成立了西欧校准合作组织（WECC）；1989年，西欧实验室认可合作组织（WELAC）成立；1994年5月，这两个组织合并为欧洲实验室认可合作组织（EAL）。

为加强欧洲共同体成员国之间实验室认可方面的合作，欧洲实验室认可机构（EUROLAB）成立。1993年，分析化学国际可溯源性合作组织（CITAC）和北欧测试合作组织（NORDTEST）也建立起来。1992年，亚太地区成立了亚太实验室认可合作组织（APLAC），1995年4月，该组织的成员在印度尼西亚正式签署了谅解备忘录。

（一）澳大利亚国家实验室认可

1947年，澳大利亚建立了世界上第一个实验室国家认可机构——澳大利亚国家检测机构协会（NATA）。经过数十年的发展，这个在建立时曾遭到澳大利亚国内很多政府部门反对的机构，已确立了自己与澳大利亚标准化协会（负责起草和制定标准）同等的地位。其工作范围也得到扩展，既包括实验室认可又包括企业质量体系认证，并成立了一个具有法人地位的机构——国际认证服务机构（NCSI）。在近些年的发展中，NATA的模式已成为很多国家建立实验室认可体系的典范。

NATA现在是由澳大利工业科学技术部（DIST）授权的第三方从事实验室认可和企业质量体系认证工作的机构。CITAC和ISO的合格评定委员会、化学分析协调委员会和医疗实验室质量体系组成委员会均有NATA的人员参加。NATA已与美国、英国、瑞士、瑞典、新加坡、挪威、新西兰、荷兰、意大利、爱尔兰、德国、法国、芬兰、丹麦、中国香港等15个国家和地区签署了互认协议。NATA承担着APLAC秘书处的工作。

（二）英国国家实验室认可

1967年，英国贸工部利用国家物理实验室（NPL）的国家计量基准和雄厚的技术力量，建立了专门从事校准实验室认可工作的英国校准服务局（BCS），开始了实验室认可工作。1981年贸工部又授权成立了国家检测实验室认可体系（NATLAS），从事检测实验室的认可工作。BCS和NATLAS的工作性质有许多相似之处，于是1985年BCS和NATLAS合并，成为国家实验室认可服务机构（NAMAS），由NAMAS统一管理国家的校准和检测实验室认可工作。1995年，英国政府为了对认可机构进行统一管理，将NAMAS与国家认证机构认可委员会（NACCB）合并为英联邦认可服务机构（UKAS）。英国的实验室认可、产品认证机构认可和质量体系认证的机构认可均由UKAS统一管理。

UKAS是英国贸工部授权的唯一一家校准和检测实验室国家认可机构。其宗旨是：统一国家实验室认可服务业务；促进英国校准和检测实验室提高工作质量；避免重复评审实验室；与其他国家实验室认可机构签署互认协议；宣传被认可的实验室。

UKAS建立了一套完善的国家实验室认可体系，不仅形成了有效的实验室认可和实验室评审员管理程序，还建立了控制自身机构内部运作有序的质量体系。UKAS与澳大利亚、法国、荷兰、新西兰等国家和地区达成检测实验室的互认协议，与澳大利亚、芬兰、法国、荷兰、新西兰、德国、意大利、瑞典、瑞士等国家和地区达成校准实验室的互认协议。

(三)国际／区域性实验室认可组织简介

实验室认可的国际活动发展较快,目前已形成三个影响较大的国际／区域性的合作组织,它们是国际实验室认可合作组织(ILAC)、欧洲认可合作组织(EA)、亚太认可合作组织(APAC)。各国的实验室认可机构和对实验室认可工作感兴趣的有关组织的专家参加这些合作组织,目的是促进实验室认可的国际合作,交流各国情况,讨论和制定实验室认可的国际性准则和程序,探讨实验室认可的国际互认,消除国际贸易中的技术壁垒。

1. 国际实验室认可合作组织(ILAC)

1977年,在丹麦和美国的倡议下,国际实验室认可合作组织(International Laboratory Accreditation Cooperation,ILAC)成立,其宗旨是实现实验室检测和校准结果的国际互认,提供有关实验室认可方面的基本信息并促进国际贸易发展;同时,第一届国际实验室认可会议召开。ILAC在1977年至1984年每年召开一次会议,1984年以后改为每两年召开一次会议。会议参加者主要是已开展实验室认可活动的国家和对实验室认可感兴趣的国家的代表,此外还有ISO、IEC、BIPM(国际计量局)、OILM(国际法制计量组织)等国际组织代表。

1996年9月,包括中国实验室国家认可委员会(CNACL)和中国国家进出口商品检验实验室认可委员会(CCIBLAC)在内的44个实验室认可机构在荷兰的阿姆斯特丹签署谅解备忘录,正式成立ILAC(在荷兰注册,秘书处设在澳大利亚悉尼),标志着"ILAC"这个名称已被赋予了新的内容:研究实验室认可的程序和规范;推动实验室认可的发展,促进国际贸易;帮助发展中国家建立实验室认可体系;促进世界范围的实验室互认,避免不必要的重复评审。

ILAC通过建立同行评审制度,形成国际多边互认机制,并通过多边协议促进对认可的实验室结果的利用,减少技术壁垒。截至2006年,54个实验室认可机构成为ILAC的正式成员,并签署了多边互认协议,为逐步结束国际贸易中重复检测的历史,实现产品"一次检测,全球承认"的目标奠定了基础。

2. 欧洲认可合作组织(EA)

欧洲是实验室认可工作开展最早,各国之间实验室认可互认协议签署最多,实验室认可工作发展最快的地区。1975年,西欧各国成立了西欧校准合作组织(WECC),该组织有欧洲共同体和欧洲自由联盟17个成员国;1989年,又成立西欧实验室认可合作组织(WELAC);1994年WECC与WELAC合并为欧洲实验室认可合作组织(EAL);1997年EAL又与欧洲认证组织(EAC)合并组成欧洲认可合作组织(European Cooperation for Accreditation,EA)。

3. 亚太认可合作组织(APAC)

亚太认可合作组织(Asia Pacific Accreditation Cooperation,APAC)由亚太实验室认可合作组织(APLAC)和太平洋认可合作组织(PAC)合并而成,成立于2019年,是区域性认可合作组织。其宗旨是提升认可活动及被认可的合格评定活动的一致性和有效性,建立和发展认可机构间多边相互承认协议,推动相关方采信认可结果及被认可的合格评定结果,减少国际贸易中重复的检验、检测、认证、认可,为亚太经济合作组织贸易便利化和可持续发展目标提供技术支持。我国作为APLAC和PAC正式成员于2019年成为APAC成员。

APLAC于1992年以论坛形式首次出现，1995年4月，包括中国实验室国家认可委员会（CNACL）和中国国家进出口商品检验实验室认可委员会（CCIBLAC）在内的16个国家和地区的认可机构代表在印度尼西亚雅加达签署谅解备忘录，APLAC作为地区性组织正式成立。

PAC是由亚太经济合作组织成员经济体的认证机构或类似合格评定机构的认可机构及利益相关方组成的协会。PAC的目标是在国际认可论坛（IAF）组织的管理体系、产品、服务、人员合格评定或类似合格评定制度的全球承认体系下，促进亚太地区贸易和商务的发展。

PAC正式成立于1994年10月。中国质量体系认证机构国家认可委员会（CNACR）和中国国家进出口企业认证机构认可委员会（CNAB）是PAC的创始成员机构。中国环境管理体系认证机构认可委员会（CACEB）于1999年加入PAC。

1998年1月，PAC在中国广州召开了特别全体会议，CNACR获准与其他三个国家的认可机构首批签署了PAC/MLA——质量管理体系认证认可。中国国家进出口企业认证机构认可委员会（CNAB，由中国质量体系认证机构国家认可委员会CNACR、中国产品认证机构国家认可委员会CNACP、中国国家进出口企业认证机构认可委员会CNAB和中国环境管理体系认证机构认可委员会CACEB于2002年整合成立）于同年10月签署了PAC/MLA——质量管理体系认证认可。2004年10月，CNAB签署了PAC/MLA——环境管理体系认证认可。

认可已成为国际通行的质量管理手段和贸易便利化工具，其运用日益广泛，发展异常迅猛，目前已有77个国家和经济体的81家认可机构签署了国际互认协议，占世界经济总量95%的国家的认可机构均加入了国际／区域性认可合作组织。

三、我国实验室认可工作的探索与成果

我国实验室认可活动可以追溯到1980年，国家标准局和国家进出口商品检验局共同派员组团参加了当年在巴黎召开的ILAC大会。1986年，经国家经济管理委员会授权，国家标准局开展对检测实验室的审查认可工作，同时国家计量局依据《中华人民共和国计量法》对全国的产品质检机构开展计量认证工作。

1994年，国家技术监督局成立中国实验室国家认可委员会（CNACL），并依据ISO/IEC导则58运作。1989年，中国国家进出口商品检验局成立中国进出口商品检验实验室认证管理委员会，形成以该局为核心，由6个行政大区实验室考核领导小组组成的进出口领域实验室认可工作体系，后于1996年依据ISO/IEC导则58改组成立中国国家进出口商品检验实验室认可委员会（CCIBLAC），该委员会于2000年8月更名为中国国家出入境检验检疫实验室认可委员会。

CNACL和CCIBLAC分别于1999年和2001年顺利通过APLAC同行评审，并签署了APLAC相互承认协议。

2000年11月和2001年11月，CNACL和CCIBLAC分别签署了ILAC多边互认协议（MRA）。

2002年7月，CNACL和CCIBLAC合并成为中国实验室国家认可委员会（CNAL），初步

形成我国统一的实验室认可体系。2003年2月，CNAL续签了ILAC多边互认协议（MRA）。为进一步整合资源，发挥整体优势，2006年3月，国家认证认可监督管理委员会（CNCA，以下简称"国家认监委"）根据《中华人民共和国认证认可条例》将CNAL和中国认证机构国家认可委员会（CNAB）合并，成立中国合格评定国家认可委员会（China National Accreditation Service for Conformity Assessment，CNAS），并授权其统一负责认证机构、实验室和检验机构等相关机构的认可工作。CNAS的宗旨是推进合格评定机构按照相关标准和规范等要求加强建设，促进合格评定机构以公正的行为、科学的手段、准确的结果有效地为社会提供服务；依据国家相关法律法规，以及国际和国家标准、规范等开展认可工作，遵循客观公正、科学规范、权威信誉、廉洁高效的工作原则，确保认可工作的公正性，并对做出的认可决定负责。

中国合格评定国家认可制度已经融入国际认可互认体系，并在国际认可互认体系中有着重要的地位，发挥着重要的作用。中国认证机构国家认可委员会（CNAB）作为国际认可论坛（IAF）和太平洋认可合作组织（PAC）的正式成员，分别签署了多边互认协议IAF/MLA和PAC/MLA；中国实验室国家认可委员会（CNAL）作为国际实验室认可合作组织（ILAC）和亚太实验室认可合作组织（APLAC）的正式成员，签署了多边互认协议ILAC/MRA和APLAC/MRA。中国合格评定国家认可委员会（CNAS）继续保持我国认可机构在IAF、ILAC和APAC（2019年由APLAC和PAC合并成立）的正式成员和互认协议签署方地位。

我国的实验室认可从起初的行政管理主导，逐步过渡到市场经济下的自愿、开放的认可体系。

中国合格评定国家认可委员会（CNAS）对实验室认可相关文件进行多次修订，打造了目前的强制性要求（认可规则、基本认可准则及认可应用准则）与推荐性要求（认可指南和认可说明）相结合的认可文件体系，为保障实验室认可的实施及实验室活动规范性的实现奠定了基础。

第二节　检验检测机构资质认定制度

当前，从事第三方检验检测的机构大都熟悉国家关于检测市场准入的行政许可——资质认定。二十多年前，国家认监委刚成立的时候，政府对检测机构的行政许可有两套制度：一是源自《中华人民共和国计量法》《中华人民共和国计量法实施细则》的产品质量监督检验机构计量认证（CMA）制度；二是源自《中华人民共和国标准化法》《中华人民共和国标准化法实施条例》的产品质量监督检验机构审查认可（验收）（CAL）制度。

一、计量认证（CMA）的发展历程

为防止假冒伪劣产品的出现，满足政府对生产和流通领域的产品开展质量监督工作的需要，从国家到各行业、各部门，从省、自治区、直辖市到地市县区，相继成立了各级产

品质量监督检验中心，承担抽查、检验及仲裁任务。

分别于1985年和1987年实施的《中华人民共和国计量法》及《中华人民共和国计量法实施细则》均体现出对产品质量监督检验机构和其他依照法律法规设立的专业检验机构的行为的规范要求：为社会提供公证数据的产品质量检验机构，必须经省级以上人民政府计量行政部门对其计量检定、测试能力和可靠性考核合格。后来对产品质量检验机构的考核称为"计量认证"。

为依法实施产品质量检验机构的计量认证工作，国家计量局计量认证办公室于1985年6月编印《产品质量检验机构计量认证工作手册》，同年9月开始推进产品质量检验机构的认证工作；1987年3月，国家计量局编印《产品质量检验机构计量认证工作文件汇编》；1987年7月，颁布《产品质量检验机构计量认证管理办法》，明确了计量认证的内容、计量认证的管理、计量认证程序、计量认证监督等方面的内容。

1985年到1989年，国家计量局和国家标准局面临合并改革（1988年两局合并组成了国家技术监督局），加上当时很多实验室都属于行业管理，地方技术监督局系统的综合性质检机构大都还未建立，这个时期的计量认证工作并没有取得太大的成就和发挥太大的作用。

1990年11月，国家技术监督局（计量司）发布了《产品质量检验机构计量认证技术考核规范》（JJG 1021—1990）及计量认证标识CMA（China Metrology Accreditation）。JJG 1021规定了计量认证考核对于实验室要按照"人、机、料、法、环、测"6个方面共50条考核要求（后称"50条"）来开展，既融入了ISO/IEC导则25：1982的精神，又切合中国实际。至此，我国的计量认证工作步向正轨，同时也标志着统一的计量认证制度正式建立。

为发挥行业主管部门的作用，规范行业检测中心的管理，在行业检测中心更好地推进计量认证，国家技术监督局通过与行业主管部门联合发文的形式，先后成立了36个计量认证行业评审组，负责推动实施各行业检测中心的计量认证工作。通过上述计量认证行业评审组考核，便可获得国家技术监督局颁发的CMA证书（国家计量认证）。各省、自治区、直辖市的检测实验室向当地省级技术监督局申请考核并通过的，由省级技术监督局颁发CMA证书（省级计量认证）。国家级和省级计量认证证书具有同等效力。

二、审查认可（CAL）的发展历程

20世纪80年代中期，国家标准局作为政府产品质量监督管理部门，为监督产品质量，在全国范围内设立了各类产品质量监督检验中心，同时国务院各部门，各省、自治区、直辖市，各地市县区也相继成立了涉及国民经济各领域中各类产品的质量监督检验机构，对生产和流通领域的产品进行监督检验。

审查认可源自《中华人民共和国标准化法》和《中华人民共和国标准化法实施条例》的规定。

根据《中华人民共和国标准化法》，县级以上标准化行政主管部门，可以根据需要设置检验机构，或者授权其他单位的检验机构对产品是否符合标准进行检验。同时又规定了处理产品质量争议，以标准化行政主管部门设置或授权的检验机构的检验数据为准。

《中华人民共和国标准化法实施条例》第29条规定："国家检验机构由国务院标准化行政主管部门会同国务院有关行业主管部门规划、审查。地方检验机构由省、自治区、直辖市人民政府有关行政主管部门会同省级有关行政主管部门规划、审查。"

后来一般将对技术监督系统内的质量监督检验机构的考核称为"验收"，将对非技术监督系统内的检测机构的考核称为"授权"，验收和授权统称"审查认可"。

1986年4月，国家标准局印发《国家级产品质量监督检验测试中心基本条件》，作为对国家级产品质量检验检测中心进行验收的主要依据。同年10月，国家经济委员会印发《国家产品质量监督检验测试中心管理试行办法》，正式确定了审查认可制度。

国家技术监督局按照《中华人民共和国标准化法》和《中华人民共和国标准化法实施条例》的相关规定，于1990年印发《国家产品质量监督检验中心审查认可细则》《产品质量监督检验所验收细则》《产品质量监督检验站审查认可细则》等文件，同时还发布了审查认可标识CAL（China Accreditation Laboratory）。前述三个评审细则参考了ISO/IEC导则25:1982，在法律地位、检测能力、管理能力等方面制定了39项考核指标（后称"39条"）。

按上述考核要求，国家技术监督局着手对第一批规划建设的国家级产品质量监督检验中心进行了验收，同时指导地方省级技术监督局（有的也称"标准局"）对系统内的综合性产品质量监督检验所进行验收和对系统外其他行业的检测机构开展授权。

三、矛盾与统一

在《中华人民共和国计量法》《中华人民共和国计量法实施细则》和《中华人民共和国标准化法》《中华人民共和国标准化法实施条例》的要求下，技术监督系统内的产品质量监督检验院所和系统外其他行业的检测机构若想通过审查认可，挂牌为国家某质量监督检验中心、省级某产品质量监督检验站（中心），前提是取得计量认证，即既要接受计量认证"50条"考核，又要接受审查认可"39条"考核。

"50条"和"39条"的内容均参照了国际标准《检测实验室基本技术要求》（ISO/IEC导则25:1982），二者的考核内容很多是相似甚至重复的。国家技术监督局于1994年成立认证办公室（认证办），设立了实验室处，开始启动中国的实验室认可工作。为了避免对产品质量检验机构的重复考核，推进我国实验室认可工作与国际接轨，兼顾国情特色，1996年，国家技术监督局把计量司负责的计量认证、监督司负责的审查认可和认证办启动的实验室认可三项职能合并，由实验室评审办公室（评审办）全权负责。

国家质量技术监督局（由国家技术监督局更名）将实验室评审办与认证办合并，组建了认证与实验室评审管理司（认评司），认评司设实验室管理处，全面负责国家质检中心事务、计量认证和审查认可事务。

认评司于2000年印发《产品质量检验机构计量认证／审查认可（验收）评审准则（试行）》，将两套评价制度（CMA和CAL）"二合一"。该准则不仅涵盖了国际标准《检测和校准实验室能力的通用要求》（ISO/IEC导则25:1990）及国家标准《检测和校准实验室能力的通用要求》（GB/T 15481—2000，等同采用ISO/IEC 17025:1999）的要求，也满足《中华人民共和国计量法》和《中华人民共和国标准化法》的要求。该评审准则的发布，既有助于提高检验检测机构的管理水平，又减轻了检验检测机构的评审负担，规范了评审行为。

国家质量监督检验检疫总局（以下简称"国家质检总局"）和国家认监委成立之前，计量认证（CMA）和审查认可（CAL）是我国最主要的两套实验室评价制度。其中，CMA是最基本的检测市场准入制度（分两级实施的行政许可），CAL是针对技术监督部门承担特定产品质量监督抽查、仲裁检验的特殊考核制度。

这些实验室评价制度、准则都源自国际标准《检测和校准实验室能力的通用要求》（ISO/IEC 17025），有各自的定位和特定的服务对象，但对一些优秀的检测实验室来说，三套评价制度都要遵循。除了国家质检中心和出入境检验检疫实验室，在国家认监委的推动下，实现了"三合一""二合一"评审，其他社会实验室还是要接受两次甚至多次评审。一些行业（如农业、交通、气象、公安、药监、安全生产等）的主管部门对进入其行业开展检测的机构还要进行各种资质评审考核。

多套实验室评价制度的存在，干扰了我国统一的实验室评价制度的建立，加重了机构的负担，增加了社会管理成本，也不利于机构之间的公平竞争。为此，建立统一的实验室资质认定制度就成了国家认监委成立之后的迫切任务。国家认监委（实验室与检测监管部）为了检测市场的发展和监管，为了减轻机构负担，致力于建立我国统一的实验室资质认定制度，并取得了初步成果。

四、改革之路

2002年国家认监委成立，着手酝酿《中华人民共和国认证认可条例》（以下简称《条例》）的制定工作。基于我国存在多套实验室资质评价制度，在《条例》中，如何把握好主要的三套评价制度（计量认证、审查认可、实验室认可）的定位，如何体现主管部门建立统一的实验室资质认定制度的设计思路，对当时的相关领导和工作人员提出了挑战。2003年9月3日，《条例》发布，有关实验室资质管理要求体现在第16条：向社会出具具有证明作用的数据和结果的检查机构、实验室，应当具备有关法律、行政法规规定的基本条件和能力，并经依法认定后，方可从事相应活动，认定结果由国务院认证认可监督管理部门公布。

围绕着如何落实《条例》第16条规定的向社会出具具有证明作用的数据和结果的检查机构、实验室要依法认定，国家认监委指示实验室与检测监管部起草《实验室和检查机构资质认定管理办法》。一开始，大家还就到底是"资质认定"还是"资格认定"展开过讨论，最后多数意见认为，应该叫"资质认定"而不是"资格认定"。资质，属于自身应达到的条件；资格，属于从事某项特定业务活动要获取的许可。2006年2月，《实验室和检查机构资质认定管理办法》（国家质检总局令第86号）发布，标志着我国正式建立了统一的实验室资质认定制度，标志着检测实验室的资质评价由计量认证/审查认可正式迈入实验室资质认定时代。

为贯彻落实《实验室和检查机构资质认定管理办法》，国家认监委于2006年5月在北京召开了全国实验室和检查机构资质认定工作会议，组织专家设计了资质认定证书，印发《关于启用资质认定证书的通知》和《关于实施资质认定工作有关证书转换的补充通知》。2006年7月，印发《实验室资质认定评审准则》，取代《产品质量检验机构计量认证／审查认可（验收）评审准则（试行）》，并按照《实验室和检查机构资质认定管理办法》和《实验室资质认定评审准则》的内容，组织编写《实验室资质认定工作指南》，在其指引下，从2007年到2012年，全国检测行业内掀起了学习《实验室和检查机构资质认定管理办法》和《实验室资质认定评审准则》的高潮。

从2014年7月起，国家认监委对实验室资质认定工作开始了一系列改革。

（一）163号令替代86号令

2015年4月9日，《检验检测机构资质认定管理办法》（国家质检总局令第163号，以下也称"163号令"）发布，2015年8月1日起正式实施。163号令的主要变化（改革）内容如表1-1所示。

表1-1　163号令的主要变化（改革）内容

序号	内容
1	调整范围，不再包括校准机构和检查机构
2	证书有效期从3年改为6年
3	资质认定标志CMA的英文释义，由原来的China Metrology Accreditation改为China Inspection Body and Laboratory Mandatory Approval
4	增加了罚则
5	规定了非授权签字人不得签发检测报告

（二）双管齐下

2015年7月31日，为了163号令的贯彻实施，《国家认监委关于实施<检验检测机构资质认定管理办法>的若干意见》（国认实〔2015〕49号，简称《意见》）印发，几处关键变化如表1-2所示。

表1-2　《意见》几处关键变化

序号	变化内容
1	取消"在华设立外资检验检测机构的外方投资者，需要具有3年以上检验检测从业经历"的准入规定
2	明确国家级资质认定和省级资质认定受理范围，国家认监委不再负责省级（含副省级市）质检院所的审查认可（CAL），交由各省级质监局负责

续表

序号	变化内容
3	明确授权签字人应当具有中级及以上技术职称或者同等能力,对"同等能力"做了界定:博士毕业工作1年及以上;硕士毕业工作3年及以上;本科毕业工作5年及以上;专科毕业工作8年及以上
4	不含检验检测方法的各类产品标准、限值标准可不列入检验检测机构资质认定的能力范围,但在出具检验检测报告或者证书时可作为判定依据使用
5	自2015年10月1日起,取消对检测实验室资质认定(CMA)的收费

随之发布的《国家认监委关于印发检验检测机构资质认定配套工作程序和技术要求的通知》(国认实〔2015〕50号)包括15份资质认定配套工作文件,为正式实施《检验检测机构资质认定管理办法》(163号令)打下基础。

15份文件中包括原来就有、本次升级更新的8份,即评审准则、申请书、评审报告、评审程序、审批表、司法鉴定机构评审补充要求、评审员要求、专业技术评价机构基本要求;新增的文件有7份,即公正性和保密要求、标志及其使用要求、证书及其使用要求、检验专用章使用要求、分类监管实施意见、刑事技术机构评审补充要求、许可公示表。

2016年5月31日,国家认监委印发《检验检测机构资质认定评审准则》及释义和《检验检测机构资质认定评审员管理要求》,标志着CMA历史上第四套评审准则正式诞生。(前三套分别是:1990年计量司的"50条"和监督司的"39条";2000年认评司的046号文;2006年7月国家认监委的《实验室资质认定评审准则》。)

由于全国各地出现了步伐不一致的问题,2017年的元旦刚过,《国家认监委关于进一步明确检验检测机构资质认定工作有关问题的通知》(国认实〔2017〕2号)发布,明确CMA可以租赁设备和分包,可以以非标方法立项;要求地方不得擅自设立CMA申请门槛;对标签检验项目如何实施CMA立项做出明确规定;为方便实验室招投标,设计了CMA证书副本,副本与正本具有同等法律效力。

(三)取消审查认可(CAL)

2017年,新修订的《中华人民共和国标准化法》取消了关于质量技术监督部门可以依法设置和依法授权质检机构的规定,审查认可(授权)(CAL)失去了上位法的支持,难以为继。同时,政府大力推行简政放权,实验室领域只保留为社会提供公证检验数据的检验检测实验室资质认定(CMA),取消审查认可(授权)(CAL),包括取消国家质检中心的授权(CAL)。

(四)资质认定评审依据变化

2018年5月,国家认监委下发《关于检验检测机构资质认定工作采用相关认证认可行业标准的通知》(国认实〔2018〕28号),该通知说明,为进一步推进检验检测机构资质管理制度改革,将采用认证认可行业标准作为相关领域检验检测机构的资质认定评审依据,遵循"通用要求+特殊要求"的模式;2018年6月1日起在检验检测机构资质认定评审和管理中试运行，2019年1月1日全面实施。

（五）发布《市场监管总局关于进一步推进检验检测机构资质认定改革工作的意见》

2019年10月，为深入贯彻"放管服"改革要求，认真落实"证照分离"工作部署，进一步推进检验检测机构资质认定改革，创新完善检验检测市场监管体制机制，优化检验检测机构准入服务，加强事中事后监管，营造公平竞争、健康有序的检验检测市场营商环境，充分激发检验检测市场活力，市场监管总局发布了《关于进一步推进检验检测机构资质认定改革工作的意见》（国市监检测〔2019〕206号），出台了一系列资质认定制度改革措施，自2019年12月1日起施行，主要包括：

①依法界定检验检测机构资质认定范围，逐步实现资质认定范围清单管理；
②试点推行告知承诺制度；
③优化准入服务，便利机构取证；
④整合检验检测机构资质认定证书，实现检验检测机构"一家一证"。

（六）发布39号令和163号令修正案

2021年4月，市场监管总局发布了《检验检测机构监督管理办法》（市场监管总局令第39号，以下也称"39号令"）和《检验检测机构资质认定管理办法》（国家质检总局令第163号修正案，以下也称"新163号令"）。

新163号令更加聚焦于资质认定后行政许可时代"一般程序评审"与"告知承诺后核查"的交替并存，这也是新163号令修规立新、守正创新的根本。新163号令在原有7章50条款的基础上，删、增、并、保、移，达39处，涉及11个领域，形成了5章40条款。其中最大的变化，是将原有第四章"从业规范"、第五章"监督管理"、第六章"法律责任"大篇幅、多条款整合转移，向《检验检测机构监督管理办法》靠拢。新163号令主要内容侧重于"告知承诺后核查"以及由此带来的CMA受理范围清单制、国省资质层级制，远程评审程序化、时限压缩高效化、网上审批便捷化、分类监管信用化、促良打劣合理化、严管证标规范化、CMA报告效力清晰化，罚则聚焦于"不实承诺获得资质后处理"等11个领域的变化。正是这11个领域的变化，将资质认定许可制度带入全新的后行政许可时代，这也是新163号令的出发点、落脚点和聚焦点。

（七）发布实施新版《检验检测机构资质认定评审准则》

为深入贯彻落实《国务院关于深化"证照分离"改革 进一步激发市场主体发展活力的通知》（国发〔2021〕7号）的要求，进一步深化检验检测机构资质认定改革工作，规范、统一资质认定评审条件、评审程序，细化工作要求，增强改革政策的可操作性，增强许可的规范性和统一性，进一步减少不必要的评审，减轻机构负担，市场监管总局依据新163号令修订了《检验检测机构资质认定评审准则》（以下也称2023版《评审准则》），2023年5月30日发布，2023年12月1日起施行，2016版《检验检测机构资质认定评审准则》同时废止。

2023版《评审准则》修订的主要原则如下。

①统一评审要求，减少自由裁量。严格依据《检验检测机构资质认定管理办法》基本条件展开，强调刚性要求，降低原则性条款比例，强调以客观事实及符合性证据为依据。

②聚焦关键控制点，厘清责任边界。对原准则中检验检测机构内部管理的有关规定进行了删减，突出强调技术能力考核，对技术评审现场考核进行了明确规定。

③兼具灵活性，贴合实际需要。技术评审关注管理体系运行的结果，审查符合性证据，不再强制性规定开展质量管理活动的路径，机构可视实际情况结合自身需求选择。

④细化核查要点，统一评审尺度。扩展了技术评审方式，细化了告知承诺核查要求，量化了虚假承诺和不实承诺情形，确保技术评审活动的公正性、严肃性、统一性。

2023版《评审准则》明确了资质认定评审方式分一般程序和告知承诺程序。其中，一般程序分现场评审、书面审查、远程评审三种评审方式，对每种评审方式的适用范围和工作程序进行了规定；告知承诺程序则由机构先进行告知承诺，再由资质认定部门对检验检测机构进行现场核查，同时明确了告知承诺程序现场审查要求。

新准则的实施有利于提高检验检测行业整体水平，增强市场监管力度，促进行业创新发展，推动国际交流与合作，将对检验检测行业产生深远的影响。

随着改革的不断深入推进，检验检测机构资质认定制度向着"简政放权、放管结合、优化服务"的方向不断发展，检验检测行业也将迎来新的发展机遇期，迈上更广阔的历史舞台。

第三节　检验检测行业的现状、要求与机遇

一、检验检测行业的现状

近二十年来，随着我国"放管服"改革的不断深化和市场经济体制逐渐完善，我国第三方检验检测市场迅猛发展，成为全球增长最快、最具活力的检验检测市场之一。

市场监管总局认可与检验检测监督管理司发布的《2023年度全国检验检测服务业统计简报》显示，截至2023年年底，我国共有检验检测机构53834家，同比增长2.02%；全年实现营业收入4670.09亿元，同比增长9.22%；从业人员156.19万人，同比增长1.31%；共拥有各类仪器设备1027.23万台套，同比增长7.28%；仪器设备资产原值5278.94亿元，同比增长11.26%。2023年共出具检验检测报告6.03亿份，同比下降7.23%，平均每天对社会出具各类报告约165万份。由此可见，我国检验检测行业规模在继续扩大。

同时，我国检验检测市场结构在进一步优化。事业单位制检验检测机构比重进一步下降，企业制单位占比持续上升。截至2023年年底，我国事业单位制检验检测机构有41634家，占机构总量的18.96%。近十年该比重呈现明显的逐年下降趋势，事业单位性质检验检测机构的市场化改革有序推进。

检验检测行业集约化水平持续提升。全国检验检测机构2023年年度营业收入在5亿元

以上的有71家，同比增加9家；收入在1亿元以上的有685家，同比增加76家；收入在5000万元以上的有1565家，同比增加154家。在政府和市场双重推动之下，一大批规模效益好、技术水平高、行业信誉优的中国检验检测品牌正在快速形成，推动检验检测服务业做优做强，实现集约化发展。

民营检验检测机构继续快速发展。截至2023年年底，全国取得资质认定的民营检验检测机构共34171家，占全行业的63.47%，同比增长5.03%。近十年，民营检验检测机构占机构总量的比重呈现明显的逐年上升趋势。2023年民营检验检测机构全年取得营收1867.06亿元，同比增长6.13%，低于全国检验检测行业营收年增长率3.09个百分点。

非法人机构数量连续实现负增长。截至2023年年底，非法人单位的检验检测机构有4346家，占全国机构总数的8.07%，同比下降11.49%。自2021年非法人单位的检验检测机构数量首次实现负增长后，2023年继续跌落超10%，表明市场监管总局推动的整合检验检测机构资质认定证书，实现检验检测机构"一家一证"取得成效，未来非法人单位独立对外开展检验检测服务的现象会进一步减少。

外资检验检测机构保持稳中向好。截至2023年年底，全国取得检验检测机构资质认定的外资企业共有547家，同比增长3.60%；从业人员为4.84万人，同比增长3.20%；实现营业收入291.98亿元，同比增长8.98%。

检验检测行业利用资本市场加快发展。截至2023年年底，全国检验检测服务业中上市企业数量为103家，同比增长1.98%，

检验检测小微型机构数量多、服务半径小的特色显著。截至2023年年底，就业人数在100人以下的检验检测机构共51814家，占比达到96.25%，同比增长2.00%，绝大多数检验检测机构属于小微型企业，承受风险能力薄弱；从服务半径来看，仅在本省区域内提供检验检测服务的机构共38911家，占比72.28%，同比增长0.07%，"本地化"色彩仍占主流；检验检测业务范围涉及境内外的检验检测机构仅有347家，占比0.64%，同比增长9.12%，国内检验检测机构走出国门趋势向好，但仍任重道远。

检验检测领域差异化发展趋势更加明显。电子电器等新兴领域［包括电子电器、机械（含汽车）、材料测试、医学、电力（包含核电）、能源和软件及信息化］继续保持高速增长，2023年，这些领域共实现收入944.75亿元，同比增长13.76%，高于全行业营收增速4.54个百分点；相比较而言，传统领域［包括建筑工程、建筑材料、环境与环保（不包括环境监测）、食品、机动车检验等］2023年共实现收入1789.51亿元，同比增长9.09%。总的来说，传统领域占行业总收入的比重仍然呈现下降趋势，由2016年的47.09%下降到2023年的38.32%。

检验检测行业创新能力和品牌竞争力不强。2023年全行业获得科研经费总计293.21亿元，平均每家54.47万元，比去年增加8.41万元；全行业仅有3851家参与科研项目，参与科研项目总计42323项，平均每家不足1项。多数小微型检验检测机构基本上不具备科研和创新能力，相关投入也十分不足。

截至2023年年底，全国获得高新技术企业认定的检验检测机构有5729家，仅占全国检

验检测机构总数的10.64%，占比同比上升1.5个百分点。

从商标数量上看，截至2023年年底，全行业仅有1704家机构拥有注册商标，同比增加167家，品牌意识仍有待加强。

从专利数量上看，截至2023年年底，全国检验检测机构拥有有效专利161929件，平均每家机构3.01件；行业共有有效发明专利67134件，平均每家1.25件，有效发明专利中境外授权专利仅1231件。有效发明专利量占有效专利总数比重为41.46%，同比上升1.58个百分点，技术含量高的发明专利比重不高，创新能力偏弱，仍然是制约行业技术创新能力提升的重要因素之一。

二、检验检测行业的要求

创新发展对检验检测提出了新要求。管理部门继续推行简政放权，进一步完善行政审批审查要求，规范程序，提高效率，充分保障从业机构的自主经营权利和自主创新活力。伴随着新163号令的发布实施，告知承诺、远程评审逐渐走上检验检测的行业舞台，使从业机构的办事选择具有极大的自由度，若从业机构自身实力不足或内部管理不到位，极易导致"一着不慎，满盘皆输"。

全面深化改革对检验检测提出了新要求。国家不断推动国有检验检测认证机构改革，鼓励引入社会资本参与国有机构改革，推动具备条件的国有检验检测认证机构上市；推动检验检测认证供给侧结构性改革，引导国有检验检测认证资源向关系行业发展的关键领域聚焦，向技术密集、资源密集的基础性、战略性领域集中；推动检验检测认证事业单位分类改革，明确公益类检验检测认证机构的功能定位，加快具备条件的经营性事业单位与行政部门脱钩、转企改制改革。这些举措为检验检测市场注入更多的活力，也为机构带来了更多、更优秀的竞争对手。

持续强化的监管体系对检验检测提出了新要求。监管手段不断创新，利用新一代信息技术，积极探索"互联网+"监管模式，探索引入在线监管、全程监管，提升认证执法监管智能化水平；探索在生产、进出口、销售等重点监管环节利用物联网等手段进行跟踪监管，进一步提高监管效率；研究利用二维码技术，实现食品、消费品等重点监管对象，以及检验检测证书或报告的全程可追溯。监管制度不断创新，丰富风险信息收集渠道，完善风险监测、评估和预警制度，建立分级分类监管制度，将监管重点向高风险领域及对象转移，实现精准监管。全面推进执法内容、执法程序、结果处置标准化，制度化推进"双随机、一公开"监管，随机抽取检查对象，随机选派执法检查人员，及时公布查处结果。上述监管手段和监管制度共同组成了目前的监管体系，且仍在不断的优化调整中，并有愈加严格的趋势，这就要求检验检测从业机构不断完善，提升自我，依法依规开展合格评定活动。

三、检验检测行业的机遇

检验检测在服务国家治理、提升质量安全、促进供给侧结构性改革等方面发展空间巨大，政策和市场需求强劲。深化改革为认证认可、检验检测增添了新的发展动力，依法治国为检验检测提供了坚强有力的法治保障。

经济发展新常态带来了新的机遇。发展模式的转变，以及供给侧结构性矛盾的亟待解决，使得创新发展显得尤为重要。借助于检验检测手段，可以促进创新要素集聚和辐射，给产业发展带来技术外溢效应，提升创新驱动能力，从而为主动适应和引领新常态提供必要的技术支撑和科学的制度安排。

"制造强国"和"网络强国"的实施带来了新的机遇。《中国制造2025》明确了"质量为先"的基本方针，确定了加强质量品牌建设的战略任务和重点；《国务院关于积极推进"互联网+"行动的指导意见》也明确提出了建设网络安全监测评估和标准认证体系、数据安全流动认证体系的任务。

新一代产业及技术发展带来了新的机遇。新兴产业及新兴市场的形成发展，新技术的持续升级，带来了新的检验检测服务需求，也为检验检测创新服务模式、增强服务能力创造了必要的技术条件。充分运用先进的技术与设备，加快互联网、云计算与大数据技术应用，全面提供"一站式"综合服务，将是检验检测向现代服务业转型的必由之路。

"一带一路"倡议明确将认证认可作为合作重点，这将为认证认可和检验检测促进贸易便利、增进双边互信、推动国际质量共治带来更大的作为空间；自贸区、京津冀协同发展、长江经济带建设，将会显著提升检验检测制度创新水平，持续推动检验检测监管一体化和区域协调发展。

本章至此，已对实验室认可的作用和意义、实验室认可制度的国内外发展以及我国资质认定制度的发展改革历程、我国检验检测从业机构面对的机遇和要求做了大致介绍。下文将针对检验检测从业机构在运行中所涉及的"通用+特殊"要求、相关法律法规、认可准则／规则以及内部质量建设及完善进行详细介绍。

第二章

检验检测机构相关法律法规及其他要求介绍

与我国检验检测机构资质认定相关的法律法规，为检验检测机构资质认定工作规范有序发展提供了法律保障。对于检验检测机构来说，熟知法律法规要求，做到合法合规至关重要。

《检验检测机构资质认定管理办法》《检验检测机构监督管理办法》《检验检测机构资质认定告知承诺实施办法（试行）》《检验检测机构能力验证管理办法》《检验检测机构资质认定评审准则》作为检验检测行业主要的专项法规，对资质认定工作有着重要影响。本章第一节对此五项法规主要从出台背景和目的、主要内容和监管重点三个方面做了重点介绍，使读者快速了解行业监管重点，了解行业发展的趋势，识别检验检测机构应恪守的经营"红线"。

本章第二节主要介绍重点行业特殊要求，涉及环境监测、食品检验、农产品检测、建设工程检测、医疗器械检测、机动车检测领域的相关规章要求，包括《检验检测机构资质认定 生态环境监测机构评审补充要求》《环境监测数据弄虚作假行为判定及处理办法》《关于办理环境污染刑事案件适用法律若干问题的解释》《食品安全抽样检验管理办法》《农产品质量安全检测机构考核办法》《建设工程质量检测管理办法》《医疗器械检验机构资质认定条件》《机动车检验机构资质认定评审补充技术要求》。通过对各部门规章的出台背景和目的以及主要内容的介绍，总结出检验检测机构在内部审核时的注意要点，为检验检测机构的合规性评价及内部审核提供帮助。

本章第三节主要聚焦于实验室易出现不符合的三个规则类文件，即《实验室认可规则》《能力验证规则》和《认可标识使用和认可状态声明规则》。通过介绍规则的出台目的，提炼规则中与实验室相关的重点内容，列举实验室在内部审核时要关注的审核要点，帮助读者了解规则类文件对实验室的相关要求，指导实验室内审员熟悉并掌握认可规则的内审要点，确保实验室活动持续符合CNAS要求。

第一节　我国检验检测机构资质认定管理法律法规介绍

一、《检验检测机构资质认定管理办法》

《检验检测机构资质认定管理办法》（国家质检总局令第163号）2015年由国家质检总局起草并于同年8月1日起施行，与此同时，2006年2月21日发布的《实验室和检查机构资质认定管理办法》废止。为进一步体现"简政放权、放管结合、优化服务"的理念，2021年4月22日市场监管总局发布新163号令。整部规章包含总则、资质认定条件和程序、技术评审管理、监督检查、附则五部分。

（一）出台背景

国家支持高技术服务业、科技服务业、生产性服务业发展，使检验检测行业快速发展，检验检测在市场经济条件下为市场监督管理、提高产品质量、推动产业升级转型提供了有力的技术支撑，同时为与生活息息相关的吃、穿、用、住、行等方方面面保驾护航。市场监管总局在"大市场、大质量、大监管"理念下，助力检验检测认证服务业市场化、国际化、专业化、集约化、规范化改革和发展，提高服务水平和公信力，努力打造中国自有检验检测知名品牌，为第三方检验检测机构提供无限的发展空间。《2021年度全国检验检测服务业统计简报》显示，检验检测行业2021年全年营业收入4090.22亿元，这让中国的检验检测市场成为全球增长最快、最具潜力的检验检测市场，分得全球20%的市场份额，是继欧洲、北美后又一主力市场。

检验检测行业在快速发展及推行改革的同时，一些薄弱环节在改革及监管工作中愈加凸显，其中包括：检验检测机构许可准入流程及便利取证方面还有待优化；告知承诺的改革还在试点推行阶段，没有得到全面推广，改革的纵深度还有待扩展。同时，为了落实国务院"放管服"改革的最新部署要求，进一步深化和推进检验检测机构资质认定改革，充分激发检验检测市场活力，使已有的检验检测机构资质认定改革措施制度化、法制化，并为在更大范围内复制和推广相关改革举措提供法规层面的依据，《检验检测机构资质认定管理办法》需要进行修订。

（二）主要内容

"规范检验检测机构资质认定工作，优化准入程序"为新163号令的宗旨。新163号令对资质认定条件和程序部分内容做出了以下调整，使得资质认定工作实施规范、要求明确、准入便捷、运行高效。

制定资质认定事项清单。由市场监管总局制定并动态管理取得资质认定的事项清单，避免重复申报、审批，为检验检测机构减负，一并解决资质认定事项范围不统一问题，统一许可尺度。优化资质认定准入程序。申请人具有一般程序、告知承诺程序的自主选择权，申请人可撤回告知承诺申请转一般程序再次申请，灵活转化规则为申请人提供了便利的服务。本着便捷高效的原则，鼓励网上审批，减少纸质申请材料，试行发放电子证书，便于申请人的日常使用；许可时效性在原有的基础上提升35%，对检验检测机构依法设立的分支机构，视情况也可简化技术评审，该项举措为检验检测机构抢夺市场争取了宝贵的时间。

固化应对突发事件的措施。在技术评审的现场评审阶段固化应对疫情采取的措施，增加远程评审方式。为应对突发事件，新增"因应对突发事件等需要，资质认定部门可以公布符合应急工作要求的检验检测机构名录及相关信息，允许相关检验检测机构临时承担应急工作"的规定，为突发事件提供可靠的检验检测技术支撑。

明确信息公开制度。信息公开是民主制度的重要体现，资质认定部门公布取得资质认定的检验检测机构信息及证书状态；公开"双随机、一公开"及其他监督检查结果，并将检验检测机构受到的行政处罚等信息在国家企业信用信息公示系统等平台公示，使监管信息透明化。

资质能力的维护、使用。组织机构，关键人员，检验检测项目、标准、方法及其他需要办理变更的事项应及时进行变更。资质证书满6年需要延续有效期的申请人，可根据申请人的信用、监管情况进行技术评审；上一许可周期内信用良好的申请人可以通过书面审查的方式直接延续资质认定证书有效期。检验检测机构应有效管理资质认定证书及标志，并在检验检测报告中正确使用资质认定标识。

监督管理重点。监督检查作为重要的监管手段，重点关注以下几方面内容：在申请阶段弄虚作假，故意隐瞒事实；未取得资质认定、超范围或基本条件和技术能力不能持续符合资质认定条件和要求擅自向社会出具具有证明作用的报告（包括数据和结果）；违规使用资质认定证书及标识。如在监督检查过程中发现上述问题，轻则取消一年内申请资质认定的资格，重则处3万元罚款，撤销检验检测资质或者证书等。

明确工作职责和权利。明确资质认定部门在技术评审中的工作职责：根据技术评审需要等组织实施技术评审；指派评审专家组成两人以上的评审组，确定组长；建立、完善评审人员管理制度；监督技术评审活动并建立追责机制；对专业技术评价机构、评审人员在评审活动中存在违规行为的进行处罚。

评审组作为实施技术评审的重要组织，应履行职责及行使相应权利，确保技术评审活动及结论的真实性、符合性，在规定的时间内严格按照资质认定程序及评审准则等开展技术评审活动并得出结论；及时向资质认定部门汇报在技术评审中发现申请人存在的违法行为；在技术评审中发现有不符合并检验整改情况，对30个工作日内未完成整改或者整改后仍不符合要求的，有权判定相应评审项目为不合格。

全民监管。任何单位和个人对资质认定活动相关的组织实施部门及人员存在的违规行为都可举报，应共同维护资质认定活动的有效进行。

（三）监管重点（见表2-1）

新163号令将原有检验检测机构从业规范、监督管理、法律责任的相关内容调整至

《检验检测机构监督管理办法》（市场监管总局令第39号），但保留以下五个方面作为监督管理的重点：第一，是否诚实守信，未采取违规手段取得资质认定；第二，是否按规定向资质认定部门申请办理变更手续；第三，是否能保证管理体系的完善，保证基本条件和技术能力的持续符合性；第四，是否在资质认定的范围内规范出具检验检测数据、结果；第五，是否规范管理和使用资质认定证书或标志。因此在内部审核时应重点关注上述监管内容。

表2-1 新163号令监管重点

序号	条款号	监管重点
1	第三条	检验检测机构对外出具具有证明作用的数据、结果，是否依法取得资质认定
2	第十四条（一）	机构名称、地址，法人性质发生变更的是否向资质认定部门申请办理变更手续
3	第十四条（二）	法定代表人、最高管理者、技术负责人、检验检测报告授权签字人发生变更的是否向资质认定部门申请办理变更手续
4	第十四条（三）	资质认定检验检测项目取消的是否向资质认定部门申请办理变更手续
5	第十四条（四）	检验检测标准或者检验检测方法发生变更的是否向资质认定部门申请办理变更手续
6	第十四条（五）	依法需要办理变更的其他事项是否向资质认定部门申请办理变更手续
7	第十八条	检验检测机构是否定期审查和完善管理体系，保证其基本条件和技术能力能够持续符合资质认定条件和要求，并确保质量管理措施有效实施
8	第十九条	检验检测机构是否在资质认定证书规定的检验检测能力范围内，依据相关标准或者技术规范规定的程序和要求，出具检验检测数据、结果
9	第二十条	检验检测机构是否转让、出租、出借资质认定证书或者标志，是否伪造、变造、冒用资质认定证书或者标志，是否使用已经过期或者被撤销、注销的资质认定证书或者标志
10	第二十一条	检验检测机构向社会出具具有证明作用的检验检测数据、结果的，是否在其检验检测报告上标注资质认定标志
11	第三十三条	检验检测机构申请资质认定时是否提供虚假材料或者隐瞒有关情况

（四）违规处罚案例

案例1. 建设工程领域（方法、关键人员变更未备案、出具虚假报告）

2021年9月，在国家级资质认定检验检测机构监督抽查中，行政监管人员对上海某有限公司开展检查工作，发现作为机构的站长、技术负责人、授权签字人的李某已于2021年3月调离该公司；标准方法TB/T 2460—2016已替代TB/T 2460—2009，该公司均未依法申报变更。抽取的两份报告检测时间分别为2021年9月9日和9月14日，调取该公司设备交接单，发现检测所用设备密封试验机于2021年9月3日送修，检查现场未见该设备，且该公司无法提供使用该设备检测的证据。该案已移交属地市场监管部门调查并依法进行处理、处罚。

该机构关键人员和标准方法变更未依法申报备案的行为违反了《检验检测机构资质认定管理办法》第十四条第二项和第四项的规定，依据第三十五条"由县级以上市场监督管理部门责令限期改正；逾期未改正或者改正后仍不符合要求的，处1万元以下罚款"处理。现场检查没有设备且无法提供使用该设备检测的证据却出具了相关的检验检测报告，该行为涉嫌出具虚假检测报告，违反了《检验检测机构监督管理办法》第十四条第一项的规定，依据第二十六条，检验检测机构有出具虚假检验检测报告行为的，"法律法规对撤销、吊销、取消检验检测资质或者证书等有行政处罚规定的，依照法律法规的规定执行；法律法规未作规定的，由县级以上市场监督管理部门责令限期改正，处3万元罚款"处理。

案例2. 机动车领域（超资质认定范围出具报告）

2022年7月，某市场监管局执法人员在某机动车检测公司抽查CMA检测报告时发现，标准方法为GB 7258—2017的空载制动不平衡率项目不在该公司的资质认定证书规定的检验检测范围内，该类报告于2021年2月至7月一共出具了132份。该机构超出资质认定的检验检测范围擅自向社会出具具有证明作用数据，移交属地市场监管部门调查并依法进行处理、处罚。

上述行为违反了《检验检测机构资质认定管理办法》第十九条"检验检测机构应当在资质认定证书规定的检验检测能力范围内，依据相关标准或者技术规范规定的程序和要求，出具检验检测数据、结果"。依据《检验检测机构资质认定管理办法》第三十六条"检验检测机构有下列情形之一的，法律法规对撤销、吊销、取消检验检测资质或者证书等有行政处罚规定的，依照法律法规的规定执行；法律法规未作规定的，由县级以上市场监督管理部门责令限期改正，处3万元罚款"处理。

二、《检验检测机构监督管理办法》

《检验检测机构监督管理办法》（市场监管总局令第39号），由市场监管总局于2021年4月发布，自2021年6月1日起施行。39号令在检验检测市场发挥了重要作用，解决行业市场突出问题，为检验检测行业健康有序发展提供管理保障，对加强检验检测机构主体责任、规范检验检测行业行为、强化检验检测市场监管具有重要现实意义。

（一）出台背景

检验检测行业与我们的生活紧密地联系在一起，涉及国民经济的几乎所有的行业，关系到国家经济、安全和人民生活。

检验检测行业快速发展，在监管机制、主体责任、信用监管、行为规范等方面的制度还有待完善，以充分保障激发市场活力，优化营商环境。在监管机制方面，对检验检测行业的监管制度不够完善，在事中事后的监管方向上缺少可操作性的具体规定；在主体责任方面，《国务院关于加强质量认证体系建设促进全面质量管理的意见》（国发〔2018〕3号，简称"3号文"）中提出要"严格落实从业机构对检验检测认证结果及人员的主体责任，对产品质量的连带责任，健全对参与检验检测认证活动从业人员的全过程责任追究机制"，但没有明确统一的制度跟上3号文的脚步；在信用监管方面，国务院提出以信用为基础的新型监管机制,深化"放管服"改革,强调以信用监督为着力点的监管理念、制度、方式,进一步提升监管能力和水平,但检验检测领域制度落实不足;在行为规范方面,在新型的监管模式下,如何规范检验检测机构的行为,避免劣币驱逐良币的现象,杜绝不实和虚假检验检测的行为等,如何落地检验检测机构的主体责任、连带责任和失信惩戒措施,都急需明确的制度支撑。

(二)主要内容

39号令主要在主体责任、行业规范、从业行为、监管机制、法律责任等五个方面提出了明确的要求。

①明确检验检测机构及其人员的主体责任。检验检测机构及其人员应当对其出具的检验检测报告负责,除依法承担民事责任外,还应承担行政、刑事法律责任。2020年12月26日发布的《中华人民共和国刑法修正案(十一)》规定,环境监测中提供虚假证明的属提供虚假证明文件罪。

②规范检验检测行业规范。39号令从检验检测机构基本要求、社会责任,人员道德素质、能力、从业资格,检验检测活动过程(包括委托检测、分包、报告出具、记录归档保存)、能力验证等多方位进行了梳理并进行了规定。

③重拳打击不实和虚假检验检测行为。明确并严厉打击不实和虚假检验检测行为,共列举包含样品全过程管理在内的四类属不实检验检测报告的行为,五类属虚假检验检测报告的行为,明确了检验检测行业不可触碰的红线,是统一监督执法的标准,也是监管部门在监督检查中的重点关注内容。

④落实新型监管机制。加快推进社会信用体系建设,构建新型市场监督管理机制,提升监管能力和水平,39号令对监督管理部门的职权和义务进行了梳理,确定定期逐级上报的工作机制。分类监管、信用监管与"双随机、一公开"监管模式多种手段相融合,加大监管力度,通过检验检测机构自主声明、国家企业信用信息公示系统等平台公示检验检测机构行政处罚等信息,突出运用信用监管的手段进行监管,达到行业自律。检验检测监管信用信息归集、公示,也为下一步将检验检测违法违规行为纳入经营异常名录和严重违法失信名单进行失信惩戒提供了依据。

⑤确定违法违规法律责任。39号令根据检验检测机构违规的风险大小、危害程度高低,采取不同的行政处罚方式。规定对不实及虚假检验检测行为实施撤销、吊销、取消检验检测资质或证书以及罚款等行政处罚;对违反国家有关强制性规定实施检验检测且未对数据、结果溯源造成影响,未按规定实施分包,未规范出具检验检测报告等一般违法行为要求责令整改,逾期未改或改正不符合要求则进行罚款处罚;对无须追究行政和刑事法律责任的不合规行为,监督管理部门采用说服教育、提醒纠正等非强制性手段予以处理。

(三)监管重点(见表2-2)

39号令重点监管不实及虚假检验检测行为,强调检验检测活动的规范性。第十三条列举了四种不实检验检测报告情形,第十四条列举了五种虚假检验检测报告情形,充分吸收、总结、采纳了监管执法过程中的经验做法，明确了检验检测机构的行业底线，为检验检测机构拉响警钟，也有利于各级市场监管部门抓重点、严监管。除此之外，国家有关强制性规定的规范执行、分包管理、授权签字人的规范签发报告依然是监管的重点内容。

表2-2 39号令监管重点

序号	条款号	监管重点
1	第八条	检验检测机构是否按照国家有关样品管理、仪器设备管理与使用、检验检测规程或者方法、数据传输与保存等的强制性规定进行检验检测
2	第十条	需要分包检验检测项目的，检验检测机构是否分包给具备相应条件和能力的检验检测机构，并事先取得委托人对分包的检验检测项目以及拟承担分包项目的检验检测机构的同意。检验检测机构是否在检验检测报告中注明分包的检验检测项目以及承担分包项目的检验检测机构
3	第十一条	检验检测机构是否在其检验检测报告上加盖检验检测机构公章或者检验检测专用章，报告是否由授权签字人在其技术能力范围内签发
4	第十三条（一）	样品的采集、标识、分发、流转、制备、保存、处置是否符合标准等规定，是否存在样品污染、混淆、损毁、性状异常改变等情形且数据、结果是否存在错误或无法复核
5	第十三条（二）	是否使用未经检定或者校准的仪器、设备、设施，数据、结果是否存在错误或无法复核
6	第十三条（三）	是否违反国家有关检验检测规程或者方法的强制性规定，数据、结果是否存在错误或无法复核
7	第十三条（四）	是否未按照标准等规定传输、保存原始数据和报告，数据、结果是否存在错误或无法复核
8	第十四条（一）	是否未经检验检测便出具检验检测报告
9	第十四条（二）	是否伪造、变造原始数据、记录，或者未按照标准等规定采用原始数据、记录
10	第十四条（三）	是否减少、遗漏或者变更标准等规定的应当检验检测的项目，是否改变关键检验检测条件
11	第十四条（四）	是否调换检验检测样品或者改变其原有状态进行检验检测
12	第十四条（五）	是否伪造检验检测机构公章或者检验检测专用章；是否伪造授权签字人签名或者签发时间

（四）违规处罚案例

案例1. 生态环境领域（涉嫌出具不实报告）

上海市市场监管局对某环境检测机构开展检查，执法人员随机抽取6份该机构2021年6月13日出具的检测报告，6份报告检测使用的3台设备（气相色谱仪、原子吸收分光光度计和双道原子荧光光度计）首次校准日期均为2021年7月27日，校准时间在检测报告发放之后。同时检测所使用的样品已没有备检样品，致使检测数据无法复核。

上海市市场监管局对此事进行立案调查，最终认定该机构使用未经校准的仪器设备开展检测，向社会出具具有证明作用的检验检测报告，违反了《检验检测机构监督管理办法》第十三条"检验检测机构不得出具不实检验检测报告。……（二）使用未经检定或者校准的仪器、设备、设施的"，并驳回了该机构的陈诉申辩，依据《检验检测机构监督管理办法》第二十六条规定要求该机构责令限期改正，并处以3万元罚款。

案例2. 食品领域（涉嫌出具虚假报告）

天津市市场监督管理委员会对某检测公司开展监督检查，发现其2022年8月5日至8月10日间出具的6份报告对应的原始记录中氟虫腈的检测谱图（测试时间、设备型号、离子峰面积等）完全一致。经核实，该公司承认其编制的检测报告使用其他样品的分析结果和谱图替代相关样品的分析结果和谱图，该行为属于伪造、变造原始数据、记录，或者未按照标准等规定采用原始数据、记录，已移交属地市场监管部门调查并依法进行处理、处罚，同时移送行业主管部门。

该机构的上述行为违反了《检验检测机构监督管理办法》第十四条"检验检测机构不得出具虚假检验检测报告。……（二）伪造、变造原始数据、记录，或者未按照标准等规定采用原始数据、记录的"，依据《检验检测机构监督管理办法》第二十六条，检验检测机构有出具虚假检验检测报告行为的，"法律法规对撤销、吊销、取消检验检测资质或者证书等有行政处罚规定的，依照法律法规的规定执行；法律法规未作规定的，由县级以上市场监督管理部门责令限期改正，处3万元罚款"处理。

三、《检验检测机构资质认定告知承诺实施办法（试行）》

2019年10月，《市场监管总局关于进一步推进检验检测机构资质认定改革工作的意见》（国市监检测〔2019〕206号）发布，进一步推进检验检测机构资质认定改革，告知承诺是检验检测机构资质认定改革中的重要举措，随206号文发布《检验检测机构资质认定告知承诺实施办法（试行）》，优化资质认定准入服务，为通过实施告知承诺获得资质认定提供指导。

（一）出台背景

市场准入制度建立初期，为保证市场有序，保护公共利益，市场准入制度将交易安全摆在了首位，由此引发行政审批事项多、杂、乱的问题。由此产生以效率优先、兼顾安全为理念的市场准入制度改革，不仅是行政审批数量的缩减和程序的优化，还借助于内生机制保障交易安全，在"去监管"与"强监管"之间探索新型的监管机制。市场准入告知承诺制正是这场改革的产物之一。《国务院关于在全国推开"证照分离"改革的通知》（国发〔2018〕35号）中提出将"简化审批，实行告知承诺"作为重点工作内容之一。在多领域多方面推行告知承诺初见成效后，市场监管总局在检验检测机构资质认定改革中提出试点推行告知承诺制度，充分激发检验检测市场活力，优化准入服务。

（二）主要内容

①划定实施范围。除特殊领域外，检验检测机构初次申请资质认定、扩项、变更、延

续证书有效期均可采取告知承诺的方式。

②细化告知及承诺事项。由资质认定部门告知申请机构资质认定事项的依据、应具备的条件及能力、申请所需材料、所需承担的法律责任等；在申请人承诺部分重点强调应对承诺内容的真实性、准确性负责，虚假承诺或者承诺内容严重不实将承担相应的法律责任。

③梳理告知承诺许可流程。申请机构通过官方途径下载告知承诺书，向资质认定部门递交告知承诺书以及相关申请材料，从正式提交申请到拿到资质认定证书仅需12个工作日，与一般程序相比大幅缩短了取证时间。告知承诺采取置后技术评审的形式，一般3个月内安排技术评审，并做出相应的核查判定。

④阐明法律责任。检验检测机构做出虚假承诺或者承诺内容严重不实的，由资质认定部门撤销资质认定证书或者相应资质认定事项，记入信用档案，取消其采取告知承诺获得资质认定的资格。机构对外出具的相关检验检测报告不具有证明作用，并须承担因此引发的相应法律责任。

（三）监管重点（见表2-3）

163号令第三十二条规定："以欺骗、贿赂等不正当手段取得资质认定的，资质认定部门应当依法撤销资质认定。被撤销资质认定的检验检测机构，三年内不得再次申请资质认定。"第三十三条规定："检验检测机构申请资质认定时提供虚假材料或者隐瞒有关情况的，资质认定部门应当不予受理或者不予许可。检验检测机构在一年内不得再次申请资质认定。"由此可见，告知承诺是建立在诚信基础之上的一种许可形式，监管的重点是机构承诺的真实性和诚信。

采取以告知承诺的方式取得资质认定时，在申请前可以采用内部审核的方式对告知承诺的内容进行审核以降低风险。审核时可重点关注是否满足申请条件，能力是否满足要求，材料填写是否真实等方面。

表2-3 《检验检测机构资质认定告知承诺实施办法（试行）》监管重点

序号	条款号	监管重点
1	第五条	①申请材料是否齐全，是否与申请项目类型相符（如首次申请、扩项、变更）； ②"检验检测机构资质认定申请书"及相关申请材料内容与实际情况的一致性及填写完整性； ③典型检测报告是否覆盖申请的检验检测全部能力（每个类别提供1份典型报告），典型检测报告是否规范，满足相关法律法规的要求； ④授权签字人申请签字领域是否与申请的资质认定能力范围相符，申请材料齐全（毕业证、学位证、职称证或职称同等能力证明；授权签字人申请表等）

续表

序号	条款号	监管重点
2	第六条	1. 合规性核查： ①核查检验检测机构是否符合资质认定有关法律法规的要求； ②核查检验检测机构是否存在做出虚假承诺或者承诺内容严重不实的，由资质认定部门记入其信用档案，该检验检测机构不再适用告知承诺的资质认定方式。 2. 基本条件核查： 核查检验检测机构是否满足首次申请资质认定、申请延续资质认定证书有效期、扩项、标准变更、检验检测场所变更、授权签字人变更的基本条件。 3. 技术审核： 涉及首次申请及扩项时从人、机、料、法、环、测等多方面核查是否具有相应的检测能力

（四）违规处罚案例

天津某公司于2023年1月5日通过告知承诺方式向天津市市场监督管理委员会提出检验检测机构资质认定扩项申请，并获得行政许可。鉴于该公司在告知承诺后续现场核查中被发现承诺内容严重不实，根据《中华人民共和国行政许可法》《检验检测机构资质认定管理办法》等规定，撤销上述行政许可决定。该公司不再适用告知承诺的资质认定方式。该公司基于本次行政许可取得的利益不受保护，对外出具的相关检验检测报告不具有证明作用，并承担因此引发的相关法律责任。

四、《检验检测机构能力验证管理办法》

2023年3月1日行政规范性文件《检验检测机构能力验证管理办法》经市场监管总局第4次局务会议通过，2023年3月27日正式发布实施。《实验室能力验证实施办法》（国家认监委2006年第9号公告）同时废止。

（一）出台背景

国家认监委2006年发布《实验室能力验证实施办法》（以下简称《实施办法》），目的是规范和促进检验检测机构能力验证工作，确立能力验证的基本原则、组织实施和结果处理等要求。《实施办法》实施了16年，能力验证已成为检验检测行业的重要技术监管手段，在提升我国检验检测机构技术能力方面发挥了重要的作用。但面对国内检验检测行业快速发展的新形势、新需求，及相关能力验证技术标准的更新，《实施办法》已滞后于行业管理对能力验证业务发展和管理的需要，存在与新修订的标准和部门规章新要求不一致等问题。故市场监管总局印发《检验检测机构能力验证管理办法》（市场监管总局公告2023年第13号）。

（二）主要内容

该办法规定了制定目的和依据；明确了能力验证定义、适用范围、市场监管部门组织能力验证工作的职责分工和实施原则。

该办法明确了市场监管部门根据检验检测管理工作需求确定能力验证计划，应优先考虑涉及国家安全、公共安全、生态安全、公众健康等检验检测领域的项目；对能力验证承担机构提出明确的要求；对检验检测机构提出了明确的质量控制要求，包括内部质量控制和能力验证的要求，目的是保证检验检测机构技术能力能够持续符合资质认定条件和要求；将能力验证的结果分为"合格"和"不合格"两种。明确了能力验证实施、结果报送、结果验收的要求；对参加能力验证的检验检测机构做出规定，明确了结果异议的处理；对信息公开、原始记录和报告保存期限提出要求。

该办法明确了对不参加机构、出具虚假结果机构、结果不合格机构的处理，以及承担机构违反规定的处理，形成完整的闭环管理，如对无故不参加能力验证机构的监督抽查概率，对检验检测机构弄虚作假行为，《实施办法》规定"由国家认监委取消其相应项目的检测资质资格"，该办法则修改为"属于《市场监督管理严重违法失信名单管理办法》规定情形的，依照其规定予以处理"。对"不合格"结果的处理表述更具有操作性，明确规定机构应当在规定期限内完成整改，向市场监管部门提交整改和验证材料，并经市场监管部门确认通过。整改期间或者整改后技术能力仍不能符合资质认定条件和要求，并擅自向社会出具具有证明作用的检验检测数据、结果的，将按照《检验检测机构资质认定管理办法》《检验检测机构监督管理办法》相关规定进行处理；规定了市场监管部门对能力验证活动的监督方式、能力验证结果的使用，并鼓励各有关方积极采信依据本办法规定组织实施的能力验证结果，如"相关行业主管部门依照本办法组织开展能力验证活动，将能力验证结果报送市场监管部门，促进能力验证资源和数据信息共享。市场监管部门应当积极采信依照本办法组织实施的能力验证结果"。

（三）监管重点（见表2-4）

依据163号令第三十六条，基本条件和技术能力不能持续符合资质认定条件和要求，擅自向社会出具具有证明作用的检验检测数据、结果的，法律法规对撤销、吊销、取消检验检测资质或者证书等有行政处罚规定的，依照法律法规的规定执行；法律法规未作规定的，由县级以上市场监督管理部门责令限期改正，处3万元罚款。39号令第十八条规定："省级以上市场监督管理部门可以根据工作需要，定期组织检验检测机构能力验证工作，并公布能力验证结果。检验检测机构应当按照要求参加前款规定的能力验证工作。"39号令第二十四条规定："县级以上市场监督管理部门发现检验检测机构存在不符合本办法规定，但无须追究行政和刑事法律责任的情形的，可以采用说服教育、提醒纠正等非强制性手段予以处理。"由此可见，实验室应重视能力验证相关工作，依据相关标准或者技术规范的要求独立完成能力验证物品（样品）检测，并在规定时间内真实、客观地报送检验检测数据、结果及相关原始记录。

表2-4 《检验检测机构能力验证管理办法》监管重点

序号	条款号	监管重点
1	第十八条	是否存在未参加市场监管部门组织的能力验证的情况,或未能及时收集市场监管部门组织能力验证发布的公告或通知
2	第十九条	是否存在私下比对串通能力验证数据、结果,或者提供虚假能力验证数据、结果的行为
3	第二十条	当能力验证项目结果不合格时,是否未在规定期限内完成整改,或未及时向市场监管部门提交整改和验证材料,并获得确认通过;是否存在整改期间或者整改后技术能力仍不能符合资质认定条件和要求,并擅自向社会出具具有证明作用的检验检测数据、结果的行为

(四)违规处罚案例

贵州省某建筑工程质量检测有限公司未参加2023年贵州省市场监管局组织的关于防水卷材拉伸性能检测的能力验证项目,该省市场监管局根据《检验检测机构监督管理办法》《检验检测机构资质认定管理办法》等有关规定,依法组织对该机构实施取消相关参数检验检测资质的处理。

五、《检验检测机构资质认定评审准则》

检验检测机构资质认定技术评审是资质认定行政许可工作的重要环节,是对机构是否符合资质认定条件,是否具备检验检测技术能力并保证其对外出具的结果和数据真实、准确、可靠的技术性考核。

(一)出台背景

为落实《质量强国建设纲要》关于深化检验检测机构资质审批制度改革、全面实施告知承诺和优化审批服务的要求,匹配新163号令,2023年5月30日市场监管总局正式发布了《检验检测机构资质认定评审准则》(以下简称2023版《评审准则》),并于2023年12月1日起正式实施,《检验检测机构资质认定评审准则》(以下简称2016版《评审准则》)同时废止。

(二)主要内容

2023版《评审准则》在2016版《评审准则》及其释义的基础上,吸纳了《检测和校准实验室能力的通用要求》(CNAS CL01:2018,等同采用ISO/IEC 17025:2017)的精髓,兼顾了我国对检验检测市场强制管理的要求。

2023版《评审准则》主要用于评审人员对检验检测机构的技术评审活动。从评审内容与要求、评审方式与程序、评审细则等环节入手,突出强调法律地位、检测能力、结果追溯等刚性要求;降低了原则性条款的比例,减少自由裁量空间,强调以客观事实及符合性证据为依据。

2023版《评审准则》的框架和内容较2016版《评审准则》均发生了巨大的变化,文件内容涉及适用范围、评审原则、评审内容和要求、评审方式与程序、评审员管理等。文件在大原则上符合《检验检测机构资质认定管理办法》(163号令)、《检验检测机构资质认定评审员管理办法（试行）》及《检验检测机构监督管理办法》（39号令）。

2023版《评审准则》共4章21条（含四个附件），其与2016版《评审准则》的对比如表2-5所示。

表2-5　2023版《评审准则》与2016版《评审准则》对比

2016版《评审准则》	2023版《评审准则》
总则（3条内容）	第一章"总则"（6条内容），主要规定了制定评审准则的目的、适用范围、相关定义、评审原则等
参考文件	—
术语和定义（3条内容）	—
评审要求（6条43款内容）	第二章"评审内容与要求"（7条内容），主要规定了评审内容、机构主体、人员、场所环境、设备设施、管理体系评审要求以及特殊评审要求
—	第三章"评审方式与程序"（新增6条内容），主要规定了技术评审方式，现场评审、书面审查、远程评审的使用情形与要求，告知承诺现场核查程序
—	第四章"附则"（新增2条内容），主要规定了评审行为要求和施行时间
—	附件4个： 检验检测机构资质认定现场评审工作程序 检验检测机构资质认定书面审查工作程序 检验检测机构资质认定远程评审工作程序 《检验检测机构资质认定评审准则》一般程序审查（告知承诺核查）表

从以上框架对比中可以看出，2023版《评审准则》除了对资质认定评审内容进行更新，还增加了关于评审方式和程序的规定，弥补了2016版《评审准则》的不足。

2023版《评审准则》和2016版《评审准则》对比，变化的仅有"总则"和"评审内容与要求"部分内容，其他为新增内容。第一章可关注定义的变化；第二章是检验检测机构应关注的重点，也是机构管理体系审核的依据，将影响到后续管理体系的变更；第三章和第四章是评审工作方式与程序以及评审员行为要求，检验检测机构应了解并熟悉其内容。相比于2016版《评审准则》及释义，2023版《评审准则》在内容上对过程的"细致要求"有大量删减，强调"符合性"原则。

2023版《评审准则》第二章"评审内容与要求"中，在机构主体方面，对机构的法律地位、公开自我承诺、独立公正、保密义务提出了原则性的要求；在人员管理方面，对人员的劳动关系、人员资格与能力、授权签字人提出了原则性的要求；在场所环境方面，对机构的场所类型、环境条件的符合性提出了原则性的要求；在设备设施方面，对设备设施的配备及其符合性、计量溯源性、标准物质提出了原则性的要求；在管理体系方面，要求符合机构自身实际情况并有效运行，对建立依据、合同评审、服务和供应品采购、方法控制、检测报告、记录管理、信息化系统、结果质量控制均提出了原则性的要求。

需要注意的是，第二章7条内容中并不是所有条款的变化都有很大影响，我们应关注重点变化的内容。

学习第二章的内容一定要结合附件4《检验检测机构资质认定评审准则》一般程序审

查（告知承诺核查）表，因为第二章正文主要描述了评审内容的一些原则性要求，比如，第十二条讲到"运用计算机信息系统实施检验检测、数据传输时，应当具有保障安全性、完整性、正确性的措施"，那么如何落实这些措施以及体现落实的结果，在附件4中可以找到答案，如管理体系中应该包含对计算机信息系统进行数据保护的内容，防止未经授权的访问，应该对系统的正确性进行验证等，这些都对准则正文进行了细化说明。作为一般程序审查和告知承诺核查共用的检查表，附件4是评审组审核的依据，也是体系文件调整的一个重要依据，应重点关注。

从表2-6可以看到，2023版《评审准则》附件4的结构和第二章内容是对照统一的，附件4的2.8至2.13分别对应准则第八条至第十三条的内容，最后给出结论。在一般程序审查中，评审结论分为"符合""基本符合"和"不符合"三种情形；在告知承诺核查中，核查结论分为"承诺属实""承诺基本属实"和"承诺严重不实／虚假承诺"三种情形。不符合、承诺严重不实／虚假承诺都是不能被接受的，而带"*"条款出现不符合时，会被判定为不符合或承诺严重不实／虚假承诺，所以带"*"条款又是重中之重。带"*"条款即否决项包括2.8.1、2.9.1、2.10.1、2.11.1和2.12.4。

表2-6　2023版《评审准则》附件4与第二章相对照

第二章	附件4
第八条	2.8
第九条	2.9
第十条	2.10
第十一条	2.11
第十二条	2.12
第十三条	2.13
—	结论

（三）审核重点

2023版《评审准则》发布后各检验检测机构应按照相关要求修订质量管理体系文件，并在内部审核时关注重点变化内容。

检验检测机构可参考表2-7策划管理体系文件修订以及进行内部审核。

表2-7　《检验检测机构资质认定评审准则》审核重点

序号	条款号	审核重点
1	附件4 2.8.1*	①检验检测机构是法人机构的是否依法进行登记，核查营业执照经营范围是否包含生产和销售等影响公正性的内容，尤其是新开设场所。 ②检验检测机构是其他组织（包括法人分支机构）的是否依法进行登记。 ③法人、其他组织登记、注册的机构名称、地址是否与资质认定申请书一致，且登记、注册证书在有效期内。 ④法定代表人不担任检验检测机构最高管理者的，有无最高管理者授权文件，是否明确法律责任

续表

序号	条款号	审核重点
2	附件4 2.9.1*	机构与其人员是否建立劳动关系,是否符合《中华人民共和国劳动法》《中华人民共和国劳动合同法》的有关规定
3	附件4 2.10.1*	检验检测机构是否具有符合标准或者技术规范要求的检验检测场所;检验检测机构的工作场所是否与"检验检测机构资质认定申请书"填写的工作场所地址一致;核查场地租用合同、产权证明等,租借场地租赁合同期限是否不少于1年(如有CNAS资质,则按照最严要求执行)
4	附件4 2.11.1*	检验检测机构是否配备符合开展检验检测(包括抽样、样品制备、数据处理与分析等)工作要求的设备和设施;核查实验室设备设施的租赁情况,租赁设备是否有合法的租用、借用合同,租用、借用期限是否不少于1年(如有CNAS资质,则按照最严要求执行)
5	附件4 2.12.4*	是否正确使用有效的方法开展检验检测活动; 在使用标准方法前是否进行验证; 在使用非标准方法前,是否先对方法进行确认,再验证; 检验检测机构是否根据所开展检验检测活动的需要制定作业指导书; 检验检测机构的管理体系是否包含对检验检测方法定期查新和保留查新记录做出规定的内容,检验检测机构保留查新记录,证明所用方法正确有效

第二节 重点行业针对检验检测机构管理的特殊要求介绍

除市场监管总局颁布的163号令、39号令等一系列检验检测机构通用要求外,相关政府主管部门也出台了一些有关重点行业特殊管理要求的文件。

本节主要介绍环境监测领域、食品抽样、农产品检测领域、建设工程质量检测领域、医疗器械检验领域、机动车检验领域的相关规章要求,包括《检验检测机构资质认定 生态环境监测机构评审补充要求》《环境监测数据弄虚作假行为判定及处理办法》《食品安全抽样检验管理办法》《农产品质量安全检测机构考核办法》《建设工程质量检测管理办法》《医疗器械检验机构资质认定条件》《机动车检验机构资质认定评审补充技术要求》等。通过对各部门规章的出台背景和目的以及主要内容的介绍,总结出政府监管或外部审查的要点,以及检验检测机构在内部审核时的注意要点,为检验检测机构的合规及内部审核提供帮助。

一、生态环境检测机构管理要求
(一)《检验检测机构资质认定 生态环境监测机构评审补充要求》
1. 出台背景

为贯彻《关于深化环境监测改革提高环境监测数据质量的意见》中开展环境监测的机构必须取得资质认定证书及建立覆盖监测全过程的质量管理体系的要求,结合国家认监委于2018年发布的《检验检测机构资质认定工作采用相关认证认可行业标准的通知》（国认实〔2018〕28号）中的规定："认证认可行业标准作为相关领域检验检测机构的资质认定评审依据，检验检测机构资质认定评审遵循'通用要求+特殊要求'的模式。"根据环境监测行业的特殊性，国家认监委和生态环境部联合制定了《检验检测机构资质认定 生态环境监测机构评审补充要求》（国市监检测〔2018〕245号）（以下简称《补充要求》）。国家市场监督管理总局和各省级市场监督管理部门依照"通用要求+特殊要求"的模式，实施生态环境监测机构资质认定工作，规范资质认定评审行为。

2. 主要内容

《补充要求》可归纳总结为三部分内容：资源要求、检测过程活动要求和管理体系要求。

（1）资源要求

明确了机构主体责任，机构应独立、公正、诚信开展环境监测工作。要求机构依据《环境监测数据弄虚作假行为判定及处理办法》（环发〔2015〕175号）的要求，建立"谁出数谁负责，谁签字谁负责"的制度和措施。在人员要求方面，《补充要求》比通用要求更为具体和严格，对关键人员，如技术负责人、质量负责人、授权签字人，除能力要求外对从业经历也有明确的要求；且要求机构中级及以上技术职称（或同等能力）人员数量不少于机构人员总数的15%。在场所环境方面，除提出要控制并记录环境条件、合理分区外，对现场监测安全管理也提出了明确要求，如在现场监测要设立安全警示标识等。在设备管理方面，要求配齐覆盖所有监测环节的仪器设备，对现场监测仪器的数量、种类及使用记录的溯源性，核查和记录现场检测设备关键性能指标等也提出了要求。

（2）检测过程活动要求

要求对使用的标准方法和非标方法进行验证和确认；采样要制定监测方案或采样计划，并保证现场测试或采样过程客观、真实和可追溯，至少有2名人员在场；要求样品管理覆盖整个监测环节，保证样品性状稳定、标识清晰可追溯、记录完整等；在记录方面，要求无论是纸质记录还是电子记录，应确保记录的充分性、原始性、规范性和完整性；在确保结果有效性方面，要求质量控制活动应该覆盖机构所有的活动范围；在报告结果方面，要求授权签字人了解相关标准，并具备检测结果符合性判定的能力；在分包方面，要求对分包方的资质能力进行确认，对分包方的监测质量进行监督验证等；在数据信息管理方面，要求使用LIMS时注重记录的可追溯性和备份的重要性。

（3）管理体系要求

管理体系应符合自身监测活动的特点，覆盖活动相关的全部场所；在文件管理方面，要求对体系文件和外来文件进行有效控制；在档案管理方面，要求保存期限符合生态环境监测领域相关法律法规和技术文件的规定。

3. 审查重点（见表2-8）

内审员在审核过程中可重点关注《补充要求》比通用要求更细化的要求，如在体系、人员、场所和环境、仪器设备、分包管理、结果有效性等方面的更为具体和严格的要求。

表2-8 《补充要求》审查重点

序号	条款号	审查重点
1	第五条	管理体系文件是否包含防范和惩治弄虚作假行为的制度和措施
2	第六条	查看人员数量及比例是否与《补充要求》相匹配
3	第十二条	查看现场采样数量是否充足,设备配置是否满足标准要求,现场查看设备是否与设备台账数量及型号信息一致
4	第十五条	有分包事项时,是否保留客户同意、对分包方资质和能力进行确认、对分包方监测质量进行监督或验证的记录,是否有二次分包的行为
5	第十七条	抽取方法验证报告,查看报告内容是否包含了HJ 168—2020要求的信息和技术指标,并保留了相应的原始记录
6	第十九条	查看记录信息是否完整,是否有2名或以上的监测人员签名确认
7	第二十条	现场查看样品,核查是否有样品接收记录,是否进行了样品信息及状态检查,是否建立了标识系统
8	第二十三条	查看实验室管理体系文件中是否有档案管理的规定,是否符合相应法律法规或技术文件的要求(如HJ 8.2)

(二)《环境监测数据弄虚作假行为判定及处理办法》

1. 出台背景

2015年1月1日实施的《中华人民共和国环境保护法》第十七条规定"监测机构及其负责人对监测数据的真实性和准确性负责",第六十五条规定"环境影响评价机构、环境监测机构以及从事环境监测设备和防治污染设施维护、运营的机构,在有关环境服务中弄虚作假,对造成的环境污染和生态破坏负有责任的,除依照有关法律法规规定予以处罚外,还应当与造成环境污染和生态破坏的其他责任者承担连带责任"。2017年6月27日第二次修正的《中华人民共和国水污染防治法》第二十四条第一款规定"实行排污许可管理的企业事业单位和其他生产经营者应当对监测数据的真实性和准确性负责"。环境监测系统经过40多年的发展,已基本满足环境管理要求,为进一步加强监督管理,加大对环境监测弄虚作假行为责任追究和处罚的力度,保障环境监测数据真实准确,依据《中华人民共和国环境保护法》和《生态环境监测网络建设方案》(国办发〔2015〕56号)等有关法律法规和文件,国务院环境保护主管部门于2016年1月1日发布《环境监测数据弄虚作假行为判定及处理办法》(环发〔2015〕175号,以下简称《处理办法》)。

2. 主要内容

《处理办法》对环境监测数据弄虚作假行为的判定、调查和处理进行了明确规定。

(1)环境监测数据弄虚作假行为的判定

弄虚作假行为判定是《处理办法》的核心内容,弄虚作假行为主要分为3种类型:篡改,伪造及指使篡改、伪造。根据文件规定和行业中存在的一些问题,《处理办法》共整理出27种弄虚作假的方式,其中篡改监测数据行为有14种,伪造监测数据行为有8种,指使篡改、伪造监测数据行为有5种。《处理办法》中规定的弄虚作假行为既包括实验室环境监测活动的各个环节，也覆盖自动监测的各环节，此外，还明确规定了对监测人员、排污单位及设备运维单位可能存在的弄虚作假情形，并详细界定了环境监测机构人员、国家机关人员和监测委托方涉嫌指使篡改、伪造监测数据的行为。

（2）环境监测数据弄虚作假行为的调查

《处理办法》明确了调查的责任主体由地市级以上人民政府环境保护部门担当。我国环保系统已经形成一整套比较完整、规范的环境违法行为调查、取证和处理程序，相关文件包括《环境行政处罚办法》《环境执法人员行为规范》等。发现监测数据弄虚作假行为的渠道主要有：

①跨部门联动。通过调取监测机构的多方面数据信息，评估监测机构实际业务能力，初步锁定重点嫌疑对象。

②跨平台联动。利用省危险废物全生命周期平台、工业企业自行监测系统等，综合研判，筛查线索，进一步缩小范围，对相关监测机构实施精准打击。

③大数据联动。强化数据分析，对相关监测机构的监测报告原始档案、实验室原始数据以及员工出勤记录等信息开展数据比对，查实逻辑性错漏，准确固定证据。

④行刑联动。启动"市生态环境2+N一体化办案机制"，与公安部门保持热线沟通，加强双向咨询通报，提升案件侦办效率。

⑤生态环境部门持续加大对第三方环保服务机构的监管力度，通过跨部门、跨平台大数据融合比对，及时发现相关违法线索，依法严肃查处违法违规行为，进一步推动形成规范统一、竞争有序、诚实守信的环境监测服务市场环境。

（3）环境监测数据弄虚作假行为的处理

《处理办法》规定了两大类处理手段：行政手段和法律手段。行政手段对监测机构和人员，政府部门、服务机构和人员，监测仪器生产商、销售商，党政领导和国家机关人员均明确规定处理措施。法律手段在相关的法律法规中有规定，如《中华人民共和国环境保护法》第六十三条及第六十五条、《行政主管部门移送适用行政拘留环境违法案件暂行办法》、《中华人民共和国计量法》、《检验检测机构监督管理办法》第二十六条、《中华人民共和国刑法》修正案第二百二十九条等。

3. 监管重点（见表2-9）

内审员在内审过程中可重点审查《处理办法》中规定的容易出现弄虚作假的检验检测活动，如现场采样点位、采样环境条件、采样设施设备、样品管理、记录溯源性、规范性、时效性等。

表2-9 《处理办法》监管重点

序号	条款号	监管重点
1	第四条（六）	是否有故意更换、隐匿、遗弃监测样品或者通过稀释、吸附、吸收、过滤、改变样品保存条件等方法改变监测样品性质的行为
2	第四条（七）	是否有故意漏检关键项目或者无正当理由故意改动关键项目的监测方法的行为

续表

序号	条款号	监管重点
3	第四条（八）	故意改动、干扰仪器设备的环境条件或运行状态或者删除、修改、增加、干扰监测设备中存储、处理、传输的数据和应用程序，或者人为使用试剂、标样干扰仪器的行为
4	第四条（十）	是否有故意不真实记录或者选择性记录原始数据的行为
5	第四条（十一）	是否篡改、销毁原始记录，或者不按规范传输原始数据
6	第四条（十二）	是否有对原始数据进行不合理修约、取舍的行为
7	第四条（十三）	是否有擅自修改数据的行为
8	第五条（一）	是否有纸质原始记录与电子存储记录不一致，或者谱图与分析结果不对应，或者用其他样品的分析结果和图谱替代的情形
9	第五条（二）	是否有监测报告与原始记录信息不一致，或者没有相应原始数据的情形
10	第五条（三）	是否有监测报告的副本与正本不一致的情形
11	第五条（四）	是否有伪造监测时间或者签名的情形
12	第五条（五）	是否有通过仪器数据模拟功能，或者植入模拟软件，凭空生成监测数据的情形
13	第五条（六）	关注报告或证书中的数据、时间、结果及现场采样信息（如采样点位、采样过程等）是否能在相应分析和采样原始记录中得到溯源，是否开设烟道采样口，是否符合标准和技术规范要求，逻辑是否合理
14	第五条（七）	是否未按规定对样品留样或保存，导致无法对监测结果进行复核

4. 违规处罚案例

2022年2月23日，某地生态环境综合行政执法局对某环境检测公司开展检查时，发现该公司在一份检测报告中4份土壤样品存在超期保存且无法重新采样的情况下，仍继续进行测定土壤中六价铬和汞项目，不符合《土壤环境监测技术规范》（HJ/T 166—2004）中对新鲜样品的保存期限要求（新鲜样品测试项目为六价铬和汞的保存时间分别为1天和28天），致使六价铬和汞项目的测定结果值偏低。

另查明，该公司其他5份检测报告纸质原始分析记录载明土壤中氰化物、氨氮和总磷项目分析测定使用的是风干前的土壤样品，但干物质和水分分析测定使用的是风干后的土壤样品，非同一状态下的土壤样品，且用风干后的土壤样品测定干物质和水分的结果是干物质含量上升，水分含量降低，而氰化物、氨氮和总磷项目引用干物质和水分分析记录结果，根据计算公式会造成氰化物、氨氮和总磷项目的测定结果值偏低。

根据《处理办法》第四条"篡改监测数据，系指利用某种职务或者工作上的便利条件，故意干预环境监测活动的正常开展，导致监测数据失真的行为，包括以下情形：……（六）故意更换、隐匿、遗弃监测样品或者通过稀释、吸附、吸收、过滤、改变样品保存条件等方式改变监测样品性质的"，该公司的行为属于篡改监测数据，依据《处理办法》第十二条规定，由负责调查的环境保护主管部门将该机构和涉及弄虚作假行为的人员列入不良记录名单，并报上级环境保护主管部门，禁止其参与政府购买环境监测服务或政府委托项目。

（三）《关于办理环境污染刑事案件适用法律若干问题的解释》

1. 出台背景

最高人民法院会同最高人民检察院于2016年12月联合发布了《关于办理环境污染刑事案件适用法律若干问题的解释》（法释〔2016〕29号，以下简称《2016年解释》）。《2016年解释》施行以来，各级公检法机关和环保部门准确认定事实，正确适用法律，依法惩处环境污染犯罪，取得了良好的社会效果。2018年至2022年，全国法院审结相关环境污染刑事案件11880件，生效判决人数24756人，其中，污染环境刑事案件11860件，生效判决人数24724人。

为进一步加大对污染环境犯罪的惩处力度，2021年3月1日起施行的《刑法修正案（十一）》将污染环境罪的法定刑由过去的两档增至三档，并明确对承担环境影响评价、环境监测等职责的中介组织的人员可以适用提供虚假证明文件罪。在《刑法修正案（十一）》施行后，有必要根据该法第三百三十八条的规定，及时对《2016年解释》做出调整，以确保法律统一、有效实施。同时，《2016年解释》施行以来，中央和地方有关部门也反映在办案中存在一些问题，亟须完善补充司法解释的规定，以更好地适应司法实践需要。

在此背景下，为依法惩治环境污染犯罪，最高人民法院会同最高人民检察院，在公安部、生态环境部、水利部、海关总署、国家林业和草原局等有关部门的大力支持下，深入调查研究，广泛征求意见，反复论证完善，根据《中华人民共和国刑法》《中华人民共和国刑事诉讼法》《中华人民共和国环境保护法》等法律的有关规定制定并发布了《关于办理环境污染刑事案件适用法律若干问题的解释》（法释〔2023〕7号，以下简称《2023年解释》），就办理此类刑事案件适用法律的若干问题做出进一步解释。针对环境数据造假行为，司法解释明确，承担环境影响评价、环境监测、温室气体排放检验检测、排放报告编制或者核查等职责的中介组织的人员，适用提供虚假证明文件罪，并明确定罪量刑标准，推动生态环境高水平保护。《2023年解释》自2023年8月15日起施行，《2016年解释》同时废止；之前发布的司法解释与《2023年解释》不一致的，以《2023年解释》为准。

这是1997年《刑法》施行以来最高司法机关就环境污染犯罪第四次出台专门司法解释，充分体现了"两高"依法严惩环境污染犯罪、助力生态文明建设的坚定立场，对于全面推进美丽中国建设、加快推进人与自然和谐共生的现代化具有重要意义。

2. 主要内容

《2023年解释》针对当前办案实践反映的新情况新问题，依照法律的有关规定，对环境污染犯罪的定罪量刑标准和有关法律适用问题进行全面系统的规定。《2023年解释》共20条，主要可以归纳为以下10个方面：

①关于污染环境罪的定罪量刑标准；
②关于涉危险废物环境污染行为的处理规则；
③关于环境污染关联犯罪的处理规则；
④关于环境污染犯罪宽严相济刑事政策的把握；
⑤关于非法处置进口的固体废物罪的升档量刑；

⑥关于环境监测、检测数据的审查使用规则；

⑦关于有毒物质的适用范围；

⑧关于反向行刑衔接规则；

⑨关于专门性问题的认定规则；

⑩关于环境污染犯罪的其他问题。

此处仅就《2023年解释》中和检验检测机构密切相关的条款进行重点阐述。

《2023年解释》对环境污染关联犯罪的规定，主要涉及环境领域的提供虚假证明文件罪和破坏计算机信息系统罪。《2023年解释》第十条第一款规定："承担环境影响评价、环境监测、温室气体排放检验检测、排放报告编制或者核查等职责的中介组织的人员故意提供虚假证明文件，具有下列情形之一的，应当认定为刑法第二百二十九条第一款规定的'情节严重'：（一）违法所得三十万元以上的；（二）二年内曾因提供虚假证明文件受过二次以上行政处罚，又提供虚假证明文件的；（三）其他情节严重的情形。"这明确将承担环境影响评价、环境监测等职责的中介组织的人员纳入提供虚假证明文件罪的规制范围，切实贯彻刑法修改精神。

碳排放权交易市场的健康运行对于实现"双碳"目标具有重要意义，而温室气体排放报告及相关检测检验结论的真实性、可靠性，则是保证碳排放权交易公平公信的重要基础。当前，相关技术服务机构在编制、核查温室气体排放报告或者就温室气体排放情况进行检验检测过程中，故意伪造、篡改相关检测、报告数据的问题较为突出，逃避履约义务，甚至骗取碳排放权配额盈余牟利，破坏碳排放权交易市场秩序，不利于碳排放权交易市场长远健康运行，严重影响碳排放权交易市场健康运行。有意见建议，对此类与温室气体排放相关的造假行为，也应当依法适用提供虚假证明文件罪。经研究，采纳上述建议，将承担温室气体排放检验检测、排放报告编制或者核查等职责的中介组织的人员故意提供虚假证明文件的行为，纳入《2023年解释》规定的提供虚假证明文件罪的适用范围。

3. 监管重点（见表2-10）

内审员在审核过程中，应重点关注机构从事环境监测设施维护、运营的人员是否存在实施或者参与实施篡改、伪造自动监测数据，干扰自动监测设施，破坏环境质量监测系统以及提供虚假文件等行为。

表2-10 《2023年解释》监管重点

序号	条款号	监管重点
1	第十条（一）	承担环境影响评价、环境监测、温室气体排放检验检测、排放报告编制或者核查等职责的中介组织的人员故意提供虚假证明文件，违法所得是否超过30万元
2	第十条（二）	两年内是否曾因提供虚假证明文件受过两次以上行政处罚，是否又一次提供虚假证明文件
3	第十条（三）	是否有其他情节严重的情形
4	第十一条（一）	是否修改系统参数或者系统中存储、处理、传输的监测数据

续表

序号	条款号	监管重点
5	第十一条（二）	是否干扰系统采样，致使监测数据因系统不能正常运行而严重失真
6	第十一条（三）	其他破坏环境质量监测系统的行为

二、《食品安全抽样检验管理办法》

（一）出台背景

为有效落实《关于深化改革加强食品安全工作的意见》和《地方党政领导干部食品安全责任制规定》的要求，贯彻党中央、国务院决策部署，规范食品安全抽样检验工作，加强食品安全监督管理，保障公众身体健康和生命安全。根据《中华人民共和国食品安全法》第八十七条"县级以上人民政府食品药品监督管理部门应当对食品进行定期或不定期的抽样检验，并依据有关规定公布检验结果，不得免检"，市场监管总局修订了食品药品监督管理总局制定的《食品安全抽样检验管理办法》，并于2019年10月1日开始实施。食品监督抽检成为食品安全监管部门实施食品安全监管的重要手段，是全面掌握食品安全形势和质量状况的重要措施，也为查办食品违法违规案件提供技术支撑和依据。

（二）主要内容

该办法主要明确了食品安全抽样检验的含义和范围，抽样程序的要求，复检程序，抽样异议处理程序、核查处理措施及食品生产经营者和食品承检机构的法律义务。

①明确了食品安全抽样检验的含义和范围。根据工作目的和工作方式的不同，食品安全抽检工作分为监督抽检、风险监测和评价性抽检；明确了评价性抽检以及餐饮食品、食用农产品的抽检也可以参考该办法中的相关规定开展。

②明确了抽样程序要求。食品安全抽检要遵守"双随机、一公开"的要求，明确了现场抽样和网络抽样的多个方面的区别，及在现场抽样和网络抽样中应该履行的程序；明确了抽样、检验、样品移交等各环节时限性要求。该办法还适用于监管部门对没有实际经营的食品经营者的抽样检验。

③明确了复检程序。明确申请复检时限、复检机构确认方式，如复检备份样品移交、报告提交、结果通报等各环节工作时限，规定了复检备份样品要由复检机构实施并记录。

④明确了抽样异议处理程序。为保障食品生产者的权益，将抽样、检验及判定依据也纳入该办法中的异议申请范围，明确了异议提出的主体，规定了异议提出、受理、审核、结果通报等各环节时限和程序。

⑤明确了核查处理措施。明确了各监督部门组织的抽检以及网络抽检中发现不合格食品要通过食品安全抽样检验信息系统通报的程序。

⑥明确了食品生产经营者和食品承检机构的法律义务。该办法对食品生产经营者提出了依法配合监管部门实施抽检和收到不合格检验结论后采取风险控制措施的要求，并明确了食品生产经营者的各种处罚规定。明确了食品承检机构的管理责任，即建立严格抽样、检验、结果报送管理制度，严格执行检验标准，保证出具的检验数据和结论客观、公正，

不得出具虚假报告;对于发现的违法行为,除依法处理并公布于社会外,终身或者五年内不得接受监管部门委托的抽样检验任务。此外,该办法对复检机构承担复检任务也提出了约束性要求。

(三)监管重点(见表2-11)

该办法规定承检机构应当依照有关法律法规规定取得资质认定后方可从事检验活动。该办法规定,承检机构应保证出具的检验数据和结论客观、公正,不得出具虚假检验报告;依法接受市场监督管理部门监督检查,监督其检验能力或者其他检验质量问题。为进一步规范食品安全监督抽检工作,各地方监管单位还将制定详细的食品安全承检机构考核管理办法,为科学有效管理食品安全承检机构提供依据及标准。

表2-11 《食品安全抽样检验管理办法》监管重点

序号	条款号	监管重点
1	第五十条	①核查机构是否建立样品管理制度; ②核查是否存在调换样品、伪造检验数据或者出具虚假检验报告的行为; ③核查或询问是否有利用抽样检验工作之便牟取不正当利益的行为; ④核查或询问是否有事先通知被抽检食品生产经营者的行为; ⑤核查或询问是否有擅自发布食品安全抽样检验信息的行为; ⑥核查是否按照规定的时限和程序报告不合格检验结论

三、《农产品质量安全检测机构考核办法》

(一)出台背景

随着农产品质量安全检测机构的日益增多,为加强对机构的管理及规范考核,根据《中华人民共和国农产品质量安全法》等有关法律、行政法规的规定,《农产品质量安全检测机构考核办法》出台,并于2008年1月12日起施行。为了依法保障简政放权、放管结合、优化服务改革措施落实,农业部对规章和规范性文件进行了全面清理。经过清理,2017年11月30日农业部下发"中华人民共和国农业部令2017年第8号",决定对包括《农产品质量安全检测机构考核办法》在内的18部规章和4部规范性文件的部分条款予以修改,对3部规章和36部规范性文件予以废止。修改后的《农产品质量安全检测机构考核办法》于2017年12月20日公布并实施。

(二)主要内容

该办法主要明确了检测机构的基本要求以及监督管理,对证书考核的申请与评审、审批与颁证、延续与变更也有相应的规定。

①机构基本要求。对机构的基本条件与能力条件有明确的要求,如机构架构、人员能力与数量、设备、场所、管理体系等。如提出了人员数量的最低要求为5人,对关键岗位(技术负责人、质量负责人、授权签字人)提出需要有农产品质量安全领域5年以上的工作经验,在设备方面也提出仪器设备配备率应达到98%,完好率达到100%。

②检测活动管理。虽然该办法未明确对检测机构检测过程活动有具体要求，但是机构应依据《农产品质量安全检测机构考核评审细则》等相关要求，建立检测过程中的管理体系和质量保证体系。

③监督管理。明确监督管理工作由农业部和省级农业部门承担，规定了多种监督方式，对监督过程中发现的检测机构违规行为，制定了不同的行政管理方式。对伪造检测结果或者出具虚假证明，擅自发布检测数据和结果造成不良后果，超范围出具检验数据、结果，非授权签字人签发检验报告，未按要求参加能力验证等行为，该办法中均规定不同程度的处罚，如三年内不受理考核申请、责令整改、暂停检测工作、注销考核合格证书等。

（三）监管重点（见表2-12）

内审员可先结合《农产品质量安全检测机构考核评审细则》等相关要求开展内部审核，增加该办法与《农产品质量安全检测机构考核评审细则》不同的3个外部监管时重点关注的内容。

表2-12 《农产品质量安全检测机构考核办法》监管重点

序号	条款号	监管重点
1	第二十六条	核查年度报告是否及时上传，是否建立报告年度上传管理制度；核查检测年度能力验证计划是否覆盖检测能力清单的领域，符合考核机构要求
2	第二十九条	查阅上次获取证书以来，机构的正副主任、技术负责人、质量负责人、授权签字人、检测标准是否及时办理变更
3	第三十条	随机抽查一定数量的报告，核查检测项目和报告签字人是否与资质证书、考核合格证书上的授权人员一致

四、《建设工程质量检测管理办法》

（一）出台背景

建筑工程质量与人民生命财产安全、城市的建设和新型城镇化发展密切相关。建设工程质量检测是控制工程质量、监管政府工程质量、评价工程质量的重要手段。2005年，建设部发布实施《建设工程质量检测管理办法》（建设部令第141号，以下简称原《办法》），内容包含建设工程质量检测机构的资质许可、业务开展以及对检测活动的监督管理等，在实施过程中既规范了检测机构的检测行为，维护检测市场秩序，又对工程质量起到保证作用。但原《办法》实施多年来，国家建筑业飞速发展，检测行业逐渐壮大，建设工程质量检测技术力量逐步增强，建设工程质量检测行业检测机构出现一些问题，如机构的定位与实际运营不适应、责任主体覆盖不全、检测市场实际需求与机构检测范围不符合、检测机构信息化应用水平跟不上时代发展，存在违法违规成本低、检测机构之间存在恶性竞争、违规出具虚假检测报告等现象，对建设工程质量乃至人民的生命财产安全埋下了质量隐患。原《办法》已不能完全适应行业发展及监管的需要，亟须修订完善。为此，国家住房和城乡建设部于2022年12月29日发布了57号令《建设工程质量检测管理办法》

（以下简称《办法》），自2023年3月1日实施。原《办法》同时废止。

（二）主要内容

《办法》共6章，50条，主要在检测机构资质管理、检测活动管理、监督管理、法律责任等四个方面提出了明确的要求，明确了工程质量检测机构基本要求、检测活动管理、监督管理等内容。

1. 检测机构资质管理

规定了对综合类资质、专项类资质能力的评审要求。《办法》不再要求检测机构先获得检验检测机构资质认定（CMA）证书后才可申报，因《办法》属于住房和城乡建设部管理部门的许可制度，而CMA申请的制度属于市场监督管理总局的规则管理制度，不存在谁先谁后的关系。为适应市场发展的需要，具备独立法人资格的企业、事业单位，以及依法设立的合伙企业均可以申请。《办法》中将检测机构资质分为综合类资质、专项类资质，并细化了申请条件的内容，简化了受理申请内容，实行电子证照，证书由之前的3年有效期调整为5年，增加了综合类资质或者资质增项的申请要求，同时证书的延续有效期也由之前的3年调整为5年，缩短了相关变更事项的审批时限。

2. 检测活动管理

规定了要加强检测人员培训，检测机构及其人员应保证公正性，委托检测、见证记录、检测试样提供方提供试样、接收施样等检测活动应规范实施，审核人员签字、报告内容、记录保存、出具报告、复检、档案管理制度等方面应合乎要求，机构要建立信息化管理系统，保证检测活动全过程可追溯，机构在人员、实施设备、检测场所、质量体系等方面应满足建设工程质量检测资质标准的要求。《办法》还规定了检测机构跨省、自治区、直辖市承担检测业务的要求，要求机构完善检测责任体系；明确并完善了机构和人员的禁止性行为。

3. 监督管理

规定了监督检查方式和措施。要求主管部门建立监管信息系统，提升监管水平，并实施动态监管和加强质量监督抽测；规定了对不再符合相应资质标准的检测机构的要求；明确了县级以上地方人民政府住房和城乡建设主管部门实施行政处罚告知、行政处罚等信息公开的要求。

4. 法律责任

规定了处罚的情形和依据，加大对违法违规行为的处罚力度。如：未及时办理资质证书变更手续的，处5000元以上1万元以下罚款；未及时提出资质重新核定申请的，处1万元以上3万元以下罚款；出具虚假检测数据或者检测报告的，由主管部门责令改正，处5万元以上10万元以下罚款；造成危害后果的，处10万元以上20万元以下罚款；构成犯罪的，依法追究刑事责任。在建设工程抗震活动中检测机构如果有相关行为，还要依照《建设工程抗震管理条例》有关规定给予处罚。

(三)监管重点(见表2-13)

住房和城乡建设主管部门负责建设工程质量检测活动的监督管理,在监管高压态势下,在内部审核时应关注外部监管时重点关注的内容。例如《办法》第四章的第三十二条至第三十八条,明确了监管机构的监管方式及监督管理,特别是《办法》第五章第三十九条至第四十八条,细致罗列了处罚的情形和依据。在内审时可重点关注机构营业范围、公正性、资质证书管理、出具报告的管理制度、检测过程数据、结果数据、影像资料、记录及报告管理制度、超范围、转包与分包、人员任职与能力、设备、检测方法、检测能力维护记录信息、样品管理、档案管理、信息化管理等方面内容。

表2-13 《建设工程质量检测管理办法》监管重点

序号	条款号	监管重点
1	第十三条	①机构名称、地址、法定代表人等是否按时办理变更; ②因检测机构检测场所、技术人员、仪器设备等事项发生变更影响其符合资质标准的,是否按时重新核定申请
2	第二十一条	检测报告是否有三级签署(检测人员、审核人员、法定代表人或者授权签字人),并加盖检测专用章
3	第二十二条	机构是否建立过程数据和结果数据、检测影像资料及检测报告记录与留存制度
4	第三十条	①出具报告是否存在超出资质许可范围的检测活动; ②是否存在转包或者违法分包建设工程质量检测业务; ③是否存在涂改、倒卖、出租、出借或者以其他形式非法转让资质证书的行为; ④检测记录或报告是否未按照强制性标准进行检测; ⑤检测人员或者仪器设备的档案是否符合检测活动要求; ⑥是否出具虚假的检测数据或者检测报告
5	第三十一条	检测人员档案或询问检测人员,是否有下列行为: ①同时受聘于两家或者两家以上检测机构; ②未按照工程建设强制性标准进行检测; ③违反工程建设强制性标准进行结论判定或者出具虚假判定结论
6	第三十九条	机构已取得资质证书是否在有效期内
7	第四十条	机构在申请资质时,是否提供虚假材料
8	第四十五条	①核查公司营业范围,或询问机构人员,是否与所检测建设工程相关的建设、施工、监理单位,以及建筑材料、建筑构配件和设备供应单位有隶属关系或者其他利害关系,是否推荐或者监制建筑材料、建筑构配件和设备; ②询问或核查是否及时报告发现的违反有关法律法规规定和工程建设强制性标准等的情况; ③询问或核查是否未及时报告涉及结构安全、主要使用功能的不合格检测结果; ④核查是否建立档案和台账管理的制度; ⑤核查是否建立并使用信息化管理系统; ⑥核查机构是否有跨省、自治区、直辖市的开展检测业务,承担的检测活动是否符合建设工程质量检测活动的要求; ⑦核查是否按照要求参加能力验证和比对试验

五、《医疗器械检验机构资质认定条件》

（一）出台背景

随着医疗器械行业的发展，其涉及众多的技术领域，跨各行业，专业性强，种类繁多，特别是医疗器械广泛应用于疾病预防、诊断、治疗、监护、康复等医疗卫生领域。医疗器械行业在人们的生活中扮演着越来越重要的角色，全社会都越来越关注医疗器械的安全性和有效性。对医疗器械的质量、安全和有效性进行科学准确的检验尤为重要。医疗器械检验检测机构是取得法定资质、具有第三方公正地位的行政监管技术支撑单位，对于保证医疗器械产品质量、维护产业发展、保障公众用械安全具有基础性作用。

为加强医疗器械检验机构的管理及规范医疗器械检验机构资质认定工作，依据《医疗器械监督管理条例》（国务院令第650号）第五十七条"医疗器械检验机构资质认定工作按照国家有关规定实行统一管理。经国务院认证认可监督管理部门会同国务院食品药品监督管理部门认定的检验机构，方可对医疗器械实施检验"，食品药品监管总局于2015年11月6日发布了《食品药品监管总局关于印发医疗器械检验机构资质认定条件的通知》（食药监科〔2015〕249号），印发《医疗器械检验机构资质认定条件》（以下简称《认定条件》），将其作为国家认监委《检验检测机构资质认定 医疗器械检验机构评审补充要求》。国家认监委组织医疗器械检验机构资质认定评审时，按照"通用要求+医疗器械检验机构资质认定条件"的模式进行评审。

（二）主要内容

《认定条件》分9章24条，主要对检验机构的资质、管理体系、检验能力、人员、环境和设施、设备、样品处置等做出了要求。

①明确了申请机构须具有法律主体，承担相应的法律责任，而且开展特定的检验活动需要取得相应的检验资质。

②明确了管理体系要求，要求检验机构建立与开展的检验活动相适应的管理体系，有完善的管理体系文件，并运行12个月以上，有完整的内审和管审。

③明确机构须具备相应的能力，包括依据有效的国家、行业及产品技术标准或规范等开展检验活动的检验能力，具备检验和预评价能力，对检验的产品具有质量事故的分析和评估能力。

④细化人员要求。机构应配备熟悉医疗器械相关的法律法规及检验风险管理的方法的管理人员和具备相关领域副高级以上专业技术职称，或拥有硕士以上学历并具有5年以上相关专业的技术工作经历的关键技术人员。应配备充足及满足要求的检验人员，如检验人员只能在本检验机构中从业，中级以上专业技术职称的人员数量应当不少于从事检验活动的人员总数的50%，检验人员须经过医疗器械相关法律法规、质量管理和有关专业技术的培训和考核等。

⑤细化环境和设施的要求。机构须具备与检验活动相关的独立调配使用的固定工作场所，具有满足检验方法、仪器设备正常运转、数据分析、信息传输、技术档案贮存、样品

制备和贮存、防止交叉污染、贮存和处理废弃样品和废弃物、保证人身健康和环境保护等要求的工作环境和基本设施。

⑥配备开展检验活动所必需的且能够独立调配使用的设备，包含检验仪器设备和工艺装备、样品贮存和处理设备以及标准物质、参考物质等；建立仪器设备管理制度，包括量值溯源、仪器设备档案、操作规程、使用和维修等。

⑦规定检测样品如何处置，须有样品管理和弃置的程序，包括样品状态受控、建立样品标识系统等。

（三）监管重点（见表2-14）

随着我国监管要求的改进，医疗器械检验机构不断经历检验检测市场化的考验。近年来，市场监管总局、国家药品监督管理局等部门联合开展资质认定监督抽查，依据《医疗器械监督管理条例》第九十六条，如果医疗器械检验机构出具虚假检验报告，由授予其资质的主管部门撤销检验资质，相关责任人以及单位都会受到相应的处罚，所以在内部审核时应关注外部审查时重点关注的内容，例如《认定条件》中有关机构设置与人员、检验环境、仪器设备、实验物料、检验过程等的规定。

表2-14 《医疗器械检验机构资质认定条件》监管重点

序号	条款号	审查重点
1	第六条	出具的报告中的项目、参数是否已取得相应的资质
2	第十一条	是否根据产品特性采取现行有效的标准开展检验
3	第十四条 第十五条	组织架构、人员配置是否合理（包括管理人员、关键技术人员、检验人员），人员能力是否满足要求
4	第十六条	环境和设施是否满足仪器设备、国家相关法规、检验标准的要求
5	第十七条	仪器的性能、技术参数是否满足相应标准和技术规范的要求
6	第二十一条 第二十二条	样品的管理和弃置是否规范，是否建立样品标识系统

六、《机动车检验机构资质认定评审补充技术要求》

（一）出台背景

2015年9月24日，国家质检总局和国家认监委发布施行《检验检测机构资质认定 机动车安全技术检验机构评审补充要求》，指导和规范了全国的机动车安全技术检验机构技术评审工作。随着我国机动车数量的快速增长，公安部门推出了扩大私家车免检范围、优化年检周期等改革措施，广大消费者也期待机动车检验有更好的服务体验。近年来，市场监管部门相继推出了检验检测机构资质认定"放管服"改革措施，如压缩审批时限、优化审批程序、施行告知承诺制度等。为适应机动车检验制度改革，优化车检服务相关要求，以满足符合《中华人民共和国道路交通安全法》及其实施条例、《中华人民共和国大气污染防治法》等法律法规的有关规定、强制性国家标准《机动车安全技术检验项目和方法》（GB 38900—2020），市场监管总局启动了《检验检测机构资质认定 机动车安全技术检验机构评审补充要求》修订工作，于2022年12月29日印发《机动车检验机构资质认定评审补充技术要求》（市监检测函〔2022〕111号，以下简称《补充技术要求》），并于2023年6月1日起施行，2015年9月24日发布的《检验检测机构资质认定 机动车安全技术检验机构评审补充要求》同时废止。

（二）主要内容

《补充技术要求》共8章39条，主要对机构的技术能力、人员、场所设施、设备、管理体系做出了要求。相对于旧的《补充技术要求》，主要增加了机动车检验机构能力"两站合一"要求、汽车品牌销售维修企业评审和机动车检验服务特别要求等内容。

1. 总则

制定《补充技术要求》的目的是规范机动车检验机构资质认定评审工作，适用于机动车检验机构，包括开展机动车安全技术检验和排放检验的机构，机构在组织架构上要保证检验的公正性。

2. 技术能力评审要求

主要规定了"两站合一"的能力评审要求，即检验机构对同一类车型机动车应当同时具备安全技术检验（简称"安检"）和排放检验（环检）能力；规定了多场所机动车检验机构的评审要求，即每一个检验场所要具备独立开展机动车检验的完整检验能力和服务能力。

3. 人员评审要求

主要规定了检测人员配置要求，人员检验能力应与所承担的机动车检验工作相匹配；检测人员在经过培训、考核、技术能力确认后方能上岗，检测线人员数量应满足检测业务量要求；明确了技术负责人和授权签字人具体要求，驾驶检验人员驾驶证应与检验车型相符，并有2年以上的驾龄，进一步细化了人员管理具体要求，如签订"诚信检验承诺书"等。

4. 场所设施评审要求

主要规定了机构场要有固定工作场所；场所区域设置应满足承检车型检验项目和安全作业的要求，具有办公、检验、服务等区域；明确并细化了对内部道路、内部路线和标志、地沟、检测车间、行车制动路试车道、驻车坡道、底盘动态检验区和停车场的要求。

5. 仪器设备评审要求

主要规定了配备满足国家标准和规范要求的检验检测仪器设备及相关标准物质的要求；明确使用对检验检测结果有影响的软件的相关要求，如需要经过验证、再验证、唯一性、完整性等。

6. 管理体系评审要求

主要规定了公示公正性承诺要求、制定客户信息保密制度要求、不得对机动车检验进行分包要求、检验不合格项告知要求，明确了有关数据处理、记录安全、记录溯源至具体的检验员、报告溯源、报告修改、报告和记录电子存储、报告和记录保存期的具体要求，规定了设立公示栏及公示内容的要求，规定了检验过程中须提供的服务。

7. 附则

主要规定了具备一类、二类维修资质的汽车品牌销售服务企业可试点开展非营运小型、微型载客汽车检验评审要求及《补充技术要求》施行具体时间。

(三) 监管重点 (见表2-15)

《补充技术要求》作为机动车检验机构资质认定的补充要求，更多地关注机构获证后的合规运行，对于出具不实检验检测报告、虚假检验检测报告、资质能力不能持续符合资质认定条件和要求却擅自出具报告等严重违法违规问题，将按照《中华人民共和国道路交通安全法》《中华人民共和国大气污染防治法》《检验检测机构资质认定管理办法》《检验检测机构监督管理办法》等法律法规进行严肃处理。所以在内部审核时应关注外部监管时重点关注的内容，例如《补充技术要求》中规定的公正性要求、能力要求、人员相关要求、场所要求、设备要求、记录溯源要求等。

表2-15 《补充技术要求》监管重点

序号	条款号	监管重点
1	第四条	机构组织架构是否保证检验的公正性
2	第五条	机构对同一类车型机动车是否同时具备安全技术检验（简称"安检"）和排放检验（环检）能力
3	第七条至第十三条	是否配置足够的检测人员，各岗位人员是否满足《补充技术要求》的要求
4	第十五条	场所区域设置是否满足承检车型检验项目和安全作业的要求
5	第二十四条	是否配备满足国家标准和规范要求的检验检测仪器设备及相关标准物质
6	第二十七条	是否制定客户信息保密制度
7	第二十八条	是否存在分包行为
8	第三十条至第三十六条	是否建立了记录管理机制（包括记录保存，电子数据上传、存储、修改等），保证记录的溯源性，不存在弄虚作假行为

(四) 违规处罚案例

鸡西市某机动车检测有限公司涉嫌伪造机动车排放检验结果

2023年7月10日，鸡西市生态环境局组织鸡西市生态环境保护综合执法局、鸡西市生态环境信息中心以及相关县（区）级生态环境执法人员对市域内涉及的机动车检测机构进行突击检查。在对某机动车检测公司进行现场检查时，执法人员发现该企业一台OBD检测设备上安装有不明设备，疑似存在利用技术手段篡改检测数据的行为。该检测机构一名工作人员看到执法人员到场后表现极为慌乱，快速将正在使用的OBD检测设备拿走并欲离开现场。执法人员立即制止其离场，并要求该工作人员配合询问调查。当日下午，执法人员和信息技术人员对该检测机构机动车排放信息管理系统软件进行了后台检查，开展了相关数据比对分析，并按照相关程序将OBD检测设备及其私接不明设备依法登记保存。执法人员向该检测站OBD检测设备厂家索要了原厂设备照片，经与现场实物比对，发现现场该机动车检测机构使用的设备确与原厂配件不符。后经调查询问，该企业负责人承认存在私接机动车OBD检测干扰作弊设备对机动车检测结果进行造假的行为；同时，企业工作人员谷某承认通过网络购买了"OBD模拟器",干扰正常车辆检测检验,存在伪造机动车尾气排放检验结果的违法行为。

该机动车检测有限公司伪造机动车、非道路移动机械排放检验结果的违法行为,违反了《中华人民共和国大气污染防治法》第五十四条第一款的规定。鸡西市生态环境局依据《中华人民共和国大气污染防治法》第一百一十二条第一款,对该机动车检测有限公司罚款10万元整,同时没收违法所得330元整。

第三节 中国合格评定国家认可委员会关于检验检测机构的重要认可规则介绍

认可规则类文件(R系列)是CNAS实施认可活动的政策和程序,是强制性要求,也是CNAS现场评审的依据之一,包括通用规则(R系列)和专项规则(RL系列)文件。在ISO/ICE 17025实验室质量管理体系运行过程中,检验检测机构除了满足CNAS准则类文件的要求外,还应持续满足CNAS规则类文件的规定,否则可能受到CNAS的告诫、缩小认可范围、暂停或撤销认可资格等处置,甚至会被提起法律诉讼。

本章主要聚焦于实验室易出现不符合的三个规则类文件,即《实验室认可规则》《能力验证规则》和《认可标识使用和认可状态声明规则》,通过介绍规则的出台目的,提炼规则中与实验室相关的重点内容,列举实验室在内部审核时应关注的审核要点,帮助读者了解规则类文件对实验室的相关要求,指导实验室内审员熟悉并掌握认可规则的内审要点,确保实验室活动持续符合CNAS要求。

一、《实验室认可规则》

(一)出台背景

《实验室认可规则》(以下简称《认可规则》)作为实验室认可的强制性要求,规定了CNAS实验室认可体系运作的程序和要求,是CNAS认可工作公正性和规范性的重要保障。按照认可规则建立、实施和不断改进管理体系,确保实验室质量,行政和技术活动的规范运作,保证检测结果的准确可靠是实验室认可的基本要求,也是实验室持续健康发展的根本保证。

(二)主要内容

《认可规则》的内容包括认可条件、认可流程、申请受理要求、评审要求、对多场所实验室认可的特殊要求、认可变更要求、违反《认可规则》可能受到的处置、CNAS/实验室的权利和义务,以下介绍其中部分内容。

1. 申请受理要求

申请人应根据CNAS的相关要求进行自我评估,提交的资料必须与事实相符,真实可靠，表达清晰准确。

①申请人应为独立法人实体，或者是独立法人实体的一部分，能够为开展的活动承担相关的法律责任。

②实验室应根据自身的实际情况建立符合认可要求的管理体系，且有效运行6个月以上，开展了相应实验室活动，包括完整的内审和管理评审，并保留应有的运行记录。

③申请人还应有足够的资源开展检测/校准/鉴定活动，如人、机、料、法、环，量值溯源等应能满足CNAS相关要求。

④申请的技术能力应有相应的检测/校准/鉴定经历，并满足《能力验证规则》的要求。

2. 认可评审要求

①当提交的管理体系文件和相关资料不符合审查要求时，CNAS秘书处或评审组可要求申请人采取纠正或纠正措施，经验证合格后，方可实施现场评审。

②如果申请人使用租用设备，必须能够完全独立支配使用，并在申请人的设施中使用。

③测量结果应溯源至国际单位制（SI）单位，无法溯源至SI单位的，要满足CNAS-CL01《检测和校准实验室能力认可准则》6.5.3的要求。开展内部校准的实验室，应满足CNAS关于内部校准的要求。

④CNAS要求从事实验室活动的关键岗位人员，包括授权签字人、给出意见和解释的人员、方法验证人员、专用设备操作人员等需要与实验室签订固定的劳动合同，并且不得在同类型实验室从事同类活动。法律法规中另有要求的，还需符合相关要求。

⑤授权签字人还应具备相应的职权，对检测报告的完整性和准确性负责；具备相应的专业知识和工作经历，熟悉检测方法及其限制范围，能对结果的正确性做出评价，了解检测结果的不确定度；了解设备保养及定期检定/校准的规定，掌握设备的校准状态；熟悉相关法律法规和认可规则及政策的要求，特别是带认可标识/联合标识报告的使用规定。

3. 对多场所实验室认可的特殊要求

对于多场所的实验室认可，除了满足单一场所的实验室认可要求外，在管理体系、申请及受理、认可评审、认可证书几个方面还需满足多场所的要求。

4. 认可变更的要求

①当获准认可的实验室发生变更时（变更情况参见原文9.1.1），应在20个工作日内通知CNAS秘书处，CNAS将视变更性质采取相应的措施（具体措施参见原文9.1.2）。

②如果涉及实验室环境发生变化，如搬迁，实验室还应立即暂停使用认可标识/联合标识，待CNAS确认后，方能继续（恢复）使用。

③当认可规则、认可准则、认可要求发生变化时，获准认可实验室应根据CNAS的要求，在规定时限内及时完成转换，否则会被暂停、撤销认可。

5. 告诫，暂停、恢复、撤销、注销认可及缩小认可范围

获准认可实验室如果存在影响认可管理有效性的问题，不能持续符合CNAS认可条件和要求，或者实验室存在不诚信行为，CNAS将根据事件是否属于独立、偶发情形，视情节恶劣程度，以及影响的严重程度予以告诫、暂停认可、撤销认可、恢复认可或缩小认可范围等处理。实验室也可以主动申请暂停认可、注销认可或缩小认可范围。但在CNAS启动对实验室认可能力和/或认可资格的处置程序后，不再受理实验室对相应认可能力和/或认可资格的缩小认可范围、暂停认可和注销认可等各项申请。

（三）审核要点（见表2-16）

表2-16 《认可规则》审核要点

序号	条款号	审核要点
1	6.4 8.1.1	管理体系的运行是否覆盖所有场所，包括分场所。初次申请认可的实验室管理体系是否有效运行6个月以上，并开展相应的实验室活动
2	6.4 9.2	管理体系是否满足基本认可准则和专用认可规则类文件、要求类文件及基本认可准则在专业领域应用说明的要求，特别是认可规则，政策文件发生变化的时候，实验室是否及时转换
3	7.4	实验室使用租赁设备时，是否将设备纳入实验室管理体系，是否具有设备独立支配使用的权力，是否拥有租赁设备的全部使用权
4	7.6	实验室是否制定了量值溯源的总体要求，是否确保结果能溯源到国家基准和国际单位制（SI），是否每次校准均引入测量不确定度。技术上不可能计量溯源到SI单位时，实验室是否能证明可计量溯源至适当的参考对象
5	7.9 b）	实验室配备的资源等是否与其工作量相匹配，人员（特别是关键岗位人员）、设备、设施和环境条件是否满足实验室活动的要求，是否对结果有效性产生不利影响
6	7.9 c）	实验室的质量控制计划是否对已认可及拟申请认可的能力进行有效管理，以持续保持技术能力。实验室活动范围和工作类型发生变化，无法持续满足要求的检测能力，或2年内没有测试经历的能力，实验室是否主动申请缩小认可范围
7	7.9 d） 7.9 e）	实验室是否真实有效地运行管理体系，满足认可准则的要求，并有相应的记录
8	9.1.1 9.1.2.3	实验室发生CNAS认定的变更情况时，是否及时向CNAS申请变更；如果变更需要CNAS确认，在申请变更得到CNAS确认前，实验室是否停止使用认可标识/联合标识
9	10.4.1 i）	是否超范围使用认可标识/联合标识或错误声明认可状态
10	10.4.1 k）	实验室是否存在不诚信行为，包括但不限于弄虚作假、不如实做出承诺，或不遵守承诺，出具虚假报告或证书，存在欺骗、隐瞒信息或故意违反认可要求的行为等

二、《能力验证规则》

（一）出台背景

能力验证是实验室认可和质量控制的重要组成部分，是实验室内部质量控制活动的有效补充，是实验室、客户、认可机构评价实验室技术能力的重要依据，也是CNAS对合格评定机构能力进行评价的方式之一。《能力验证规则》CNAS-RL02:2023规定了CNAS能力验证的政策和要求，以促进合格评定机构的能力建设，确保CNAS认可的有效性，保证CNAS认可质量。

（二）主要内容

《能力验证规则》包括对合格评定机构的要求和对CNAS的要求，基于本书写作目的，以下仅展开介绍对合格评定机构的要求。

1. 总则

①能力验证是重要的外部质量评价活动，合格评定机构作为能力验证的主体，有责任和义务参加能力验证活动。

②合格评定机构选择能力验证时应从自身需求出发并结合风险评估，利用好能力验证结果，并向CNAS报告参加能力验证的信息。

③合格评定机构参加能力验证时应符合每个行业／领域／学科领域的子领域的最低频率要求。

2. 制订能力验证工作计划的要求

①合格评定机构应建立能力验证程序，并规定能力验证工作计划的要求和不满意结果的处理，保存相关记录。

②能力验证工作计划应基于自身所从事的活动及需求来制订，包括认可的领域，人员，内部质量控制情况，检测对象的数量、种类及结果的用途，检测技术的稳定性，能力验证的可获得性等，并根据这些因素的变化定期审查和调整能力验证工作计划。

③没有适当能力验证的领域时，合格评定机构应当通过强化其他质量保证手段来确保能力。

3. 参加能力验证的最低要求

①对于初次认可和扩大认可范围的合格评定机构，只要存在可获得的能力验证，合格评定机构每个子领域应至少参加过一次能力验证且获得满意结果，或虽为有问题（可疑）结果，但仍符合认可项目依据的标准或规范所规定的判定要求。能力验证领域（子领域）和频次参见《能力验证规则》附录B。

②若无特殊理由，即时满足能力验证领域和频次要求，申请认可／获准认可合格评定机构应参加CNAS指定的能力验证计划。

③获得认可之后的合格评定机构，只要存在可获得的能力验证，获准认可合格评定机构应满足CNAS能力验证领域和频次要求且获得满意结果。

④对于CNAS能力验证领域和频次表中未列入的领域（子领域），只要存在可获得的能力验证，鼓励获准认可合格评定机构积极参与。

⑤对于多场所合格评定机构，每个场所视同单独的合格评定机构分别制订能力验证活动计划并分别组织实施，并分别满足相应的要求。

4. 不满意结果的处理要求

对于合格评定机构，如果能力验证结果为不满意且已不能符合认可项目依据的标准或规范所规定的判定要求时，应自行暂停在相应项目的证书或报告中使用CNAS认可标识，并按照合格评定机构体系文件的规定在180天内采取相应的纠正措施。如果使用同一设备或方法对不同认可项目出具数据，纠正措施应当考虑所有与该设备或方法相关的项目，同时应验证措施的有效性，验证方式通常包括再次参加能力验证活动或通过CNAS现场评价。在验证纠正措施有效后，合格评定机构自行恢复使用认可标识，同时应保存上述相应记录以备CNAS查看。

能力验证结果虽不满意，但符合认可项目依据的标准或规范所规定的判定要求，或者为可疑结果时，合格评定机构应对相应项目进行风险评估，必要时采取预防或纠正措施。

5. 选择能力验证活动的要求

《能力验证规则》明确了合格评定机构应优先选择按照ISO/IEC 17043运行的能力验证计划，并给出了选择的先后顺序：①CNAS认可的能力验证提供者（PTP）以及已签署PTP相互承认协议（MRA）的认可机构认可的PTP在其认可范围内运作的能力验证计划；②未签署PTP MRA的认可机构依据ISO/IEC 17043认可的PTP在其认可范围内运作的能力验证计划；③国际认可合作组织运作的能力验证计划，如亚太认可合作组织(APAC)等开展的能力验证计划；④国际权威组织实施的实验室间比对，如国际计量委员会（CIPM）、亚太计量规划组织（APMP）等开展的国际、区域实验室间比对；⑤依据ISO/IEC 17043获准认可的PTP在其认可范围外运作的能力验证计划；⑥行业主管部门或行业协会组织的实验室间比对；⑦其他机构组织的实验室间比对。

如果第①至④项均无法获取，合格评定机构选择第⑤至⑦项来满足能力验证的领域和频次要求，应填写"能力验证活动适宜性核查表"，以对所选能力验证活动的适宜性进行评价，并重点关注使用的检测方法、样品特性、结果评价三方面的技术能力特性。

合格评定机构选择参加能力验证时，可在CNAS官方网站（www.cnas.org.cn）的"在线服务平台/能力验证计划信息查询"窗口查询相关能力验证信息。

（三）审核要点（见表2-17）

表2-17 《能力验证规则》审核要点

序号	条款号	审核要点
1	4.2.1	实验室是否建立能力验证相关程序，并保存能力验证相关记录
2	4.2.3	实验室是否从自身需求出发，按照要求制订能力验证工作计划，能力验证的领域和频次是否都满足要求，并根据人员、方法、场所和设备的变化定期审查和调整
3	4.2.5	当没有适当能力验证活动时，实验室是否采取适当的质量控制措施
4	4.3	实验室能力验证领域和频次是否满足《能力验证规则》附录B的最低要求；如果实验室存在多场所，各场所的要求是否分别满足相关要求；是否参加CNAS指定的能力验证计划
5	4.4.1	实验室是否有结果不满意的能力验证，如实验室是否暂停相应项目CNAS认可标识的使用，是否采取相应的纠正措施，是否有验证措施的有效性，相关的记录是否保存完善
6	4.5	实验室能力验证活动提供者是否满足CNAS的要求，必要时，实验室是否进行能力验证活动适宜性核查

三、《认可标识使用和认可状态声明规则》

（一）出台背景

中国合格评定国家认可委员会（CNAS）为保证CNAS认可标识、国际互认联合认可标识与认可证书的正确使用，防止误用或滥用标识和认可证书，以及错误声明认可状态，维护CNAS的信誉，特制定了《认可标识使用和认可状态声明规则》，对获准认可的合格评定机构正确使用CNAS认可标识、国际互认联合认可标识与认可证书及声明认可状态进行了规定。

（二）主要内容

《认可标识使用和认可状态声明规则》主要内容包括CNAS徽标和国际互认标志式样，CNAS认可标识使用和声明认可状态的要求，国际互认联合认可标识的使用要求，认可证书使用要求，对误用或滥用认可标识、证书以及误导宣传的处理。

1. 合格评定机构使用 CNAS 认可标识和声明认可状态的通用要求

①CNAS拥有CNAS认可标识的所有权，监督合格评定机构使用CNAS标识或声明认可状态的情况。合格评定机构拥有CNAS认可标识的使用权，可在认可范围和认可有效期内按要求使用认可标识和声明认可状态。

②合格评定机构应建立管理程序，保证CNAS认可标识使用和认可状态声明符合规定。

③应在认可范围和认可周期内准确、客观地声明认可状态，不得用于其他活动。认可资格到期后，未获得新的认可资格的，不得继续使用CNAS认可标识或声明认可状态仍然有效。

④合格评定机构使用CNAS认可标识或声明认可状态时应使用认可证书上的机构名称或CNAS同意的名称。

⑤合格评定机构使用CNAS认可标识或声明认可状态时不应产生误导，使相关方误认为CNAS对合格评定机构出具的报告或证书结果负责，或对此结果的意见或解释负责。

⑥合格评定机构应按照CNAS提供的认可标识的式样正确使用，确保CNAS认可标识的完整性，可以按比例放大或缩小，且清晰可见。

⑦合格评定机构在任何获得CNAS认可的宣传时，应正确使用CNAS认可标识或声明认可状态。

⑧被暂停认可资质，应立即停止任何获得CNAS认可的宣传，并停止使用CNAS认可标识或声明认可状态；被撤销、注销或缩小认可范围时，应从CNAS做出决定之日起，立即按照决定停止使用CNAS认可标识或声明认可状态。

⑨合格评定机构应将认可资格的暂停、注销、撤销以及认可范围的缩小等变化及相关后果及时告知其受影响的客户，不得有不当延误。

⑩在认可范围内未使用CNAS认可标识或未声明认可状态的，也应按照CNAS的规定从事合格评定活动。

⑪因使用CNAS认可标识或声明认可状态引起法律诉讼时，应及时通告CNAS。

2. 实验室或检验机构使用CNAS认可标识和声明认可状态的特殊要求

①CNAS认可标识应置于报告或证书的首页上部适当位置。

②授权签字人应在其授权范围内签发带CNAS认可标识或认可状态声明的报告或证书。

③报告或证书中如果全部项目不在认可范围内或全部结果来自外部供应商,不得使用CNAS认可标识或认可状态声明。

④实验室或检验机构签发的带CNAS认可标识的报告或证书中包含部分非认可项目或标准时,应清晰标明此项目不在认可范围内。如果结果或结论依据部分非认可项目时,应清晰标明结果或结论所依据的合格评定活动不在认可范围内。

⑤带CNAS认可标识或认可状态声明的报告或证书中部分结果来自外部供应商,应在报告或证书中清晰标明,并且经外部供应商同意后方可摘录,如果外部供应商的项目未获得CNAS认可,也应在报告或证书中标明此项目不在认可范围内。

⑥如果实验室或检验机构同时获得了多家签署了互认协议的认可机构认可(如UKAS和CNAS),不允许在同一份报告上加盖两个认可机构的认可标识章,除非其获得其他签署多边承认协议认可机构的认可或CNAS与其他认可机构间有特定双边协议规定。

⑦多地点的实验室,CNAS认可标识使用或认可状态声明应在对应的认可地点的认可范围内使用。

⑧实验室或检验机构在非认可范围内的所有活动(包括外部提供的服务)中,不得在相关的来往函件中含有对CNAS认可标识或认可状态声明的描述,出具的报告或证书及其他相关材料也不能提及、暗示或使相关方误认为获得CNAS的认可。

⑨如果实验室或检验机构同时通过管理体系认证,报告或证书上只允许使用CNAS认可标识,而不得使用认证标志。

⑩实验室或检验机构不得将CNAS认可标识或认可状态声明用于样品或产品(或独立的产品部件)上,使相关方误认为产品已获认证。

⑪实验室签发的带CNAS认可标识或认可状态声明的报告或证书中若含对结果进行解释的内容,应做出必要的文字说明,并明确所指的具体规范、标准,以避免客户产生误解。

⑫实验室签发的带CNAS认可标识或认可状态声明的报告或证书中包含意见或解释时,意见或解释应获得CNAS认可,且意见或解释所依据的检测/校准能力等也应获得CNAS认可。如果意见或解释不在CNAS认可范围之内,应在报告或证书上予以注明。实验室可将不在认可范围内的意见或解释另行签发不带CNAS认可标识/认可状态声明的报告或证书。

⑬实验室签发的报告或证书中仅包含判定标准(无具体的检测/校准方法)时,不得在报告或证书中使用认可标识或声明认可状态。

3. 国际互认联合认可标识的使用要求

国际实验室认可合作组织(ILAC)拥有ILAC-MRA标志的所有权,ILAC-MRA/CNAS标识是CNAS认可标识的特殊形式,表明CNAS的认可制度已正式签署了多边互认协议。ILAC-MRA/CNAS的使用除了要符合前两部分要求外,还要满足以下要求。

①实验室得到CNAS认可批准后,可使用CNAS提供的相关国际互认联合认可标识,CNAS秘书处会提供标识下载信息。

②国际互认联合认可标识可用于报告、证书、公开出版物、文件、办公用品、宣传

品、网页宣传等，实验室不得在名片上使用ILAC-MRA/CNAS标识。

③使用国际互认联合认可标识的合格评定机构不得提及或暗示 IAF、ILAC 和 CNAS对其活动负责。

4. 认可证书的使用要求

①实验室对外展示认可证书时，应在证书有效期内；在单独使用认可证书的部分文件时，准确地表述认可状态和认可范围，且清晰可辨。

②当实验室发生变更时，应向CNAS提出变更申请，并换发认可证书；当认可范围发生变化时，CNAS将增发或重新公布认可范围。

5. 对误用或滥用 CNAS 认可标识、认可证书以及误导宣传认可状态的处理

任何机构或个人误用或滥用 CNAS 认可标识、认可证书以及误导宣传认可状态，CNAS将根据情节的恶劣程度做出处理，包括告诫、暂停、撤销认可，提起法律诉讼，或者要求其承担由此给CNAS造成的全部损失并承担法律责任。

（三）审核要点（见表2-18）

表2-18 《认可标识使用和认可状态声明规则》审核要点

序号	条款号	审核要点
1	5.1.1 5.3.3	实验室是否在认可范围内和认可有效期内规范地使用认可标识和声明认可状态
2	5.1.2	实验室是否建立保证CNAS认可标识使用和认可状态声明正确使用的管理程序
3	5.3.1	CNAS认可标识是否位于报告或证书的首页上部适当位置
4	5.3.2	授权签字人是否在其授权签字范围内签发带CNAS认可标识的报告或证书
5	5.3	实验室是否在实验室认可范围内使用CNAS认可标识，有无超范围使用CNAS认可标识行为，认可范围包括检测对象、项目或参数、检测标准（方法）、限制说明
6	5.3.4	带CNAS认可标识的报告或证书中包含部分非认可项目时，是否清晰标明此项目不在认可范围内
7	5.3.5	带CNAS认可标识的报告或证书中包含部分来自外部供应商的结果时，是否清晰标明，摘录的内容是否得到外部供应商的同意；当外部供应商的项目未获CNAS认可时，是否标明此项目不在认可范围内
8	5.3.7	多地点的实验室，是否在对应地点的认可范围内使用实验室认可标识，是否存在超地点的行为
9	5.3.9	同时通过管理体系认证的实验室，报告或证书上是否只使用了CNAS认可标识
10	5.3.11	带CNAS认可标识的报告或证书中若对结果进行解释，是否做出必要说明，并明确所指的具体规范、标准，避免歧义
11	5.3.12	带CNAS认可标识的报告或证书中包含的意见或解释是否获得认可，且意见或解释依据的检测能力是否获得认可；若意见或解释在非认可范围内，报告或证书上是否予以注明
12	5.3.13	符合性判定不属于"意见和解释"，报告或证书中仅包含判定标准（无具体的检测或校准方法）时，是否使用认可标识或声明认可状态
13	6.1.2	实验室是否在CNAS认可批准后，规范使用国际互认联合认可标识

第三章

实验室认可和资质认定要求理解与实施

2017年年底,国际标准化组织/合格评定委员会(ISO/CASCO)发布了ISO/IEC 17025:2017 *General requirements for the competence of testing and calibration laboratories*;2018年年初,中国合格评定国家认可委员会(CNAS)等同采用ISO/IEC 17025:2017,发布了更新的认可准则CNAS-CL01:2018《检测和校准实验室能力认可准则》(以下也简称"准则");2023年中期,市场监管总局发布了《检验检测机构资质认定评审准则》作为资质认定评审的依据。在竞争的市场环境中,大多实验室通常要同时满足实验室认可和资质认定相关要求,而策划开展内部审核则是实验室能够正确地理解和实施这些要求的重要途径。

本章内容以ISO/IEC 17025:2017(CNAS-CL01:2018)为主线,依次解读了准则中对实验室的通用要求(第四节)、结构要求(第五节)、资源要求(第六节)、过程要求(第七节)和管理要求(第八节),每一节的内容扩展至CNAS-CL01-G001:2024《检测和校准实验室能力认可准则的应用要求》和2023年新版《检验检测机构资质认定评审准则》的相关要求。通过对准则原文的详细释义,明确了实施实验室活动应满足的要求,同时也梳理了实验室认可的特定领域应用说明,供读者查询。此外,本章还提供了全面的内审检查表(审核要点及方式),并以不符合案例帮助读者增强对准则的理解和对内审技巧的掌握。本章内容对内部审核全过程,从内审员的知识储备,到内审的策划和实施具有全面的指导意义。

本章在对标准第8.8.2 b)关于内部审核准则和范围的释义中给出了实验室认可的特定领域应用说明的文件目录,并在章末提供了CNAS-CL01:2018和《检验检测机构资质认定评审准则》的条款对照表,读者提前略读这部分内容对理解本章其他内容有一定的帮助。

CNAS将CNAS-CL01:2018《检测和校准实验室能力认可准则》（等同采用ISO/IEC 17025:2017）作为对实验室进行能力认可的基本认可准则，它包含了对于实验室能够证明自身运作能力，并出具有效结果的要求。

ISO 9000系列认证标准的修订和更新一直影响着ISO/IEC 17025的发展和变化。就ISO/IEC 17025:2017来说，从结构上看，ISO/IEC 17025:2017采用CASCO通用标准结构，按照通用要求、结构要求、资源要求、过程要求、管理要求五个部分建立，体现了ISO 9000系列标准对过程管理的模式和理念；从形式和内容上看，ISO/IEC 17025:2017紧密跟踪ISO 9000系列标准的变化要点，引入风险管理的要求和条款，要求实验室在管理中应用基于风险的思维，策划并采取措施应对风险和把握机遇，提升管理体系有效性，取得改进效果，预防负面影响，在一定程度上减少了规定性的要求，灵活处理实验室信息化发展，更加符合国际社会和检验检测市场的实际需要。

为支持特定领域的认可活动，CNAS还根据不同领域的专业特点，编制一系列特定领域应用说明，对CNAS-CL01:2018《检测和校准实验室能力认可准则》的要求进行必要的补充说明和解释，但并不增加或减少CNAS-CL01:2018《检测和校准实验室能力认可准则》的要求。申请CNAS认可的实验室应同时符合CNAS-CL01:2018《检测和校准实验室能力认可准则》以及相应领域的应用说明。

CNAS-CL01:2018《检测和校准实验室能力认可准则》的附录是资料性附录，不作为评审的具体要求，主要是帮助理解和实施CNAS-CL01:2018《检测和校准实验室能力认可准则》的要求。

在准则原文中使用以下助动词："应"表示要求；"宜"表示建议；"可"表示允许；"能"表示可能或能够。"注"的内容是理解要求和说明有关要求的指南。

第一节 范 围

【标准条文】

本准则规定了实验室能力、公正性以及一致运作的通用要求。

本准则适用于所有从事实验室活动的组织，不论其人员数量多少。

实验室的客户、法定管理机构、使用同行评审的组织和方案、认可机构及其他机构采用本准则确认或承认实验室能力。

【条文释义和理解】

实验室能力是实验室的核心，本条款明确了CNAS-CL01:2018《检测和校准实验室能力认可准则》是规定实验室能力的通用要求，同时公正性和一致性要贯穿实验室实施能力的全要素和全过程。组织是为实现其目标，通过职责、权限和相互关系而拥有其自身职能的一个人或一组人（ISO 9000:2015），准则适用所有从事实验室活动的组织，不再区别第一方、第二方、第三方实验室，不考虑实验室的独立性，而是更关注其公正性的问题。CNAS-CL01:2018《检测和校准实验室能力认可准则》规定的实验室活动包括检测、校准，以及与检测或校准相关的抽样活动，且同样适用于实验室的客户、法定管理机构、使用同行评审的组织和方案、认可机构及其他机构确认或承认实验室能力。

第二节　规范性引用文件

【标准条文】

> 本准则引用了下列文件，这些文件的部分或全部内容构成了本准则的要求。对注明日期的引用文件，只采用引用的版本；对没有注明日期的引用文件，采用最新版本（包括任何的修订）。
>
> ISO/IEC指南99国际计量学词汇—基础和通用概念及相关术语（VIM）[1)]
>
> GB/T 27000合格评定—词汇和通用原则（ISO/IEC 17000，IDT）
>
> 1)也称为JCGM 200。

【条文释义和理解】

CNAS-CL01:2018《检测和校准实验室能力认可准则》的引用文件为ISO/IEC指南99《国际计量学词汇—基础和通用概念及相关术语》（VIM）和GB/T 27000《合格评定—词汇和通用原则》（ISO/IEC 17000，IDT），并采用两个文件的最新版本（包括任何的修订）。

第三节　术语和定义

【标准条文】

> 3 术语和定义
>
> ISO/IEC指南99和GB/T 27000中界定的以及下述术语和定义适用于本准则。
>
> ISO和IEC维护的用于标准化的术语数据库地址如下：
>
> ——ISO在线浏览平台：http://ww.iso.org/obp
>
> ——IEC电子开放平台：http://www.electropedia.org/
>
> 3.1
>
> 公正性 impartiality
>
> 客观性的存在。
>
> 注1：客观性意味着利益冲突不存在或已解决，不会对后续的实验室（3.6）活动产生不利影响。

注2：其他可用于表示公正性要素的术语有：无利益冲突、没有成见、没有偏见、中立、公平、思想开明、不偏不倚、不受他人影响、平衡。

［源自GB/T 27021.1—2017（ISO/IEC 17021-1:2005，IDT）3.2，修改：在"注1"中以"实验室"代替"认证机构"，并在注2中删除了"独立性"。］

3.2

投诉 complaint

任何人员或组织向实验室（3.6）就其活动或结果表达不满意，并期望得到回复的行为。

［源自GB/T 27000—2006（ISO/IEC17000:2004，IDT）6.5，修改：删除了"除申诉外"，以"实验室就其活动或结果"代替"合格评定机构或认可机构就其活动"。］

3.3

实验室间比对 interlaboratory comparison

按照预先规定的条件，由两个或多个实验室对相同或类似的物品进行测量或检测的组织、实施和评价。

［源自GB/T 27043—2012（ISO/IEC17043:2010，IDT）3.4。］

3.4

实验室内比对 intralaboratory comparison

按照预先规定的条件，在同一实验室（3.6）内部对相同或类似的物品进行测量或检测的组织、实施和评价。

3.5

能力验证 proficiency testing

利用实验室间比对，按照预先制定的准则评价参加者的能力。

［源自GB/T 27043—2012，3.7，修改：删除了注。］

3.6

实验室 laboratory

从事下列一种或多种活动的机构：

——检测；

——校准；

——与后续检测或校准相关的抽样。

注：在本准则中，"实验室活动"指上述三种活动。

3.7

判定规则 decision rule

当声明与规定要求的符合性时，描述如何考虑测量不确定度的规则。

> 3.8
> 验证 verification
> 提供客观证据，证明给定项目满足规定要求。
> 例1：证实在测量取样质量小至10mg时，对于相关量值和测量程序，给定标准物质的均匀性与其声称的一致。
> 例2：证实已达到测量系统的性能特性或法定要求。
> 例3：证实可满足目标测量不确定度。
> 注1：适用时，宜考虑测量不确定度。
> 注2：项目可以是，例如一个过程、测量程序、物质、化合物或测量系统。
> 注3：满足规定要求，如制造商的规范。
> 注4：在国际法制计量术语（VIML）中定义的验证，以及通常在合格评定中的验证，是指对测量系统的检查并加标记和（或）出具验证证书；在我国的法制计量领域，"验证"也称为"检定"。
> 注5：验证不宜与校准混淆；不是每个验证都是确认（3.9）。
> 注6：在化学中，验证实体身份或活性时，需要描述该实体或活性的结构或特性。
> [源自ISO/IEC指南99:2007 2.44。]
> 3.9
> 确认 validation
> 对规定要求满足预期用途的验证（3.8）。
> 例：一个通常用于测量水中氮的质量浓度的测量程序，也可被确认为可用于测量人体血清中氮的质量浓度。
> [源自ISO/IEC指南99:2007 2.45。]

【条文释义和理解】

准则使用ISO/IEC指南99和GB/T 27000以及ISO／IEC维护的用于标准化的术语数据库中的术语，并给出了9个关键术语的定义。

第四节 ISO/IEC 17025:2017标准释义：通用要求

【标准条文】

> 4.1 公正性
> 4.1.1 实验室应公正地实施实验室活动，并从组织结构和管理上保证公正性。
> 4.1.2 实验室管理层应做出公正性承诺。
> 4.1.3 实验室应对实验室活动的公正性负责，不允许商业、财务或其他方面的压力损害公正性。

> 4.1.4 实验室应持续识别影响公正性的风险。这些风险应包括其活动、实验室的各种关系，或者实验室人员的关系而引发的风险。然而，这些关系并非一定会对实验室的公正性产生风险。
>
> 注：危及实验室公正性的关系可能基于所有权、控制权、管理、人员、共享资源、财务、合同、市场营销（包括品牌推广）、给介绍新客户的人销售佣金或其他好处等。
>
> 4.1.5 如果识别出公正性风险，实验室应能够证明如何消除或最大程度降低这种风险。

【条文释义和理解】

根据4.1.1，组织结构和管理上的公正性需要考虑组织架构设置的合理性、职责分配的合理性及管理和过程控制的科学合理性等。

根据4.1.2，实验室管理层可以通过官方网站、公众号等媒介做出公正性承诺，承诺内容可以包括：公正地实施实验室活动，从组织结构和管理上保证公正性，不受来自内外部的、不正当的商业、财务或其他方面的压力而影响公正性，对实验室活动的公正性负责等。

4.1.4强调，实验室应有意识地、持续地识别是否存在公正性风险。应特别关注对于所有权或控制权发生变化、新实验室活动、新客户、新合同、新要求、新人员等的风险识别。CNAS-CL01-G001:2024中4.1.1规定，实验室应在任何可能发生影响公正性的事件时持续不断地识别风险。

关于4.1.5，可通过员工自我承诺、定期或不定期上报相关方、自主回避制度、举报制度等方式消除或最大程度降低公正性风险。

实验室应保留识别公正性风险及消除或降低公正性风险的记录。

制定关于公正性的体系文件时，要注意内容的完整性及可操作性。如果体系文件有相关规定，应按规定执行；反之，则视为不符合进行处理。

【CNAS特定领域应用说明】（见表3-1）

表3-1　CNAS特定领域说明（4.1）

特定领域要求	通用要求CNAS-CL01				
	4.1.1	4.1.2	4.1.3	4.1.4	4.1.5
CNAS-CL01-A019			●		
CNAS-CL01-A020			●	●	

注1："●"表示CNAS对该准则条款在特定领域存在应用说明。

注2：本表只呈现了CNAS特定领域应用说明的文件编号，相关的文件名称可参考本章后文给出的"CNAS特定领域应用说明文件目录"。

【审核要点及方式】（见表3-2）

表3-2 审核要点及方式（4.1）

条款号	审核要点	审核方法	审核内容
4.1.1	实验室是否从组织结构和管理上保证公正性	查阅	实验室和部门内部组织架构图
4.1.2 #2.8.2 5）	实验室管理层及员工是否做出公正性承诺。实验室是否以公开方式对其遵守法定要求、独立公正从业、履行社会责任、严守诚实信用等情况进行自我承诺	查阅 询问	公正性承诺书
4.1.3	实验室是否承诺对实验室活动的公正性负责，不允许商业、财务或其他方面的压力损害公正性	查阅 询问	公正性承诺书 是否受到过有违公正性的干扰
4.1.4	实验室是否进行公正性风险识别	查阅	公正性风险识别记录
#2.8.3 6）	若实验室还从事检验检测以外的活动，实验室能否独立运作，是否识别、消除其他部门或岗位可能影响其判断的独立性和诚实性的风险，避免潜在的利益冲突	查阅	公正性和诚信性管理程序及运行记录
4.1.5	实验室是否采取控制措施消除或最大程度降低识别出的公正性风险，并保留相关记录	查阅	公正性风险控制措施记录

注："#"表示《评审准则》附件4的条款号。

【参考不符合案例】

案例4.1-01

某集团的纺织研究所与实验室建立了长期合作伙伴关系，将其研发的产品全部送交实验室检测，同时该研究所的母体组织××集团也是该实验室的大股东，直接参与实验室的管理工作，且不能提供有关公正性风险识别和处理的记录。

不符合条款号：CNAS-CL01:2018 4.1.4、CNAS-CL01-G001:2024 4.1.4。

分析：实验室为纺织研究所出具报告的过程可能受到××集团的影响，组织结构和管理上存在公正性风险，且实验室未能识别和采取应对措施。

案例4.1-02

实验室的管理手册中明确其管理层由总经理、质量负责人、环境检测室主管等6人组成，在实验室的公众号上发布了仅由总经理代表其个人做出的公正性承诺。

不符合条款号：CNAS-CL01:2018 4.1.2、《评审准则》附件4 2.8.2 5）。

分析：公正性承诺应由实验室的管理层做出。

【标准条文】

4.2 保密性

4.2.1 实验室应通过做出具有法律效力的承诺，对在实验室活动中获得或产生的所有信息承担管理责任。实验室应将其准备公开的信息事先通知客户。除客户公开的信息，或实验室与客户有约定（例如：为回应投诉的目的），其他所有信息都被视为专有信息，应予保密。

4.2.2 实验室依据法律要求或合同授权透露保密信息时，应将所提供的信息通知到相关客户或个人，除非法律禁止。

4.2.3 实验室从客户以外渠道（如投诉人、监管机构）获取有关客户的信息时，应在客户和实验室间保密。除非信息的提供方同意，实验室应为信息提供方（来源）保密，且不应告知客户。

4.2.4 人员，包括委员会委员、签约人员、外部机构人员或代表实验室的个人，应对在实施实验室活动过程中获得或产生的所有信息保密，法律要求除外。

【条文释义和理解】

4.2.1是新要求，"具有法律效力的承诺"是要求实验室从法律层面做出承诺，例如实验室可与客户签订保密协议，也可以在检测合同中对保密事项进行约定。但实验室单方面给出的承诺，一般认为不具有法律效力。

信息获得的三个渠道：实验室活动中获得或产生；客户提供获得；客户以外渠道获得。不论以何种渠道获得的"专有"信息，均应履行保密承诺。

关于4.2.2，在法律有规定或合同有授权时，实验室可以透露保密信息，但同时应将该信息提供给客户。如遇法律禁止情形，则不允许。如《食品检验工作规范》第二十四条规定，在检验工作中发现食品存在严重安全问题或高风险问题，以及区域性、系统性、行业性食品安全风险隐患时，应当及时向所在地县级以上食品药品监督管理部门报告。因此，实验室应将风险立即上报食药监部门，而不是告知客户。

关于4.2.4，涉密人员，主要为委员会委员（如董事会、技术或生物安全委员会）、合同方（如LIMS的开发商或维护商）、外部机构人员（如设备设施安装调试修理人员、软件安装维护人员、评审和内审人员，现场校准人员等）、代表实验室的个人（如法律顾问、律师、审计人员）。实验室可根据自身涉及的人员类型来明确要求。

【CNAS特定领域应用说明】（见表3-3）

表3-3 CNAS特定领域应用说明（4.2）

特定领域要求	通用要求CNAS-CL01			
	4.2.1	4.2.2	4.2.3	4.2.4
CNAS-CL01-A001	●	●		
CNAS-CL01-A012	●			
CNAS-CL01-A014	●			

续表

特定领域要求	通用要求CNAS-CL01			
	4.2.1	4.2.2	4.2.3	4.2.4
CNAS-CL01-A024				●
CNAS-CL01-A027		●		

注:"●"表示CNAS对该准则条款在特定领域存在应用说明。

【审核要点及方式】(见表3-4)

表3-4　审核要点及方式(4.2)

条款号	审核要点	审核方式	审核记录
4.2.1	实验室及从事实验室活动的人员是否做出具有法律效力的保密性承诺	查阅	实验室和员工保密性承诺
4.2.2	实验室依据法律要求或合同授权透露保密信息时,是否将所提供的信息通知到相关客户或个人,除非法律禁止	询问 查阅	保密信息透露规定及通知相关客户或个人的记录
4.2.3	实验室从客户以外的渠道(如投诉人、监管机构)获取有关客户的信息时,是否在客户和实验室间保密。除非信息的提供方同意,实验室应为信息提供方(来源)保密,且不应告知客户	询问 查阅	与相关人员签订的保密协议
4.2.4	实验室是否针对内外部涉密人员采取保密措施	查阅	与相关人员签订的保密协议
#2.8.47)	实验室是否对检验检测活动中所知悉的国家秘密、商业秘密制定、实施相应的保密措施	查阅	与国家秘密、商业秘密相关的保密制度、措施和相应运行记录

注:"#"表示《评审准则》附件4的条款号。

【参考不符合案例】

案例4.2-01

实验室从市场监督管理局获得信息,某食品公司生产的某批次面包抽检不合格,请实验室进行再次检测,该食品公司恰好是实验室的客户,业务员小王便将此信息转达给了该食品公司。

不符合条款号:CNAS-CL01:2018 4.2.3、《评审准则》附件4 2.8.47)。

分析:实验室从客户以外渠道获取有关客户的信息时,应在客户和实验室间保密,不应将从市场监督管理局获得的信息传递给客户。

案例4.2-02

实验室的LIMS系统由某软件公司维护,但实验室未与该软件公司签订保密协议。

不符合条款号:CNAS-CL01:2018 4.2.4、《评审准则》附件4 2.8.47)。

分析:人员,包括委员会委员、签约人员、外部机构人员或代表实验室的个人,应对在实施实验室活动过程中获得或产生的所有信息保密。

第五节　ISO/IEC 17025:2017标准释义：结构要求

【标准条文】

5 结构要求

5.1 实验室应为法律实体，或法律实体中被明确界定的一部分，该实体对实验室活动承担法律责任。

注：在本准则中，政府实验室基于其政府地位被视为法律实体。

5.2 实验室应确定对实验室全权负责的管理层。

5.3 实验室应规定符合本准则的实验室活动范围，并制定成文件。实验室应仅声明符合本准则的实验室活动范围，不应包括持续从外部获得的实验室活动。

5.4 实验室应以满足本准则、实验室客户、法定管理机构和提供承认的组织要求的方式开展实验室活动，这包括实验室在固定设施、固定设施以外的场所、临时或移动设施、客户的设施中实施的实验室活动。

5.5 实验室应：

a）确定实验室的组织和管理结构、其在母体组织中的位置，以及管理、技术运作和支持服务间的关系；

b）规定对实验室活动结果有影响的所有管理、操作或验证人员的职责、权力和相互关系；

c）将程序形成文件，其详略程度需确保实验室活动实施的一致性和结果有效性。

5.6 实验室应有人员具有所需的权力和资源，履行以下职责（无论其是否被赋予其他职责）：

a）实施、保持和改进管理体系；

b）识别与管理体系或实验室活动程序的偏离；

c）采取措施以预防或最大程度减少这类偏离；

d）向实验室管理层报告管理体系运行状况和改进需求；

e）确保实验室活动的有效性。

5.7 实验室管理层应确保：

a）针对管理体系有效性、满足客户和其他要求的重要性进行沟通；

b）当策划和实施管理体系变更时，保持管理体系的完整性。

【条文释义和理解】

5.1是对实验室的法律地位和法律责任的要求，实验室应当是一个在法律程序上能够承担相应法律责任的实体或实体中被明确界定的一部分。

实验室的法律地位存在两种类型：一是实验室是独立法人（企业法人、机关法人、事业单位法人或社会团体法人）；二是其所在的组织是独立法人，实验室是其组成部分，即非独立法人，通过法人授权的方式获得相对独立的资格，独立对外开展检测业务，独立对外行文，有独立财务或账目，独立核算。

本条款中"注"为新增内容，如果实验室本身不是独立法人，而是政府的一个部门，可视为满足准则的要求，政府实验室的母体往往是行政机关，基于其政府地位被视为法律实体。

CNAS-CL01-G001:2024中5.1规定："实验室或其母体机构应是法定机构登记注册的可独立承担法律责任的实体。

"注：该实体包括企业法人、机关法人、事业单位法人、社会团体法人、合伙企业和个人独资企业，以及相关登记注册法规规定的其他实体。

"a）实验室为独立注册的法律实体时，认可的实验室名称应为其注册证明文件上所载明的名称；实验室为注册法律实体的一部分时，其认可的实验室名称中应包含注册的法律实体的名称。政府或其他部门授予实验室的名称如果不是法律实体名称，不能作为认可的实验室名称。

"b）实验室为独立注册的法律实体时，检测或校准活动应在法律实体注册核准的经营范围内开展。

"c）实验室为注册法律实体的一部分时，申请的检测或校准能力应与法律实体核准注册的业务范围密切相关。"

5.2是对实验室管理人员配备及其权责的总体要求。CNAS-CL01-G001:2024中5.2规定："实验室的管理层中对实验室活动全面负责的人员可以是一个人，也可以是由负责不同技术领域的多名技术人员组成的团队。"管理层人员的资格和数量应满足检测/校准的工作类型、工作范围、工作量的需求。管理层不仅要有明确的职责，还要有相应的权力和资源，支持和保证其履行职责。

5.3规定实验室应声明符合准则的实验室活动范围，如形成检测/校准能力清单文件，声明其已获认证认可的检测/校准能力。实验室声明的符合准则的实验室活动不应包括持续从外部获得的实验室活动，如实验室长期从外部购买获得自身不具备检测能力的项目，则不应包含在准则规定的实验室活动范围中。

5.4规定开展实验室活动应该满足四方要求，并覆盖五种场所。四方要求指准则的要求、客户的要求、法定管理机构的要求和提供承认的组织的要求（如CNAS在能力验证方面的要求）。五种场所如下。

①固定设施：用于检测/校准的设备的安放和使用的场所，设施相对永久、固定，如制样室、天平室、恒温恒湿室、气相检测室、留样间等。

②固定设施以外的地点：离开固定设施的场所，或在实验室固定场所外进行现场检测/校准，如环保部门对公共场所和作业场所环境的噪声检测。

③临时设施：设施在时间上是临时的，过后将被撤除或更换，如为高速公路施工阶段和桥梁通车前的检测所配置的设施。

④移动设施：设施在空间上是移动的，可以是车载、船载和机载等，如环境监测车。

⑤客户的设施：检测／校准活动有时需要在客户的实验室或场所进行，如对客户的大型仪器进行现场校准，对客户的洁净室或洁净厂房进行现场检测和采样等。

5.5 a）规定实验室应明确表示组织的隶属关系和各部门之间的相互关系，绘制组织机构图，包括内部组织机构图和外部隶属关系图。实验室内部组织机构图应与实际设立的部门、岗位职责的设定保持一致；外部隶属关系图应明确实验室的各种外部隶属关系，包括与母体单位、上级主管部门、其他部门的关系等。CNAS-CL01-G001:2024中5.5 a）规定："当实验室所在的母体机构还从事实验室活动以外的活动时，实验室应说明母体机构所从事的其他活动与实验室活动之间的关系。实验室管理体系文件中不仅应明确实验室自身的组织结构，还应明确母体机构的组织结构并能清晰表明实验室在母体机构中的位置，以及实验室和与其实验室活动相关的其他部门之间的关系。"

为了出具检测／校准数据和结果，需要按照标准或技术规范要求实施一系列的技术运作活动，这是实验室活动的主过程；为了保证过程受控，保证数据和结果正确、可靠，就要做好质量管理；同时，无论是技术运作还是质量管理，都需要一定的人力、物力、信息等资源支持和服务。所以，实验室应确定质量管理、技术运作和支持服务三者之间的关系。一般采用"管理体系要素职能分配表"的形式，明确决策领导职能、执行职能、协同配合职能，通过适当的符号表示，按照准则的要求逐条逐款地将职能分解落实到相应的部门或岗位，要分工清晰，职责明确，防止职能交叉、重叠或者错位。

5.5 b）规定实验室应书面规定对检测／校准结果有影响的所有管理、操作和验证人员的职责、权力和相互关系。管理人员指对质量、技术负有管理职责的人员，包括最高管理者、质量负责人、技术负责人、部门主管及各管理岗位人员。操作人员指具体从事技术检测／校准的人员，包括直接从事检测／校准的人员，也包括间接从事技术工作的人员，如设备和试剂耗材采购人员，文件、档案、样品、标物、设备管理员等。验证人员（又称"核查人员"）指数据和结果的复核／校核人员，包括设备自校人员、监督人员和审核人员，这三类人员除规定本职岗位的职责权力以外，还必须规定同其他部门或岗位人员协同配合的要求，即相互关系。

根据5.5 c），程序形成文件，其详略程度与实验室规模和活动类型、过程及其相互作用的复杂程度、人员的能力有关，最重要的是要能达到确保检测／校准结果客观公正、准确可靠和让客户满意的目的，避免管理体系文件与实验室实际运行"两张皮"的现象，使管理体系持续有效地运行。CNAS-CL01-G001:2024中5.5 c）规定："实验室所设定的文件层级、类型、数量及详略程度应确保实验室活动实施的一致性和结果的有效性。注：实验室可根据实验室规模、实验室活动类型特点、工作量的大小、管理过程及其相互作用的复杂性、人员的能力以及对风险的承受能力等不同的特点，灵活制定文件。"

5.6规定实验室的管理人员和技术人员要有职、有责，还要有权力、有资源，因为权力和资源是支持其履行职责的根本保证。以下职责无论是管理人员还是技术人员均应共同承担。

①实施、保持和改进管理体系。这是对管理人员和技术人员最基本的要求，只有全体管理人员和技术人员严格按照管理体系的要求工作，切实履行实施、保持和改进管理体系

的职责，管理体系的总体目标才能得以实现。

②识别对管理体系的偏离和检测/校准各项程序的偏离，并采取措施预防或减少这些偏离。这是实验室管理人员和技术人员的又一重要职责，不仅要能识别例外情况下允许的偏离，更重要的是当管理体系运作和检测/校准工作可能偏离方针、程序和出现不符合工作时，要有能力识别出来并制定相应的措施预防或减少这种偏离。

实验室可指定一名或多名人员（一般为管理层中人员），赋予其明确的职责和权力，给予其必要的资源，负责管理体系的日常运行，确保管理体系在任何时候都能有效运行，并及时向实验室管理层报告管理体系运行状况和改进的需求。

实验室管理层应确保实验室开展的检测/校准的所有过程符合准则的要求，确保实验室活动的有效性。

5.7 a）是对实验室内部各部门、各岗位、各层次之间信息沟通和交流的规定。实验室应做到上情下达、下情上报、侧向沟通、信息传递畅通无阻。

①沟通的目的。促进信息交流，以达成共识，统一行动，提高管理体系有效性。

②沟通的内容。客户要求、政府主管部门要求、法定要求、管理体系要求、技术规范和标准要求等。

③沟通的时机。在行动前（明确目的和要求）、中（沟通程序、方法、途径，明确怎么做）、后（总结绩效、提出改进计划及措施）沟通，或者定期沟通。

④沟通的方式。沟通的方式是多样化的，如班组周例会、月度会议、宣贯培训会、邮件沟通、面谈、网站交流、简报、宣传栏、内部刊物、微信群、公众号等。重点在沟通的有效性，达到沟通的目的。实验室应能提供有关沟通的相关规定及相关活动的记录，必要时还要评价沟通方式有效性。

5.7 b）规定，若管理体系需要换版或修订，管理层在策划和实施管理体系变更时，应从总体结构考虑，确保管理体系的完整性和适宜性。

【CNAS特定领域应用说明】（见表3-5）

表3-5 CNAS特定领域应用说明（5）

特定领域要求	通用要求CNAS-CL01						
	5.1	5.2	5.3	5.4	5.5	5.6	5.7
CNAS-CL01-A001		●		●	●		
CNAS-CL01-A002		●					
CNAS-CL01-A006					●		
CNAS-CL01-A010		●					
CNAS-CL01-A011		●		●			
CNAS-CL01-A012		●		●	●		

续表

特定领域要求	通用要求CNAS-CL01							
	5.1	5.2	5.3	5.4	5.5	5.6	5.7
CNAS-CL01-A014		●		●	●		
CNAS-CL01-A015			●	●			
CNAS-CL01-A016					●		
CNAS-CL01-A023	●			●		●	
CNAS-CL01-A024				●	●		
CNAS-CL01-A025			●	●			
CNAS-CL01-A026		●				●	

注："●"表示CNAS对该准则条款在特定领域存在应用说明。

【审核要点及方式】（见表3-6）

表3-6　审核要点及方式（5）

条款号	审核要点	审核方式	审核记录
5.1 #2.8.1* 1)~4)	a）独立法人实验室是否有合法的设立或注册证书，是否由相关行政主管部门核发，是否在有效期内；实验室所用名称、地址是否与法人登记、注册文件或营业执照等一致，经营范围是否包含检验检测、检验、检测或相关表述，是否有影响其检验检测活动公正性的诸如生产和销售等经营项目。 b）非独立法人实验室是否有批准文件、授权书、最高管理者的任命文件和母体的公正性声明；其所在的法人单位是否依法成立并能承担法律责任，该实验室在其法人单位内是否有相对独立的运行机制；实验室名称中是否包含注册的法人单位的名称；申请的检测或校准能力是否与法律实体核准注册的业务范围密切相关。 c）实验室名称、地址变更是否及时报发证机关或授权部门备案	查阅	a）实验室法律地位证明文件，如营业执照 b）批准文件、授权书、最高管理者的任命文件和母体的公正性声明 c）名称、地址等变更备案证明文件
5.2	a）实验室是否明确了管理层（最高管理者、技术负责人、质量负责人、各部门负责人等）及其职责并正式任命，职责规定是否明确、恰当。 b）实验室管理层中是否在申请认可或已获认可的检测领域内具有足够数量、具备足够知识和经验的人员；负责实验室技术活动的人员是否具有与检测领域相关专业或与所从事检测范围密切相关专业的教育背景和检测工作经历。 c）实验室法定代表人、最高管理者、技术负责人、质量负责人、授权签字人等管理层人员变更是否及时报发证机关或授权部门备案	查阅 询问	a）管理体系文件中管理层架构及其岗位职责、管理层任命文件 b）管理层人员档案、学历、培训和工作经历、职称等证明材料 c）人员变更备案证明文件

续表

条款号	审核要点	审核方式	审核记录
5.3	实验室是否制定了检测/校准能力清单，是否包含不具备检测/校准能力或持续分包的项目	查阅	实验室能力清单
5.4	在实验室活动涉及的所有设施中，实验室管理体系文件及其运作是否能够满足准则要求、客户要求、法定管理机构要求，以及提供承认的组织要求	查阅 查看现场	实验室所有场所的所有工作要求和工作记录
5.5	a）实验室内部机构设置是否合理，部门职责是否明确，是否能够保证管理体系的有效运行。 b）实验室管理体系文件是否规定了所有管理、操作和核查人员的职责，所有管理、操作和核查人员是否明确本岗位的职责和权限。 c）实验室是否制定文件化的程序，确保实验室活动实施的一致性和结果有效性	查阅 询问	a）实验室组织机构图、职责分配表 b）管理体系中所有管理、操作和核查人员的职责说明书及知悉证明文件 c）实验室程序文件
5.6	实验室管理体系文件中是否指定人员负责实施、保持和改进管理体系，识别与管理体系或实验室活动程序的偏离，采取措施以预防或最大程度减少这类偏离，向实验室管理层报告管理体系运行状况和改进需求，确保实验室活动的有效性，并具有所需的权力和资源	查阅 询问	人员岗位说明书
5.7	a）实验室各层次、各部门之间是否进行了沟通，沟通内容是否包括管理体系有效性、满足客户和其他要求的重要性。 b）实验室管理体系文件变更记录及变更后体系完整性	查阅 询问	a）沟通记录，及人员对管理体系有效性、满足客户要求的重要性等的理解 b）管理体系文件变更记录

注："#"表示《评审准则》附件4的条款号。

【参考不符合案例】

案例5.1–01

某实验室是A食品公司内部检测机构，申请实验室认可的实验室名称为B检测中心。

不符合条款号：CNAS-CL01:2018 5.1、CNAS-CL01-G001:2024 5.1 a）。

分析：该实验室是非独立法人，其认可的实验室名称中应包含注册的法人机构名称。

案例5.3–01

审核员在审核A食品检验机构时，发现其对外公布的《实验室检测能力清单》中"甲胺磷"的检测方法之一为"《中国药典》2020版四部通则 2341 农药残留量测定法"并未获得实验室认可；询问实验室主任得知，客户要求使用"药典"方法检测时一直都是分包给经常合作的具备资质的B实验室进行检测。

不符合条款号：CNAS-CL01:2018 5.3。

分析：实验室应仅声明符合准则的实验室活动范围，不应包括持续从外部获得的实验室活动；"药典"方法未获认可，一直都是由外部实验室提供检测数据，不应在对外公布的《实验室检测能力清单》内声明。

案例5.5-01

某检测中心组织机构图未表述其母体组织中人力资源部、采购部对检测中心的支持服务关系。

不符合条款号：CNAS-CL01:2018 5.5a）、CNAS-CL01-G001:2024 5.5a）。

分析：财务部、行政部等涉及或影响实验室检测活动的关键部门对检测中心的支持服务关系应在检测中心组织机构图中进行明确。

第六节　ISO/IEC 17025:2017标准释义：资源要求

【标准条文】

> 6 资源要求
> 6.1 总则
> 实验室应获得管理和实施实验室活动所需的人员、设施、设备、系统及支持服务。

【条文释义和理解】

6.1是对实验室资源的总体要求，实验室资源包括人员、设施和环境条件、设备、计量溯源性、外部提供的产品和服务等。实验室管理层应统筹合理配备与实验室能力相适应的人员、设施、设备、系统及支持服务等资源，为实施实验室活动提供有效的资源保障。

【标准条文】

> 6.2 人员
> 6.2.1 所有可能影响实验室活动的人员，无论是内部人员还是外部人员，应行为公正、有能力，并按照实验室管理体系要求工作。
> 6.2.2 实验室应将影响实验室活动结果的各职能的能力要求制定成文件，包括对教育、资格、培训、技术知识、技能和经验的要求。
> 6.2.3 实验室应确保人员具备其负责的实验室活动的能力，以及评估偏离影响程度的能力。
> 6.2.4 实验室管理层应向实验室人员传达其职责和权限。
> 6.2.5 实验室应有以下活动的程序，并保存相关记录：
> a）确定能力要求

b）人员选择；

c）人员培训；

d）人员监督；

e）人员授权；

f）人员能力监控。

6.2.6 实验室应授权人员从事特定的实验室活动，包括但不限于下列活动：

a）开发、修改、验证和确认方法；

b）分析结果，包括符合性声明或意见和解释；

c）报告、审查和批准结果。

【条文释义和理解】

在实验室管理体系中，人员是实验室最宝贵的资源，是实验室资源中最重要的和最活跃的要素。人员的素质与水平是决定实验室活动结果质量的关键要素，对关键人员的任职资格条件应加以规定，如教育程度、技能经验、培训经历和实际工作能力（包括管理能力和技术能力）等。针对人员要素共有6个条款要求。

6.2.1是对实验室人员的总体要求，所有可能影响实验室活动的人员，无论是内部人员还是外部人员，都应行为公正，满足所在工作岗位对应能力和资质的要求，并按照实验室管理体系要求履行职责。此处的"人员"不再区分在培人员、长期雇佣人员和签约人员，只要有可能影响实验室活动结果的人员，包括外部人员，均应该按准则的要求管理。

6.2.2规定实验室在体系文件中对所有可能影响实验室活动的人员的职责、权力和相互关系、任职条件、人员资格和能力要求、技能和经验等进行规定。不同的岗位对人员能力的要求是不一样的，实验室应根据人员所承担的工作来确定每类岗位的能力要求，包括对教育、资格、培训、技术知识、技能和经验等的要求，要确保人员的能力就要分别明确其任职条件，即某岗位人员至少应具备的能力要求，主要包括教育背景、培训经历、专业技能、工作经历等，是经证实应用知识和技能实现预期结果的能力。

根据CNAS-CL01-G001:2024中6.2.2的规定，除非法律法规或CNAS对特定领域的应用说明有其他规定，实验室人员应满足以下要求。

①从事实验室活动的人员不得同时在其他实验室兼职。

②从事检测或校准活动的人员应具备其所从事的检测或校准相关专业大专以上学历。如果学历或专业不满足要求，应有10年以上相关专业检测或校准经历。

③从事特定实验室活动的人员，如方法开发、修改、验证和确认的人员，检测结果复核人员，从事人员监督和能力监控的人员，在满足②要求的基础上，还应有3年以上本专业领域的检测或校准经历。

④授权签字人在满足②要求的基础上，还应熟悉CNAS所有相关的认可要求，具有本专业中级以上（含中级）技术职称或满足以下条件：

a. 大专毕业后，从事相关专业技术工作8年及以上；

b. 大学本科毕业，从事相关专业技术工作5年及以上；

c. 硕士学位以上（含），从事相关专业技术工作3年及以上；

d. 博士学位以上（含），从事相关专业技术工作1年及以上。

授权签字人是经CNAS认可，签发带认可标识/联合标识的报告或证书的人员。其在被授权的范围内应有相应的技术能力和工作经验。实验室负责人可以不是授权签字人，授权范围也可以不是全部认可范围，授权范围应根据其实际技术能力确定。

6.2.3要求实验室确保人员不仅具备与自身从事的实验室活动的类型、范围和工作量相匹配的基本能力，还要具备识别偏离和评估偏离影响程度的能力，对偏离产生的不利影响进行风险评估，并采取相关措施预防或减少这些偏离。如标准方法要求某项技术操作的提取时间为4小时，当客户要求压缩至3小时就出具结果时，操作人员应有能力评估其对结果的影响程度。

6.2.4要求实验室管理层向实验室人员传达其职责和权限，让各层次、各部门、各岗位人员明确其工作职责和权限，并按照要求开展工作，确保检测/校准数据和结果的准确性、有效性。管理层可根据实际情况通过书面告知，例如采用岗位说明书、人员任职资格要求、人员授权表、上岗证等形式，与可能对实验室结果质量有影响的人员沟通，让每一个人清楚其职能、责任和权限，并有针对性地对人员进行能力评价和相关培训，达到人岗匹配。

6.2.5要求实验室制定确定人员能力要求、人员选择、人员培训、人员监督、人员授权、人员能力监控等内容的程序，并保存相关记录。

实验室应从录用、培训、资格确认、授权、能力保持等各环节对人员进行系统管理，应将人员管理的各项制度和程序文件化，形成《人员管理程序》等文件进行控制。

①实验室首先要根据岗位性质和工作内容，以及实验室认可准则在特殊领域应用说明中对一些岗位人员在教育、培训、工作经验等方面的规定，确定各岗位人员所应具备的能力，特别从事特殊领域的检测/校准活动的实验室，应注意识别相关法律法规对从业人员资格的规定要求（如相关法律法规对食品检测从业人员的资格要求，对特种设备操作人员的资格要求），并确保其专业技术人员和管理人员符合这些规定要求。

②确定能力要求后，按照岗位需要，选择满足能力要求的人员。

③人员上岗前应经过培训，实验室应针对不同岗位的工作内容，结合认可准则在特殊领域应用说明中对部分岗位的培训要求，分析培训需求，设置培训内容。对人员的培训，除了最基本的上岗培训，还应包括上岗后的持续培训。实验室还应评估培训效果，适时调整培训方案或培训计划。培训效果的评估应注意不能流于形式。

④人员培训合格后，尚不能独立操作，应在监督人员的监督下工作。负责监督的人员应是被授权的且具有相应技术能力的人员。

⑤在监督人员的监督下工作且监督结果合格后，实验室向其授权。

⑥人员独立上岗后，实验室还应选择适当的方式对其工作进行监控，并保留相应记录，以确认其能力能够持续保持。

CNAS-CL01-G001:2024中6.2.5有如下规定："对新进技术人员、新转岗人员和扩展新的技术活动的现有技术人员进行培训。实验室应识别对实验室人员的持续培训需求，对培训活动进行适当安排，并保留培训记录。"

常见的实验室人员考核/考评方式如下。

①理论考核：对相关知识或要求的理解和掌握情况，解决问题的能力。

②实操考核：对盲样、已知结果的样本或质控样品进行检测操作，检测过程、结果报告、仪器操作、设备维护等是否符合标准或作业指导书的要求。

③人员监督：直接观察人员检测过程，对标准的理解和执行能力，操作规范性、仪器维护与功能检查情况等。

④考查实验结果报告或证书、核查记录。

对实验室人员的考评形式应多样化，例如对于操作岗位的人员，不应仅限于理论考核或书面考试，考评要偏实际操作，涵盖实验原理及操作的规范要求、操作和安全注意事项、原始记录及报告规范性要求等，目的是使操作人员尽快掌握实验原理和正确的操作方法。实验室可制定考核细则，对考核的规定进行量化，明确考核要点和标准，对关键步骤加以重点关注，从而判断被考核人员是否在关键点上都达到了相应的能力要求，是否能够正确地使用检测方法，测试样品和质控样品的检测结果是否在可接受范围内，是否能够对检测过程进行完整记录、出具正确的结果报告，为操作人员在正式上岗后检测结果的准确性、可靠性提供保障。

人员监督主要是指对新进技术人员、新转岗人员和扩展新的技术活动的现有技术人员在授权上岗前的监督。实验室应建立监督过程，通常每年由技术负责人组织监督员识别本专业领域需要监督的人员，如实习生、转岗人员、操作新设备或使用新方法人员等，并编制监督计划，说明监督对象、内容、形式等。实验室可结合其检测专业领域类型和特点制定人员监督管理程序，规定人员监督方法、监督结果评估方法等。实验室应设置覆盖其检测/校准能力范围的监督员，监督员应有相应监督领域的检测/校准能力和丰富的经验，熟悉检测/校准目的、程序、方法并能够评价检测/校准过程和结果。常用的监督的方式有观察现场试验、核查原始记录和报告或证书、面谈、评审参加质控活动的结果等。监督应有记录，监督员应对被监督人员进行评价，对具备能力和符合要求的人员进行授权，并将监督记录存档。

人员能力监控主要是指对已获授权上岗人员是否持续保持能力进行监控。授权并不是一劳永逸的，实验室应依据方法稳定性、技术复杂性、人员经验、专业教育、工作量、客户现场、各种可能的变动等，基于风险分析，建立人员监控方案和评价标准。CNAS-CL01-G001:2024中6.2.5f）规定："结合人员能力的特点和其所从事实验室活动的风险，策划人员能力监控的方式和频次，包括但不限于盲样测试、实验室内比对、能力验证和实验室间比对结果、现场监督实际操作过程、核查记录或报告以及考核等。实验室应分析监控结果，对监控结果进行评价，并保存监控记录和评价记录。"

实验室应保留所有可能影响实验室活动结果的人员的有关教育背景、工作经验、专业资格、技能、培训、考核、监督、授权、监控的记录，建立人员技术档案，并持续更新。人员技术档案作为实验室技术性档案资料的重要组成部分，是实验室管理体系持续运行不可或缺的证明材料之一。人员技术档案的保存期限应满足CNAS-CL01-G001:2024中8.4.2的规定："除特殊情况外，所有技术记录，包括检测或校准的原始记录，应至少保存6年……人员或设备记录应随同人员工作期间或设备使用时限全程保留，在人员调离或设备停止使用后，人员或设备技术记录应再保存6年。"

6.2.6要求实验室对从事以下（不限于）特定实验室活动的人员进行明确的授权：开发、修改、验证和确认方法；分析结果，包括符合性声明或意见和解释；报告、审查和批准结果。

从事"报告、审查和批准结果"的人员负责在授权范围内审批、签发检测／校准报告或证书，对报告或证书数据和结果的准确性、完整性负责，所以，相较于其他岗位人员，对授权签字人的要求更高。

①授权签字人应了解相关法律法规，如食品实验室授权签字人须了解《中华人民共和国食品安全法》《食品检验工作规范》《食品添加剂卫生管理办法》等，了解相关规章中与食品检验机构相关的内容、职责和法律责任；环境实验室的授权签字人须了解《中华人民共和国环境保护法》《环境监测数据弄虚作假行为判定及处理办法》《中华人民共和国大气污染防治法》等，了解相关规章中与环境监测机构相关的内容、职责和法律责任。

②实验室授权签字人应掌握定量／定性检测、系统／随机误差、灵敏度、测量不确定度、检测限、精密度、准确度、标准物质、期间核查、检定校准、计量溯源性等检验检测基本概念。

③实验室授权签字人须了解认可规则、认可准则及相关应用说明等的要求，熟悉检测／校准实验室能力的通用要求；应熟练掌握其认可范围内的检测／校准项目、方法标准、规程和规范等，应有能力对相关检测／校准结果进行评定；应熟悉质量控制的方法和要求及统计技术在质控中的应用等。

【评审准则】

《检验检测机构资质认定评审准则》第九条第一款有三个方面要注意。首先，检验检测机构人员均应当签订劳动或聘用合同，且符合《中华人民共和国劳动法》《中华人民共和国劳动合同法》的有关规定，特别注意劳务派遣用工应符合《劳务派遣暂行规定》的要求。其次，检验检测机构要遵守执业资格的规定。最后，检验检测机构还要遵守禁止从业的规定，这个要求与《检验检测机构监督管理办法》（市场监管总局令第39号）的要求一致。检验检测机构应以文件规定、合同约定或自我承诺等方式，确保检验检测人员不得同时在两个以上检验检测机构从业。另外有些法律法规也对检验检测人员禁止从业有相关规定，例如《中华人民共和国食品安全法》第一百三十八条第二款规定，受过开除处分的食品检验人员十年内，因为食品安全等违法行为受过刑事处罚或开除处分的食品检验人员终身不得从事食品检验工作。

【CNAS特定领域应用说明】（见表3-7）

表3-7 CNAS特定领域应用说明（6.2）

特定领域要求	通用要求CNAS-CL01				
	6.2.1	6.2.2	6.2.3	6.2.5	6.2.6
CNAS-CL01-A001		●	●	●	●
CNAS-CL01-A002		●	●	●	
CNAS-CL01-A003		●		●	
CNAS-CL01-A004	●		●		
CNAS-CL01-A005		●			
CNAS-CL01-A006		●			●
CNAS-CL01-A007			●		
CNAS-CL01-A008		●			
CNAS-CL01-A009		●	●		
CNAS-CL01-A010			●		
CNAS-CL01-A011		●		●	●
CNAS-CL01-A012		●			
CNAS-CL01-A013		●		●	
CNAS-CL01-A014	●				
CNAS-CL01-A015	●				
CNAS-CL01-A016		●		●	
CNAS-CL01-A018		●		●	
CNAS-CL01-A019		●			
CNAS-CL01-A020		●			
CNAS-CL01-A021			●	●	
CNAS-CL01-A022		●			
CNAS-CL01-A023		●		●	
CNAS-CL01-A024		●		●	
CNAS-CL01-A025		●	●	●	
CNAS-CL01-G005		●		●	

注："●"表示CNAS对该准则条款在特定领域存在应用说明。

【审核要点及方式】（见表3-8）

表3-8 审核要点及方式（6.2）

条款号	审核要点	审核方式	审核内容
6.1	实验室是否配备人员、设施、设备、系统及支持服务等与其检测能力相适的资源	查看现场查阅	实验室配置的人员、设施、设备、系统及支持服务情况和相应记录

续表

条款号	审核要点	审核方式	审核内容
6.2.1	所有可能影响实验室活动的内/外部人员是否行为公正，有能力，并按照管理体系要求履行职责	查阅 询问	保证人员行为公正性措施记录、人员能力和履行职责情况
6.2.2	实验室是否将影响实验室活动结果的各职能的能力要求制定成文件，包括对教育、资格、培训、技术知识、技能和经验的要求	查阅	实验室制定的有关各岗位能力要求的文件
6.2.3	实验室是否确保人员具备从事其负责的实验室活动的能力，以及评估偏离影响程度的能力	查阅 询问	人员能力情况及查询人员档案记录
6.2.4	实验室管理层是否向实验室人员传达其职责和权限	询问	实验室管理层传达其职责和权限的沟通方式和渠道
6.2.5	实验室是否有以下活动的程序，并保存相关记录：确定能力要求；人员选择；人员培训；人员监督；人员授权；人员能力监控	查阅	人员选择、培训、监督、授权及监控的程序文件及记录
6.2.6	实验室是否授权人员从事特定的实验室活动，包括但不限于下列活动：开发、修改、验证和确认方法；分析结果，包括符合性声明或意见和解释；报告、审查和批准结果	查阅	实验室对关键技术岗位人员授权的记录
#2.9.1*	检验检测机构人员均应当签订劳动、聘用合同，且符合相关法律法规的规定	查阅	人员劳动合同
#2.9.2	检验检测机构人员的受教育程度、专业技术背景和工作经历、资质资格、技术能力应当符合工作需要	查阅	人员培训、资格证书等

注："#"表示《评审准则》附件4的条款号。

【参考不符合案例】

案例6.2–01

食品检测实验室《岗位说明书》对技术负责人、授权签字人任职条件的要求缺少化学和微生物领域新版应用说明对技术负责人、授权签字人的相关要求。

不符合条款号：CNAS-CL01:2018 6.2.2 和《评审准则》附件4 2.10.1* 17）。

分析：实验室岗位说明书制定的依据应覆盖实验室所有检测/校准活动相关领域的应用说明的要求。

案例6.2–02

实验室《管理手册》中"关键岗位代理人"描述为"授权签字人李某不在时，由技术负责人王某代理其职责"，但王某非经认证认可机构考核合格的授权签字人。

不符合条款号：CNAS-CL01:2018 6.2.6。

分析：实验室应建立体系文件对授权签字人进行规定；授权签字人是经检验检测机构推荐、认证认可部门考核合格后授权签发报告的人员，不允许设置代理人。

案例6.2-03

实验室未对灯具、线缆检测岗位新入职人员进行充分的监督,也提供不出相应的监督记录。

不符合条款号:CNAS-CL01:2018 6.2.5 d)和《评审准则》附件4 2.10.1* 17)。

分析:人员监督主要对象是新员工、新授权之前和新项目运行的人员,实验室应配置覆盖其检测/校准能力范围的监督员;监督员应具备相应监督领域的检测/校准能力和经验,实验室应保存人员监督的相关记录。

【标准条文】

6.3 设施和环境条件

6.3.1 设施和环境条件应适合实验室活动,不应对结果有效性产生不利影响。

注:对结果有效性有不利影响的因素可能包括但不限于微生物污染、灰尘、电磁干扰、辐射、湿度、供电、温度、声音和振动。

6.3.2 实验室应将从事实验室活动所必需的设施及环境条件的要求形成文件。

6.3.3 当相关规范、方法或程序对环境条件有要求时,或环境条件影响结果的有效性时,实验室应监测、控制和记录环境条件。

6.3.4 实验室应实施、监控并定期评审控制设施的措施,这些措施应包括但不限于:

a)进入和使用影响实验室活动区域的控制;

b)预防对实验室活动的污染、干扰或不利影响;

c)有效隔离不相容的实验室活动区域。

6.3.5 当实验室在永久控制之外的地点或设施中实施实验室活动时,应确保满足本准则中有关设施和环境条件的要求。

【条文释义和理解】

实验室的设施和环境条件是开展实验室活动的必要条件,是抽样/检测/校准数据结果准确可靠的保障;实验室的设施和环境条件还应满足对工作人员的健康安全防护、对环境的安全保护等的需要。

6.3.1要求实验室的设施和环境条件应与所从事的检测/校准工作类型相适应,不同类型的实验室有不同的要求,都不应对结果有效性产生不良影响。

实验室的设施和环境条件主要指场地、能源、采暖、采光(照明)、通风等。实验室的环境条件包括内部和外部的环境条件,内部环境条件主要包括温度、湿度、洁净度、干扰度(如电磁干扰、冲击振动)等,外部环境条件主要包括灰尘、温度、湿度、噪声、振动、海拔、雷电、大气压强、有害气体、电磁干扰、电源电压、微生物菌种等。这些设施和环境条件首先应满足相关法律法规、技术规范、方法标准的要求,避免影响结果的质量或准确性;还应确保实验室的安全性,不能影响和危害公共安全;同时应满足仪器设备对环境条件的要求,并保障操作人员安全和健康的要求,如基因实验室、生物安全实验室和有严格防火要求的实验室等。

CNAS-CL01-G001:2024中6.3.1规定："实验室的设施应为实验室自有或租借的设施，实验室应拥有其全部使用权和支配权。如实验室租借设施，其租借期限应至少能够保证实验室在一个认可周期（2年）内使用。实验室应有充足的设施和场地实施实验室活动，包括样品制备和储存空间；实验室应对相互干扰的设施、环境进行有效的隔离。"

该条款"注"规定："如果实验室通过签订合同，在有检测或校准任务时临时使用其他机构的设施，不能视为自有设施，将不予认可。如果实验室仅租借场地，不涉及仪器设备，如汽车试验场或类似情况则允许租借。"

以食品检测机构为例，在实验室设计和建设初期就应充分考虑相关认证认可准则通用要求以外的专业要求，如CNAS-CL01-A001:2022《检测和校准实验室能力认可准则在微生物检测领域的应用说明》、CNAS-CL01-A002:2020《检测和校准实验室能力认可准则在化学检测领域的应用说明》等专业领域应用说明的要求。食品微生物和化学检测区域应隔离；微生物检测区（样品交接区、保存区、培养基配置区、洁净室、培养室、洗刷消毒室等）应按照从低污染到高污染的顺序，遵循"单方向工作流程"原则设计，并配备紫外消毒等装置；洗刷消毒区应远离操作区，防止潜在的交叉污染。如果从事食品致病菌的检测，应限定在致病菌检测区域内进行相关操作，防护服、移液器、离心管等也限定在该区域使用。实验室的生物危害标识应与其检测活动的生物安全等级相适应。食品化学检测区域一般分为接样室、样品保存室、样品前处理区、天平室、标物储存及配置室、有机及无机仪器分析室等，有机仪器分析室气相色谱和液相色谱最好单独分区隔离，仪器与操作人员进行分区隔离，配置洗眼及紧急喷淋装置、个人安全防护装备、烟雾及毒气报警器、灭火器、消防沙等，并定期检查其功能有效性；天平室和标物保存区则要求对温度和湿度进行控制，确保称量数据的准确性和标物的有效性。

6.3.2要求实验室将从事实验室活动所必需的设施及环境条件的要求制定成文件。文件制定的依据一般为实验室从事活动相关的法律法规、技术规范、方法标准、仪器设备正常运行要求，以及保障人员健康安全必需的环境条件等。

6.3.3规定当相关规范、方法或程序对环境条件有要求时，或环境条件影响结果的有效性时，实验室应具备监测、控制环境条件的能力，并应维护和保持这种能力，及时发现和调控环境条件的波动，避免其影响检测／校准结果的有效性。实验室在从事实验室活动前应充分地识别环境条件要求，并采取相应的措施。所有对各类设施和场所环境条件的实施监控应及时、真实地记录，保证在同等条件下可以复现检测／校准活动，以作为反映环境条件变化的信息，并为分析数据变化提供参考。当环境条件影响实验室数据结果的有效性时，应立即停止实验室活动，宣布已获得数据结果无效，对环境条件采取措施进行调控，必要时重复实验室活动，扣发报告。

6.3.4规定实验室应实施、监控并定期评审控制设施的措施，该条款是对实验室设施和环境控制措施的要求，对于控制措施实验室不仅要实施、监控，还应定期评审其有效性，及时发现问题，以及根据控制要求和控制设备、控制手段等的变化进行调整。该条款针对三种较为通用的情况提出了要求：实验室应根据自身的特点和具体情况，确定需要控制的范围，采取适当而有效的措施；实验室应识别可能影响实验室活动的情况，如污染、干扰或其他不利影响，提前采取措施予以预防，如隔离、屏蔽等；对于不相容的实验室活动区域，应采取有效手段进行隔离。

实验室应对人员进入和使用影响实验室活动区域进行控制，实验室应根据自身实际情况，包括特定区域的技术要求、标准规定等，确定控制的区域和范围，并进行正确的、显著的标识，制定相关规定和措施，如标识"非请勿入"、安装门禁系统等，防止未经授权人员进入实验室活动区域，对实验室活动造成污染、干扰或不利影响。

实验室应对开展的实验室活动进行合理布局。任何相邻区域的工作或活动不相容或者相互影响时，实验室应对相关区域采取措施进行有效隔离，消除相互间的不良影响，防止交叉污染。如微生物检测区域中洁净区和非洁净区必须有效隔离。对使用ICP-MS进行痕量分析测试的实验室，应将ICP-MS放置在专门建立的洁净室中，避免其他实验室活动对其造成不利影响。

理解此条款时还应关注微生物、化学、纺织、电气、建工等各专业领域应用说明的要求。实验室应对实验室安全作业进行管理和控制，尤其是对于易制毒易制爆化学品、化学危险品、毒品、有害生物、高温、高压、撞击、电离辐射以及水、电、气、火等危及安全的因素和环境，必须有效控制，确保安全。如接触危险化学品、毒品、有害生物的实验室，应就采购、验收、储存、标识、领用、交接、无害化处置等各个环节建立严密的安全控制措施，确保不泄露、不扩散、不遗失、不会对人员和公共安全造成危害；实验室还应制定紧急处理措施或应急方案，如出现险情和意外事故，应能在第一时间做出正确和快速的反应，防止事态扩大和人员伤亡，并立即向主管部门和安全管理部门汇报。

6.3.5要求当实验室在永久控制之外的地点或设施中实施实验室活动时，应确保满足准则中有关设施和环境条件的要求。"永久控制之外的地点或设施"一般指客户的场所、临时的检测场所等，在这些场所进行采样、抽样、检测、校准等实验室活动时，应对环境条件给予特殊关注，其环境条件应同样满足相关标准规范、方法或程序的要求，应实施有效的监控，并真实、及时地进行记录。必要时应有措施检查采样、现场检测设备的性能不受影响，并记录环境条件和采取的措施。

【评审准则】

> 第十条 检验检测机构应当具有固定的工作场所，工作环境符合检验检测要求。
> （一）检验检测机构具有符合标准或者技术规范要求的检验检测场所，包括固定的、临时的、可移动的或者多个地点的场所。
> （二）检验检测工作环境及安全条件符合检验检测活动要求。

检验检测机构应当具有固定的工作场所，工作场所性质包括自有产权、上级配置、出资方调配或租赁等，应有相关的证明文件。检验检测机构申请资质认定时，工作场所的地址应与"资质认定申请书"中"检验检测能力申请表"填写的检验检测机构地址一致。证书附表中批准检验检测的能力范围的地址应与实际开展检验检测活动的场所一致。检验检测机构应对工作场所具有完全的使用权。

检验检测机构应具有符合标准或者技术规范要求的检验检测场所并承担安全生产主体责任,检验检测场所包括固定的、临时的、可移动的或者多个地点的场所:

①固定的场所是指不随检验检测任务而变更,且不可移动的开展检验检测活动的场所;

②临时的场所是指检验检测机构根据现场检验检测需要,临时建立的工作场所(例如对公共场所和作业场所环境的噪声检验检测的现场,在高速公路施工阶段和桥梁通车前所建立的检验检测临时场所);

③可移动的场所是指利用汽车、动车和轮船等装载检验检测设备设施,可在移动中实施检验检测的场所;

④多个地方的场所(多场所)是指检验检测机构存在两个及以上地址不同的检验检测工作场所。

【CNAS特定领域应用说明】(见表3-9)

表3-9 CNAS特定领域应用说明(6.3)

特定领域要求	通用要求CNAS-CL01				
	6.3.1	6.3.2	6.3.3	6.3.4	6.3.5
CNAS-CL01-A001	●	●	●	●	●
CNAS-CL01-A002	●	●			●
CNAS-CL01-A003	●			●	
CNAS-CL01-A004	●				
CNAS-CL01-A005	●		●		●
CNAS-CL01-A006	●				
CNAS-CL01-A007	●				
CNAS-CL01-A008	●				
CNAS-CL01-A009			●		
CNAS-CL01-A010	●	●	●		●
CNAS-CL01-A011	●		●	●	
CNAS-CL01-A012		●			
CNAS-CL01-A013	●				
CNAS-CL01-A014	●		●	●	●
CNAS-CL01-A015	●				
CNAS-CL01-A016	●		●	●	
CNAS-CL01-A018		●			
CNAS-CL01-A019	●		●	●	
CNAS-CL01-A020	●			●	
CNAS-CL01-A021	●		●		●

续表

特定领域要求	通用要求CNAS-CL01					
	6.3.1	6.3.2	6.3.3	6.3.4	6.3.5
CNAS-CL01-A022		●			
CNAS-CL01-A023	●	●		●	●
CNAS-CL01-A024	●			●	
CNAS-CL01-A025			●		
CNAS-CL01-G005	●		●	●	

注:"●"表示CNAS对该准则条款在特定领域存在应用说明。

【审核要点及方式】(见表3-10)

表3-10 审核要点及方式(6.3)

条款号	审核要点	审核方式	审核内容
6.3.1	设施和环境条件是否适合实验室活动,是否对结果有效性产生不利影响	查看现场 查阅	实验室设施和环境条件现场情况及设施和环境记录
6.3.2	实验室是否将从事实验室活动所必需的设施及环境条件的要求形成文件	查阅	设施及环境条件控制程序文件
6.3.3	当相关规范、方法或程序对环境条件有要求时,或环境条件影响结果的有效性时,实验室是否监测、控制和记录环境条件	查看现场 查阅	实验室环境条件监控记录
6.3.4	实验室是否实施、监控并定期评审控制设施的措施,这些措施包括但不限于:	查看现场 查阅	实验室区域控制现场情况及相应的控制记录
	a)进入和使用影响实验室活动区域的控制;	查看现场	实验室内部布局
	b)预防对实验室活动的污染、干扰或不利影响; c)有效隔离不相容的实验室活动区域	查看现场	实验室区域控制现场情况
6.3.5	当实验室在永久控制之外的地点或设施中实施实验室活动时,是否确保满足准则中有关设施和环境条件的要求	查看现场	永久控制之外的地点或设施的环境条件监控记录情况
#2.10.1* 16)	检验检测机构的工作场所与"检验检测机构资质认定申请书"填写的工作场所地址一致	查阅	产权证明、租赁合同、检验检测机构资质认定申请书
#2.10.1* 17)	检验检测机构对工作场所具有完全的使用权,并能提供证明文件。如果是租用、借用场地,期限不少于1年	查阅	产权证明、租赁合同

注:"#"表示《评审准则》附件4的条款号。

【参考不符合案例】

案例6.3-01

分析天平摆放在中央空调出风口的正下方位置。

不符合条款号:CNAS-CL01:2018 6.3.4 b)和《评审准则》附件4 2.10.2 19)。

分析：分析天平有控温和温度波动要求，该实验室将分析天平放置在空调出风口正下方，既不能保证对温度波动的控制，也不能排除空调吹风气流对天平的干扰。

案例6.3-02

电池电性能检测设备没有配备稳压电源（试验电压应保持在额定电压的±3%）。

不符合条款号：CNAS-CL01:2018 6.3.1、《评审准则》附件4 2.10.2 18）。

分析：电池性能检测只有配备稳压电源，才能确保测试数据的稳定、准确、可靠。

案例6.3-03

样品库里待检的鲜鸡蛋样品在常温条件下已存放一周，实验室也未就鲜鸡蛋样品保存环境的规定制定文件。

不符合条款号：CNAS-CL01:2018 6.3.2、《评审准则》附件4 2.10.2 19）。

分析：实验室未将可能影响检测结果的环境条件的技术要求形成文件，并宣贯到相关岗位工作人员。

【标准条文】

6.4 设备

6.4.1 实验室应获得正确开展实验室活动所需的并影响结果的设备，包括但不限于：测量仪器、软件、测量标准、标准物质、参考数据、试剂、消耗品或辅助装置。

注1：标准物质和有证标准物质有多种名称，包括标准样品、参考标准、校准标准、标准参考物质和质量控制物质。ISO 17034给出了标准物质生产者的更多信息。满足ISO 17034要求的标准物质生产者被视为有能力的。满足ISO 17034要求的标准物质生产者提供的标准物质会提供产品信息单/证书，除其他特性外至少包含规定特性的均匀性和稳定性，对于有证标准物质，信息中包含规定特性的标准值、相关的测量不确定度和计量溯源性。

注2：ISO指南33给出了标准物质选择和使用指南，ISO指南80给出了内部制备质量控制物质的指南。

6.4.2 实验室使用永久控制以外的设备时，应确保满足本准则对设备的要求。

6.4.3 实验室应有处理、运输、储存、使用和按计划维护设备的程序，以确保其功能正常并防止污染或性能退化。

6.4.4 当设备投入使用或重新投入使用前，实验室应验证其符合规定要求。

6.4.5 用于测量的设备应能达到所需的测量准确度和（或）测量不确定度，以提供有效结果。

6.4.6 在下列情况下，测量设备应进行校准：

——当测量准确度或测量不确定度影响报告结果的有效性；和（或）

——为建立报告结果的计量溯源性，要求对设备进行校准。

注：影响报告结果有效性的设备类型可包括：

——用于直接测量被测量的设备，例如使用天平测量质量；

——用于修正测量值的设备，例如温度测量；

——用于从多个量计算获得测量结果的设备。

6.4.7 实验室应制定校准方案，并应进行复核和必要的调整，以保持校准状态的可信度。

6.4.8 所有需要校准或具有规定有效期的设备应使用标签、编码或以其他方式标识，使设备使用人方便地识别校准状态或有效期。

6.4.9 如果设备有过载或处置不当、给出可疑结果、已显示有缺陷或超出规定要求时，应停止使用。这些设备应予以隔离以防误用，或加贴标签/标记以清晰表明该设备已停用，直至经过验证表明能正常工作。实验室应检查设备缺陷或偏离规定要求的影响，并应启动不符合工作管理程序（见 7.10）。

6.4.10 当需要利用期间核查以保持对设备性能的信心时，应按程序进行核查。

6.4.11 如果校准和标准物质数据中包含参考值或修正因子，实验室应确保该参考值和修正因子得到适当的更新和应用，以满足规定要求。

6.4.12 实验室应有切实可行的措施，防止设备被意外调整而导致结果无效。

6.4.13 实验室应保存对实验室活动有影响的设备记录。适用时，记录应包括以下内容：

a）设备的识别，包括软件和固件版本；

b）制造商名称、型号、序列号或其他唯一性标识；

c）设备符合规定要求的验证证据；

d）当前的位置；

e）校准日期、校准结果、设备调整、验收准则、下次校准的预定日期或校准周期；

f）标准物质的文件、结果、验收准则、相关日期和有效期；

g）与设备性能相关的维护计划和已进行的维护；

h）设备的损坏、故障、改装或维修的详细信息。

【条文释义和理解】

设备是实验室开展检测/校准工作所必需的重要资源，也是保证检测/校准工作质量、获取可靠测量数据的基础。

6.4.1是对设备配备的要求。实验室应获得正确开展实验室活动所需的并能影响结果的设备。"正确开展实验室活动"是指能够正确地依据检测/校准标准和规范进行检测/校准活动。实验室设备包括但不限于测量仪器、软件、测量标准、标准物质、参考数据、试剂、消耗品或辅助装置。除测量仪器和标准物质外，本条款将软件、测量标准、参考数据、试剂、消耗品及辅助装置全部纳入设备管理的范畴。实验室应配备满足实验室活动的设备和设施，包括满足抽样、物品制备、物品保存、物品处理和数据分析要求的设备，且设备应有利于检测/校准工作的正常开展。如食品检测机构应配备足够数量的样品均质器用于样品处理，以及足够数量的冷藏及冷冻设备用于保存样品；微生物项目检测应配备足够数量的培养箱以满足检测标准对不同培养温度控制的要求。实验室应有设备配置一览表或设备台账，内容一般包括设备管理编号、设备名称、出厂编号、规格型号、生产厂家、采购日期、放置地点、使用部门、保管人等信息，如有新增或报废设备应及时更新台账。

CNAS-CL01-G001:2024中6.4.1规定：

"a）实验室配置的设备应在其申报认可的场所内（现场检测／校准及移动设施情况除外），并对其有完全的支配权和使用权。对于租借设备，设备的租借期限应至少能够保证实验室在一个认可周期（2年）内使用，并具有完全、独立的支配权和使用权，且租借期间不应与其他实验室共用。

"b）有些设备，特别是化学分析中一些常用设备，通常用标准物质来校准，实验室应有充足的标准物质来对设备的预期使用范围进行校准。"

标准物质（Reference Material，RM）是一种已经确定了具有一个或多个足够均匀的特性值的物质或材料。有证标准物质（Certified Reference Material，CRM）指附有证书的标准物质，其一种或多种特性值用建立了溯源性的程序确定，使之可溯源到准确复现的用于表示该特性值的计量单位，而且每个标准值都附有给定置信水平的不确定度。标准物质和有证标准物质有多种名称，包括标准样品、参考标准、校准标准、标准参考物质和质量控制物质。满足ISO 17034要求的标准物质生产者提供的标准物质会提供产品信息单或证书，除其他特性外至少包含规定特性的均匀性和稳定性，对于有证标准物质，信息中包含规定特性的标准值、相关的测量不确定度和计量溯源性。

准则要求使用满足ISO 17034要求的标准物质生产者提供的标准物质。ISO指南33给出了标准物质选择和使用指南，帮助实验室选择和使用合适的标准物质。ISO指南80给出了内部制备质量控制物质的指南，指导实验室制备内部质控样品，降低运行成本。

实验室应建立标准物质台账及出入库记录，主要内容包括标准物质编号、中英文名称、规格、纯度、批号、有效期、生产厂家、储存条件、出入库日期、领用量及领用人登记信息等，实施动态管理，并收集整理标准物质证书，妥善保管。

6.4.2是对实验室使用永久控制以外的设备的要求。"永久控制以外的设备"一般指租用、借用、使用客户的设备，不仅应满足本条款的要求，也应满足准则其他条款所规定的技术和管理要求。租借设备的管理也应纳入本机构的管理体系，应在租赁合同中明确规定设备的使用权，本机构可以全权支配使用，由本机构人员进行操作、维护、检定／校准，并对使用环境条件进行控制。租借的设备的功能、性能、技术参数应满足技术要求，应经检定／校准确认合格后投入使用，应进行期间核查、日常维护保养，应保留相关记录等。需要注意的是，同一台设备不允许在同一时期被不同的实验室共同租赁和用于认可和资质认定。CNAS-CL01-A002：2020 6.4.1条款要求，对检测结果有影响的实验室关键检测设备应为自有设备。[①]

6.4.3要求实验室应有处理、运输、储存、使用和按计划维护设备的程序，以确保其功能正常并防止污染或性能退化。CNAS-CL01-G001:2018中6.4.3规定，实验室应指定专人负责设备的管理，包括校准、维护和期间核查等。实验室应建立机制以提示对到期设备进行

---

① 自有设备指购买或长期租赁（租期2年以上）且具有完全的使用权和支配权的设备。

校准、核查和维护。因设备使用者最了解设备的使用状态，因此建议其参与设备管理。设备管理员负责整体的设备管理，包括采购，组织验收，安装调试，检定/校准/自校，标识管理，档案建立，投入使用，制定设备检定/校准、维护、期间核查计划并监督计划实施情况，报废等各个环节。设备使用人员根据实际情况参与设备管理的相关过程和环节。

6.4.3要求实验室应有处理、运输、储存、使用和按计划维护设备的程序，以确保其功能正常并防止污染或性能退化。CNAS-CL01-G001:2024中6.4.3规定："实验室应指定人员负责设备的管理，包括校准、维护和期间核查等。实验室应建立机制以提示对到期设备进行校准、维护和核查。"

6.4.4规定，当设备（包括但不限于测量仪器、标准物质、试剂、软件、测量标准、参考数据、消耗品和辅助装置）投入使用或重新投入使用前，实验室应验证其是否符合规定要求。CNAS-CL01-G001:2024中6.4.4规定，设备重新投入使用前，实验室应验证其符合相关规定要求后再投入使用。"重新投入使用前"通常包含（并不限于）以下情况：设备发生故障经修理后；设备脱离实验室的控制，返回后无法确定设备性能的状态时；设备被移动、拆装或调整，无法确定设备性能的状态时。

需要说明的是：多数设备"重新投入使用前"的验证仅需做功能性核查，仅在明确存在影响设备的计量性能的情况时，才需要采用校准的方式来进行验证；依据校准结果判断设备是否满足方法要求是实验室自身的工作，宜由实验室做出。

例如：大气采样器、pH计在每次使用前应进行校准；设备送外部机构检定、校准或维修期间，设备脱离实验室的直接控制，其状况是不确定的，设备返回后，实验室应对其进行功能和校准状态核查，显示满意结果后方可恢复使用；设备的关键零部件或功能损坏，维修完毕后，再次进行验证符合相关技术规范要求后方可投入使用，且验证的过程、方法及结论等应予以记录。

6.4.5要求，为保证实验室活动结果的有效性，所用测量设备的技术指标（测量准确度或测量不确定度）应满足方法或测量程序规定的要求。

6.4.6规定了在下列情况下测量设备应进行校准：当测量准确度或测量不确定度影响报告结果的有效性时；为建立报告结果的计量溯源性，要求对设备进行校准。

影响报告结果有效性的设备类型可包括：用于直接测量被测量的设备，例如使用天平测量质量；用于修正测量值的设备，例如温度测量；用于从多个量计算获得测量结果的设备。

CNAS-CL01-G001:2024中6.4.6规定："应注意到并非实验室的每台设备都需要校准，实验室应评估该设备对结果有效性和计量溯源性的影响，合理地确定是否需要校准。对不需要校准的设备，实验室应核查其状态是否满足使用要求。"

需要注意的是，对设备校准证书信息进行确认，判断设备是否满足要求的依据应是方法标准要求；一台设备用于多个方法标准测试的，应满足最严格的方法标准要求；对不需要检定/校准的设备，实验室可自行核查其状态是否满足使用要求，核查频次可根据设备稳定性、使用频率、环境等情况确定，并保留相关核查记录。

6.4.7要求实验室制定校准方案,并应进行复核和必要的调整,以保持对校准状态的可信度。CNAS-CL01-G001:2024中6.4.7规定:"对需要校准的设备,实验室应建立校准方案,方案中应包括该设备校准的参数、预期测量范围、测量准确度和(或)测量不确定度、校准周期等,以便送校时向校准服务供应商提出明确的、有针对性的要求。"如果设备的预期用途或使用范围有变化,校准方案也应进行必要的调整,以满足方法标准的要求。每次实施校准前,实验室应将校准方案提供给校准机构,明确每台设备的校准要求,避免参数漏校、多校、错校。

6.4.8规定所有需要校准或具有规定有效期的设备应使用标签、编码或以其他方式标识,使设备使用人方便地识别校准状态或有效期。设备的标识管理是检查设备处于受控管理的措施之一。对于实验室所有的仪器设备及其软件、标准物质均应有效实施标识管理。

设备的状态标识分为"合格""准用"和"停用"三种,通常以绿、黄、红三种颜色表示,且状态标识中应包含检定/校准日期、有效期、检定/校准单位、设备编号、确认人等信息。

①合格标识(绿色):经计量检定或校准、验证合格,经确认符合相关检测/校准技术规范规定的。

②准用标识(黄色):仪器设备存在部分缺陷,但在限定范围内可以使用的,包括设备的某一量程准确度不合格,但检测/校准所用的量程合格的;多功能设备的个别功能丧失,但不影响检测/校准所用的功能正常使用,且经过检定或校准验证合格的;降等级使用的设备。

③停用标识(红色):故障、损坏、设备性能无法确定、经检定/校准不合格、超过检定/校准周期未检定/校准、不符合检测/校准技术规范规定的使用要求的设备。

6.4.9规定,如果设备有过载或处置不当、给出可疑结果、已显示有缺陷或超出规定要求时,应停止使用。这些设备应予以隔离以防误用,或加贴标签或标记以清晰表明该设备已停用,直至修复,并经检定/校准/核查,验证表明其能正常工作,方可重新投入使用。

实验室还应对设备缺陷或偏离规定要求对以往实验室活动所造成的影响进行追溯,如发现不符合应执行不符合工作管理程序,暂停检测/校准工作,停发或追回已发放给客户的检测报告或校准证书。

6.4.10是对设备期间核查的要求。当需要利用期间核查以保持设备的可信度时,应建立期间核查程序,规定核查的方法和周期。CNAS-CL01-G001:2018中6.4.10规定,实验室应根据设备的稳定性和使用情况来确定是否需要进行期间核查。对于需要进行期间核查的设备,在技术上可行时,实验室应确定期间核查的方法与周期,并保存核查记录。并非所有设备都需要进行期间核查。判断设备是否需要期间核查至少考虑以下因素:

①设备校准周期;

②历次校准结果;

③结果有效性监控的数据;

④设备使用频率和性能稳定性;

⑤设备维护情况；

⑥设备操作人员及环境的变化；

⑦设备使用范围的变化等。

CNAS-GL042《测量设备期间核查的方法指南》为测量设备期间核查的方法提供了指南。

期间核查不是一般的功能检查，更不是检定/校准，而是在两次校准之间适当的时间间隔内对设备稳定性的核查，其目的是确认设备的校准状态是否得到维持，是否持续符合相关技术规范要求。期间核查的时间并不一定是设备一个校准周期的中间时间点，可视设备的具体情况而定。期间核查的对象主要是使用非常频繁、漂移率大、性能不够稳定、经常携带或运输到现场检测以及在恶劣环境下使用的仪器设备。期间核查的形式可以是多样的，通常以核查标准、设备比对、单点内部校准、标准物质验证、加标回收等形式进行。如在检测过程中结合过程质量控制，对已赋值的标准物质进行测定的方式也是期间核查。对于无须校准的设备，检测人员在使用设备测试前进行的功能、性能检查也是一种核查。实验室应对期间核查的数据进行评审，核查结果接近或超过规定要求时，或出现较大偏离时，应及时采取预防措施或纠正措施，并验证措施的有效性，直到经证实的结果满意方可投入使用。

此条款中的"设备"也包括标准物质，和检测/校准设备一样，标准物质也要根据程序综合考虑各方面因素进行期间核查。有证标准物质期间核查的主要内容包括包装、外观、物理性状、储存条件、有效期等。对于已开封的有证标准物质，除前面所述内容外，还应在考虑其稳定性等综合因素的前提下进行技术核查；对于无证标准物质，可使用已知的稳定可靠的有证标准物质、测试近期参加过的水平测试结果满意的样品，送有资质的校准机构校准、机构间比对等方式进行核查，并对数据进行分析和评价，保留相关记录。

6.4.11规定，如果校准和标准物质数据中包含参考值或修正因子，实验室应确保该参考值和修正因子得到适当的更新和应用，以满足规定要求。当校准证书给出一组修正信息时，实验室应确保有关数据及时得到修正，计算机软件也应该得到更新，在实验室相关检测数据及记录中更新并加以利用。

6.4.12要求实验室有切实可行的措施，防止设备被意外调整而导致结果无效。实验室的设备（包括硬件和软件）经安装、调试、检定/校准、核查确认后，应采取适当的保护措施，防止未经授权的调整导致结果失效。例如气相色谱、液相色谱、ICP、PCR仪等直接影响检测结果的设备，应设置登录密码和权限范围，限制使用人员，未经授权的人员不得操作，避免不具备能力的人员操作不当给设备正常运行带来不良影响。

6.4.13要求实验室保存对实验室活动有影响的设备记录。适用时，应包括以下内容：设备的识别，包括软件和固件版本；制造商名称、型号、序列号或其他唯一性标识；设备符合规定要求的验证证据；当前的位置；校准日期、校准结果、设备调整、验收准则、下次校准的预定日期或校准周期；标准物质的文件、结果、验收准则、相关日期和有效期；与设备性能相关的维护计划和已进行的维护；设备的损坏、故障、改装或维修的详细信息。

实验室应建立仪器设备和标准物质或试剂台账，实施动态管理。对检测／校准结果有影响的和主要的仪器设备和标准物质，实验室应建立仪器设备档案，内容至少包括上述内容，并且以"一机一档"的方式建立档案，及时补充相关信息和记录。同类的小型计量器具可"一类一档"，如温湿度计、百分表等。

【评审准则】

> 第十一条　检验检测机构应当具备从事检验检测活动所必需的检验检测设备设施。
> （一）检验检测机构应当配备具有独立支配使用权、性能符合工作要求的设备和设施。
> （二）检验检测机构应当对检验检测数据、结果的准确性或者有效性有影响的设备（包括用于测量环境条件等辅助测量设备）实施检定、校准或核查，保证数据、结果满足计量溯源性要求。
> （三）检验检测机构如使用标准物质，应当满足计量溯源性要求。

检验检测机构应配备具有独立支配使用权，满足相关标准或者技术规范的要求的设备和设施，避免影响检验检测结果的准确性。设备和设施包括但不限于测量仪器、软件、测量标准、标准物质、参考数据、试剂、消耗品或辅助装置。

检验检测机构租用仪器设备开展检验检测时，应确保：

①租用仪器设备的管理应纳入本检验检测机构的管理体系；

②本检验检测机构可全权支配使用，即租用的仪器设备由本检验检测机构的人员操作维护、检定或校准，并对使用环境和贮存条件进行控制（可以在租赁合同中明确规定租用设备的使用权）；

③有租用、借用合同，租用、借用期限不少于1年；

④同一台设备不允许在同一时期被不同检验检测机构共用租赁。

【CNAS特定领域应用说明】（见表3-11）

表3-11　CNAS特定领域应用说明（6.4）

特定领域要求	通用要求CNAS-CL01												
	6.4.1	6.4.2	6.4.3	6.4.4	6.4.5	6.4.6	6.4.7	6.4.8	6.4.9	6.4.10	6.4.11	6.4.12	6.4.13
CNAS-CL01-A001	●		●		●	●				●			●
CNAS-CL01-A002	●		●					●		●			
CNAS-CL01-A003				●									
CNAS-CL01-A004	●												
CNAS-CL01-A005	●	●		●						●			
CNAS-CL01-A006				●	●								
CNAS-CL01-A007	●			●			●						●
CNAS-CL01-A008	●				●		●						

续表

特定领域要求	通用要求CNAS-CL01												
	6.4.1	6.4.2	6.4.3	6.4.4	6.4.5	6.4.6	6.4.7	6.4.8	6.4.9	6.4.10	6.4.11	6.4.12	6.4.13
CNAS-CL01-A009	●			●		●	●			●			●
CNAS-CL01-A010	●				●					●			
CNAS-CL01-A011	●				●		●			●			●
CNAS-CL01-A012	●			●					●				
CNAS-CL01-A013	●		●			●							
CNAS-CL01-A014	●		●	●					●				
CNAS-CL01-A015						●							
CNAS-CL01-A016	●			●		●							
CNAS-CL01-A018				●									
CNAS-CL01-A019	●		●	●								●	●
CNAS-CL01-A020	●												●
CNAS-CL01-A021	●		●			●					●		
CNAS-CL01-A022													
CNAS-CL01-A023	●				●	●							
CNAS-CL01-A024	●			●	●					●			
CNAS-CL01-A025	●									●		●	
CNAS-CL01-G005		●	●	●									

注："●"表示CNAS对该准则条款在特定领域存在应用说明。

【审核要点及方式】（见表3-12）

表3-12 审核要点及方式（6.4）

条款号	审核要点	审核方式	审核内容
6.4.1	实验室是否获得正确开展实验室活动所需的并影响结果的设备（包括但不限于测量仪器、软件、测量标准、标准物质、参考数据、试剂、消耗品或辅助装置）	现场查看 查阅	设备现场配置情况及设备清单
6.4.2	实验室使用永久控制以外的设备时，是否确保满足准则对设备的要求	现场查看 查阅 问询	查看永久控制以外的设备使用情况及使用记录
6.4.3	实验室是否有处理、运输、储存、使用和按计划维护设备的程序，以确保其功能正常并防止污染或性能退化	查阅	设备管理程序文件
6.4.4	当设备投入使用或重新投入使用前，实验室是否验证其符合规定要求	查阅	设备验证记录
6.4.5	用于测量的设备是否能达到所需的测量准确度和（或）测量不确定度，以提供有效结果	查阅	设备确认记录和标准要求
6.4.6	在下列情况下，测量设备是否进行校准：当测量准确度或测量不确定度影响报告结果的有效性和（或）为建立报告结果的计量溯源性，要求对设备进行校准	查阅	设备校准证书

续表

条款号	审核要点	审核方式	审核内容
6.4.7	实验室是否制定校准方案，并进行复核和必要的调整以保持对校准状态的可信度	查阅	设备校准计划和期间核查记录
6.4.8	所有需要校准或具有规定有效期的设备是否使用标签、编码或以其他方式标识，使设备使用人方便地识别校准状态或有效期	现场查看	设备校准状态标识
6.4.9	a）如果设备有过载或处置不当、给出可疑结果、已显示有缺陷或超出规定要求时，是否停止使用？ b）这些设备是否予以隔离以防误用，或加贴标签或标记以清晰表明该设备已停用，直至经过验证表明能正常工作？ c）实验室是否检查设备缺陷或偏离规定要求的影响，并启动不符合工作管理程序	现场查看 查阅	a）现场停用设备情况及使用记录； b）停用设备隔离措施，设备验证记录； c）设备不符合记录
6.4.10	当需要利用期间核查保持对设备性能的信心时，是否按程序进行核查	查阅	设备期间核查记录
6.4.11	如果校准和标准物质数据中包含参考值或修正因子，实验室是否确保该参考值和修正因子得到适当的更新和应用，以满足规定要求	查阅	设备修正因子使用情况
6.4.12	实验室是否有切实可行的措施，防止设备被意外调整而导致结果无效	查阅	设备授权情况和授权人员要求
6.4.13	实验室是否保存对实验室活动有影响的设备记录。适用时，记录应包括以下内容： a）设备的识别，包括软件和固件版本； b）制造商名称、型号、序列号或其他唯一性标识 c）设备符合规定要求的验证证据； d）当前的位置； e）校准日期、校准结果、设备调整、验收准则、下次校准的预定日期或校准周期； f）标准物质的文件、结果、验收准则、相关日期和有效期； g）与设备性能相关的维护计划和已进行的维护； h）设备的损坏、故障、改装或维修的详细信息	查阅	设备记录
#2.11.1* 22）	检验检测机构使用租用、借用的设备设施申请资质认定的，应当有合法的租用、借用合同，租用、借用期限不少于1年，并对租用、借用的设备设施具有完全的使用权、支配权。同一台设备设施不得共同租用、借用、使用	查阅	租赁、借用合同

注："#"表示《评审准则》附件4的条款号。

【参考不符合案例】

案例6.4–01

实验室配制的用于成分分析的次氯酸钠溶液的标识缺少配置人、有效期等必要信息，实验室用水标识缺少有效期信息。

不符合条款号：CNAS–CL01:2018 6.4.8、《评审准则》附件4 2.11.2 24）。

分析：实验室配制的所有试剂（包括实验用水）应加贴标签，并根据使用情况标识成分、浓度、溶剂（除水外）、制备日期和有效期等必要信息，便于使用人识别其状态或有效期。

案例6.4–02

实验室天平室摆放一台读数不能回零的电子天平，询问实验室人员，表示知道坏了，但无任何停用措施。

不符合条款号：CNAS–CL01:2018 6.4.9和《评审准则》附件4 2.11.2 23）。

分析：当发现电子天平不能回零时，应立即停止使用，并添加明显标识以防误用。

案例6.4–03

实验室的电热鼓风干燥箱的校准证书，校准结果表明在105℃时，实际温度比显示温度高2.5℃，经确认相关标准要求为105±2℃。询问设备使用人员，其不知道有此修正值，故在使用时未对实际温度进行修正。

不符合条款号：CNAS–CL01:2018 6.4.11。

分析：如果校准证书给出的数据中包含参考值或修正因子，实验室应确保该参考值和修正因子得到适当的更新和应用，以满足规定要求。

【标准条文】

6.5 计量溯源性

6.5.1 实验室应通过形成文件的不间断的校准链将测量结果与适当的参考对象相关联，建立并保持测量结果的计量溯源性，每次校准均会引入测量不确定度。

注1：在ISO/IEC指南99中，计量溯源性定义为"测量结果的特性，结果可以通过形成文件的不间断的校准链与参考对象相关联，每次校准均会引入测量不确定度"。

注2：关于计量溯源性的更多信息见附录A。

6.5.2 实验室应通过以下方式确保测量结果溯源到国际单位制（SI）：

a）具备能力的实验室提供的校准；或

注1：满足本准则要求的实验室被视为有能力的。

b）具备能力的标准物质生产者提供并声明计量溯源至SI的有证标准物质的标准值；或

注2：满足ISO 17034要求的标准物质生产者被视为有能力的。

c）SI单位的直接复现，并通过直接或间接与国家或国际标准比对来保证。

注3：SI手册给出了一些重要单位定义的实际复现的详细信息。

6.5.3 技术上不可能计量溯源到SI单位时，实验室应证明可计量溯源至适当的参考对象，如：

a）具备能力的标准物质生产者提供的有证标准物质的标准值；

b）描述清晰的参考测量程序、规定方法或协议标准的结果，其测量结果满足预期用途，并通过适当比对予以保证。

【条文释义和理解】

6.5.1要求实验室建立并保持测量结果的计量溯源性，应通过形成文件的不间断的校准链将测量结果与适当的参考对象相关联，建立并保持测量结果的计量溯源性，且每次校准均会引入测量不确定度。实验室应制定溯源的总体要求，如计量溯源程序，规定实验室的计量溯源方法，确保使用的设备的量值能够溯源到国家基准和国际单位制，以保证相关检测/校准结果能够溯源到国家基准。

计量溯源性是通过一条具有规定不确定度的不间断的校准链，使测量结果或标准的值能够与规定的参考标准（通常是国家或国际标准）联系起来的一种特性，是贸易全球一体化和实验室结果互认的基础。

计量溯源性是确保测量结果在国内和国际上可比性的重要概念，准则的附录A明确了建立计量溯源性应考虑的因素以及如何证明计量溯源性。

6.5.2要求实验室通过以下方式确保测量结果溯源到国际单位制（SI）：

①由具备能力的实验室提供的校准。具备能力的实验室指通过CNAS实验室认可的校准实验室和经过法定授权的计量检定机构，这些机构的校准能力在其认可或授权范围内，其测量结果包含测量不确定度信息。根据国家法律法规要求，在国家强制检定目录内的工作计量器具应依法送检，其他可溯源的计量器具可由实验室自行寻求具备能力的校准机构。

②使用具备能力的标准物质生产者提供并声明计量溯源至SI的有证标准物质的标准值；具备能力的标准物质生产者指通过CNAS认可、满足ISO 17034要求的标准物质生产者。标准物质证书是介绍标准物质的技术文件，内容一般包括名称及编号、研制和生产单位信息、包装形式、制备方法、特性量值及其测量方法、标准值的不确定度、均匀性及稳定性说明、储存条件、注意事项等信息，是向用户提供的质量保证，随同标准物质一起提供给客户。标准物质证书和标签上均有MC标识。

③SI单位直接复现，并通过直接或间接与国家或国际标准比对来保证。SI手册给出了一些重要单位定义的实际复现的详细信息。

6.5.3要求技术上不可能计量溯源到SI单位时，实验室应尽可能使用有证的标准物质或参考物质。实验室应证明可溯源至有能力的生产者提供的有证标准物质的标准值，或使用参考测量程序、规定方法或描述清晰的协议标准来确保测试的计量溯源性；也可提供参加实验室间比对的满意结果来证明其测量结果与同类实验室的一致性，以此来获得对测量结果计量溯源性的证据。

【CNAS特定领域应用说明】（见表3-13）

表3-13 CNAS特定领域应用说明（6.5）

特定领域要求	通用要求CNAS-CL01		
	6.5.1	6.5.2	6.5.3
CNAS-CL01-A012		●	
CNAS-CL01-A013			●
CNAS-CL01-A014			
CNAS-CL01-A015		●	
CNAS-CL01-A019			●
CNAS-CL01-A020			●
CNAS-CL01-A021	●		
CNAS-CL01-A023			●
CNAS-CL01-A024			●
CNAS-CL01-A025	●		
CNAS-CL01-G005	●		

注："●"表示CNAS对该准则条款在特定领域存在应用说明。

【审核要点及方式】（见表3-14）

表3-14 审核要点及方式（6.5）

条款号	审核要点	审核方式	审核内容
6.5.1	实验室是否通过形成文件的不间断的校准链将测量结果与适当的参考对象相关联，建立并保持测量结果的计量溯源性，每次校准均会引入测量不确定度	查阅	计量溯源性程序及记录
6.5.2	实验室是否通过以下方式确保测量结果溯源到国际单位制（SI）： a）具备能力的实验室提供的校准； b）具备能力的标准物质生产者提供并声明计量溯源至SI的有证标准物质的标准值； c）SI单位的直接复现，并通过直接或间接与国家或国际标准比对来保证	查阅	设备校准方案和外部校准实验室和标准物质生产者能力记录
6.5.3	技术上不可能计量溯源到SI单位时，实验室是否证明可计量溯源至适当的参考对象，如： a）具备能力的标准物质生产者提供的有证标准物质的标准值； b）描述清晰的参考测量程序、规定方法或协议标准的结果，其测量结果满足预期用途，并通过适当比对予以保证	查阅	实验室证明可计量溯源至适当的参考对象的依据及记录

【参考不符合案例】

案例6.5-01

某实验室的一台进口设备脉冲测量仪未进行校准。

不符合条款号：CNAS-CL01:2018 6.5.3 b）

分析：根据6.5.3，技术上不可能计量溯源到SI单位时，实验室应证明可计量溯源至适当的参考对象，如"b）描述清晰的参考测量程序、规定方法或协议标准的结果，其测量结果满足预期用途，并通过适当比对予以保证"。

对于某些进口仪器，国内目前没有相应的检定或校准规程，或者没有有能力的校准机构进行校准，这种情况下可以通过实验室间比对等途径，证明其检测结果与同类实验室的一致性。

【标准条文】

6.6 外部提供的产品和服务

6.6.1 实验室应确保影响实验室活动的外部提供的产品和服务的适宜性，这些产品和服务包括：

a）用于实验室自身的活动；

b）部分或全部直接提供给客户；

c）用于支持实验室的运作。

注：产品可包括测量标准和设备、辅助设备、消耗材料和标准物质；服务可包括校准服务、抽样服务、检测服务、设施和设备维护服务、能力验证服务以及评审和审核服务。

6.6.2 实验室应有以下活动的程序，并保存相关记录：

a）确定、审查和批准实验室对外部提供的产品和服务的要求；

b）确定评价、选择、监控表现和再次评价外部供应商的准则；

c）在使用外部提供的产品和服务前，或直接提供给客户之前，应确保符合实验室规定的要求，或适用时满足本准则的相关要求；

d）根据对外部供应商的评价、监控表现和再次评价的结果采取措施。

6.6.3 实验室应与外部供应商沟通，明确以下要求：

a）需提供的产品和服务；

b）验收准则；

c）能力，包括人员需具备的资格；

d）实验室或其客户拟在外部供应商的场所进行的活动。

【条文释义和理解】

6.6.1 a）中"用于实验室自身的活动"的外部提供的产品和服务，通常指测量标准和设备、辅助设备、试剂耗材、标准物质、检定／校准服务、培训、环境设施的设计和施工、检测服务、设施和设备维护服务等；b）中"部分或全部直接提供给客户"的外部提供的产品和服务，一般指实验室将客户委托的实验室活动分包给具备能力的其他实验室，最后以自身的名义出具结果数据给客户的活动；c）中"用于支持实验室的运作"的外部提供的产品和服务主要包括能力验证服务、评审和审核服务等。

CNAS-CL01-G001:2024中6.6.1a）规定，实验室应根据自身需求，对需要控制的产品和服务进行识别，并采取有效的控制措施。实验室涉及的产品和服务包括但不限于：

- 消耗品。适用时，实验室应对消耗品品名、规格、等级、生产日期、保质期、成分、包装、贮存、数量、合格证明等进行符合性检查或验证。当某一品牌的消耗品验收的不合格比例较高时，实验室应考虑更换该产品的品牌或制造商。

- 设备的购置和维护。选择设备时应满足检测、校准或抽样方法以及CNAS-CL01的相关要求。实验室应保留主要设备的制造商记录，对于设备性能不能持续满足要求或不能提供良好售后服务和设备维护的供应商，实验室应考虑更换供应商。如实验室使用商品化的试剂盒，应核查该试剂盒已经过技术评价，并有相应的信息或记录予以证明。

- 选择校准服务、标准物质和参考标准时，应满足 CNAS-CL01-G002《测量结果的计量溯源性要求》以及检测、校准或抽样方法对计量溯源性的要求。

CNAS-CL01-G001:2024中6.6.1c）规定："可能影响实验室活动的用于支持实验室运作的服务主要包括能力验证、审核或评审服务。实验室选择能力验证提供者时，应满足CNAS-RL02中4.5的要求。"

6.6.2规定，实验室应有以下活动的程序，并保存相关记录。

6.6.2 a）确定审查和批准实验室对外部提供的产品和服务的要求，明确验收标准，经验收合格的产品和服务方可投入使用。

6.6.2 b）规定实验室应确定评价、选择、监控和再次评价外部供应商的准则，规定评价的内容、标准和频次，符合准则要求的供应商方可纳入合格供方名录；在合作过程中通过收集实验室的反馈、同行的评价等方式对外部供应商进行持续评价和监控。对供应商评价的内容一般包括资质、能力、社会信誉和影响力、质量、价格、交付周期、顾客满意度、财务和服务支持能力等，并保留相关记录。

6.6.2 c）规定，在使用外部提供的产品和服务前，或直接提供给客户之前，实验室须评价和验收外部提供的产品和服务，只有符合实验室规定的要求，或适用时满足准则的相关要求时才可以使用，可建立不同的外部提供的产品和服务的验收作业指导书，必要时进行现场审核，对其进行综合评价，并形成评审记录。

6.6.2 d）强调实验室应根据对外部供应商的评价、监控和再次评价的结果采取措施。实验室应建立合格供应商的档案，对其质量保证能力予以证明。对供应商的评价应该是动态的、持续的，根据监控和评价的结果留用或从合格供方名录里剔除。

CNAS-CL01-G001:2024中6.6.2 a）规定："实验室应基于检测或校准方法的需要以及实验室自身的要求确定外部提供的产品和服务的要求。"6.6.2 b）规定："当实验室需从外部机构获得实验室活动服务时，应尽可能选择相关项目已获认可的实验室（经CNAS认可或其他签署ILAC互认协议的认可机构认可）。"对于实验室自身没有能力而需从外部获得的实验室活动，CNAS不将其纳入认可范围。CNAS仅认可通常由实验室独立实施的实验室活动。对于实验室具备能力但自己不实施，而是长期从外部机构获得的项目不予认可。如果实验室通过租借合同将另一家机构的全部人员、设施和设备等纳入自身体系管理，则这部分能力视为由外部机构提供，不予认可。

6.6.3要求实验室在采购产品和服务前应和供应商进行充分的沟通，明确需要提供的产品和服务。可签订采购合同，对具体产品的类型、等级、规格、数量、交付期限、验收标准等进行约定，对提供服务的供应商的资质、能力、效率、应满足的质量管理体系标准等要求进行明确描述。

【CNAS特定领域应用说明】（见表3-15）

表3-15 CNAS特定领域应用说明（6.6）

特定领域要求	通用要求CNAS-CL01		
	6.6.1	6.6.2	6.6.3
CNAS-CL01-A001		●	●
CNAS-CL01-A002		●	
CNAS-CL01-A003	●		
CNAS-CL01-A005		●	
CNAS-CL01-A011		●	●
CNAS-CL01-A012		●	
CNAS-CL01-A013	●		
CNAS-CL01-A014		●	
CNAS-CL01-A021	●		
CNAS-CL01-A023	●	●	●
CNAS-CL01-A024		●	
CNAS-CL01-A025	●		●

注："●"表示CNAS对该准则条款在特定领域存在应用说明。

【审核要点及方式】（见表3-16）

表3-16 审核要点及方式（6.6）

条款号	审核要点	审核方式	审核内容
6.6.1	实验室是否确保影响实验室活动的外部提供的产品和服务的适宜性，这些产品和服务包括： a）用于实验室自身的活动； b）部分或全部直接提供给客户； c）用于支持实验室的运作	查阅	影响实验室活动的外部提供的产品和服务的识别、评价方法、判定要求及评价记录

续表

条款号	审核要点	审核方式	审核内容
6.6.2	实验室是否有以下活动的程序，并保存相关记录： a）确定、审查和批准实验室对外部提供的产品和服务的要求； b）确定评价、选择、监控表现和再次评价外部供应商的准则； c）在使用外部提供的产品和服务前，或直接提供给客户之前，确保符合实验室规定的要求，或适用时满足准则的相关要求； d）根据对外部供应商的评价、监控表现和再次评价的结果采取措施	查阅	实验室外部提供的产品和服务控制程序、外部供应商管理记录
6.6.3	实验室是否与外部供应商沟通，明确以下要求： a）需提供的产品和服务； b）验收准则； c）能力，包括人员需具备的资格； d）实验室或其客户拟在外部供应商的场所进行的活动	查阅	外部供应商合同或订单

【参考不符合案例】

案例6.6-01

审核员抽查A实验室的一份检测报告，其中有两个项目分包给了B实验室，但A实验室提供不出对B实验室进行评价的资料，B实验室也未在其合格供方名录里。

不符合条款号：CNAS-CL01:2018 6.6.2 c）。

分析：在实施分包前，实验室应确保分包方符合实验室规定的要求、满足相关准则的要求；实验室应收集分包方的有关资料，经审核和评价合格后纳入合格分包名录，建立合格分包方档案，定期进行评价和监控，并保留相关记录。

案例6.6-02

查实验室易耗品采购申请／验收单，对采购的乙炔、氮气、氩气无纯度技术要求。

不符合条款号：CNAS-CL01:2018 6.6.3 a）、《评审准则》附件4 2.12.3 32）。

分析：实验室在采购产品前应与外部供应商沟通，明确采购产品的各项技术要求，确保采购的产品满足相关标准和技术规范要求。

案例6.6-03

微生物实验室采购培养基时向供应商提供的"培养基要求"，无实验室验收／拒收培养基的标准。

不符合条款号：CNAS-CL01:2018 6.6.3 b）和《评审准则》附件4 2.12.3 32）。

分析：实验室应在相关作业文件中明确采购产品验收的准则，确保采购的产品满足相关标准和技术规范要求。

第七节　ISO/IEC 17025:2017标准释义：过程要求

【标准条文】

7.1 要求、标书和合同评审

7.1.1 实验室应有要求、标书和合同评审程序。该程序应确保：

a）明确规定要求，形成文件，并被理解；

b）实验室有能力和资源满足这些要求；

c）当使用外部供应商时，应满足6.6条款的要求，实验室应告知客户由外部供应商实施的实验室活动，并获得客户同意；

注1：在下列情况下，可能使用外部提供的实验室活动：

——实验室有实施活动的资源和能力，但由于不可预见的原因不能承担部分或全部活动；

——实验室没有实施活动的资源和能力。

d）选择适当的方法或程序，并能满足客户的要求。

注2：对于内部或例行客户，要求、标书和合同评审可简化进行。

7.1.2 当客户要求的方法不合适或是过期的，实验室应通知客户。

7.1.3 当客户要求针对检测或校准做出与规范或标准符合性的声明时（如通过／未通过、在允许限内／超出允许限），应明确规定规范或标准以及判定规则。选择的判定规则应通知客户并得到同意，除非规范或标准本身已包含判定规则。

注：符合性声明的详细指南见ISO/IEC指南98-4。

7.1.4 要求或标书与合同之间的任何差异，应在实施实验室活动前解决。每项合同应被实验室和客户双方接受。客户要求的偏离不应影响实验室的诚信或结果的有效性。

7.1.5 与合同的任何偏离应通知客户。

7.1.6 如果工作开始后修改合同，应重新进行合同评审，并与所有受影响的人员沟通修改的内容。

7.1.7 在澄清客户要求和允许客户监控其相关工作表现方面，实验室应与客户或其代表合作。

注：这种合作可包括：

a）允许适当进入实验室相关区域，以见证与该客户相关的实验室活动；

b）客户出于验证目的所需物品的准备、包装和发送。

7.1.8 实验室应保存评审记录，包括任何重大变化的评审记录。针对客户要求或实验室活动结果与客户的讨论，也应作为记录予以保存。

【条文释义和理解】

实验室应根据自身实际的资源等情况建立要求、标书和合同评审的相关程序，用文件的方式对履行客户的要求、标书和合同的过程进行有效控制。本条款中的"要求"指的是客户的要求，也包含行政机关、执法单位下达的指令性任务通知或者文件；"标书"指的是客户发出的招标书和实验室做出的投标书；"合同"指的是实验室和客户之间设立、变更、终止民事权利义务关系的协议，可以约定方式（书面的或口头的）传递，规定彼此职责，双方接受并依法成立。合同具有法律约束力。

根据7.1.1b)，合同评审的实施发生在合同签订前，实验室需要评审客户的需求以及自身的能力和资源，在充分识别出客户需求的基础上，对自身的能力（不限于检测/校准/抽样能力、人员能力等方面）和资源（不限场地、设备、物质、信息、环境等）进行评审，以确定能满足客户的需求。

关于7.1.1c)，外部供应商提供的服务指的是分包。在开展分包工作前，应确保外部供应商提供的服务符合实验室规定的要求，或满足准则的相关要求。分包分为两种：一种是"有能力的分包"，指的是实验室有能力和资源可以实现与客户的约定，但由于不可预见的原因（如工作量激增、关键人员暂缺、设备设施故障、环境状况变化等）不能承担部分或全部工作而进行的分包；另一种是"无能力分包"，指的是实验室完全没有能力和资源实现与客户的约定而进行的分包。不管是哪一种分包，将客户委托的实验室活动进行分包时，应充分告知客户分包的实施情况，并事先取得客户的同意。

7.1.1d) 要求实验室有能力选择适当的检测/校准/抽样方法或者程序来满足客户的要求，并能得到客户和实验室双方的接受。这里的"客户"包括内部和外部客户，内部客户通常发生在实验室既从事检测活动又从事校准活动时，此时检测可能就是校准的内部客户。对于内部或例行客户，合作前客户和实验室已彼此有所了解，可进行简化评审。

CNAS-CL01-G005:2018中7.1.1规定："当检测实验室接到客户的在非固定场所检测要求时，应充分了解相关信息，如客户的设施、环境条件等是否满足非固定场所检测活动的要求等，确认是否可提供该非固定场所检测服务；如需要客户提供检测辅助设备，应在合同中约定，并保存相关记录。根据客户要求制定的现场检测实施方案应得到客户确认。"

根据7.1.2，合同评审过程中实验室应有能力发现客户要求的方法不合适或者过期，如存在此种情况，实验室应告知客户并进行沟通。

7.1.3规定，当客户要求针对检测或校准做出与规范或标准符合性的声明时（如通过/未通过、在允许限内/超出允许限），实验室应在合同评审环节，与客户书面约定规范或标准以及判定规则，以保证最终的评价依据不产生分歧。如果规范或标准本身已包含判定规则，则不需要进一步考虑风险水平，否则实验室应该有文件化的判定规则，便于为客户的检测/校准证书报告做出判别。

7.1.4规定，要求或标书与合同之间的任何差异，应在实施实验室活动前和客户解决，最好是在合同签订前协商解决，每项合同应被实验室和客户双方接受。对于客户要求的偏离，比如客户在实验室完成测试后，要求实验室把其中一项不合格参数删掉，实验室不应接受客户此类影响实验室诚信的偏离要求。

7.1.5明确，对于实验室出现的偏离（如方法偏离、周期变更等），实验室应告知客户，与客户协商方案，并征得客户的同意。

7.1.6明确，对于实施实验室活动后发生的合同修改，也应重新进行合同评审，合同的修改可能是客户或者实验室提议或导致的，应特别注意，修改的相关信息应及时通知所有受影响的部门和人员，防止执行过程中的差异产生不良后果。比如客户提出修改方法，客服人员应及时通知实验室人员。

7.1.7强调以客户为关注焦点的原则，在整个实施实验室活动的过程中，实验室应保持与客户的沟通与合作，以便准确地了解客户的要求，确保客户享有权利，实验室承担义务。这里的合作可包括：允许适当进入实验室相关区域，以见证与该客户相关的实验室活动；客户出于验证目的的物品准备、包装和发送。服务客户的过程应关注保密性原则，应采取必要措施，对可能被观察到的其他客户的信息进行保护。

CNAS-CL01-G001:2024 中7.1.7规定，必要时，实验室应给客户提供充分说明，以便客户在申请检测或校准项目时更加适合自身的需求与用途。

7.1.8规定实验室应保存评审记录，评审记录包括但不限于测试委托单、邮件等记录，包括任何有重大变化的评审记录，比如变更后的合同、变更单以及与变更相关的沟通记录。

【CNAS特定领域应用说明】（见表3-17）

表3-17　CNAS特定领域应用说明（7.1）

特定领域要求	通用要求CNAS-CL01					
	7.1.1	7.1.3	7.1.4	7.1.6	7.1.7	7.1.8
CNAS-CL01-A001		●			●	
CNAS-CL01-A002	●					
CNAS-CL01-A011	●					
CNAS-CL01-A012			●			
CNAS-CL01-A014	●					
CNAS-CL01-A019	●			●		●
CNAS-CL01-A020	●					
CNAS-CL01-A021	●					
CNAS-CL01-A023	●					
CNAS-CL01-A024	●			●	●	

注："●"表示CNAS对该准则条款在特定的领域存在应用说明。

第三章 实验室认可和资质认定要求理解与实施

【审核要点及方式】（见表3-18）

表3-18　审核要点及方式（7.1）

条款号	审核要点	审核方法	审核内容
7.1.1 a）~d）	a）实验室是否制定了要求、标书和合同评审的程序。 b）实验室涉及的不同形式的要求、标书（招标书、投标书）、合同（口头协议、委托协议等），在履约前是否有相关评审记录，是否对客户的要求、自身的能力和资源进行了充分的评审。 c）实验室涉及分包的报告，相关人员是否充分告知客户，并获得客户同意。 d）合同评审时实验室是否选择适当的检测/校准/抽样方法或者程序，是否有简化评审记录	查阅 询问	a）要求、标书和合同评审的相关文件 b）要求、标书、合同评审记录 c）分包协议，涉及分包的委托单等 d）评审记录以及简化的评审记录
7.1.2	实验室是否评审客户要求的方法，若存在方法不合适或过期的情况，是否告知客户并协商	查阅 询问	询问是否涉及，涉及方法不合适或过期情况的合同、委托单、订单等的评审记录
7.1.3	实验室是否涉及需要做出与规范或标准符合性声明的情况，若涉及，是否与客户充分沟通判定规则，并得到客户的同意	查阅 询问	涉及符合性判定的合同、委托单、订单和报告等记录
7.1.4 7.1.5	合同是否得到客户和实验室双方的同意，对于出现的偏离（可来自实验室或者客户），实验室是否和客户达成一致。如涉及客户要求的偏离，该偏离是否影响实验室的诚信或结果的有效性	查阅	客户和实验室签订证明（双方签字、盖章或通过电子邮件确认的委托单等），涉及偏离的合同、委托单、订单、技术记录等
7.1.6	工作开始后，是否发生过修改或变更合同的情况；如发生，是否进行了重新评审，并与所有受影响的人员沟通修改的内容	查阅 询问	询问合同变更的情况、合同变更的记录、相关沟通记录
7.1.7	是否有客户提出进入实验室区域见证相关实验室活动的要求。 是否允许客户进入实施实验室活动的现场，是否有保护其他客户信息的机制	询问 查阅	服务客户的相关规定及执行记录，客户进入实验室区域的记录等
7.1.8	是否保留相关的评审记录，包括任何有重大变化的评审记录	查阅 询问	查评审记录，询问记录保存情况

【参考不符合案例】

案例7.1-01

查实验室甲已和客户乙签订了合同，在实施实验室活动的过程中，实验室仪器突然出现了故障，实验室无法完成与客户乙签订的检测项目A，立即与外部供应商协商，将检测项目A分包给实验室丙，但未告知客户乙并获得其同意。

105

不符合条款号：CNAS-CL01:2018 7.1.1 c）和《评审准则》附件4 2.12.2 31）。

分析：该实验室在开始工作后产生了关于分包的变更，应及时告知客户，变更合同，并保留客户同意的相关证明。

案例7.1-02

编号为A的委托单，仅和客户约定了检测项目，缺少检测依据（标准方法）。

不符合条款号：CNAS-CL01:2018 7.1.1d）和《评审准则》附件4 2.12.2。

分析：委托单是合同的一种，具有法律效力，实验室应在委托单中与客户约定适当的检测依据（标准方法），以作为实施实验室活动的依据。

案例7.1-03

编号为B的合同，有客户和实验室双方签字，合同中备注了客户要求当样品数量不满足标准方法时，仍按标准方法出具判定结果。

不符合条款号：CNAS-CL01:2018 7.1.4和《评审准则》附件4 2.12.2。

分析：当客户提出的要求违反了实验室的公正性和诚实性原则时，实验室不应接受。

【标准条文】

> 7.2 方法的选择、验证和确认
>
> 7.2.1 方法的选择和验证
>
> 7.2.1.1 实验室应使用适当的方法和程序开展所有实验室活动，适当时，包括测量不确定度的评定以及使用统计技术进行数据分析。
>
> 注：本准则所用"方法"可视为ISO/IEC指南99定义的"测量程序"的同义词。
>
> 7.2.1.2 所有方法、程序和支持文件，例如与实验室活动相关的指导书、标准、手册和参考数据，应保持现行有效并易于人员取阅（见8.3）。
>
> 7.2.1.3 实验室应确保使用最新有效版本的方法，除非不合适或不可能做到。必要时，应补充方法使用的细则以确保应用的一致性。
>
> 注：如果国际、区域或国家标准，或其他公认的规范文本包含了实施实验室活动充分且简明的信息，并便于实验室操作人员使用时，则不需再进行补充或改写为内部程序。对方法中的可选择步骤，可能有必要制定补充文件或细则。
>
> 7.2.1.4 当客户未指定所用的方法时，实验室应选择适当的方法并通知客户。推荐使用以国际标准、区域标准或国家标准发布的方法，或由知名技术组织或有关科技文献或期刊中公布的方法，或设备制造商规定的方法。实验室制定或修改的方法也可使用。
>
> 7.2.1.5 实验室在引入方法前，应验证能够正确地运用该方法，以确保实现所需的方法性能。应保存验证记录。如果发布机构修订了方法，应在所需的程度上重新进行验证。
>
> 7.2.1.6 当需要开发方法时，应予以策划，指定具备能力的人员，并为其配备足够的资源。在方法开发的过程中，应进行定期评审，以确定持续满足客户需求。开发计划的任何变更应得到批准和授权。

7.2.1.7 对实验室活动方法的偏离,应事先将该偏离形成文件,做技术判断,获得授权并被客户接受。

注:客户接受偏离可以事先在合同中约定。

7.2.2 方法确认

7.2.2.1 实验室应对非标准方法、实验室制定的方法、超出预定范围使用的标准方法,或其他修改的标准方法进行确认。确认应尽可能全面,以满足预期用途或应用领域的需要。

注1:确认可包括检测或校准物品的抽样、处置和运输程序。

注2:可用以下一种或多种技术进行方法确认:

a)使用参考标准或标准物质进行校准或评估偏倚和精密度;

b)对影响结果的因素进行系统性评审;

c)通过改变控制检验方法的稳健度,如培养箱温度、加样体积等;

d)与其他已确认的方法进行结果比对;

e)实验室间比对;

f)根据对方法原理的理解以及抽样或检测方法的实践经验,评定结果的测量不确定度。

7.2.2.2 当修改已确认过的方法时,应确定这些修改的影响。当发现影响原有的确认时,应重新进行方法确认。

7.2.2.3 当按预期用途评估被确认方法的性能特性时,应确保与客户需求相关,并符合规定要求。

注:方法性能特性可包括但不限于测量范围、准确度、结果的测量不确定度、检出限、定量限、方法的选择性、线性、重复性或复现性、抵御外部影响的稳健度或抵御来自样品或测试物基体干扰的交互灵敏度以及偏倚。

7.2.2.4 实验室应保存以下方法确认记录:

a)使用的确认程序;

b)规定的要求;

c)确定的方法性能特性;

d)获得的结果;

e)方法有效性声明,并详述与预期用途的适宜性。

【条文释义和理解】

7.2.1.1规定,实验室应使用适合的方法和程序(包括检测、校准和抽样方法)开展所有实验室活动,检测、校准和抽样的方法作为实验室数据和结果的重要依据之一,应确保其适用于实验室的各项活动,包括送样(抽样)、处理、存储和准备、结果分析或比对、结果的符合性判断等方面,需要时,包括测量不确定度的评定以及使用统计技术进行数据分析。

准则所用"方法"可视为ISO/IEC指南99定义的"测量程序"的同义词。ISO/IEC指南

99定义的"测量程序"为：根据一种或多种测量原理及给定的测量方法，在测量模型和获得测量结果所需计算的基础上，对测量所做的详细描述。（注：测量程序通常要求写成充分而详尽的文件，以便操作者进行测量；测量程序可包括有关目标测量不确定度的描述；测量程序有时被称作标准操作程序，缩写为SOP；参考测量程序是在校准或表征校准物质时为提供测量结果所采用的测量程序，它适用于评定由同类量的其他测量程序获得的被测量的测量正确度；原级参考测量程序或原级参考程序是用于获得与同类量测量标准没有关系的测量结果所用的参考测量程序。）

7.2.1.2规定实验室所有的方法、程序和支持文件，都应有措施及时确保其有效性，并保证相关人员易于取阅。除了实验室活动相关的体系文件需要及时受控，这里强调了在用的和检测/校准/抽样活动相关的方法（包括标准方法和非标方法）、程序（如作业指导书）和支持文件（如手册和参考数据等），也应纳入文件控制（见准则8.3）的范围，特别关注在检测/校准/抽样现场使用的方法文本，实验室需要保证这些文件易于被员工取阅，且传达的文件应保证是最新有效版本，要有措施防止实验室使用过期或者作废的方法文本，以避免对最终的数据和结果产生不良影响。

CNAS-CL01-G005:2018中7.2.1.2规定："实验室应确保非固定场所检测人员能够获取并充分掌握非固定场所检测活动相关的程序文件、作业指导书、方法标准、手册、参考资料，并且能够及时得到更新的版本和其他技术支持。"

7.2.1.3规定实验室应对方法的有效性进行控制，以确保结果和数据的准确性和科学性，除非有效版本的方法不适合目前的实验室活动，或者当前的实验室活动并不涉及该方法。如在桥梁建设时检测桥梁所用的标准目前已被新版标准代替，若现在使用新版标准对桥梁进行检测，则属于"不合格或不可能做到"的情况。

标准分为有效、作废、代替和废止四种状态。作废包含废止，有四类标准属于作废标准，具体如下。

①已被新标准代替的旧标准。

②审批单位已宣布废止的标准。

③行业标准在相应的国家标准实施后，自行废止的；地方标准在相应的国家标准或行业标准实施后，自行废止的。

④企业标准复审期一般不超过三年，到期不进行复审的。

实验室所使用的方法应保证为最新有效版本，为此，实验室应采取相关措施，如定期进行标准方法的查新、对标准文本进行受控管理、对现行有效版本进行标识和发放、对作废的版本进行回收等，这些措施要确保非现行有效版本文件在实施实验室活动过程中不会误用。

实验室现行有效版本的方法，可作为是否需要编制作业指导书或标准操作程序（SOP）的依据。如果方法足够详细和明确，不会因操作人员差异导致理解和操作的不同，能确保方法使用过程中的一致性，则无须对方法进行再次细化并编写作业指导书；如果方法有可选择的步骤或实施方法的过程很难保持一致性，或可操作性比较低，这时需要对方法进行补充、细化和对可选择的步骤进行确认，并编制相关的作业指导书，以防止影响最终数据和结果。如实验室采用外文标准方法，由于其使用的语言（英语、日语等）可能使不同的检测/校准/抽样人员产生理解的差异，则依据实验室人员能力制定相关的作业指导书；再如实验室的设备、试剂等使用说明书，如果说明书中内容不够翔实，也应编制相关作业指导书。

7.2.1.4强调的是方法的选择，当客户未指定方法时，方法的选择应以客户的需求为中心（见准则7.1.1 d），实验室需要就选择的方法和客户沟通并得到双方（实验室和客户）的接受。一般将方法分为标准方法和非标准方法。

标准方法指由国际（ISO、IEC、ITU等）、区域（CEN、PASC等）、国外标准（ANSI、API、ASME、ASTM、BS、DIN、FDA、JIS、NF、SAE、TIA、VDE等）或国家（包括行业和地方）标准化组织发布的各类标准。

非标准方法指未经相应标准化组织批准的各类标准。非标准方法包括知名技术组织、有关科学书籍和期刊公布的方法，设备制造商指定的方法等，广义上也包括实验室制定的方法、超出预定范围使用的和修改过的标准方法。

7.2.1.5规定当实验室选择由国际、区域、国家（包括行业和地方）发布的标准方法时，初次使用前，需要进行方法验证（见准则3.8），以证明和确保实验室有能力正确运用这些标准方法完成实验室活动，并获得可信结果。如果标准方法发生了变更，也应及时进行标准比对分析；如果发生了技术性的变更，则应在所需程度上进行验证，并补充相关验证记录。

CNAS-CL01-G001:2024中7.2.1.5规定："在引入检测或校准方法之前，实验室应对其能否正确运用这些方法进行验证。验证不仅需要确定相应的人员、设施和环境条件、设备等能够满足方法规定的要求，还应通过试验证明结果的准确性和可靠性，必要时进行实验室间比对。"

CNAS-CL01-G005:2018 中7.2.1.5规定："a）对在非固定场所实施的检测方法或对其偏离的验证，都应在相应的检测环境的条件下进行。b）适用时，应采用适当的方法评估方法的测量不确定度，且要充分考虑到在非固定场所实施检测的环境条件。如果不适合评估测量不确定度，实验室应证明经验证的方法性能指标在标准方法规定的范围内。"

7.2.1.6主要强调的是实验室自制定和开发方法应关注的内容，实验室为自身应用而设计开发或制定的方法，管理者应将其视为项目管理，并授权有资格和能力的人员组成项目开发小组（见准则6.2.6），同时应明确项目过程的各个阶段，包括策划、输入（客户和实验室的信息收集和筛选等）、输出、方法的验证/确认、定期评审、变更等的过程控制。实验室应定期对开发的方法进行评审，以确定能应对客户需求的变化，应识别开发计划的任何变更，并在决定实施变更前，确保得到批准和授权。

7.2.1.7主要强调对方法偏离的管理。原则上任何实验室活动必须遵照规定进行作业，但实施实验室活动的过程中可能出现差异，也就是偏离。这里的偏离通常指的是不得已而为之的一种负面的偏离，是可能对结果产生不利影响的、一次性的、暂时的、偶发事件，一般发生后应立即回归正常程序，并不是方法的改进、提升、扩充。同时应关注，当偏离来自客户的要求，应不影响实验室的诚信或结果的有效性（见准则7.1.4）。

偏离通常只允许在一定的测量不确定度范围、一定的样品数量、一定的时间段和特定客户要求等情况下发生，需要形成文件，经过技术判断，获得授权和被客户接受，四个要求缺一不可。

当需要长期使用偏离的方法时，可以修订方法，作为方法的补充，形成细则或者作业指导书进行管理和执行。

7.2.2.1强调，当实验室选择以下非标准方法时，需要进行方法确认（见准则3.9）：

①实验室采用的非标准方法；

②实验室设计/制定的方法；

③超出其预定范围使用的标准方法，例如用检测化工品中重金属含量的标准来检测食品中重金属的含量；

④其他修改的标准方法，如：抽样方式、数量、比例改变；试样前处理方法、过程改变（温湿度等条件）；试验方法的改进（经典法改为仪器法）；数据传输、处理、计算方法改变（由人工改为计算机）。

应尽可能针对实验室的预期用途对方法进行全面确认。

7.2.2.1"注1"规定，确认的程序不仅需要对检测/校准程序进行确认，也可以包括检测/校准物品的抽样、处置和运输程序。

7.2.2.1"注2"规定，用于确认某方法性能的技术手段应当是下列之一，或是其组合：

①使用参考标准或标准物质进行校准或评估偏倚和精密度；

②对影响结果的因素进行系统性评审；

③通过改变控制检验方法的稳健度，如培养箱温度、加样体积等；

④与其他已确认的方法进行结果比对；

⑤实验室间比对；

⑥根据对方法原理的理解以及抽样或检测方法的实践经验，评定结果的测量不确定度。

7.2.2.2规定，对于已确认的方法出现变更时，实验室应开展变更分析，以分析变更的部分对实验室活动的影响，如果需要，则对方法重新进行确认。

7.2.2.3规定，方法的确认除评估其是否满足预期用途，还应考虑客户的需求，方法性能确认的过程是方法确认的核心过程，包括但不限于：测量范围、准确度、结果的测量不确定度、检出限、定量限、方法的选择性、线性、重复性或复现性、抵御外部影响的稳健度或抵御来自样品或测试物基体干扰的交互灵敏度以及偏倚。

根据7.2.2.4，方法确认记录可包含以下内容：

①实验室使用的方法确认程序或规定；

②客户和/或实验室规定对方法的要求；

③在方法确认过程中确定的方法性能特性的记录；

④方法确认所获得的结果（实验室记录或报告）；

⑤方法适用于预期用途的结论或声明。

需要时,对此非标方法是否能够在实验室中得到正确使用进行验证,并提供证明材料。

【评审准则】

> 第十二条 (四)检验检测机构能正确使用有效的方法开展检验检测活动。检验检测方法包括标准方法和非标准方法,应当优先使用标准方法。使用标准方法前应当进行验证;使用非标准方法前,应当先对方法进行确认,再验证。

评审准则对方法的选择、验证和确认的要求与认可准则相比,更加明确地要求使用非标准方法前,运用技术手段完成方法确认后,尚需按照方法验证手段完成方法验证步骤,得到满意结果方能使用。

【CNAS特定领域应用说明】(见表3-19)

表3-19 CNAS特定领域应用说明(7.2)

特定领域要求	通用要求CNAS-CL01										
	7.2.1.1	7.2.1.2	7.2.1.3	7.2.1.4	7.2.1.5	7.2.1.6	7.2.1.7	7.2.2.1	7.2.2.2	7.2.2.3	7.2.2.4
CNAS-CL01-A001			●		●			●			
CNAS-CL01-A002	●		●		●			●		●	
CNAS-CL01-A003	●	●	●	●	●	●	●				
CNAS-CL01-A004	●	●	●	●	●	●	●				
CNAS-CL01-A005					●						
CNAS-CL01-A006			●								
CNAS-CL01-A007			●		●						
CNAS-CL01-A009	●		●								
CNAS-CL01-A010			●		●			●			
CNAS-CL01-A011	●	●	●					●			
CNAS-CL01-A012			●		●					●	
CNAS-CL01-A013					●			●			
CNAS-CL01-A014	●										
CNAS-CL01-A015				●							
CNAS-CL01-A016	●										
CNAS-CL01-A018				●				●			

续表

特定领域要求	通用要求CNAS-CL01											
	7.2.1.1	7.2.1.2	7.2.1.3	7.2.1.4	7.2.1.5	7.2.1.6	7.2.1.7	7.2.2.1	7.2.2.2	7.2.2.3	7.2.2.4
CNAS-CL01-A019			●	●	●			●		●	
CNAS-CL01-A020			●								
CNAS-CL01-A021	●	●									
CNAS-CL01-A022			●					●			
CNAS-CL01-A023								●	●	●	●
CNAS-CL01-A024	●		●								
CNAS-CL01-A025	●		●		●		●	●			

注:"●"表示CNAS对该准则条款在特定的领域存在应用说明。

【审核要点及方式】（见表3-20）

表3-20 审核要点及方式（7.2）

条款号	审核要点	审核方式	审核内容
7.2.1.1	实验室是否制定了相关的方法控制文件；是否针对其实验室活动（抽样、处理、运输、检验检测等）选用了适当的方法和程序；需要时是否包含测量不确定度的评定程序和数据分析方法	查阅	作业指导书、合同记录/原始记录
7.2.1.2	实验室所有的方法、程序和支持文件是否现行有效；存放位置是否适当，并易于获取	查阅 查看现场	文件受控记录、文件存放位置
7.2.1.3	实验室是否使用最新有效版本的方法；是否制定了必要的作业指导书或细则（如对检测/校准方法的补充、样品管理程序等）	查阅	作业指导书或细则、标准查新记录、报告中使用方法的版本
7.2.1.4	方法的选择是否和客户沟通并得到双方的接受，尤其是当实验室选用非标方法和自制方法时	询问 查阅	询问日常方法选择的情况，委托单或合同记录
7.2.1.5	a）标准方法是否进行了必要的验证。 b）当方法变更后是否评估其是否需要再验证。 c）验证记录是否可以证明和确保实验室有能力正确运用这些标准方法	查阅	方法验证记录、涉及方法变更的验证记录
7.2.1.6	实验室涉及自制定和开发方法时，是否制定了相关程序，并按照程序对其策划、输入、输出、评审等过程进行控制	查阅	方法开发记录
7.2.1.7	实验室偏离是否形成文件，经过技术判断，获得授权并被客户接受	查阅	方法偏离记录

续表

条款号	审核要点	审核方式	审核内容
7.2.2.1	a）实验室对非标准方法是否进行了科学、合理、充分和有效的确认，以确保能满足预期用途。 b）方法确认是否关注到检测或校准物品的抽样、处置和运输程序的确认。 c）是否采用一种或多种技术手段进行方法确认	查阅	方法确认记录
7.2.2.2	当已确认的方法发生变更时，是否充分分析并重新进行确认	询问 查阅	询问已确认方法变更情况，方法再确认记录
7.2.2.3	对方法性能特性进行确认时是否考虑了客户的要求，并满足规定要求	询问 查阅	询问客户需求，方法确认记录
7.2.2.4	方法确认记录是否充分并能确保满足预期用途	查阅	方法确认记录
第十二条（四）	实验室使用非标准方法前，是否先对方法进行确认，再验证	查阅	非标方法确认记录、验证记录

注："*"表示《评审准则》附件4的条款号。

【参考不符合案例】

案例7.2-01

现场查看实验室检测员使用的标准文本，标准文本中对检测数据进行处理时，没有明确的计算过程，实验室未能提供作业指导书。

不符合条款号：CNAS-CL01:2018 7.2.1.3、《评审准则》附件4 2.12.2 34）。

分析：检测人员能力或经验有差异，标准方法不够明确时，实验室需要编制作业指导书。

案例7.2-02

查HJ 734—2014《固定污染源废气 挥发性有机物的测定 固相吸附-热脱附／气相色谱-质谱法》的方法验证报告，缺少现场采样过程内容的验证。

不符合条款号：CNAS-CL01:2018 7.2.1.5和《评审准则》附件4 2.12.2 33）。

分析：实验室应进行充分的验证，以确保有能力正确运用这些标准方法。

案例7.2-03

查某实验室自制方法，未能提供方法确认记录。

不符合条款号：CNAS-CL01:2018 7.2.2.1和《评审准则》附件4 2.12.2 33）。

分析：当实验室使用实验室制定的方法，应进行充分的确认，以确保方法能满足预期用途。

【标准条文】

7.3 抽样

7.3.1 当实验室为后续检测或校准对物质、材料或产品实施抽样时，应有抽样计划和方法。抽样方法应明确需要控制的因素，以确保后续检测或校准结果的有效性。在抽样地点应能得到抽样计划和方法。只要合理，抽样计划应基于适当的统计方法。

7.3.2 抽样方法应描述：

a）样品或地点的选择；

b）抽样计划；

c）从物质、材料或产品中取得样品的制备和处理，以作为后续检测或校准的物品。

注：实验室接收样品后，进一步处置要求见7.4条款的规定。

7.3.3 实验室应将抽样数据作为检测或校准工作记录的一部分予以保存。相关时，这些记录应包括以下信息：

a）所用的抽样方法；

b）抽样日期和时间；

c）识别和描述样品的数据（如编号、数量和名称）；

d）抽样人的识别；

e）所用设备的识别；

f）环境或运输条件；

g）适当时，标识抽样位置的图示或其他等效方式；

h）与抽样方法和抽样计划的偏离或增减。

【条文释义和理解】

7.3.1明确，抽样是取出物质、材料或产品的一部分作为其整体的代表性样品进行检测/校准的一种规定程序。除包含从一个批次抽取样品的活动外，还包含"采样"和"取样"，抽样的基本原则是其代表性和随机性。

实验室可能需要对物质、材料或产品实施抽样活动，以为后续的检测/校准活动服务。抽样活动在开始实施前，应准备确定的抽样计划和方法。抽样计划应根据适当的统计方法制定，应充分分析抽样对检验检测结果的影响。抽样方法应明确需要控制的因素（如天气、抽样器具、现场环境等），以确保后续检测/校准结果的有效性。在抽样实施的过程中，应确保抽样计划和方法能在抽样的地点方便获得，以确保抽样人员能严格执行。

CNAS-CL01-G001:2024中7.3.1规定："a）如果实验室仅进行抽样，而不从事后续的检测或校准活动，CNAS将不认可该抽样项目。b）实验室如需从客户提供的样品中取出部分样品进行后续的检测或校准活动，应确保样品的代表性和均匀性。"

CNAS-CL01-G005:2018中7.3.1规定："a）实验室应制定非固定场所检测抽样的程序，以确保检测结果的有效性。b）适用时，实验室应对抽样的物品进行必要的评估，应考虑抽样对原物品的影响，采取相应的预防措施避免危险发生。必要时，对抽样人员进行相应的培训，以满足相关要求。"

7.3.2强调实验室用于实施的抽样方法应明确必要的信息，抽样方法应描述抽样地点、抽样样本的选择；抽样计划（基于适当的统计学）；抽取样品后的制备和处理，以用作后续检测／校准。实验室接收样品后，进一步处置要求见准则7.4条款的规定。

7.3.3强调实验室应保存实施抽样的相关数据或记录，以支撑检测／校准工作记录的溯源性。抽样记录包含以下内容。

①所用的抽样方法：详细释义见准则7.3.1和7.3.2。

②抽样日期和时间：抽取样品的时效性和稳定性控制情况。

③识别和描述样品的数据（如编号、数量和名称）：主要为了满足溯源需要。

④抽样人的识别：抽样记录人员的签名等信息。

⑤所用设备的识别：抽样所用的设备信息。

⑥环境或运输条件：主要关注是否有效控制特殊要求样品（如贵重物品、易碎品、变质物品、易燃易爆物品等）。

⑦适当时，标识抽样位置的图示或其他等效方式，如简图、草图、照片等。

⑧与抽样方法和抽样计划的偏离或增减：应关注偏离是否获得客户同意，并告知相关人员，当偏离影响到结果和数据，应在报告中予以注明（见准则7.8.3.2）。

【CNAS特定领域应用说明】（见表3-21）

表3-21　CNAS特定领域应用说明（7.3）

特定领域要求	通用要求CNAS-CL01		
	7.3.1	7.3.2	7.3.3
CNAS-CL01-A001	●		●
CNAS-CL01-A002	●		●
CNAS-CL01-A011			●
CNAS-CL01-A012	●		
CNAS-CL01-A013	●		
CNAS-CL01-A014	●		
CNAS-CL01-A021	●		
CNAS-CL01-A023	●	●	
CNAS-CL01-A024	●		

注："●"表示CNAS对该准则条款在特定的领域存在应用说明。

【审核要点及方式】（见表3-22）

表3-22　审核要点及方式（7.3）

条款号	审核要点	审核方式	审核内容
7.3.1	a）实验室涉及抽样时，是否根据所涉及实验室活动制定了确定的抽样计划和方法。 b）抽样计划是否基于适当的统计学。 c）抽样方法是否明确需要控制的因素（如天气、抽样器具、现场环境等）。 d）是否有措施确保抽样计划和方法在抽样地点易于获得	查阅 询问	抽样程序文件、抽样计划和方法、抽样计划和方法在抽样地的获取方法
7.3.2	实验室抽样方法是否包含准则7.3.2所列内容	查阅	抽样方法
7.3.3	实验室是否将抽样数据作为检测或校准工作记录的一部分予以保存，相关时，这些记录是否包括准则7.3.3 a）~h）所列信息	查阅	抽样记录、涉及偏离的抽样记录、涉及特殊样品（如易碎品、变质物品等）的抽样记录、抽样运输设备

【参考不符合案例】

案例7.3-01

查编号为A的报告，实验室负责抽样，但未能提供相关的抽样计划和抽样方法。

不符合条款号：CNAS-CL01:2018 7.3.1、《评审准则》附件4 2.12.1 28）e）。

分析：实验室在实施抽样活动时，未按要求明确抽样计划和抽样方法。

案例7.3-02

查某年某月某日地下水采样原始记录，挥发性酚类（以苯酚计）样品缺少添加固定剂和保存条件的记录。

不符合条款号：CNAS-CL01:2018 7.3.3 f）、《评审准则》附件4 2.12.1 28）e）。

分析：生态环境标准中规定了对于涉及挥发酚类项目样品，应在采样时根据需要检测的有机物种类立即添加不同的保存剂，调节pH，低温避光保存，因此实验室应记录保存的环境条件、所添加的固定剂等信息，以保证采样的溯源信息完整。

案例7.3-03

查某实验室水质采样记录，缺少样品性状、采样体积等信息。

不符合条款号：CNAS-CL01:2018 7.3.3 c）和《评审准则》附件4 2.12.1 28）e）。

分析：实验室应确保采样信息的充分性，以保证采样的溯源信息完整。

【标准条文】

7.4 检测或校准物品的处置

7.4.1 实验室应有运输、接收、处置、保护、存储、保留、清理或返还检测或校准物品的程序，包括为保护检测或校准物品的完整性以及实验室与客户利益需要的所有规定。在处置、运输、保存/等候、制备、检测或校准过程中，应注意避免物品变质、污染、丢失或损坏。应遵守随物品提供的操作说明。

7.4.2 实验室应有清晰标识检测或校准物品的系统。物品在实验室负责的期间内应保留该标识。标识系统应确保物品在实物上、记录或其他文件中不被混淆。适当时，标识系统应包含一个物品或一组物品的细分和物品的传递。

7.4.3 接收检测或校准物品时，应记录与规定条件的偏离。当对物品是否适于检测或校准有疑问，或当物品不符合所提供的描述时，实验室应在开始工作之前询问客户，以得到进一步的说明，并记录询问的结果。当客户知道偏离了规定条件仍要求进行检测或校准时，实验室应在报告中做出免责声明，并指出偏离可能影响的结果。

7.4.4 如物品需要在规定环境条件下储存或调置时，应保持、监控和记录这些环境条件。

【条文释义和理解】

7.4.1重点讲解了样品管理要求，样品管理涉及各个环节，实验室应制定相关的程序，程序应对实验室活动中检测/校准物品的运输、接收、处置、保护、存储、保留、清理或返还做出明确规定，应考虑到保证检测/校准物品的完整性以及满足实验室与客户利益需要的相关措施。实验室应有措施和资源避免在处置、运输、保存/等候、制备、检测/校准过程中发生变质、污染、丢失或损坏，如配备冷藏设施，采取加保存剂、避光、防震、通风等保护措施，样品管理的过程也应遵守随物品提供的操作说明。

样品是"客户的财产"，实验室应注意保护其完整性，所谓"完整性"包括法律上的完整性（如保护客户的机密和所有权）、实物尤其是其检测特性的完整性以及过程的完整性，实验室应根据客户（包括法定管理部门）的规定，不能随意偏离。当一个检测/校准样品或其一部分需要安全保护时，实验室应有存放和确保安全的具体措施，以保护该样品或其有关部分的状态和完整性。比如对于危险样品应隔离存放，做出明显安全警示标记；对于贵重或有特别要求的样品必须存放于指定地点，采取防盗、防损等防护措施。当发现泄密事件时，要追究责任人，并通知客户。保护完整性不仅是检测/校准的需要，也是保护客户机密和所有权的需要以及实验室证明诚信服务的需要。

CNAS-CL01-G001:2024中7.4.1规定："已检测或校准过的样品处理程序应保障客户的信息安全，确保客户的所有权和专利权。适当时，实验室应在合同评审时明确对样品的处理方式。"

CNAS-CL01-G005:2018中7.4.1规定："实验室应采取适当的措施防止非固定场所检测样品在存储、处置、运输和准备过程中发生损坏或混淆。"

7.4.2重点讲解了样品标识系统的要求，实验室应根据实际情况，建立适用的标识系统。当物品在实验室流转，应在流转的整个期间保留唯一性标识，唯一性标识应注意不会轻易和物品分离，应采取措施确保物品不会在实物上或在涉及的记录和其他文件中混淆。如果合适，标识系统应包含一个物品或一组物品的细分和物品在实验室内外部的传递。

这里所说的"标识系统"指的是由多种标识构成的标识体系，它包括区分不同样品的唯一性标识、同一样品在不同流转阶段的状态标识、样品存放区域的标识，如果合适，还应包含一个完整样品拆分为一组样品时的标识传递和样品在实验室内部甚至外部分包实验室的标识传递。

CNAS-CL01-G001:2024中7.4.2规定："通常情况下，样品标识不应粘贴在容易与盛装样品容器分离或易从样品脱落的部件上（如容器盖），以免导致样品的混淆。"

CNAS-CL01-G005:2018中7.4.2规定："实验室的检测样品的标识系统应包含对非固定场所检测活动的要求。"

7.4.3重点讲解了样品偏离的要求，在接收检测/校准物品时，应记录异常情况或对检测方法中所述正常（或规定）条件的偏离。当对物品是否适于检测/校准存有疑问，或当物品不符合所提供的描述，或对所要求的检测规定得不够详尽时，实验室应在开始工作之前询问客户，以得到进一步的说明，并记录下询问的结果。当客户知道检测物品偏离规定条件仍要求进行检测时，实验室应在报告中做出免责声明，并指出偏离可能影响的结果。

CNAS-CL01-G005:2018中7.4.3规定："检测开始前应对非固定场所抽取的样品进行检查，当发现或怀疑样品出现异常时，应进行重新抽样。不能重新抽样时，应在检测记录和报告中对样品状态予以描述，可能时，应分析样品的损坏或污染等对检测结果的影响。"

7.4.4重点讲解了样品储存和调置时的环境条件要求，实验室应确保检测物品在仓库、检测区域或场所的存储、处置和准备过程中不发生退化、丢失或损坏，应遵守随物品提供的处理说明。当物品需要在规定的环境条件储存或状态调节时，实验室应保持、监控和记录这些环境条件。

【CNAS特定领域应用说明】（见表3-23）

表3-23 CNAS特定领域应用说明（7.4）

特定领域要求	通用要求CNAS-CL01			
	7.4.1	7.4.2	7.4.3	7.4.4
CNAS-CL01-A001	●		●	●
CNAS-CL01-A002	●		●	
CNAS-CL01-A003	●			
CNAS-CL01-A004	●			●
CNAS-CL01-A009	●	●	●	
CNAS-CL01-A010	●		●	●

续表

特定领域要求	通用要求CNAS-CL01			
	7.4.1	7.4.2	7.4.3	7.4.4
CNAS-CL01-A011	●		●	●
CNAS-CL01-A012	●	●	●	●
CNAS-CL01-A013		●		
CNAS-CL01-A014		●		
CNAS-CL01-A015				●
CNAS-CL01-A016	●			
CNAS-CL01-A019	●		●	●
CNAS-CL01-A020	●		●	
CNAS-CL01-A021	●			
CNAS-CL01-A023	●	●		●
CNAS-CL01-A024			●	●
CNAS-CL01-A025	●	●		

注："●"表示CNAS对该准则条款在特定的领域存在应用说明。

【审核要点及方式】（见表3-24）

表3-24 审核要点及方式（7.4）

条款号	审核要点	审核方式	审核内容
7.4.1	a）实验室是否制定了样品管理的相关程序，程序是否完整、适宜，是否对实验室活动中检测／校准物品的运输、接收、处置、保护、存储、保留、清理或返还做出明确规定，是否考虑到保证检测或校准物品的完整性以及实验室与客户利益需要的相关措施。 b）在处置、运输、保存／等候、制备、检测或校准过程中，是否注意避免物品变质、污染、丢失或损坏，遵守随物品提供的操作说明	查阅 查看现场	样品管理文件、样品管理作业指导书、随物品提供的操作说明、样品管理场地和设施、样品运输设备和设施
7.4.2	a）实验室是否有清晰标识检测或校准物品的系统。 b）物品在实验室负责的期间内是否保留该标识。 c）标识系统是否确保物品在实物上、记录或其他文件中不被混淆。 d）适当时，标识系统是否包含一个物品或一组物品的细分和物品的传递。 e）样品标识是否粘贴在容易与盛装样品容器分离的部件上	审阅 查看现场	样品标识文件、样品标签、样品流转记录

续表

条款号	审核要点	审核方式	审核内容
7.4.3	a）接收检测或校准物品时，是否记录与规定条件的偏离。 b）当对物品是否适于检测或校准有疑问，或物品不符合所提供的描述时，实验室是否在开始工作之前询问客户，以得到进一步的说明，并记录询问的结果。 c）当客户知道偏离了规定条件仍要求进行检测或校准时，实验室是否在报告中做出免责声明，并指出偏离可能影响的结果	询问 查阅	方法对样品的要求及样品接收记录、实验室和客户沟通的记录、涉及偏离的报告
7.4.4	在物品需要在规定环境条件下储存或调置时，是否保持、监控和记录这些环境条件	查阅 查看现场	环境监控记录及规定的环境条件

【参考不符合案例】

案例7.4-01

现场查看某样品常温存放，但其样品标签注明的保存条件为冷藏，其包装说明书也要求冷藏。

不符合条款号：CNAS-CL01:2018 7.4.1和《评审准则》附件4 2.12.1 28) e）。

分析：样品的储存应按照要求进行，防止其变质、污染等，以免对最终的结果产生不良影响。

案例7.4-02

现场查看某实验室样品间，某液体样品的样品标签粘贴在瓶盖上。

不符合条款号：CNAS-CL01-G001:2018 7.4.2和《评审准则》附件4 2.12.1 28) e）。

分析：样品的标识不应粘贴在容易和盛装样品容器分离的部件上，以免后期产生混淆。

案例7.4-03

查编号为A的报告，该报告样品数量少于相关标准规范的要求数量，实验室在报告中进行了免责声明，但未能提供样品接收时的沟通记录和客户同意的相关证明。

不符合条款号：CNAS-CL01:2018 7.4.3和《评审准则》附件4 2.12.1 28) e）。

分析：就样品的任何偏离应和客户进行充分的沟通，并得到客户的确认，在报告中进行免责声明。

【标准条文】

7.5 技术记录

7.5.1 实验室应确保每一项实验室活动的技术记录包含结果、报告和足够的信息，以便在可能时识别影响测量结果及其测量不确定度的因素，并确保能在尽可能接近原条件的情况下重复该实验室活动。技术记录应包括每项实验室活动以及审查数据结果的日期和责任人。原始的观察结果、数据和计算应在观察或获得时予以记录，并应按特定任务予以识别。

7.5.2 实验室应确保技术记录的修改可以追溯到前一个版本或原始观察结果。应保存原始的以及修改后的数据和文档，包括修改的日期、标识修改的内容和负责修改的人员。

【条文释义和理解】

7.5.1主要强调技术记录应包括的内容和要求。技术记录应完整地记录每一项实验室活动中规程、标准、方法等规定的信息，包括观察结果、导出数据与建立审核路径有关信息的记录，以及影响不确定度的各种因素，记录的详细程度应确保实验室活动能在尽可能接近原条件的情况下复现，并全程确保样品与报告或证书的对应性。

技术记录应包括每项实验室活动以及审查数据结果的日期和责任人（包括每项工作抽样/检测/校准人员和结果审核人员的签名或等效标识）。原始的观察结果、数据和计算应在观察或获得时予以记录，并应按特定任务（如按照合同编号、任务号、申请单号、样品编号等）予以识别。

CNAS-CL01-G001:2024中7.5.1规定：

"a）实验室应确保能方便获得所有的技术记录，无论是电子记录还是纸质记录。技术记录应包括从样品的接收到出具检测报告或校准证书过程中所观察到的信息和原始数据，并全程确保样品与报告或证书的对应性。只要适用，技术记录的内容应包括但不限于以下信息：样品描述；样品唯一性标识；所用的检测、校准和抽样方法；样品的制备及样品处理的过程信息（适用时）；环境条件，特别是在实验室固定场所以外的场所或设施中实施的实验室活动；所用设备和标准物质的信息，特别是使用客户的设备；检测或校准过程中的原始观察记录以及根据观察结果所进行的计算，或者原始观察记录的访问路径；实施实验室活动的人员；需要时，实施实验室活动的地点（例如在实验室固定地点以外的场所，或在实验室多个场所中的一个）；其他重要信息。

"b）实验室应将检测或校准的原始数据和信息记录在记录表格中或成册的记录本上，也可直接录入信息管理系统中，也可以采用设备或信息系统自动采集的数据。任何记录原始观察数据和信息的载体（如纸张、照片、视频等）均应按照原始记录予以保存。实验室应关注电子记录的存储载体（软盘、光盘、移动硬盘、云盘等）的可靠性和安全性。

"注：原始记录为试验人员在试验过程中记录的原始观察数据和信息，而不是试验后所誊抄的数据。当需要另行整理或誊抄时，应保留对应的原始记录。"

CNAS-CL01-G005:2018中7.5.1规定：

"a）应制定记录和报告非固定场所检测活动结果的程序。实时的观察、数据计算、数据传输和核查等记录均应附有时间的信息及人员的标识。应注意记录载体的适用性和安全性，避免雨水、潮湿、喷溅等环境因素的损坏。

"b）应制定确保在非固定场所获取数据及相关信息的原始性、安全性、保密性的程序。如果不能保证数据及相关信息被带回实验室后导出的完整性，应在现场导出数据及相关信息。

"c）对于含有有毒有害成分的样品，接收记录中应至少包括数量以及危害性信息的描述。"

7.5.2主要强调记录修改的要求，实验室应保存原始的和修改后的数据和文档，记录可以保存于纸质或电子表单中，也可以在信息管理系统中保存记录，应确保技术记录的修改可以追溯到前一个版本或原始观察结果。若记录发生修改，应充分备注相关信息，包括修改的日期、标识修改的内容和负责修改的人员。以电子形式存储的记录需要修改时，可使用文档修订功能来标识更改人、更改日期和更改内容；如果纸质记录需要修改，可采用杠改的方式，将正确信息填写在旁边，并记录更改人的签名标识和修改的日期。

CNAS-CL01-G001:2024中7.5.2规定，对自动采集或直接录入信息管理系统中的数据的任何更改，同样应符合CNAS-CL01的7.5.2的要求。

【CNAS特定领域应用说明】（见表3-25）

表3-25　CNAS特定领域应用说明（7.5）

特定领域要求	通用要求CNAS-CL01	
	7.5.1	7.5.2
CNAS-CL01-A001	●	●
CNAS-CL01-A002	●	
CNAS-CL01-A003	●	●
CNAS-CL01-A005		●
CNAS-CL01-A007	●	
CNAS-CL01-A009	●	
CNAS-CL01-A011	●	
CNAS-CL01-A012	●	
CNAS-CL01-A013	●	
CNAS-CL01-A015	●	
CNAS-CL01-A016	●	
CNAS-CL01-A018	●	
CNAS-CL01-A019	●	●
CNAS-CL01-A020	●	●
CNAS-CL01-A021	●	
CNAS-CL01-A023	●	●
CNAS-CL01-A024	●	
CNAS-CL01-A025	●	●

注："●"表示CNAS对该准则条款在特定的领域存在应用说明。

【审核要点及方式】（见表3-26）

表3-26　审核要点及方式（7.5）

条款号	审核要点	审核方式	审核内容
7.5.1	a）实验室是否有能力对技术记录进行控制，每一项实验室活动的技术记录是否包含足够的信息，包括观察结果、导出数据与建立审核路径的有关信息，以及影响不确定度的各种因素。 b）记录是否足够详细，以确保在尽可能接近条件的情况下复现实验室活动。 c）技术记录是否包括每项实验室活动以及审查数据结果的日期和责任人。 d）原始的观察结果、数据和计算是否在观察或获得时予以记录。 e）记录是否按特定任务予以识别	查阅 询问 查看现场	记录管理文件、技术记录、技术记录控制情况、技术记录和相关方法的要求、记录方式
7.5.2	a）实验室是否确保技术记录的修改可以追溯到前一个版本或原始观察结果。 b）是否保存原始的以及修改后的数据和文档，包括修改的日期、标识修改的内容和负责修改的人员	查阅	查看更改的记录
备注：对于技术记录的审核，可结合现场试验考核方式进行综合考核			

【参考不符合案例】

案例7.5-01

查某食品添加剂检测原始记录，未体现测试的设备编号和标准物质编号。

不符合条款号：CNAS-CL01:2018 7.5.1和《评审准则》附件4 2.12.7。

分析：实验室应确保技术记录包含足够的信息，以便能溯源，并在尽可能接近原始条件下能重复。

案例7.5-02

查某样品净含量原始记录，实验室天平称量记录为机打信息，经询问，实验室人员回复"日常称量先简单记录在记录本上，后期再输入到电脑上，以保证计算的准确性和便利性"，但未保留该记录本。

不符合条款号：CNAS-CL01:2018 7.5.1和《评审准则》附件4 2.12.7。

分析：原始记录并非试验后进行誊抄的数据，应为人员在试验过程中及时记录的原始观察数据和信息；实验室应编制合适的受控表单记录原始的观察数据，如需后期利用电脑进行整理数据，应将原始的观察数据作为附件保存。

案例7.5-03

查某原始记录，实验室人员直接对数据进行涂改，上一数据无法识别，且未注明修改人及修改日期。

不符合条款号：CNAS-CL01:2018 7.5.2和《评审准则》附件4 2.12.7。

分析：实验室对原始记录的修改，应方便追溯到前一个版本的原始记录，不可涂改，且应标识修改的日期和负责修改的人员。

【标准条文】

> 7.6 测量不确定度的评定
>
> 7.6.1 实验室应识别测量不确定度的贡献。评定测量不确定度时，应采用适当的分析方法考虑所有显著贡献，包括来自抽样的贡献。
>
> 7.6.2 开展校准的实验室，包括校准自有设备，应评定所有校准的测量不确定度。
>
> 7.6.3 开展检测的实验室应评定测量不确定度。当由于检测方法的原因难以严格评定测量不确定度时，实验室应基于对理论原理的理解或使用该方法的实践经验进行评估。
>
> 注1：在某些情况下，公认的检测方法对测量不确定度主要来源规定了限值，并规定了计算结果的表示方式，实验室只要遵守检测方法和报告要求，即满足7.6.3条款的要求。
>
> 注2：对一特定方法，如果已确定并验证了结果的测量不确定度，实验室只要证明已识别的关键影响因素受控，则不需要对每个结果评定测量不确定度。
>
> 注3：更多信息参见ISO/IEC指南98-3、ISO 21748和ISO 5725系列标准。

【条文释义和理解】

国际上将测量不确定度定义为：根据所用到的信息，表征赋予被测量值分散性的非负参数。准则中关于判定规则（见3.7）、方法验证（见3.8、7.2.1）、方法确认（见3.9、7.2.2）、设备（见6.4）、计量溯源性（见6.5）、合同（见7.1）、技术记录（见7.5）、报告（见7.8）等条款要素均提到不确定度的相关要求，经典的误差理论并不适合实际测量过程，测量不确定度是在真值不可知的情况下，对测量结果的认识和表达最科学的方式，使得在实际测量过程中能客观地评价测量结果的质量，因此，测量不确定度是衡量测量结果和数据准确性及可靠性的重要参数。

测量不确定度可重点参考JJF 1059.1、CNAS-CL01-G003、ISO/IEC 指南98-3、ISO 21748和ISO 5725系列标准。

7.6.1主要强调的是不确定度来源的识别，实验室应识别测量不确定度的贡献。评定测量不确定度时，应采用适当的分析方法考虑所有显著贡献，包括来自抽样的贡献。

不确定度的来源主要包括所用的方法和设备、标准物质、环境条件、被测物品的性能和状态以及操作人员等，测量不确定度有时候不仅来源于分析过程，抽样过程对测量不确定度的贡献有时会更大，所以在测量不确定度评定时，不可忽视来自抽样的不确定度，可采用分析工具（如鱼骨图等）对所有可能贡献不确定度的分量（包括人、机、料、法、环以及抽样等信息）进行系统识别。

7.6.2主要强调校准实验室的要求，开展校准的实验室及涉及设备自校的实验室，均应评定所有校准的测量不确定度。"所有校准"结果通常不包括定性评价结果和功能性检查结果。如果校准过程中直接测量的量需要经过数据处理，转换为最终报告交给客户，则应评定并报告最终校准结果的不确定度。

7.6.3规定检测实验室应分析测量不确定度对检测结果的贡献，应评定每一项用数值表示的测量结果的测量不确定度。尤其是当客户有要求时，当不确定度影响对规范限度的符合性时（如用检测结果判断产品合格与否），当不确定度与检测结果的有效性或影响相关时，鼓励实验室报告测量不确定度。当由于检测方法的原因难以严格评定测量不确定度时，实验室应基于对理论原理的理解或使用该方法的实践经验进行评估。在某些情况下，公认的检测方法对测量不确定度主要来源规定了限值，并规定了计算结果的表示方式，实验室只要遵守检测方法和报告要求，即满足准则7.6.3条款的要求。对一特定方法，如果已确定并验证了结果的测量不确定度，实验室只要证明已识别的关键影响因素受控，则不需要对每个结果评定测量不确定度。

CNAS-CL01-G003:2021适用于检测实验室和校准实验室，并适用于医学实验室、检验机构、生物样本库、标准物质/标准样品生产者（RMP）和能力验证提供者（PTP）等合格评定机构的检测和校准活动；规定了校准实验室和检测实验室测量不确定度评定的要求。

【CNAS特定领域应用说明】（见表3-27）

表3-27　CNAS特定领域应用说明（7.6）

特定领域要求	通用要求CNAS-CL01	
	7.6.1	7.6.3
CNAS-CL01-A001		●
CNAS-CL01-A002	●	
CNAS-CL01-A003		●
CNAS-CL01-A006		●
CNAS-CL01-A007		●
CNAS-CL01-A009	●	
CNAS-CL01-A013		7.6.4
CNAS-CL01-A014		
CNAS-CL01-A019	●	
CNAS-CL01-A021	●	
CNAS-CL01-A023		●

注："●"表示CNAS对该准则条款在特定的领域存在应用说明。

【审核要点及方式】（见表3-28）

表3-28　审核要点及方式（7.6）

条款号	审核要点	审核方式	审核内容
7.6.1	是否系统地识别出不确定度的所有显著分量（包括人、机、料、法、环以及抽样等信息）	查阅	抽查不确定度报告

续表

条款号	审核要点	审核方式	审核内容
7.6.2	a）开展校准的实验室，或涉及设备自校的实验室，是否评定所有校准的测量不确定度； b）校准证书中是否均报告校准结果的测量不确定度	询问 查阅	询问设备自校情况，抽查不确定度评定报告或校准证书
7.6.3	a）当客户有要求时，当检测方法或标准有要求时，当不确定度影响对规范限度的符合性时（如用检测结果判断产品合格与否）或不确定度与检测结果的有效性或影响相关时，实验室是否报告了测量不确定度； b）测量不确定度的报告和表述是否规范； c）最终报告的测量结果末位是否与扩展不确定度的末尾对齐； d）扩展不确定度数值的有效数字是否超过两位	询问 查阅	测量不确定度实施情况，抽查不确定评定报告，抽查涉及测量不确定度的报告

【参考不符合案例】

案例7.6-01

查某原子吸收法测定水中铅含量的测量不确定度报告，未考虑配制标准溶液过程中所引入的不确定度分量。

不符合条款号：CNAS-CL01:2018 7.6.1和《评审准则》附件4 2.12.5。

分析：评定测量不确定度时，实验室未能证明该分量是不显著的。

案例7.6-02

查某热电偶校准证书中，未报告200℃温度点的扩展不确定度。

不符合条款号：CNAS-CL01:2018 7.6.2。

分析：校准实验室在出具证书时，均应报告校准结果的测量不确定度。

案例7.6-03

查实验室新扩项的农残领域项目不能提供不确定度评估报告。

不符合条款号：CNAS-CL01:2018 7.6.3和《评审准则》附件4 2.12.5。

分析：开展检测的实验室应进行相关项目不确定度的评定。

【标准条文】

7.7 确保结果的有效性

7.7.1 实验室应有监控结果有效性的程序。记录结果数据的方式应便于发现其发展趋势，如可行，应采用统计技术审查结果。实验室应对监控进行策划和审查，适当时，监控应包括但不限于以下方式：

a）使用标准物质或质量控制物质；

b）使用其他已校准能够提供可溯源结果的仪器；

c）测量和检测设备的功能核查；

d) 适用时，使用核查或工作标准，并制作控制图；

e) 测量设备的期间核查；

f) 使用相同或不同方法重复检测或校准；

g) 留存样品的重复检测或重复校准；

h) 物品不同特性结果之间的相关性；

i) 审查报告的结果；

j) 实验室内比对；

k) 盲样测试。

7.7.2 可行和适当时，实验室应通过与其他实验室的结果比对监控能力水平。监控应予以策划和审查，包括但不限于以下一种或两种措施：

a) 参加能力验证；

注：GB/T 27043包含能力验证和能力验证提供者的详细信息。满足GB/T 27043要求的能力验证提供者被认为是有能力的。

b) 参加除能力验证之外的实验室间比对。

7.7.3 实验室应分析监控活动的数据用于控制实验室活动，适用时实施改进。如果发现监控活动数据分析结果超出预定的准则，应采取适当措施防止报告不正确的结果。

【条文释义和理解】

7.7.1主要强调质量监控的管理要求，实验室应制定监控结果有效性的程序，明确实验室质量控制的方式和要求，确保并证明实验室活动过程受控以及结果的准确性和可靠性。

对于结果数据的记录和分析，如可行，鼓励应用统计技术（如质量控制图）进行分析，应基于统计原理来制定质量控制图和警戒线，以便有效发现结果的发展趋势。实验室应及时观察和识别出异常趋势，并进行必要的分析，根据分析结果，必要时采取相关的处理措施。

实验室可以根据实验室活动本身的特点和工作量情况，综合使用适合的质量监控方式。如果专业领域对质量控制有特殊要求，也应按要求执行。常见的质控方式包括但不限于准则7.7.1a）~k）所列方式。

CNAS-CL01-G001:2024 中7.7.1有以下规定：

"实验室对结果的监控应覆盖到认可范围内的所有检测或校准（包括内部校准）项目/参数，以确保结果的准确性和稳定性。当检测或校准方法中规定了结果监控的要求时，实验室应符合该要求。适用时，实验室应在检测或校准方法中或其他文件中规定对应的检测或校准方法的结果监控方案。

"实验室利用内部监控方案进行结果监控时应考虑以下因素：检测或校准业务量；检测或校准结果的用途；检测或校准方法本身的稳定性与复杂性；检测或校准活动对技术人员经验的依赖程度；参加外部比对（包含能力验证）的频次与结果；人员的能力和经验、

人员数量及变动情况；新采用的方法或变更的方法等。

"注：实验室可以采取多种适用的结果监控手段，如定期使用标准物质、核查标准或工作标准来监控结果的准确性和精密度；通过使用质控物质制作质控图持续监控精密度；通过获得足够的标准物质，评估在不同浓度下检测结果的准确性；定期留样再测或重复测量以及进行实验室内比对，监控同一操作人员情况下及不同操作人员情况下的精密度；采用不同的检测方法或设备测试同一样品，监控方法之间的一致性；通过分析一个物品不同特性结果的相关性识别错误；进行盲样测试，监控实验室日常检测的准确度或精密度水平。"

7.7.2主要强调了实验室外部质量监控的要求，外部质量监控主要包括实验室间比对（见3.3）和能力验证（见3.5），测量审核也是能力验证计划的一种。实验室应对外部质量监控进行充分的策划，具体可参考CNAS-RL02：2023《能力验证规则》，策划时应考虑到以下因素（不限于）：a）认可范围所覆盖的领域；b）人员的培训、知识和经验；c）内部质量控制情况；d）检测、校准和检验的数量、种类以及结果的用途；e）检测、校准和检验技术的稳定性；f）能力验证是否可获得。

选择能力验证计划时，可参考CNAS-RL02：2023《能力验证规则》，实验室应优先选择按照ISO/IEC 17043运作的能力验证计划。

参加能力验证的领域和频次应满足CNAS能力验证领域和频次的要求（见CNAS-RL02：2023《能力验证规则》附录B），鼓励实验室根据检测／校准能力范围和质量保证的需求，参加更多的能力验证活动。

7.7.3主要强调了对内外部质量监控结果利用的要求，实验室应对实施质量监控的结果进行分析，如发现监控活动数据分析结果超出规定的准则（如内部质量控制超出评价的技术指标，能力验证出现可疑和不满意结果），应按照准则7.10的规定采取纠正措施（需要时），如暂停该项目正在进行的检测／校准作业、对已经检测／校准完毕的结果准确性进行核查、停止对外检测／校准业务、召回报告、对外发表声明等，防止报告出具不准确的结果。同时应制定新的内部质量控制活动和措施，从而完成对内部质量控制体系的改进。

【CNAS特定领域应用说明】（见表3-29）

表3-29 CNAS特定领域应用说明（7.7）

特定领域要求	通用要求CNAS-CL01		
	7.7.1	7.7.2	7.7.3
CNAS-CL01-A001	●		
CNAS-CL01-A002	●		
CNAS-CL01-A003	●		
CNAS-CL01-A005	●	●	

续表

特定领域要求	通用要求CNAS-CL01		
	7.7.1	7.7.2	7.7.3
CNAS-CL01-A006		●	
CNAS-CL01-A009	●		
CNAS-CL01-A010	●		
CNAS-CL01-A011	●	●	●
CNAS-CL01-A012	●		
CNAS-CL01-A013	●		
CNAS-CL01-A014	●		●
CNAS-CL01-A015	●	●	
CNAS-CL01-A016	●		
CNAS-CL01-A019	●		●
CNAS-CL01-A020	●		
CNAS-CL01-A021	●		
CNAS-CL01-A023	●	●	
CNAS-CL01-A024	●		

注："●"表示CNAS对该准则条款在特定的领域存在应用说明。

【审核要点及方式】（见表3-30）

表3-30 审核要点及方式（7.7）

条款号	审核要点	审核方法	审核内容
7.7.1	a）实验室是否有监控结果有效性的相关程序；程序是否完整并适应实验室实际活动，是否包含对内外部质量监控的各项要求。 b）实验室内外部质量监控方案是否经过充分策划和审查。 c）监控是否包括但不限于准则7.7.1a）~k)所列方式。 d）对结果的记录分析是否应用统计技术	查阅 询问	监控结果有效性的程序文件、内外部质量监控方案、质量控制图等

续表

条款号	审核要点	审核方法	审核内容
7.7.2	a）实验室是否通过与其他实验室的结果比对监控能力水平。 b）监控应予以策划和审查，包括但不限于以下一种或两种措施：参加能力验证和参加除能力验证之外的实验室间比对。 c）对获准认可合格评定机构参加能力验证的领域、频次以及能力验证计划是否满足CNAS相关政策的要求	询问 查阅	询问实验室比对情况，外部质量监控的方案和记录
7.7.3	实验室是否对实施质量监控的结果进行分析，是否出现监控活动数据分析结果超出规定的准则的情况；如有，实验室采取的措施是否能有效控制和改进实验室活动	询问 查阅	查看质控方案中是否有预定的准则，查看质量监控结果分析情况，询问质量监控结果出现异常情况的处理记录（如有）
备注	对于确保结果有效性的审核，可结合现场试验考核方式进行综合考核	—	—

【参考不符合案例】

案例7.7-01

查某实验室质量监控计划，未覆盖微生物检测领域。

不符合条款号：CNAS-CL01:2018 7.7.1和《评审准则》附件4 2.12.9 48）。

分析：为确保检测或校准结果的准确性和稳定性，实验室质量监控计划应覆盖到认可范围内的所有检测或校准（包括内部校准）项目。

案例7.7-02

CNAS监督评审时，发现某食品实验室重金属领域参加能力验证频次要求为1次/年，未见其2020年该领域能力验证参加记录。

不符合条款号：CNAS-RL02:2023 4.3.2.1。

分析：获准认可合格评定机构参加能力验证的领域和频次应满足CNAS能力验证领域和频次的要求（见CNAS-RL02:2023《能力验证规则》附录B）。

案例7.7-03

某实验室参加饮料中苯甲酸能力验证活动，能力验证结果为"不满意"，实验室未采取措施。

不符合条款号：CNAS-CL01:2018 7.7.3和《评审准则》附件4 2.12.9 50）。

分析：实验室应对实施质量监控的结果进行分析，如发现能力验证出现可疑和不满意结果，应采取相应措施，如暂停该项目正在进行的检测/校准作业、对已经检测/校准完毕的结果准确性进行核查、停止对外检测/校准业务、召回报告等，防止报告不正确的结果。

【标准条文】

7.8 报告结果

7.8.1 总则

7.8.1.1 结果在发出前应经过审查和批准。

7.8.1.2 实验室应准确、清晰、明确和客观地出具结果,并且应包括客户同意的、解释结果所必需的以及所用方法要求的全部信息。实验室通常以报告的形式提供结果(例如检测报告、校准证书或抽样报告)。所有发出的报告应作为技术记录予以保存。

注1:检测报告和校准证书有时称为检测证书和校准报告。

注2:只要满足本准则的要求,报告可以硬拷贝或电子方式发布。

7.8.1.3 如客户同意,可用简化方式报告结果。如果未向客户报告7.8.2至7.8.7条款中所列的信息,客户应能方便地获得。

7.8.2 (检测、校准或抽样)报告的通用要求

7.8.2.1 除非实验室有有效的理由,每份报告应至少包括下列信息,以最大限度地减少误解或误用的可能性:

a)标题(例如"检测报告""校准证书"或"抽样报告");

b)实验室的名称和地址;

c)实施实验室活动的地点,包括客户设施、实验室固定设施以外的地点、相关的临时或移动设施;

d)将报告中所有部分标记为完整报告一部分的唯一性标识,以及表明报告结束的清晰标识;

e)客户的名称和联络信息;

f)所用方法的识别;

g)物品的描述、明确的标识以及必要时物品的状态;

h)检测或校准物品的接收日期,以及对结果的有效性和应用至关重要的抽样日期;

i)实施实验室活动的日期;

j)报告的发布日期;

k)如与结果的有效性或应用相关时,实验室或其他机构所用的抽样计划和抽样方法;

l)结果仅与被检测、被校准或被抽样物品有关的声明;

m)结果,适当时,带有测量单位;

n)对方法的补充、偏离或删减;

o)报告批准人的识别;

p)当结果来自外部供应商时,清晰标识。

注:报告中声明除全文复制外,未经实验室批准不得部分复制报告,可以确保报告不被部分摘用。

7.8.2.2 实验室对报告中的所有信息负责，客户提供的信息除外。客户提供的数据应予明确标识。此外，当客户提供的信息可能影响结果的有效性时，报告中应有免责声明。当实验室不负责抽样（如样品由客户提供），应在报告中声明结果仅适用于收到的样品。

7.8.3 检测报告的特定要求

7.8.3.1 除7.8.2条款所列要求之外，当解释检测结果需要时，检测报告还应包含以下信息。

a）特定的检测条件信息，如环境条件。

b）相关时，与要求或规范的符合性声明（见7.8.6）。

c）适用时，在下列情况下，带有与被测量相同单位的测量不确定度或被测量相对形式的测量不确定度（如百分比）：

——测量不确定度与检测结果的有效性或应用相关时；

——客户有要求时；

——测量不确定度影响与规范限的符合性时。

d）适当时，意见和解释（见7.8.7）。

e）特定方法、法定管理机构或客户要求的其他信息。

7.8.3.2 如果实验室负责抽样活动，当解释检测结果需要时，检测报告还应满足7.8.5条款的要求。

7.8.4 校准证书的特定要求

7.8.4.1 除7.8.2条款的要求外，校准证书应包含以下信息。

a）与被测量相同单位的测量不确定度或被测量相对形式的测量不确定度（如百分比）。

注：根据ISO/IEC指南99，测量结果通常表示为一个被测量值，包括测量单位和测量不确定度。

b）校准过程中对测量结果有影响的条件（如环境条件）。

c）测量如何计量溯源的声明（见附录A）。

d）如可获得，任何调整或修理前后的结果。

e）相关时，与要求或规范的符合性声明（见7.8.6）。

f）适当时，意见和解释（见7.8.7）。

7.8.4.2 如果实验室负责抽样活动，当解释校准结果需要时，校准证书还应满足7.8.5条款的要求。

7.8.4.3 校准证书或校准标签不应包含校准周期的建议，除非已与客户达成协议。

7.8.5 报告抽样——特定要求

如果实验室负责抽样活动，除7.8.2条款中的要求外，当解释结果需要时，报告还应包含以下信息：

a）抽样日期；

b）抽取的物品或物质的唯一性标识（适当时，包括制造商的名称、标示的型号或类型以及序列号）；

c）抽样位置，包括图示、草图或照片；

d）抽样计划和抽样方法；

e）抽样过程中影响结果解释的环境条件的详细信息；

f）评定后续检测或校准测量不确定度所需的信息。

7.8.6 报告符合性声明

7.8.6.1 当做出与规范或标准符合性声明时，实验室应考虑与所用判定规则相关的风险水平（如错误接受、错误拒绝以及统计假设），将所使用的判定规则制定成文件，并应用判定规则。

注：如果客户、法规或规范性文件规定了判定规则，无须进一步考虑风险水平。

7.8.6.2 实验室在报告符合性声明时应清晰标识：

a）符合性声明适用的结果；

b）满足或不满足的规范、标准或其中的部分；

c）应用的判定规则（除非规范或标准中已包含）。

注：详细信息见ISO/IEC指南98-4。

7.8.7 报告意见和解释

7.8.7.1 当表述意见和解释时，实验室应确保只有授权人员才能发布相关意见和解释。实验室应将意见和解释的依据制定成文件。

注：应注意区分意见和解释与GB/T 27020（ISO/IEC 17020，IDT）中的检验声明、GB/T 27065（ISO/IEC 17065，IDT）中的产品认证声明以及7.8.6条款中符合性声明的差异。

7.8.7.2 报告中的意见和解释应基于被检测或校准物品的结果，并清晰地予以标注。

7.8.7.3 当以对话方式直接与客户沟通意见和解释时，应保存对话记录。

7.8.8 修改报告

7.8.8.1 当更改、修订或重新发布已发出的报告时，应在报告中清晰标识修改的信息，适当时标注修改的原因。

7.8.8.2 修改已发出的报告时，应仅以追加文件或数据传送的形式，并包含声明："对序列号为……（或其他标识）报告的修改"，或其他等效文字。这类修改应满足本准则的所有要求。

7.8.8.3 当有必要发布全新的报告时，应予以唯一性标识，并注明所替代的原报告。

【条文释义和理解】

实验室的最终产品是数据和结果，而报告或证书是实验室数据和结果的载体，报告作为最终产品将数据和结果传递给客户及相关利益人，具有法律效力，关系客户利益，也关系着实验室自身的形象和信誉。报告的管理要求除遵循准则的要求外，还应参考CNAS-EL-13《检测报告和校准证书相关要求的认可说明》。

7.8.1 总则

7.8.1.1强调实验室数据和结果在发出前须经审查和批准。报告和证书至少需要经过审查和批准，也可以采用三审制度，即有编制、审核、签发（批准）人。

CNAS-CL01-G001:2024 中7.8.1.1规定："除检测方法、法律法规另有要求外，实验室应在同一份报告上出具特定样品不同检测项目的结果，如果检测项目覆盖了不同的专业技术领域，也可分专业领域出具检测报告。注：即使客户有要求，实验室也不得随意拆分检测报告，如就'满足规定限值'的结果与'不满足规定限值'的结果分别出具报告，或只报告'满足规定限量'的检测结果。"

7.8.1.2强调实验室应准确、清晰、明确和客观地报告每一项或一系列的实验室活动的结果，并且应包括客户同意的（如偏离等）、解释结果所必需的（如意见和解释等）以及所用方法要求的全部信息。

CNAS-EL-13《检测报告和校准证书相关要求的认可说明》2.1补充了如下规定。

"a）样品信息准确，并且必须是实测样品。

"b）如果测试地点不在实验室的固定场所，如在客户地点或样品所在地，报告中应给出详细的地址信息，仅给出'客户地点'等模糊信息是不充分的。（参见 CNAS-CL01:2018, 7.8.2.1 c）

"c）如果实际测试过程是由客户的技术人员操作，实验室只是目击了试验的过程并记录下测试数据和信息，报告应以清晰的方式在正文中注明是目击试验，并且不得使用认可标识或声明认可。

"注：有些客户会接受目击试验报告，但目击试验不在CNAS的认可范围内。

"d）实验室出具的报告中如有摘用其他机构报告信息的内容，则应在报告中给出清晰的标注，标注的方式应确保报告的使用人不会产生误解（参见 CNAS-CL01:2018, 7.8.2.1 p）。当使用认可标识时，按'外部提供的信息'（视同'分包'）要求控制。"

实验室报告提供的结果应包含检测、校准和抽样活动的信息，这里强调了抽样活动（见7.3）也应作为实验室活动进行管控和报告。报告应被作为技术记录（见7.5）予以保存和管控。

报告发布的方式可以是硬拷贝或者电子发布方式，硬拷贝是二维的保持被压缩信息的板状物体实体，与其对应的是软拷贝，软拷贝表示另有存储（记忆）的不可见信息。通俗地说，硬拷贝就是把资料用打印机打印出来，软拷贝就是把资料拷贝在记忆体里（如U盘、光盘等）。

CNAS-CL01-G001:2024 中7.8.1.2规定："实验室应将检测报告或校准证书的副本作为技术记录予以保存。注：检测报告或校准证书的副本是指实验室发给客户的报告或证书版本的副本，可以是纸质版本或不可更改的电子版本，其中应包含报告或证书的签发人、认可标识（如使用）等信息。"

7.8.1.3强调简化报告的要求，在特殊情况下，如果征得客户同意或客户有要求，可用简化方式报告结果。简化报告如未向客户报告7.8.2至7.8.7条款中所列的信息，应能保证客户能方便地从进行检测／校准的实验室获得，同时要注意报告对应的原始记录应信息充分，不可简化。

7.8.2.1强调报告的通用要求，为了能准确、清晰、明确和客观地将数据用报告的形式进行传递，最大限度地减少误解或误用的可能性，报告中应至少包含以下信息：

a）标题（如"检测报告""校准证书"或"抽样报告"）；

b）实验室的名称和地址（需要和资质证书以及营业执照对应）；

c）实施实验室活动的地点，包括客户设施、实验室固定设施以外的地点、相关的临时或移动设施（应注意CNAS-EL-13《检测报告和校准证书相关要求的认可说明》2.1b）补充规定，还应结合行业特点对报告样品描述的要求）；

d）将报告中所有部分标记为完整报告一部分的唯一性标识，以及表明报告结束的清晰标识（如报告尾页的终止符的相关标识）；

e）客户的名称和联络信息（联络信息可以是电话、邮件、地址和传真等）；

f）所用方法的识别（如检测／校准时所用的标准／规程／方法的名称、编号或客户指定方法的信息等，应注意与合同、标书的一致性）；

g）物品的描述、明确的标识以及必要时物品的状态（如物品某个测试部位或项目的名称、唯一性标识、接收状态、特征等的描述等）；

h）检测或校准物品的接收日期，以及对结果的有效性和应用至关重要的抽样日期；

i）实施实验室活动的日期（如检测／校准／抽样日期，可以是一个时间段）；

j）报告的发布日期；

k）如与结果的有效性或应用相关时，实验室或其他机构所用的抽样计划和抽样方法；

l）结果仅与被检测、被校准或被抽样物品有关的声明；

m）结果，适当时，带有测量单位（如mg/L等相关单位）；

n）对方法的补充、偏离或删减；

o）报告批准人的识别（不再要求一定要体现职务、签字等信息）；

p）当结果来自外部供应商时，清晰标识（应注意CNAS-EL-13《检测报告和校准证书相关要求的认可说明》2.1d）补充规定）。

为了防止报告被部分摘用，导致被篡改或滥用，应在报告中备注"报告中声明除全文复制外，未经实验室批准不得部分复制报告"。

7.8.2.2强调免责声明，实验室应注意识别客户提供的信息和相关偏离，当其可能影响结果的有效性时，应做出免责声明，规避实验室风险，同时应注意CNAS-EL-13《检测报告和校准证书相关要求的认可说明》2.2补充规定："对于客户送样，除非抽样信息影响到测试结果，报告中不应包含抽样信息。如果报告中包含样品抽样信息（如地点），实验室应以显著方式在报告正文中说明此为客户提供信息，实验室对此真实性不承担责任。"

7.8.3规定，当需要对检测结果进行解释时，还需要包含抽样及特定方法、测量不确定度、符合性声明、意见和解释、法定管理机构或客户要求的其他信息，应确保报告信息充分且不被误解。

7.8.4明确校准证书的特定要求，强调校准证书必须注明测量不确定度的信息，而不能仅仅给出与计量规范的符合性信息；明确校准证书中应注明对结果有影响的条件（如环境条件、设施条件等）。该条款明确校准证书中应给出测量过程中计量溯源性、样品在实验室校准活动中任何调整或修理前后的结果（数据）、符合性声明以及意见和解释等信息。应关注CNAS-CL01-G003《测量不确定度的要求》以及CNAS-CL01-A025《检测和校准实验室能力认可准则在校准领域的应用说明》相关补充规定。

7.8.5强调涉及抽样活动的报告特定要求，为支持报告结果（数据），抽样相关信息均要在报告中注明，抽样日期、抽取物品或物质的唯一性标识、抽样位置、抽样计划和抽样方法、抽样相关的环境条件以及评定后续检测或校准测量不确定度所需的信息均要在报告中体现。

7.8.6强调报告中符合性声明的要求，应注意符合性声明和意见解释的区别，二者并不等同。本条款对应了准则的7.1.3条款"要求、标书和合同评审"，符合性声明的前提是明确判定规则，判定规则应事先得到客户的同意，除非规范或标准本身已包含判定规则。

7.8.6.1规定，为了便于应用判定规则，实验室应将常用的判定规则制定成文件管控，如若使用客户、法规或规范性文件未规定的判定规则，应考虑所用判定规则相关的风险水平（如错误接受、错误拒绝以及统计假设）。

7.8.6.2要求需要进行符合性声明时，报告中应清晰标识准则7.8.6.2中所列相关信息，应特别关注CNAS-GL015《判定规则和符合性声明指南》、CNAS-TRL-010《测量不确定度在符合性判定中的应用》及ISO/IEC指南98-4《测量不确定度 第4部分：测量不确定度在合格评定中的应用》的相关要求。

7.8.7主要强调意见和解释的要求。

7.8.7.1要求，当需要对报告结果做出意见和解释时，实验室应充分识别相关的不确定因素，识别相关风险，把做出意见和解释的依据制定成文件，发布意见和解释的人员应进行授权，同时注意将意见和解释与符合性声明进行区分。

7.8.7.2明确，意见和解释的对象是结果（数据），主要是对使用结果的建议。检测／校准报告中的结果应充分支持所做出的"意见和解释"。只有实验室自己做出的结果（数据）才可以进行意见和解释；如果是分包结果（数据），则不可进行意见和解释。报告中的意见和解释应被清晰标注，并和检测／校准结果明显区分，不可写在一栏中。

7.8.7.3明确，意见和解释的需求来自客户，进行意见和解释时应充分与客户沟通，实验室可通过与客户直接对话（面谈、通话、视频、互联网媒体交谈等）来传达意见和解释，但这些对话应当有文字记录，实验室应按照规定保存。

CNAS-CL01-G001:2024 中7.8.7.1规定：

"实验室可以选择是否做出意见和解释，并在管理体系中予以明确，并对其进行有效控制。

"注1：根据检测或校准结果，与规范或客户的规定限量做出的符合性判断，不属于本准则所规定的'意见和解释'。'意见和解释'的示例：对被测结果或其分布范围的原因分析，比如在环境中毒素的检测报告中对毒素来源的分析；根据检测结果对被测样品特性的分析；根据检测结果对被测样品设计、生产工艺、材料或结构等的改进建议。

"注2：在校准报告中，一般不需要做出意见和解释。CNAS暂不开展对校准结果的意见和解释能力的认可。

"注3：对于检测活动，实验室如果申请对某些特定检测项目的'意见和解释'能力的认可，应在申请书中予以明确，并说明针对哪些检测项目做出哪类的意见和解释，并提供以往做出'意见和解释'时所依据的文件、记录及报告；相关人员能力信息应随同申请一同提交；实验室人员如果仅从事过相关的检测活动，而不熟悉检测对象的设计、制造和使用，则不认可其'意见和解释'能力。"

7.8.8 强调修改报告的要求。

7.8.8.1规定报告更改来源一般有两种：一种是外部原因更改，即由客户（或委托方）提出，非实验室工作人员导致的报告更改申请；另一种是内部原因更改，指由于实验室工作人员的失误导致的报告更改，这些更改可由客户提出或公司内部人员提出。当更改、修订或重新发布已发出的报告时，应在报告中清晰标识修改的信息，适当时标注修改的原因。

7.8.8.2明确了另一种修改报告传达方式，即追加文件或数据传送。采取追加文件或数据传送的方式时，实验室应充分识别相关的风险，通常仅适合对数据和结果没有实质性变更且客户有修改需要时使用，比如错别字的修改、错误信息的修改，当对结果有效性有影响时，实验室对其风险不可预估，则可以采用其他方式（如追回原报告或声明原报告作废，重新发出一份报告）。

对已发出的报告，如果采用追加文件或数据传送的方式进行修改，则不需要追回原报告，仅在追加的报告中声明"对序列号为……（或其他标识）的报告的修改"，或其他等效文字；同时确保追加报告的数据和信息的溯源性，满足准则的所有要求。

7.8.8.3强调发布全新的报告时，新签发的报告应具有唯一性标识，并备注所替代的原报告编号。当报告以纸质方式提供给客户时，可收回发放给客户的旧版报告；当以电子档方式提供给客户或当客户无法提供或无法及时提供旧版纸质报告时，实验室可基于资质证明作用、用途、去向、不可回收的原因等因素评估可能存在的风险。如果不能回收的旧版报告可能导致实验室、客户及潜在相关方利益受到影响或损害，则需要采取必要的处理措施（如在官网或其他公开渠道发出旧版报告或证书作废的通告或声明等）。

【CNAS特定领域应用说明】（见表3-31）

表3-31 CNAS特定领域应用说明（7.8）

特定领域要求	通用要求CNAS-CL01							
	7.8.1	7.8.2	7.8.3	7.8.4	7.8.5	7.8.6	7.8.7	7.8.8
CNAS-CL01-A001		●				●		
CNAS-CL01-A002	●							
CNAS-CL01-A003		●						
CNAS-CL01-A005	●							
CNAS-CL01-A006	●							
CNAS-CL01-A007		●						
CNAS-CL01-A008		●	●					
CNAS-CL01-A009	●	●						
CNAS-CL01-A010		●						
CNAS-CL01-A011	●							
CNAS-CL01-A012	●	●	●					
CNAS-CL01-A013	●							
CNAS-CL01-A014	●						●	
CNAS-CL01-A015		●						
CNAS-CL01-A018								
CNAS-CL01-A020	●							
CNAS-CL01-A021		●						
CNAS-CL01-A023	●							
CNAS-CL01-A024	●	●						
CNAS-CL01-A025	●	●		●				

注："●"表示CNAS对该准则条款在特定的领域存在应用说明。

【审核要点及方式】（见表3-32）

表3-32 审核要点及方式（7.8）

条款号	审核要点	审核方法	审核内容
7.8.1	a）实验室数据和结果在发出前是否经审查和批准； b）实验室出具的报告是否"准确、清晰、明确和客观"，是否包括客户同意的、解释结果所必需的以及所用方法要求的全部信息； c）所有发出的报告是否作为技术记录予以保存； d）报告是否满足CNAS-EL-13 2.1的补充规定； e）是否涉及简化报告；简化报告是否获得客户同意；如果未向客户报告7.8.2至7.8.7条款中所列的信息，客户是否能方便地获得	查阅 查看现场 询问	查阅各类报告；查看现场报告保存方式及保存地点；询问是否存在简化报告情况，是否知悉简化报告要求

续表

条款号	审核要点	审核方法	审核内容
7.8.2	a）除非实验室有有效的理由，每份证书或报告是否至少需要包含准则7.8.2.1要求的16项信息； b）报告或证书中是否有"未经实验室书面批准，不得复制（全文复制除外）报告"的声明； c）当客户提供的信息可能影响结果的有效性时，报告或证书中是否有免责声明； d）当实验室不负责抽样（如样品由客户提供），是否在报告中声明结果仅适用于收到的样品	查阅	各类报告（涉及客户提供信息、客户送样等）
7.8.3	当涉及检测报告结果需要进行解释时，检测报告中是否包含准则7.8.2.1通用要求和7.8.3特定要求	询问 查阅	询问是否存在意见和解释情况，是否知悉当意见和解释需要时的报告要求；查阅（当意见和解释需要时）检测报告
7.8.4	a）实验室出具的校准证书是否包含准则7.8.2.1通用要求和7.8.4特定要求； b）是否关注了CNAS-CL01-G003《测量不确定度的要求》以及CNAS-CL01-A025《检测和校准实验室能力认可准则在校准领域的应用说明》相关补充规定	查阅	校准证书
7.8.5	实验室涉及抽样的报告是否包含准则7.8.2.1通用要求和7.8.5特定要求	查阅	涉及抽样的报告
7.8.6	a）当实验室需要做出与规范或标准的符合性声明时，实验室是否将所使用的判定规则制定成文件； b）当客户、法规或规范性文件未规定判定规则时，实验室是否考虑与所用判定规则相关的风险水平（如错误接受、错误拒绝以及统计假设）； c）实验室在报告符合性声明时是否清晰标示符合性声明适用于哪些结果，应用的判定规则，满足或不满足哪个规范、标准或其中的条款信息等	询问 查阅	询问判定规则风险评估情况，查阅判定规则相关文件、涉及符合性声明的报告
7.8.7	a）当实验室需要做出意见和解释时，做出意见和解释的人员是否进行授权，做出意见和解释的依据是否制定成文件； b）报告中的意见和解释是否基于被检测或校准物品的结果，是否和检测/校准结果明显区分，并清晰地予以标注； c）以对话方式直接与客户沟通意见和解释时，是否保存对话记录	查阅	意见和解释人员授权记录、意见和解释的依据文件、涉及意见和解释的报告或记录

续表

条款号	审核要点	审核方法	审核内容
7.8.8	a）如实验室涉及报告修改，当更改、修订或重新发布已发出的报告时，是否在报告中清晰标识修改的信息，适当时标注修改的原因。 b）修改已发出的报告时，是否仅采取以追加文件或数据传送的形式，并包含声明"对序列号为……（或其他标识）的报告的修改"，或其他等效文字；这类修改是否满足准则的所有要求。 c）当有必要发布全新的报告时，是否予以唯一性标识，并注明所替代的原报告。 d）如若原报告不能追回，实验室是否识别相关风险，采取了一定措施（如在官网或其他公开渠道发出旧版报告或证书作废的通告或声明等）	询问 查阅	询问实验室发出修改报告的方式，查阅修改的报告（涉及以追加文件或数据传送形式修改的报告，涉及修改且全新发布的报告，涉及修改且不可追回的报告采取措施的记录）

【参考不符合案例】

案例7.8-01

报告未见任何的客户联络信息。

不符合条款号：CNAS-CL01:2018 7.8.2 e）和《评审准则》附件4 2.12.6 40）。

分析：报告的信息应充分，应包含客户的联络信息，联络信息可以是电话、邮件、地址和传真等。

案例7.8-02

报告中涉及的样品由客户自行选择和寄送，但报告中未声明结果仅适用于收到的样品。

不符合条款号：CNAS-CL01:2018 7.8.2.2。

分析：实验室应对报告中非实验室负责的信息（可能影响结果的有效性时）进行相关免责声明，以规避实验室风险，当实验室不负责抽样（如样品由客户提供），应在报告中声明结果仅适用于收到的样品。

案例7.8-03

报告发给客户后，因样品信息错误需要更改，重新发布的检测报告（编号为A）与原报告编号相同，且未注明所代替的原报告。

不符合条款号：CNAS-CL01:2018 7.8.8.3。

分析：发布全新的报告时，新签发的报告应具有唯一性标识，并备注所替代的原报告。

【标准条文】

7.9 投诉

7.9.1 实验室应有形成文件的过程来接收和评价投诉，并对投诉做出决定。

7.9.2 利益相关方有要求时，应可获得对投诉处理过程的说明。在接到投诉后，实验室应确认投诉是否与其负责的实验室活动相关；如相关，则应处理。实验室应对投诉处理过程中的所有决定负责。

7.9.3 投诉处理过程应至少包括以下要素和方法：

a）对投诉的接收、确认、调查以及决定采取处理措施过程的说明；

b）跟踪并记录投诉，包括为解决投诉所采取的措施；

c）确保采取适当的措施。

7.9.4 接到投诉的实验室应负责收集并验证所有必要的信息，以便确认投诉是否有效。

7.9.5 只要可能，实验室应告知投诉人已收到投诉，并向其提供处理进程的报告和结果。

7.9.6 通知投诉人的处理结果应由与所涉及的实验室活动无关的人员做出，或审查和批准。

注：可由外部人员实施。

7.9.7 只要可能，实验室应正式通知投诉人投诉处理完毕。

【条文释义和理解】

7.9.1强调投诉相关管理文件的要求，实验室应建立投诉相关的程序文件，对投诉的接收、受理确认、原因调查分析、决定处理措施及实施等过程进行明确。

投诉（见3.2）指的是任何人员或组织向实验室就其活动或结果表达不满意，并期望得到回复的行为。投诉可能来自多方面，如对实验室数据结果的质疑、需要复测的要求、对实验室报告交期的不满、对实验室服务能力的不满等。投诉也有多种形式，不管是口头的、书面的，还是直接的、间接的，实验室都应允许、欢迎。投诉有利于实验室充分了解相关方需求，以促进实验室管理的持续改进。实验室应建立必要的投诉渠道，收集投诉信息。

7.9.2规定了实验室投诉过程的管控要求。这里的"利益相关方"指的是对实验室实施认可的认可机构、实验室的上级组织、实验室客户及客户的客户、消费者和其他利益相关方等，当这些利益相关方有要求时，实验室应能提供规定如何处理投诉的说明文件。当接到客户投诉时，实验室应收集并验证所有必要的信息，以便确认投诉是否与其负责的实验室活动相关；如果相关（即有效投诉），实验室应对投诉原因进行分析并采取措施进行处理；如果无关（即无效投诉），应友善地向客户解释原因，获得客户的理解。不论是哪种情况，实验室应对投诉处理过程中的所有决定负责。

7.9.3明确投诉处理的方法，投诉处理过程应包含a）~c）项内容。为更好地处理投诉，实验室应明确投诉处理的责任部门和责任人员，明确谁来对投诉进行接收登记、受理确认、原因调查分析，必要时应成立调查小组，将投诉事实调查清楚。应指定相关部门对投诉过程进行跟进，并对相关处理过程进行记录；当需要为解决投诉采取一定措施时，应跟踪措施实施进展并评价效果，具体可参照准则7.10条款执行。

7.9.4强调投诉信息的验证要求，投诉是否有效，应由实验室在收集并验证所有必要的信息后确认。

7.9.5强调投诉过程的通报要求，实验室应尽可能与投诉人保持沟通，应告知投诉人已收到投诉，并向其提供处理进程的报告和结果。

7.9.6强调回避原则，对投诉人的回复结果进行决定、审查、批准的人员应是与所涉及的实验室活动无关的人员，这是保证实验室公正性的措施之一。本条"注"中说明的"可由外部人员实施"，主要是针对某些规模较小的实验室，其可能做不到自己处理投诉，为了保证公平公正，可以找外部人员，比如技术专家等帮助实验室处理投诉。

7.9.7强调投诉处理的通知要求，只要可能，投诉人应得到实验室关于投诉处理完毕的正式通知。

【审核要点及方式】（见表3-33）

表3-33 审核要点及方式（7.9）

条款号	审核要点	审核方法	审核内容
7.9.1	实验室是否制定了投诉相关管理文件，文件是否对投诉的接收、受理确认、原因调查分析、决定处理措施及实施等过程进行明确；是否明确对相关过程做出决定的部门和人员的职责	查阅	投诉相关程序文件
7.9.2	a）利益相关方有要求时，实验室是否能提供规定如何处理投诉的说明文件。 b）在接到投诉后，实验室是否确认投诉与其负责的实验室活动的相关性；如果相关，是否按照投诉管理文件要求做出处理。 c）实验室是否对投诉处理过程中的所有决定承担责任	询问 查阅	询问涉及利益相关方要求的情况，相关和不相关投诉的情况；查阅投诉相关程序文件、投诉处理记录
7.9.3	投诉处理过程是否包括7.9.3a）~c）条款规定的要素和方法	查阅	投诉处理记录
7.9.4	接到投诉的实验室是否负责收集并验证所有必要的信息，是否根据收集和验证的信息确认投诉是否有效	查阅	投诉处理记录
7.9.5	实验室是否告知投诉人已收到投诉、投诉处理进程及投诉处理结果	查阅	投诉处理记录
7.9.6	投诉处理结果的决定或审查和批准，是否由与所涉及的实验室活动无关的人员做出	查阅	投诉处理记录
7.9.7	实验室是否正式通知投诉人投诉处理完毕	查阅	投诉处理记录

【参考不符合案例】

案例7.9-01

某客户对实验室出具的数据和结论直接向实验室提出口头异议，该实验室立即安排检测人员进行复检，经过复检确认，原数据和结论正确。于是该实验室向客户进行了口头解释，客户表示接受，事情就这样过去了。

不符合条款号：CNAS-CL01:2018 7.9.3 b）和《评审准则》附件4 2.12.1 28）b）。

分析：对于客户提出的投诉，实验室应按投诉文件规定，跟踪并记录投诉相关处理过程，包括为解决投诉所采取的措施。

案例7.9-02

某客户投诉实验室未按照约定的时间提供报告，和业务人员沟通多次未得到满意答复，影响其公司运营。实验室收到投诉后，进行了验证，最终发现是实验室分包方的原因导致，决定处理后再联系客户告知其结果。

不符合条款号：CNAS-CL01:2018 7.9.5。

分析：实验室应在接收到投诉后告知客户接收的情况，并实时向其提供处理进程的报告和结果，同时也应及时了解客户情况并进行安抚。

案例7.9-03

某客户投诉实验室业务人员沟通能力不佳，沟通过程不顺畅，影响出具报告的进度，实验室对该业务人员进行了批评，并安排其尽快联系客户，向客户解释并尽快处理投诉。

不符合条款号：CNAS-CL01:2018 7.9.6。

分析：投诉处理回避原则，对投诉人的回复结果进行决定、审查和批准的人员应是与投诉所涉及的实验室活动无关的人员。

【标准条文】

7.10 不符合工作

7.10.1 当实验室活动或结果不符合自身的程序或与客户协商一致的要求时（例如，设备或环境条件超出规定限值，监控结果不能满足规定的准则），实验室应有程序予以实施。该程序应确保：

a）确定不符合工作管理的职责和权力；

b）基于实验室建立的风险水平采取措施（包括必要时暂停或重复工作以及扣发报告）；

c）评价不符合工作的严重性，包括分析对先前结果的影响；

d）对不符合工作的可接受性做出决定；

e）必要时，通知客户并召回；

f）规定批准恢复工作的职责。

7.10.2 实验室应保存不符合工作和7.10.1条款中b）~f）规定措施的记录。

7.10.3 当评价表明不符合工作可能再次发生时，或对实验室的运行与其管理体系的符合性产生怀疑时，实验室应采取纠正措施。

【条文释义和理解】

7.10.1强调对不符合工作应先弄清楚三个术语。

一个是"不符合",CNAS-GL008:2018《实验室认可评审不符合项分级指南》指出,不符合指的是实验室的管理或技术活动不满足要求。"要求"指的是:①标准或技术规范的要求,包括CNAS发布的认可要求文件(如认可准则等),市场监督管理局发布的要求文件(如通用准则、特殊行业补充要求等);②实验室自身管理体系和相应检测或校准方法中规定的要求,包括设备或环境条件超出规定限值,监控结果不能满足规定的准则等;③与客户的约定要求,包括与客户约定的合同未执行等。

另外两个需要弄清楚的术语是"纠正"和"纠正措施"。ISO 9000:2015《质量管理体系——基础和术语》指出,纠正指的是为消除已发生的不合格所采取的措施,纠正措施指的是为消除不合格原因并防止再发生所采取的措施。

实验室应有文件明确不符合的处理要求,当实验室识别出不符合,应按照文件要求对不符合工作进行处理。文件应明确不符合工作处置各环节的责任部门、职责、权限和控制要求,包括暂停工作、处理不符合和恢复工作的权力等。应对不符合严重程度进行评价,包括分析对先前结果的影响;依据不符合的严重程度,结合风险水平,对不符合工作的可接受性做出决定,并采取相应的措施(包括必要时暂停工作、扣发报告、通知客户取消工作或召回报告等)。

CNAS-CL01-G001:2024中7.10.1规定:"实验室常见的不符合工作包括但不限于,实验室环境条件不满足要求、试验样品的处置时间不满足要求、试样未在规定的时间内检测、结果监控的数据超过规定的限值、能力验证或实验室间比对结果不满意等。实验室所有人员均应熟悉不符合工作控制程序,尤其是直接从事实验室活动的人员。实验室在内部审核中应特别关注不符合工作控制程序的执行情况。"

7.10.2强调不符合工作相关的记录(7.10.1条款中b)~f)相关记录)应被完整保存和妥善处理,便于跟踪验证。

7.10.3规定,经评审,如确认不符合工作可能再次发生,或该项不符合工作影响到实验室的运作与管理体系运作有效性时,应采取切实有效的纠正措施(见8.7);如不符合是偶发性的,不会再次发生,或是未影响到实验室的运作与管理体系运作有效性,仅需纠正。

CNAS-CL01-G001:2024中7.10.3规定:"实验室应对发生的不符合工作的原因进行分析,对于不是偶发的、个案的问题,不应仅仅纠正所发生的问题,还应结合风险分析的情况启动纠正措施。"

【CNAS特定领域应用说明】（见表3-34）

表3-34　CNAS特定领域应用说明（7.10）

特定领域要求	通用要求CNAS-CL01		
	7.10.1	7.10.2	7.10.3
CNAS-CL01-A001	●		
CNAS-CL01-A024	●		

注："●"表示CNAS对该准则条款在特定的领域存在应用说明。

【审核要点及方式】（见表3-35）

表3-35　审核要点及方式（7.10）

条款号	审核要点	审核方法	审核内容
7.10.1	是否建立程序，包含要求	查阅	不符合工作程序
7.10.2	实验室是否保存不符合工作和7.10.1条款中b）~f）规定措施的记录	查阅	不符合工作记录
7.10.3	当评价表明不符合工作可能再次发生时，或对实验室的运行与其管理体系的符合性产生怀疑时，实验室是否采取纠正措施	查阅	不符合工作记录、纠正措施记录

【参考不符合案例】

案例7.10-01

实验室"不符合检测和校准工作的控制管理程序"中，对不符合工作识别、管理的职责和权限没有规定。

不符合条款号：CNAS-CL01:2018 7.10.1 a）和《评审准则》附件4 2.12.1。

分析：实验室应有不符合控制程序予以实施，该程序应明确不符合工作识别、管理的职责和权限。

案例7.10-02

实验室不符合控制程序未明确规定：不符合工作发生后，实验室应基于风险水平采取相应措施。

不符合条款号：CNAS-CL01:2018 7.10.1 b）和《评审准则》附件4 2.12.1。

分析：实验室应有不符合控制程序，该程序应明确不符合应基于实验室建立的风险水平采取措施（包括必要时暂停或重复工作以及扣发报告）。

案例7.10-03

实验室不符合工作处理记录未体现对不符合工作严重性的评价。

不符合条款号：CNAS-CL01:2018 7.10.1 c）和《评审准则》附件4 2.12.1 28）c）。

分析：实验室应对不符合严重程度进行评价，包括分析对先前结果的影响。

【标准条文】

> 7.11 数据控制和信息管理
>
> 7.11.1 实验室应获得开展实验室活动所需的数据和信息。
>
> 7.11.2 用于收集、处理、记录、报告、存储或检索数据的实验室信息管理系统,在投入使用前应进行功能确认,包括实验室信息管理系统中界面的适当运行。对管理系统的任何变更,包括修改实验室软件配置或现成的商业化软件,在实施前应被批准、形成文件并确认。
>
> 注1:本准则中"实验室信息管理系统"包括计算机化和非计算机化系统中的数据和信息管理;相比于非计算机化的系统,有些要求更适用于计算机化的系统。
>
> 注2:常用的现成商业化软件在其设计的应用范围内使用可视为已经过充分的确认。
>
> 7.11.3 实验室信息管理系统应:
>
> a)防止未经授权的访问;
>
> b)安全保护以防止篡改和丢失;
>
> c)在符合系统供应商或实验室规定的环境中运行,或对于非计算机化的系统,提供保护人工记录和转录准确性的条件;
>
> d)以确保数据和信息完整性的方式进行维护;
>
> e)包括记录系统失效和适当的紧急措施及纠正措施。
>
> 7.11.4 当实验室信息管理系统在异地或由外部供应商进行管理和维护时,实验室应确保系统的供应商或运营商符合本准则的所有适用要求。
>
> 7.11.5 实验室应确保员工易于获取与实验室信息管理系统相关的说明书、手册和参考数据。
>
> 7.11.6 应对计算和数据传送进行适当和系统的检查。

【条文释义和理解】

7.11.1要求实验室应获得开展实验室活动所需的数据和信息。

7.11.2强调了实验室信息管理系统的功能确认要求,数据控制和信息管理通常借助于实验室信息管理系统,实验室信息管理系统一般用于收集、处理、记录、报告、存储或检索数据。为确保数据和信息的完整性和保密性,实验室应该对实验室信息管理系统进行有效控制,投入使用前应进行功能确认,其界面应适当运行。当对管理系统进行任何变更(包括修改配置、升级等)时,包括修改实验室软件(如实验室自行开发软件)配置或现成的商业化软件,在实施前均应被批准、形成文件并确认。应注意常用的现成商业化软件在其设计的应用范围内使用可视为已经过充分的确认。本条款中的"实验室信息管理系统",即LIMS是广义的,除了实验室日常使用的LIMS软件,还包括所有计算机化和非计算机化系统,相比于非计算机化的系统,有些要求更适用于计算机化的系统。此外,常用的现成商业化软件,如微软公司的Excel在其设计的应用范围内使用可视为已经过充分的确认,不需要对其进行系统性的确认。

CNAS-CL01-G001:2024中7.11.2规定:"实验室使用信息管理系统时,应确保该系统满足所有相关要求,包括审核路径、数据安全和完整性等。实验室应对LIMS与相关认可要求的符合性和适宜性进行完整的确认,并保留确认记录;对LIMS的改进和维护应确保可以获得先前产生的记录。"

7.11.3规定了LIMS的信息安全要求,具体如下。

①防止未经授权的访问,应对用户进行授权,不同用户通过自己的账户加密访问,并在系统中依据其工作性质和范围拥有不同级别和不同范围的访问权限。

②安全保护以防止篡改和丢失,应采取以下措施:系统由指定人员操作,未经批准不可交叉使用;系统应具备防病毒功能;所有数据根据一定的规则进行备份,磁盘、光盘、闪存等应由专人妥善保管,防止数据被篡改或丢失。

③实验室应维护计算机和自动设备以确保其功能正常,并提供保护检测和校准数据完整性所必需的环境和运行条件。对于非计算机化的系统,应提供保护人工记录和转录准确性的条件。

④应采取定期或不定期的方式对计算机或自动化设备进行必要的维护,维护方式应保证数据和信息的完整性,防止丢失维护前产生的记录。

⑤应对系统运行情况进行审核,记录系统失效的情况,对系统软件中出现的问题进行分析,查找原因,并采取适当的紧急措施及纠正措施。

7.11.4主要强调了系统维护的特定要求,对于在异地或由外部供应商进行管理和维护的信息管理系统,应对外部供应商进行管理(见准则6.6),确保符合认可准则的所有适用要求,实验室可采用签订保密和公正性协议的方式确保供应商满足准则要求。

7.11.5规定,实验室应确保需要使用实验室信息管理系统的员工能够易于获取与信息管理系统或软件相关的说明书、手册和参考数据,以确保能正确实施相关活动。

7.11.6规定,实验室应对计算和数据转移进行系统和适当的检查。如在信息管理系统中嵌入计算公式,以实现输入原始数据即可计算报告结果,在这种情况下应对计算公式的正确性进行检查;此外在转移数据时,应审核确保数据的完整性。

【CNAS特定领域应用说明】(见表3-36)

表3-36 CNAS特定领域应用说明(7.11)

特定领域要求	通用要求CNAS-CL01					
	7.11.1	7.11.2	7.11.3	7.11.4	7.11.5	7.11.6
CNAS-CL01-A012		●	●			●
CNAS-CL01-A020			●			
CNAS-CL01-A024			●			
CNAS-CL01-A025	●					

注:"●"表示CNAS对该准则条款在特定的领域存在应用说明。

【审核要点及方式】（见表3-37）

表3-37　审核要点及方式（7.11）

条款号	审核要点	审核方法	审核内容
7.11.1	实验室是否能以计算机化或非计算机化方式，包括人员采集等方式获得开展实验室活动所需的信息和数据，并对其进行了有效控制	询问查阅	询问信息和数据控制情况，查阅相关文件规定
7.11.2	a）用于收集、处理、记录、报告、存储或检索数据的实验室信息管理系统（包括计算机化和非计算机化系统）在投入使用前是否进行功能确认，系统中界面是否适当运行； b）对管理系统进行任何变更（包括修改配置、升级等），包括修改实验室软件（如实验室自行开发软件）配置或现成的商业化软件，在实施前是否被批准、形成文件并确认	查看现场	实验室信息管理系统确认记录；实验室信息管理系统变更相关记录
7.11.3	LIMS是否满足a）~e）的信息安全要求： LIMS对实验室人员是否通过个人账户和密码进行授权（限制）访问，是否存在公用账户或密码，人员是否能够访问和自己工作不相关的信息； LIMS是否具备病毒防护功能并进行数据备份； LIMS硬件设施（如计算机和自动设备）实际运行环境与规定的环境是否一致，LIMS中的信息与人工记录的信息以及转录的信息是否一致； LIMS维护是否会影响之前的数据； LIMS失效时，是否进行记录并采取措施	查阅询问查看现场	查阅LIMS说明书和《数据控制和信息管理程序文件》等；查阅现场询问和查看LIMS登录和授权访问设置；查阅LIMS备份记录；查阅LIMS硬件设施规定的运行环境，现场查看实际运行环境；查阅LIMS中的信息、人工记录和转录的信息；查阅LIMS维护记录；查阅LIMS失效（log）和采取相关措施的记录
7.11.4	LIMS异地运营方或外部供应商是否满足准则的保密性要求，以及供应商管理要求	查阅	"保密性"程序文件、"外部提供的产品和服务"程序文件、运维合同、保密协议、合格供应商清单、供应商评价记录
7.11.5	LIMS相关的说明书、手册和参考数据是否易于获取	查看现场	说明书、手册和参考数据的位置
7.11.6	是否对计算和数据传送进行适当和系统的检查	查阅	检查的措施和记录

【参考不符合案例】

案例7.11-01

实验室没有文件规定如何控制以电子形式存储和控制的数据和报告等记录。

不符合条款号：CNAS-CL01:2018 7.11.1和《评审准则》附件4 2.12.8 47）。

分析：实验室应能以计算机化或非计算机化方式，包括人员采集等方式获得开展实验室活动所需的信息和数据,并对其进行有效控制。

案例7.11-02

查实验室自行制定天平自动数据采集系统,未在使用前对该系统采集、处理和存储等功能进行确认。

不符合条款号:CNAS-CL01:2018 7.11.2和《评审准则》附件4 2.12.8 46)。

分析:用于收集、处理、记录、报告、存储或检索数据的实验室信息管理系统,在其投入使用前应进行功能确认。

案例7.11-03

实验室不能提供计算机化实验室信息管理系统的维护记录。

不符合条款号:CNAS-CL01:2018d) 7.11.3。

分析:实验室应定期或不定期地维护实验室信息管理系统,保证数据和信息的完整性。

第八节 ISO/IEC 17025:2017标准释义:管理要求

【标准条文】

8.1 方式

8.1.1 总则

实验室应建立、实施和保持文件化管理体系,该管理体系应能够支持和证明实验室持续满足本准则要求,并且保证实验室结果的质量。除满足第4章至第7章的要求,实验室应按方式A或方式B实施管理体系。

注:更多信息参见附录B。

8.1.2 方式A

实验室管理体系至少应包括下列内容:

——管理体系文件(见8.2);

——管理体系文件的控制(见8.3);

——记录控制(见8.4);

——应对风险和机遇的措施(见8.5);

——改进(见8.6);

——纠正措施(见8.7);

——内部审核(见8.8);

——管理评审(见8.9)。

8.1.3 方式B

实验室按照GB/T 19001的要求建立并保持管理体系,能够支持和证明持续符合第4章至第7章的要求,也至少满足了第8.2条至第8.9条中规定的管理体系要求的目的。

【条文释义和理解】

8.1.1规定，管理体系的运作包括体系的建立、体系的实施、体系的保持和体系的持续改进。该条款要求实验室将其管理体系、组织机构、程序、资源和过程等这些相互关联和相互依赖的过程要素形成文件，即将政策、制度、程序和作业指导书等制成文件，进行系统规定和有效控制，从而确保检测／校准结果质量。管理体系的实现提供了两种方式：方式A和方式B。

CNAS-CL01-G001:2024中8.1.1规定："如果实验室是某个机构的一部分，该机构的管理体系已覆盖了实验室的活动，实验室应将该组织管理体系中有关实验室的规定予以提炼和汇总，形成针对实验室管理体系的文件，并明确相关的支持性文件；如果针对实验室建立单独的管理体系，管理体系还应覆盖为支撑体系运作的所有相关部门，管理体系中有关实验室和相关支持部门工作职责的文件应由对实验室和相关部门承担管理职责的该组织的负责人批准。"

8.1.2明确方式A应包括的内容。

8.1.3明确管理体系方式B的要求。

CNAS-CL01-G001:2024中8.1.3规定："如果实验室采用方式B建立和运行管理体系，实验室也应提供证据证明实验室活动的管理和运作满足CNAS-CL01中第8.2条款至第8.9条款中规定的管理体系要求。"

【CNAS特定领域应用说明】（见表3-38）

表3-38　CNAS特定领域应用说明（7.11）

特定领域要求	通用要求CNAS-CL01		
	8.1.1	8.1.2	8.1.3
CNAS-CL01-A004	●		

注："●"表示CNAS对该准则条款在特定的领域存在应用说明。

【审核要点及方式】（见表3-39）

表3-39　审核要点及方式（8.1）

条款号	审核要点	审核方法	审核内容
8.1	a）管理体系的内容是否满足准则第4章至第7章，以及方式A或方式B的要求。 b）文件化的管理体系是否得到保持	查阅	管理体系文件，如手册、程序和文件等；管理体系文件修订历史、运行的记录

【标准条文】

8.2 管理体系文件（方式A）

8.2.1 实验室管理层应建立、编制和保持符合本准则目的的方针和目标，并确保该方针和目标在实验室组织的各级人员得到理解和执行。

8.2.2 方针和目标应能体现实验室的能力、公正性和一致运作。

8.2.3 实验室管理层应提供建立和实施管理体系以及持续改进其有效性承诺的证据。

8.2.4 管理体系应包含、引用或链接与满足本准则要求相关的所有文件、过程、系统和记录等。

8.2.5 参与实验室活动的所有人员应可获得适用其职责的管理体系文件和相关信息。

【条文释义和理解】

8.2.1强调质量方针是由实验室管理层结合自身情况和特点，制定、贯彻并保持的总的质量宗旨和方向，一般在"质量手册"中阐明并发布。质量目标是质量方面所追求的目的，通常依据质量方针制定，各部门可以根据公司目标，制定本部门的质量目标，质量目标应在管理评审时予以评审。质量管理是全员参加的质量管理，因此实验室所有与实验室活动相关的人员都要熟悉并理解质量方针和质量目标及质量文件，并在工作中执行这些政策。同时，质量方针、目标、政策应定期加以评审，确保适应性。

8.2.2对于质量方针和质量目标没有具体的要求，但其应满足原则要求，即体现实验室能力、公正性和一致性。

8.2.3强调实验室管理层要了解体系运作现状，并提供管理体系建立和实施，特别是在持续改进管理体系有效性方面履行承诺的证据（如相关的文件、记录，投入的资源等）。这些记录包括：

①向组织宣讲满足客户和法律法规规定要求的重要性；

②制定质量方针、目标；

③已发布适用系统的文件化管理体系；

④按计划进行内部审核和管理评审；

⑤确保所需资源的获得。

8.2.4规定，管理体系文件不仅包括准则要求的体系文件（通常包括质量手册、程序文件、作业指导书、表单等），满足准则要求的所有相关文件、过程、系统和记录等也应被纳入、引用或链接至管理体系。

8.2.5规定，管理体系文件应传达或宣传至与实验室活动相关的人员，并使之了解文件中的信息要求，以保证在工作中理解和执行，确保质量活动的受控，体系的有效运行。

【CNAS特定领域应用说明】（见表3-40）

表3-40 CNAS特定领域应用说明（8.2）

特定领域要求	通用要求CNAS-CL01				
	8.2.1	8.2.2	8.2.3	8.2.4	8.2.5
CNAS-CL01-A001	●				
CNAS-CL01-A013					●
CNAS-CL01-A024	●	●			

注："●"表示CNAS对该准则条款在特定的领域存在应用说明。

【审核要点及方式】（见表3-41）

表3-41 审核要点及方式（8.2）

条款号	审核要点	审核方法	审核内容
8.2.1	是否制定和发布质量方针和质量目标，并被全体员工理解及在管理评审中对质量目标进行评审	询问查阅	质量方针、质量目标
8.2.2	质量方针和质量目标是否与实验室活动相适应，是否体现公正性和一致性	人员询问审阅文件	质量方针、质量目标体现公正性和一致性的情况
8.2.3	是否有管理体系建立、实施及持续改进的相关证据	人员询问查阅记录	管理体系实施、持续改进的相关记录
8.2.4	a）是否纳入质量管理体系文件相关的外部文件；b）实验室是否将管理体系文件化，体系文件是否协调一致，表达是否清晰准确；c）管理体系文件的构架是否与其实验室活动相适应，是否详略得当，确保结果质量	询问查阅	外来文件一览表
8.2.5	质量体系文件是否宣贯，有关人员对管理体系文件是否理解并容易获得	询问查阅	人员宣贯记录，以及人员询问情况记录

【参考不符合案例】

案例8.2-01

质量管理手册及其体系文件存在下列欠缺：a）质量方针缺少持续改进管理体系有效性的承诺；b）未能明确总体目标。

不符合条款号：CNAS-CL01:2018 8.2.3；CNAS-CL01:2018 8.2.1。

分析：实验室未建立和实施管理体系持续改进的措施或承诺，管理层未发布或制定质量目标。

案例8.2-02

某化学实验室规定对受控文件采取文件清单方式进行管理，并规定分门别类进行定期审查，确保获得的外部受控文件是最新有效版本，但现场发现实验室制定的受控文件清单未包括"CNAS CL01-A002:2020《检测和校准实验室能力认可准则在化学领域中的应用说明》"等文件。

不符合条款号：CNAS-CL01:2018 8.2.4和《评审准则》附件4 2.12.1。

分析：实验室未将相关的特殊领域的应用要求纳入管理体系的执行规定。

【标准条文】

> 8.3 管理体系文件的控制（方式A）
>
> 8.3.1 实验室应控制与满足本准则要求有关的内部和外部文件。
>
> 注：本准则中，"文件"可以是政策声明、程序、规范、制造商的说明书、校准表格、图表、教科书、张贴品、通知、备忘录、图纸、计划等，这些文件可能承载在各种载体上，例如硬拷贝或数字形式。
>
> 8.3.2 实验室应确保：
>
> a）文件发布前由授权人员审查其充分性并批准；
>
> c）识别文件更改和当前修订状态；
>
> d）在使用地点应可获得适用文件的相关版本，必要时应控制其发放；
>
> e）对文件进行唯一性标识；
>
> f）防止误用作废文件，无论出于任何目的而保留的作废文件，应有适当标识。

【条文释义和理解】

实验室管理体系文件（包括内部制定的文件和外来文件）是保证其管理体系正常运作，规范各项质量活动，防止、克服随意性的内部法规。实验室管理层应管理和控制文件的编制、审核、审查、批准、发放、使用、回收等作业活动，确保各工作场所的文件处于安全、有效和受控的状态。

8.3.1明确了文件控制的范围，实验室中构成其管理体系的所有文件都应纳入受控范围。这些文件包括内部文件和外部文件。内部文件包括政策声明、程序、规范等，外部文件包括制造商的说明书、校准表格、图表、教科书、张贴品、通知、备忘录、图纸、计划等。

8.3.2 a）强调，为确保文件的完整性和适应性，纳入管理体系控制范围内的所有文件在发布前，经授权人员审核并批准后方能使用。授权应按照职责权限做出明确的规定。

8.3.2 b）强调，实验室应做好文件的定期评审工作，必要时进行修订，修订后的文件必须重新批准。这一方面是为了确保文件的持续的适宜性，另一方面是为了确保文件满足使用要求。文件评审应覆盖全部管理体系文件，评审方式包括但不限于内审、管理评审、组织文件意见反馈及专题文件评审。

对于外部文件，应依据尽量可靠的查新渠道，定期审查文件是否是现行有效的，特别是技术标准规范；也应关注CNAS认可准则应用说明的具体要求，例如，CNAS-CL01-A001:2018规定了"每两个月在国家卫生和计划生育委员会网站上对食品安全国家标准微生物检测方法进行方法查新"。

对于内部制定的文件，应当定期评审，发现其不适用或不满足使用要求时应及时修订。为做好此项工作，实验室应就定期审查文件的职责予以明确，应对审查时间做出规定，审查情况和结果应有记录。

8.3.2 c）强调，编制识别管理体系文件的当前修订状态，目的是使文件便于查阅，避免使用失效或作废的文件。

8.3.2 d）强调，为确保实验室体系有效运行，应保证在对实验室有效运作起重要作用的所有作业场所，都能得到相应的适用的授权版本文件。

8.3.2 e）强调，文件要有唯一性标识，可以是数字、验收符号、受控章等，实验室应使用简易有效的、适合自己的方法。文件标识的内容也可以包括发布日期和（或）修订标识、页码、总页数和发布人。如果实验室有多份相同的外来标准，可以采用分发号作为唯一性标识加以识别和控制。

8.3.2 f）强调，标识无论出于任何目的保留的过期文件，都是为了防止非预期使用无效或作废文件。实验室应及时从所有使用现场或发放场所撤除这些文件，或用其他方法，如对无效或作废文件进行标识。尤其是技术标准汇编，其中有些是现行有效标准，有些是无效作废标准，往往需通过标识加以区别。

【CNAS特定领域应用说明】（见表3-42）

表3-42　CNAS特定领域应用说明（8.3）

特定领域要求	通用要求CNAS-CL01	
	8.3.1	8.3.2
CNAS-CL01-A004		●
CNAS-CL01-A014	●	
CNAS-CL01-A019	●	●
CNAS-CL01-A020		●
CNAS-CL01-A024		●

注："●"表示CNAS对该准则条款在特定的领域存在应用说明。

【审核要点及方式】（见表3-43）

表3-43　审核要点及方式（8.3）

条款号	审核要点	审核方法	审核内容
8.3.1	实验室文件控制的范围是否全面，包括8.3.1"注"中提及的文件类型，以及内部文件和外部文件	查看现场查阅	各类文件、文件控制记录

续表

条款号	审核要点	审核方法	审核内容
8.3.2	a）文件发布前是否经过授权人员审查并批准； b）实验室是否定期对文件进行评审，必要时是否进行修改； c）实验室文件的更改和修订，及文件的修订状态； d）查看现场是否有可获得的适用文件； e）实验室是否对文件的唯一性标识进行规定，是否都有唯一性标识； f）检查文件是否有被误用的情况，现场是否有过时作废的文件在使用	查看现场查阅	各类文件、文件控制记录

【参考不符合案例】

案例8.3-01

实验室在墙上公布的仪器操作规程无任何受控标识。

不符合条款号：CNAS-CL01:2018 8.3.2 e）和《评审准则》附件4 2.12.1 28）a）。

分析：外部文件控制范围不全，现场文件无现行有效的文件标识。

【标准条文】

8.4 记录控制（方式A）

8.4.1 实验室应建立和保存清晰的记录以证明满足本准则的要求。

8.4.2 实验室应对记录的标识、存储、保护、备份、归档、检索、保存期和处置实施所需的控制。实验室记录保存期限应符合合同义务。记录的调阅应符合保密承诺，记录应易于获得。

注：对技术记录的其他要求见7.5条。

【条文释义和理解】

记录是为已完成的活动或达到的结果提供客观证据的文件，是实验室一切工作的有效书面证明。记录是受控文件的一类，记录一经填写即生效，不用批准发布；填写记录所用的表格有版本的区别，而记录没有，记录表格是记录的载体。记录分为质量记录和技术记录，两者密不可分，质量记录通常是指来自质量管理活动的记录，技术记录通常是指来自技术管理活动的记录。

8.4.1是对实验室记录的总体要求。

8.4.2强调实验室应当对记录的标识、存储、保护、备份、归档、检索、保存期和处置进行控制和管理，以证实管理体系运行的状况和检测工作的所有结果。

实验室记录保存期限应与其合同义务相一致。CNAS-CL01-G001:2024中8.4.2规定："除特殊情况外，所有技术记录，包括检测、校准、抽样的原始记录，应至少保存6年。如果法律法规、CNAS专业领域认可要求文件或客户规定了更长的保存期要求，则实验室应满足这些要求。人员或设备记录应随同人员工作期间或设备使用时限全程保留，在人员调离或设备停止使用后,人员或设备技术记录应至少再保存6年。"除非相关法律法规另有规定,当实验室承担的检测结果用于产品认证、行政许可证书等用途时,相关技术记录和报告副本的保存期不得少于相关产品认证、行政许可证书规定的有效期。

因追溯、验证或制定不符合措施等目的需要借阅和复制记录时,应符合保密承诺,对应CNAS-CL01:2018 4.2保密性。因为实验室的记录涉及保护客户机密和所有权、保护实验室机密和所有权等问题。

记录应易于获得,实验室应注意记录的保管方式应便于检索,并应明确可以查阅、使用的人员范围和取用手续。

有关技术记录的要求见条款7.5及相关解读。

【CNAS特定领域应用说明】(见表3-44)

表3-44　CNAS特定领域应用说明(8.4)

特定领域要求	通用要求CNAS-CL01	
	8.4.1	8.4.2
CNAS-CL01-A001	●	
CNAS-CL01-A004		●
CNAS-CL01-A012		●
CNAS-CL01-A016		●
CNAS-CL01-A025		●

注:"●"表示CNAS对该准则条款在特定的领域存在应用说明。

【审核要点及方式】(见表3-45)

表3-45　审核要点及方式(8.4)

条款号	审核要点	审核方法	审核内容
8.4.1	实验室对记录的要求是否满足要求	查阅	记录管理程序(如果有)
8.4.2	a)实验室是否有效控制记录的标识、存储、保护、备份、归档、检索、保存期和处置。 b)记录的保存期是否满足合同要求。 c)记录是否可检索,易于获取;记录保存的环境和调阅是否符合信息安全要求	查阅 询问 查看现场	记录管理程序(如果有)、记录控制过程、技术记录和其他记录

【参考不符合案例】

案例8.4-01

实验室编制的"记录保存期限一览表"中缺少对检测原始记录、检测报告保存期限的规定。

不符合条款号:《评审准则》附件4 2.12.7。

分析：记录无保存期规定。

案例8.4-02

实验室"记录控制程序"文件中缺少记录的编号规则；现场看到编号都为"2013-01"的"日常监督记录表"3份，但填写时间和内容都不同。

不符合条款号：CNAS-CL01:2018 8.4.2和《评审准则》附件4 2.12.7 42）。

分析：缺少记录的编号规则，记录表格的标识不明。

【标准条文】

> 8.5 应对风险和机遇的措施（方式A）
>
> 8.5.1 实验室应考虑与实验室活动相关的风险和机遇，以：
>
> a）确保管理体系能够实现其预期结果；
>
> b）增强实现实验室目的和目标的机遇；
>
> c）预防或减少实验室活动中的不利影响和可能的失败；
>
> d）实现改进。
>
> 8.5.2 实验室应策划以下内容。
>
> a）应对这些风险和机遇的措施。
>
> b）如何：
>
> ——在管理体系中整合并实施这些措施；
>
> ——评价这些措施的有效性。
>
> 注：虽然本准则规定实验室应策划应对风险的措施，但并未要求运用正式的风险管理方法或形成文件的风险管理过程。实验室可决定是否采用超出本准则要求的更广泛的风险管理方法，如通过应用其他指南或标准。
>
> 8.5.3 应对风险和机遇的措施应与其对实验室结果有效性的潜在影响相适应。
>
> 注1：应对风险的方式包括识别和规避威胁，为寻求机遇承担风险，消除风险源，改变风险的可能性或后果，分担风险，或通过信息充分的决策而保留风险。
>
> 注2：机遇可能促使实验室扩展活动范围，赢得新客户，使用新技术和其他方式应对客户需求。

【条文释义和理解】

准则引言中有"本准则要求实验室策划并采取措施应对风险和机遇。应对风险和机遇是提升管理体系有效性、取得改进效果，以及预防负面影响的基础。实验室有责任确定要应对哪些风险和机遇"。对于是否有必要单独建立风险管理体系，实验室可自己决定，ISO/IEC 17025：2017并不要求，也未鼓励，实验室满足要求即可。

ISO/IEC 17025：2017在起草过程中已充分纳入了风险管理的模式，比如设备校准、质量控制、人员培训和监督等均需要实验室根据自身的检查活动范围、客户需求和测试技术的复杂性等风险分析制定相应的程序。

8.5.1明确，风险是指不确定性对目标的影响（ISO 31000，3.1）。风险应该是相对的：风险既可以是一个正面的概念，也可以是一个负面的概念；风险既可与机会、概率、不测事件和随机性相结合，又可与危险、损失和破坏相结合。对于实验室，风险管理的目标是确保管理体系能够实现其预期结果，增强实现实验室目的和目标的机遇，预防或减少实验室活动中的不利影响和可能的失败，实现改进。机遇可能是潜在的新客户或市场，确定新的检测或校准服务的需求，或确定通过采用新技术或替代技术使结果更有效的需求等；风险可能是检测结果、服务不能满足要求，或组织不能实现客户满意等。

可靠的结果在实验室活动的全过程中可能存在不确定性，因此实验室应考虑与实验室活动有关联的风险和机遇，目的是确保实验室在策划管理体系的过程中，确定其风险和机遇，并策划应对它们的措施。风险管理是指导和控制组织与风险相关的协调活动（ISO 31000，3.2）。实验室应运用风险管理的方法对实验室活动的全过程进行分析和梳理，识别和描述过程中不同节点的风险，对识别出的风险进行分析、评价，根据风险评估的结果针对相关风险制定控制措施并实施，目的是将风险消除或降到最低程度。实验室活动的风险因素包括人员、客户要求／方法、抽样／样品管理、设施与环境、设备、测量不确定度／质量控制、记录和报告等。

8.5.2要求实验室策划应对风险和机遇的措施、在管理体系中整合并实施这些措施，评价这些措施的有效性。实验室在运行这一条款时应将风险管理融合到实验室管理体系中，嵌入实验室的全部活动过程之中，并针对实验室的运行过程进行策划和实施。风险管理贯穿了实验室活动前、中、后各个阶段，它们是有机结合的整体，相辅相成，有联系又有区别。

风险管理有许多理论和模型可参考，如ISO 31000《风险管理 指南》给出了风险管理过程（如图3-1所示）。虽然风险管理过程通常表现为按一定的顺序开展，但在实践中其是一个循环提升的过程。

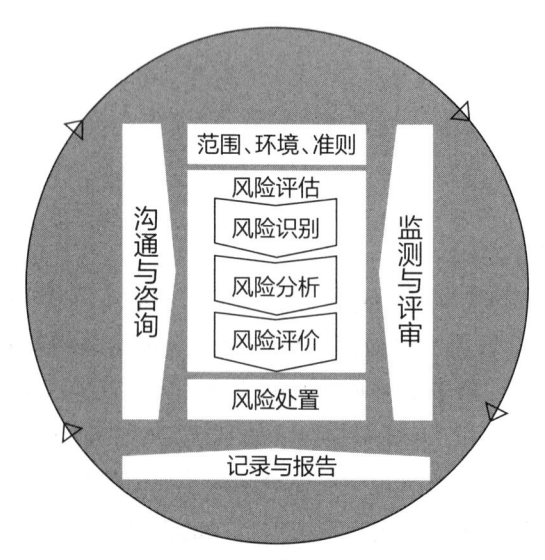

图3-1 风险管理过程

限于篇幅，本书选取风险管理过程中的风险评估环节进行着重说明。风险评估应系统地、循环地、协作性地开展，并充分考虑利益相关者的观点。涉及的风险评估技术有很多，GB/T 27921《风险管理 风险评估技术》列举了一些常用技术可供学习参考。

①风险识别指在风险事故发生之前，运用各种方法系统地、连续地认识所面临的各种风险以及分析风险事故发生的潜在原因。风险识别是发现、列举和描述风险要素的过程。实验室的风险识别首先应收集与检测相关的国际、区域、国家、地方等法律法规、认可认定相关文件，客户要求，以及实验室质量手册、程序文件、安全要求、财务要求等内外部环境信息。明确实验室内外部信息和状况，还应包括考察特定后果的直接影响，包括连锁和积累影响，所有重要的原因和后果都应予以考虑。风险识别技术包括基于证据的方法（如检查表法及对历史数据的评审）、系统性的团队方法（如一个专家团队遵循系统化的过程，通过一套结构化的提示或问题来识别风险）、归纳推理技术（如危险与可操作性分析方法HAZOP）等。实验室风险的识别技巧包括询问、交谈，现场观察，查阅有关记录，过程分析，获取外部信息，问卷调查，历史数据分析等。实验室可结合多种方法和技巧，主要从通用要求、结构要求、资源要求、过程要求、管理体系要求、其他要求等六个方面进行风险识别。

②风险分析指分析风险的各种特性，它是风险评估的关键。风险分析为风险评价和确定风险是否需要处理以及最适合的风险处理策略和方法提供了输入。风险分析包括对风险源与原因、风险后果（可以是正面的也可能是负面的）、风险发生的可能性、不同风险之间的关系、现有风险应对措施的效果等进行分析。分析技术可以是定性的、半定量的、定量的或以上方法的组合，具体视情况和预期用途而定。如可以通过风险矩阵，将危害绘制在图表上进行量化分析，也可将严重程度和频率的结果量化并计算成为风险分析的结果，实现对实验室风险的分析。

③风险评价指将风险分析的结果与实验室已制定的风险评价标准进行比较，确定实验室现存风险严重程度和等级（或不可接受风险），其目的是为风险应对和领导决策（是否需要采取控制措施，以及控制到什么程度）提供支持。其中，风险准则是实验室用于评价风险重要程度的标准。风险准则应与实验室的风险管理方针一致。具体的风险准则应尽可能在风险管理过程开始时制定，是动态变化的，要不断检查和完善。

8.5.3所说的"风险应对"是指根据风险评估的结果确定相应的风险应对措施。风险应对包括风险规避、承担风险以寻求机会、消除风险源、改变可能性或者后果、风险共担或基于合理的决策承受风险。实验室应结合各种内外部环境，包括实验室的风险承受度，以及相关的法律法规及政策方面的要求，制定出一种或多种控制措施来防止风险事件的发生或降低风险的影响程度。

实验室经风险分析确定出应控制的风险点后，应形成风险应对计划。对于轻微或一般风险，只对其进行监控；对于中等风险，应制定措施降低风险，并对措施的有效性进行评估；对于严重或非常严重风险，应立即停止相关活动，用有效的措施予以控制或解决。控制措施应尽可能消除对结果产生不良影响的风险源。有时风险源不止一个，应对风险的措施也不止一种，此时应识别出对实验室活动影响最显著的风险源，采取最适宜的措施。应对风险的措施实施后，可能发生风险改变或结果的变化，应通过风险评价对效果进一步分析，开展新的风险决策。可以通过内审、管理评审及日常监督等方式对发现的一般以上的风险进行重点监督评审，对发现的问题采取纠正措施。

面对日新月异的科技进步和蓬勃发展的检验检测市场，实验室应运用风险管理的理念，善于使用新技术，提高自身能力，或采取互利共赢的合作方式，抓住发展的每一次契机，扩展活动范围，不断提升检测或校准能力，应对客户发展需求或赢得新的客户。

【CNAS特定领域应用说明】（见表3-46）

表3-46　CNAS特定领域应用说明（8.5）

特定领域要求	通用要求CNAS-CL01		
	8.5.1	8.5.2	8.5.3
CNAS-CL01-A001		●	
CNAS-CL01-A014	●		●

注："●"表示CNAS对该准则条款在特定的领域存在应用说明。

【审核要点及方式】（见表3-47）

表3-47　审核要点及方式（8.5）

条款号	审核要点	审核方法	审核内容
8.5.1	实验室是否识别与实验室活动相关的风险和机遇	查阅	实验室风险和机遇识别记录
8.5.2	是否策划应对风险和机遇的措施，措施是否整合到管理体系中并实施，是否评价措施的有效性	查阅	应对风险和机遇的措施实施及评价记录
8.5.3	应对风险和机遇的措施是否与其对实验室结果有效性的潜在影响相适应	查阅	应对风险和机遇的措施记录

【参考不符合案例】

案例8.5-01

实验室不能提供风险识别的记录。

不符合条款号：CNAS-CL01:2018 8.5.1和《评审准则》附件4 2.12.1 28）d）。

分析：实验室应考虑与实验室活动相关的风险。

案例8.5-02

实验室风险控制记录仅进行了风险识别，未策划应对这些风险的措施。

不符合条款号：CNAS-CL01:2018 8.5.2 a）和《评审准则》附件4 2.12.1 28）d）。

分析：实验室应策划应对风险和把握机遇的措施。

【标准条文】

8.6 改进（方式A）

8.6.1 实验室应识别和选择改进机遇，采取必要措施。

注：实验室可通过评审操作程序、实施方针、总体目标、审核结果、纠正措施、管理评审、人员建议、风险评估、数据分析和能力验证结果识别改进机遇。

8.6.2 实验室应向客户征求反馈，无论是正面的还是负面的。应分析和利用这些反馈，以改进管理体系、实验室活动和客户服务。

注：反馈的类型示例包括：客户满意度调查、与客户的沟通记录和共同审查报告。

【条文释义和理解】

改进不仅是改正或纠正，也不是保持、停滞不前；改进的核心是"进"，是完善，是发展，是创新，是能力的提升，是与时俱进，是更上一层楼，是提高有效性和效率的循环活动。持续改进应是实验室永恒的主题、永恒的目标、永恒的活动。

8.6.1强调实验室管理体系的策划不是一劳永逸的，是需要通过周期性改进，随着时间的推移而进化的动态系统。管理体系动态性决定了实验室管理层必然要通过各种方式识别和选择改进机遇，随时调整质量方针、目标，或在方针、目标实现活动过程中持续改进管理体系，以不断增强体系的适宜性、充分性和有效性，更好地服务于客户和社会。

改进需要全员参与，因此，实验室管理层应制定并实施持续改进的相关政策，使得全体员工能在自身工作范围内积极识别改进的机会。实验室可通过评审操作程序、实施方针、总体目标、审核结果、纠正措施、管理评审、人员建议、风险评估、数据分析和能力验证结果等识别改进机遇，采取必要措施，实施改进活动。实验室应遵循PDCA循环的工作原理持续改进，并保留持续改进的证据。

8.6.2强调客户的反馈意见是实验室识别改进需求的重要信息。实验室应设法向客户征求反馈意见，使用并分析这些意见（无论是正面的还是负面的），这是实验室识别改进机会的重要途径，有利于改进实验室的管理体系，改进实验室活动，改进对客户的服务。客户意见反馈的形式包括客户满意度调查（如定期采用问卷或调查表形式调查客户满意度）、与客户的沟通记录（如在合同评审时、在客户进入实验室相关区域观察实验时、电话沟通时，都可能产生沟通记录）和共同评价报告（即实验室与客户就报告的讨论）。

【CNAS特定领域应用说明】（见表3-48）

表3-48　CNAS特定领域应用说明（8.6）

特定领域要求	通用要求CNAS-CL01	
	8.6.1	8.6.2
CNAS-CL01-A023		●

注："●"表示CNAS对该准则条款在特定的领域存在应用说明。

【审核要点及方式】（见表3-49）

表3-49　审核要点及方式（8.6）

条款号	审核要点	审核方法	审核内容
8.6.1	实验室是否通过各项活动识别和选择改进机遇，实施改进，并保存记录	查阅	改进记录
8.6.2	实验室是否向客户征求反馈（客户满意度调查、与客户的沟通记录和共同审查报告等）；是否对收集到的信息进行了分析，实施改进，并保存记录	查阅	客户反馈，分析、改进记录

【参考不符合案例】

案例8.6-01

实验室2023年2月20日管理评审报告中提出要组织员工学习管理体系文件，但实验室提供不出实施该项改进的记录。

不符合条款号：CNAS-CL01:2018 8.6.1和《评审准则》附件4 2.12.1 28）d）。

分析：实验室应在识别和选择改进机遇的基础上采取必要的措施。

案例8.6-02

实验室2022年度客户满意度调查，仅对反馈意见进行了统计，但未对这些反馈意见进行分析和利用。

不符合条款号：CNAS-CL01:2018 8.6.2。

分析：实验室应对客户满意度调查的意见进行分析、利用，并应用于改进管理体系、检测活动及客户服务。

【标准条文】

> 8.7 纠正措施（方式A）
>
> 8.7.1 当发生不符合时，实验室应：
>
> a）对不符合做出应对，并且适用时：
>
> ——采取措施以控制和纠正不符合；
>
> ——处置后果。
>
> b）通过下列活动评价是否需要采取措施，以消除产生不符合的原因，避免其再次发生或者在其他场合发生：
>
> ——评审和分析不符合；
>
> ——确定不符合的原因；
>
> ——确定是否存在或可能发生类似的不符合。
>
> c）实施所需的措施。
>
> d）评审所采取的纠正措施的有效性。

e）必要时，更新在策划期间确定的风险和机遇。
f）必要时，变更管理体系。
8.7.2 纠正措施应与不符合产生的影响相适应。
8.7.3 实验室应保存记录，作为下列事项的证据：
a）不符合的性质、产生原因和后续所采取的措施；
b）纠正措施的结果。

【条文释义和理解】

当发生不符合时，实验室应采取"纠正"或"纠正措施"，这两者有着本质的不同。"纠正"是消除已发现不符合所采取的行动或措施；"纠正措施"是为消除已发现不符合原因，或其他不期望的原因所采取的措施，以防不符合再次发生。

CNAS-CL01-G001:2024中8.7.1规定：

"对于发现的不符合，实验室不应仅仅纠正发生的问题，还应进行全面、细致的分析，确定不符合是否为独立事件，是否还会再次发生，查找产生问题的根本原因，并启动纠正措施。

"注：对于不符合，仅进行纠正、无须采取纠正措施的情况很少发生。比如在认可评审中，经常发现实验室未按CNAS规定的要求参加能力验证，仅是提供后续参加能力验证的证据，这种措施是不充分的。实验室应当全面分析未参加能力验证的根本原因，如资金不足、参与能力验证活动的计划不全面、缺乏对计划实施情况的有效监督等，从而采取有效的纠正措施。"

8.7.1a）明确对不符合做出应对，只在适用时才需要采取措施以控制和纠正不符合、处置后果。

8.7.1b）强调原因分析（调查确定根本原因）。实验室应评审和分析不符合，以确定所发生的不符合的原因以及类似的不符合是否还存在于其他区域或部门，或可能再次出现或可能在其他区域或部门出现。实验室应对原因进行深度剖析，在解决比较复杂的问题时，可组织相关部门来共同研究分析造成不符合的根本原因（包括一些难以发现的原因），如客户要求、样品本身、工作程序、员工技能与培训，设备标物管理、消耗品等。根据不符合对实验室的潜在影响，实验室应确定需要采取的措施的程度。

实验室应根据此评审确定应实施的必要措施。当出现不符合时，实验室应采取措施调查何处发生错误，并尽可能纠正错误，避免将来再发生类似问题。采取纠正和纠正措施、处置后果是改进的重要活动和手段，其目的是控制、纠正不符合，控制不符合的危害和影响，消除产生不符合的原因，防止不符合的再次发生或在其他场合发生。

8.7.1c）强调实施纠正措施。实验室应落实确定采取的措施，并保存实施记录。

8.7.1d）强调实验室应评审所采取的纠正措施的有效性，评审方式不限，可通过确认已采取纠正措施的证据或附加审核等。为确保有效验证纠正措施的有效实施，实验室可确定完成措施的适当周期。

8.7.1e）要求必要时，更新策划时确定的风险和机遇。实验室在某个区域采取纠正措施时，应考虑是否会对其他区域产生影响。实验室应在评审纠正措施后，考虑是否存在以往策划期间未确定的风险或机遇。必要时应更新计划，发现严重问题或其余风险时应进行附加审核。

8.7.1f）要求必要时变更管理体系。实验室可根据纠正措施涉及的体系变更制定文件，或修订现行有效文件，并加以实施。

8.7.2强调实验室应采取合适的纠正措施，确保纠正措施与不符合产生的影响（如严重性、危险性等）相适应。

8.7.3强调实验室应保留与纠正措施相关的记录，包括不符合的性质（如不符合描述、不符合评级）、产生的原因、采取的措施及结果等信息。这些形成文件的信息可以是纠正措施表、数据库以及证明采取了措施的证据。

【CNAS特定领域应用说明】（见表3–50）

表3–50　CNAS特定领域应用说明（8.7）

特定领域要求	通用要求CNAS-CL01		
	8.7.1	8.7.2	8.7.3
CNAS-CL01-A019	●		
CNAS-CL01-A020	●		

注："●"表示CNAS对该准则条款在特定的领域存在应用说明。

【审核要点及方式】（见表3–51）

表3–51　审核要点及方式（8.7）

条款号	审核要点	审核方法	审核内容
8.7.1	当发生不符合时，实验室： 是否立即进行了纠正； 是否进行原因分析和调查，以评价是否需要采取纠正措施； 措施是否实施； 措施实施是否有效； 必要时，是否更新在策划期间确定的风险和机遇； 必要时，是否变更管理体系	查阅	纠正措施记录
8.7.2	纠正措施是否与不符合产生的影响相适应	查阅	纠正措施相关记录
8.7.3	是否保存和纠正措施相关的记录	查阅	

【参考不符合案例】

案例8.7-01

现场核查5份因实验室检测报告包含的委托单位信息错误或不全的投诉处理报告，实验室对不符合进行了纠正，未就不符合工作产生的原因进行分析，未采取纠正措施。

不符合条款号：CNAS-CL01:2018 8.7.1和《评审准则》附件4 2.12.1 28）d）。

分析：当发生不符合时，实验室应确定对不符合的应对、评价是否需要采取措施（调查原因）、实施所需的纠正措施、评审采取的纠正措施的有效性等。

案例8.7-02

实验室针对"2018年和2019年内部审核均出现检测原始记录涂改，且未体现修改人标识及修改日期"的不符合，制定"质量监督员加强监督"的纠正措施，但不能提供有效的纠正措施相关记录。

不符合条款号：CNAS-CL01:2018 8.7.3和《评审准则》附件4 2.12.1 28）d）。

分析：实验室应妥善保留与纠正措施相关的记录，包括不符合的性质（如不符合描述、不符合评级）、产生的原因、后续采取的措施及结果等信息。

【标准条文】

8.8 内部审核（方式A）

8.8.1 实验室应按照策划的时间间隔进行内部审核，以提供有关管理体系的下列信息。

a）是否符合：

——实验室自身的管理体系要求，包括实验室活动；

——本准则的要求。

b）是否得到有效的实施和保持。

8.8.2 实验室应：

a）考虑实验室活动的重要性、影响实验室的变化和以前审核的结果，策划、制定、实施和保持审核方案，审核方案包括频次、方法、职责、策划要求和报告；

b）规定每次审核的审核准则和范围；

c）确保将审核结果报告给相关管理层；

d）及时采取适当的纠正和纠正措施；

e）保存记录，作为实施审核方案和审核结果的证据。

注：内部审核相关指南参见GB/T 19011（ISO 19011，IDT）。

【条文释义和理解】

内部审核（简称"内审"），有时称为第一方审核，是组织为验证各部门运作（包括实验室活动）的符合性和有效性，确保持续满足管理体系的要求实施的审核。内审是实验室质量体系自我诊断、机制完善的重要途径，也是实验室保证检测数据可靠、有效，实现质量方针的重要途径。因此，实验室内审不可忽略对技术要求的评审。

8.8.1强调内审应当按照一定的时间间隔进行。CNAS-GL011:2018《实验室和检验机构内部审核指南》中5.1规定："内部审核宜依据文件化的程序每年至少实施一次。内部审核的周期和覆盖范围应当基于风险分析。"

实验室应根据自身情况，按照程序文件的要求，组织内部审核，以保证实验室运行持续符合质量体系和准则的要求，并得到有效的实施和保持。

8.8.2 a）强调，实验室在策划审核方案时应综合考虑实验室活动的重要性、影响实验室的变化和以前审核的结果，例如针对新增加的检测领域、近期审核频发的不符合，可策划专项内审或将其作为审核重点配置更多的审核资源。CNAS-CL01-G001:2024中8.8.2 a）规定："实验室应基于风险管理思维，重点结合实验室规模、组织结构、实验室活动以及管理体系的具体情况进行内部审核策划。内部审核的策划应覆盖到实验室的全部固定场所以及在客户地点或在移动设施、临时设施、抽样地点开展的实验室活动。"CNAS-CL01-G001:2024中8.8.2 a）"注"规定："实验室可结合自身实际情况采取滚动式或分段式审核等方式进行内部审核策划，以确保实验室的全部场所和实验室活动在一个内部审核周期内被覆盖。"

内审方案包括内审的频次、方法、职责、策划要求和报告。在确定审核频次时，实验室应考虑实验室活动运行的频次、活动的成熟度或复杂度、活动变更以及内审方案的目标。审核方法可包括查阅、询问、查看现场、数据验证等。策划时还应确保审核过程的客观性和公正性。在一般情况下，内审员不应审核自身工作。

CNAS-GL011:2018《实验室和检验机构内部审核指南》中5.2规定："内部审核应当制定方案，以确保质量管理体系的每一个要素至少每12个月被检查一次。"对于规模较大的实验室或检验机构，比较有利的方式是建立滚动式审核计划，以确保管理体系的不同要素或组织的不同部门在12个月内都能被审核。

8.8.2 b）强调作为内部审核活动的一部分，实验室应确定每次内审的准则和范围。内审准则可以是具体的标准或要求，内审范围可以是具体部门、实验流程或设施。对于实施了多个有同类要求的管理体系标准的实验室而言，开展结合审核能避免重复，减少冗余。通常在内审计划中会体现这一信息。

CNAS-CL01-G001:2024中8.8.2b）规定："实验室内部审核依据应包括CNAS-CL01-G001及CNAS其他相关认可规范文件。注：建议内部审核周期为12个月。"

如果实验室申请或通过了资质认定，内部审核依据还应包括《检验检测机构资质认定评审准则》。

以下给出了CNAS特定领域应用说明文件目录，可供实验室参考，以策划全面的内审依据。

【CNAS特定领域应用说明文件目录】[①]

CNAS-CL01-A001：2022《检测和校准实验室能力认可准则在微生物检测领域的应用说明》

CNAS-CL01-A002：2020《检测和校准实验室能力认可准则在化学检测领域的应用说明》

CNAS-CL01-A003：2019《检测和校准实验室能力认可准则在电气检测领域的应用说明》

CNAS-CL01-A004：2018《实验室能力认可准则在医疗器械检测领域的应用说明》

CNAS-CL01-A005：2020《检测和校准实验室能力认可准则在汽车和摩托车检测领域的应用说明》

CNAS-CL01-A006：2021《检测和校准实验室能力认可准则在无损检测领域的应用说明》

CNAS-CL01-A007：2021《检测和校准实验室能力认可准则在通信检测领域的应用说明》

CNAS-CL01-A008：2023《检测和校准实验室能力认可准则在电磁兼容检测领域的应用说明》

CNAS-CL01-A009：2018《检测和校准实验室能力认可准则在玩具检测领域的应用说明》

CNAS-CL01-A010：2023《检测和校准实验室能力认可准则在纺织检测领域的应用说明》

CNAS-CL01-A011：2018《检测和校准实验室能力认可准则在金属材料检测领域的应用说明》

CNAS-CL01-A012：2018《检测和校准实验室能力认可准则在卫生检疫领域的应用说明》

CNAS-CL01-A013：2018《检测和校准实验室能力认可准则在动物检疫领域的应用说明》

CNAS-CL01-A014：2024《检测和校准实验室能力认可准则在植物检疫领域的应用说明》

CNAS-CL01-A015：2018《检测和校准实验室能力认可准则在珠宝玉石、贵金属检测领域的应用说明》

CNAS-CL01-A016：2018《检测和校准实验室能力认可准则在感官检验领域的应用说明》

CNAS-CL01-A018：2021《检测和校准实验室能力认可准则在建设工程检测领域的应用说明》

CNAS-CL01-A019：2018《检测和校准实验室能力认可准则在软件检测领域的应用说明》

CNAS-CL01-A020：2018《检测和校准实验室能力认可准则在信息安全检测领域的应用说明》

CNAS-CL01-A021：2019《检测和校准实验室能力认可准则在光伏产品检测领域的应用说明》

CNAS-CL01-A022：2021《检测和校准实验室能力认可准则在建材检测领域的应用说明》

CNAS-CL01-A023：2018《检测和校准实验室能力认可准则在实验动物检测领域的应用说明》

CNAS-CL01-A024：2018《检测和校准实验室能力认可准则在基因扩增检测领域的应用说明》

CNAS-CL01-A025：2022《检测和校准实验室能力认可准则在校准领域的应用说明》

CNAS-CL01-A026：2023《检测和校准实验室能力认可准则在药物生物样本分析检测领域的应用说明》

CNAS-CL01-A027：2023《检测和校准实验室能力认可准则在竞技体育食源性兴奋剂检测领域的应用说明》

[①] 供读者参考，请以CNAS和国家认监委官网的更新信息为准。

> CNAS-CL01-G001：2024《检测和校准实验室能力认可准则的应用要求》
> CNAS-CL01-G002：2021《测量结果的计量溯源性要求》
> CNAS-CL01-G003：2021《测量不确定度的要求》（2023-1-1第一次修订）
> CNAS-CL01-G004：2023《内部校准要求》
> CNAS-CL01-G005：2018《检测和校准实验室能力认可准则在非固定场所外检测活动中的应用说明》

8.8.2 c)、d)强调在每次内审结束后，应将结果汇报给相关管理层。实验室也应针对内部审核过程中发现的不符合采取适当的纠正以将不符合状态恢复到正常状态，必要时采取适当的纠正措施以消除不符合产生的原因，并跟踪验证其有效性。

在审核期间，可能观察到一些尽管满足了要求，但可能存在质量管理体系潜在不足的情况。这种情况下，可将这些信息纳入审核报告，审核报告可为管理层提供信息，以决定是否采取行动。

8.8.2 e)强调应保留内审结果形成文件的信息和作为审核方案得以实施的证据。内审的结果是管理评审的输入。

【CNAS特定领域应用说明】（见表3-52）

表3-52　CNAS特定领域应用说明（8.8）

特定领域要求	通用要求CNAS-CL01	
	8.8.1	8.8.2
CNAS-CL01-A001	●	
CNAS-CL01-A026	●	

注："●"表示CNAS对该准则条款在特定领域存在应用说明。

【审核要点及方式】（见表3-53）

表3-53　审核要点及方式（8.8）

条款号	审核要点	审核方法	审核内容
8.8.1 #2.12.1 28)f)	实验室是否有效实施了内审	查阅	内审实施记录，如内部审核检查表、内审会议前调表等

续表

条款号	审核要点	审核方法	审核内容
8.8.2	a）查实验室的内审方案，信息是否完整，是否符合准则要求，在规定周期内是否覆盖所有部门和要素，审核过程能否满足客观性和公正性； b）内审实施过程是否正确使用内审检查表，抽取样品的典型性和代表性，取证记录的准确性与完整性，是否做好详细的审核记录，结论是否正确； c）每次审核结果是否编写了审核报告，并经主管领导审批后报告给相关的管理层； d）审核发现的不符合项是否有纠正/纠正措施，采取的纠正/纠正措施是否有效，审核部门是否对纠正措施进行了跟踪，是否验证了其有效性； e）内部审核记录是否完整，审核结果是否作为管理评审的输入	查阅 询问	a）内审方案； b）内审检查表； c）内审报告； d）内审不符合项纠正措施报告，以及见证材料； e）审核记录及上报记录

注："#"表示《评审准则》附件4的条款号。

【参考不符合案例】

案例8.8-01

某CNAS认可的食品实验室，2022年的内部审核依据缺少CNAS-CL01-A001和CNAS-CL01-A002应用说明，也未见到是否满足这两个应用说明要求的核查记录。

不符合条款号：CNAS-CL01-G001:2024 8.8.2 b）。

分析：内审未覆盖相关应用说明要素。

案例8.8-02

查实验室的内审记录发现，历年的内部审核仅覆盖在实验室固定场所进行的实验室活动，未策划和实施对采样活动的审核。

不符合条款号：CNAS-CL01-G001:2024 8.8.2 a）。

分析：内部审核的策划，除覆盖实验室的全部固定场所外，还应覆盖在客户地点或在移动设施、临时设施、抽样地点开展的实验室活动。

【标准条文】

8.9 管理评审（方式A）

8.9.1 实验室管理层应按照策划的时间间隔对实验室的管理体系进行评审，以确保其持续的适宜性、充分性和有效性，包括执行本准则的相关方针和目标。

8.9.2 实验室应记录管理评审的输入，并包括以下相关信息：

a）与实验室相关的内外部因素的变化；

b）目标实现；

c）政策和程序的适宜性；

d）以往管理评审所采取措施的情况；

e）近期内部审核的结果；

f）纠正措施；

g）由外部机构进行的评审；

h）工作量和工作类型的变化或实验室活动范围的变化；

i）客户和员工的反馈；

j）投诉；

k）实施改进的有效性；

l）资源的充分性；

m）风险识别的结果；

n）保证结果有效性的输出；

o）其他相关因素，如监控活动和培训。

8.9.3 管理评审的输出至少应记录与下列事项相关的决定和措施：

a）管理体系及其过程的有效性；

b）履行本准则要求相关的实验室活动的改进；

c）提供所需的资源；

d）所需的变更。

【条文释义和理解】

8.9.1强调管理评审是公司管理层根据策划的时间间隔对公司的管理体系进行评审，以确保其持续的适宜性、充分性和有效性，并根据管理评审的输出制定改进措施，从而保持公司管理体系的持续改进。

①适宜性：是否适应实验室内外部环境的变化。例如根据市场需求的转变、法律法规的变化、产品标准的变更、检测技术和设备的更新等，管理体系是否做出了相应的调整。

②充分性：是否覆盖和控制实验室全部活动。例如对过程的运行和控制范围是否做出适当的规定，对相关责任方及流程接口是否做出明确的职责划分。

③有效性：是否达成期望的结果。包括检测／校准结果质量、客户投诉、能力验证结果等，分析管理体系运行的有效性，并提出相关的改进建议。

CNAS-CL01-G001:2024中8.9.1规定："对规模较大的实验室，管理评审可以分级、分部门、分次进行。实验室应根据具体情况进行管理评审的策划，确保管理评审输入和输出的完整性。注1：建议管理评审周期为12个月。注2：对于集团式管理的实验室，通常每个地点均为单独的法人机构，对从属于同一法人的实验室应按本条款实施完整的管理评审。"CNAS-GL012《实验室和检验机构管理评审指南》也为管理评审的实施提供了指南。

8.9.2强调管理评审应当全面，管理评审输入与其他条款直接相关。管理评审的输入应用于确定趋势，以便做出有关管理体系的决策和采取措施。

8.9.3 说明管理评审的输出内容。

管理评审的输出应当纳入管理层的策划系统，可以是质量方针和目标的修订、下一年度具体的改进计划等。同时，本次管理评审所采取的措施的情况需要作为下一次管理评审活动的输入。为确保及时采取措施，实验室可持续监控和评审这些措施。

实验室应记录管理评审的结果和由此产生的措施，确定的措施应按计划实施，保留文件的信息，作为管理评审结果的证据。

【CNAS特定领域应用说明】（见表3-54）

表3-54　CNAS特定领域应用说明（8.9）

特定领域要求	通用要求CNAS-CL01		
	8.9.1	8.9.2	8.9.3
CNAS-CL01-A001		●	
CNAS-CL01-A014		●	
CNAS-CL01-A023	●		
CNAS-CL01-A026		●	

注："●"表示CNAS对该准则条款在特定领域存在应用说明。

【审核要点及方式】（见表3-55）

表3-55　审核要点及方式（8.9）

条款号	审核要点	审核方法	审核内容
8.9.1 #2.12.1 28）g）	查实验室管理评审的相关规定，实验室是否按规定实施	询问 审阅	管理评审规定和评审记录
8.9.2	管理评审输入的内容是否全面	查阅	管理评审输入记录
8.9.3	管理评审的记录是否齐全，是否形成结论，管理者是否确保所确定的改进措施在适当和约定的日程内得到实施	查阅	管理评审输出记录、改进措施实施记录

注："#"表示《评审准则》附件4的条款号。

【参考不符合案例】

案例8.9-01

上一年度管理评审提出了两条改进要求，今年管理评审期间，实验室未提及这两条改进的实施情况及有效性评价记录。

不符合条款号：CNAS-CL01:2018 8.9.2 d）。

分析：管理评审输入信息不全，未包含改进的有效性内容。

案例8.9-02

核查实验室体系文件，其中《管理评审程序》4.4.1"管理评审输入"中没有包含由外部机构进行的评审的内容。进一步核查其2023年1月开展的管理评审记录及报告，均没有提及2022年实施的多次外部评审活动。

不符合条款号：CNAS-CL01:2018 8.9.2 g）。

分析：管理评审输入信息不全，未包含由外部机构进行的评审。

管理评审是本章正文最后一部分内容。表3-56是CNAS-CL01:2018和《检验检测机构资质认定评审准则》的条款对照表，读者可以依据表3-56对两份文件的要求进行横向的对比，也可以参考表3-56进行内审检查表的策划。

表3-56　CNAS-CL01:2018和《检验检测机构资质认定评审准则》条款对照

CNAS-CL01:2018 条款号	内容	《评审准则》条款号 附件4审查表条款号
1	范围	第二条、第七条
2	规范性引用文件	第一条
3	术语和定义	第三条
4	通用要求	—
4.1	公正性	第八条（二）、（三） 2.8.2 5）、2.8.3 6）
4.2	保密性	第八条（四） 2.8.4 7）
5	机构要求	第八条（一） 2.8.1* 1）~4） 第十二条（一） 2.12.1 29）
6	资源要求	—
6.1	总则	—
6.2	人员	第九条 2.9.1* 8）、2.9.2 9）~13）、2.9.3 14）~15） 第十二条（一） 2.12.1 29）
6.3	设施和环境条件	第十条 2.10.1* 16）~17）、2.10.2 18）~20）
6.4	设备	第十一条 2.11.1* 21）、22），2.11.2 23）、24），2.11.3 25）
6.5	计量溯源性	第十一条（二）、（三） 2.11.2 23）、24），2.11.3 25）

续表

CNAS-CL01:2018 条款号	内容	《评审准则》条款号 附件4审查表条款号
6.6	外部提供的产品和服务	第十二条（三） 2.12.3 32）
7	过程要求	—
7.1	要求、标书和合同的评审	第十二条（二） 2.12.2 30）、31）
7.2	方法的选择、验证和确认	第十二条（四） 2.12.4* 33）~35）
7.3	抽样	—
7.4	检测物品（样品）的处置	第十二条（一） 2.12.1 28）e）
7.5	技术记录	第十二条（七） 2.12.7 42）
7.6	测量不确定度的评定	第十二条（五） 2.12.5 36）、37）
7.7	确保结果的有效性	第十二条（九） 2.12.9 48）~50）
7.8	报告结果	第十二条（六） 2.12.6 38）~41）
7.9	投诉	2.12.1 28）b）
7.10	不符合工作	2.12.1 28）c）
7.11	数据控制和信息管理	第十二条（八） 2.12.8 44）~47）
8	管理体系要求	—
8.1	管理体系建立	第十二条、第十三条
8.2	管理体系文件	第十二条（一） 2.12.1 26）、27）
8.3	管理体系文件的控制	第十二条（一） 2.12.1 28）a）
8.4	记录的控制	第十二条（七） 2.12.7 42）、43）
8.5	应对风险和机遇的措施	第十二条（一） 2.12.1 28）d）
8.6	改进	第十二条（一） 2.12.1 28）d）
8.7	纠正措施	第十二条（一） 2.12.1 28）d）

续表

CNAS-CL01:2018 条款号	内容	《评审准则》条款号 附件4审查表条款号
8.8	内部审核	第十二条（一） 2.12.1 28）f）
8.9	管理评审	第十二条（一） 2.12.1 28）d）

第四章

基于风险思维的实验室管理体系建立

随着世界三大管理体系标准（ISO 9001/14001/45001）的先后改版，并融入了"基于风险的思维"，ISO/IEC 17025:2017标准也要求将"风险管理"融入实验室质量管理体系建设的全过程。

本书在汲取风险管理理论在世界三大管理体系标准（ISO 9001/14001/45001）的成功应用经验的基础上，结合ISO 31000:2018所提供的风险管理框架，创造性地开发出了该理论在实验室应用的结构化方法，希望能够帮助各类实验室开拓思路，提升运营水平，降低风险。

本章第一节为风险管理概述，首先介绍了实验室引入风险管理机制的必要性和紧迫性，然后对各类风险管理标准ISO 31000:2018、ISO 45001:2018、GB/T 27423—2019等进行框架性介绍，最后提出了本书所建立的实验室质量风险管理体系模型。第二节至第五节分别就实验室质量风险管理体系模型的策划、实施、绩效评价和改进进行了展开说明。其中"策划"（第二节）包括如何面对风险和机遇、质量目标及其实施的策划；"实施"（第三节）包括公正性和保密性的保证、资源提供、运行策划与控制、应急准备和响应；"绩效评价"（第四节）包括产品、过程、体系的监视和测量，以及管理评审；"改进"（第五节）包括不符合与纠正措施、潜在风险和机遇应对、持续改进。

希望通过对本章的学习，读者能够初步理解和掌握实验室实施风险管理的基本思路。

第一节　风险管理概述

一、ISO 31000:2018 风险管理的原则、框架和过程

近二十年，世界范围内的风险管理理论和实践发展迅速，其中最突出的特征就是这一时期发生了风险"特定事件"和发布了风险管理"特定法规"。"特定事件"主要涉及英国巴林银行事件、亚洲金融危机、美国安然事件和世通事件等；"特定法规"主要包括《巴塞尔资本协议》（含巴塞尔协议Ⅱ、Ⅲ），美国COSO《内部控制——整合框架》《企业风险管理——整合框架》，澳大利亚和新西兰的AS/NZS 4360：2004标准，美国《萨班斯-澳克斯利法案》等。未来充满不确定性，人人都希望自己"先知先觉"，以规避风险、抓住机会，各种国际组织和企业迫切需要一个普遍适用的国际标准来指导风险管理实践。ISO 31000：2009标准正是在这一特定的历史背景下产生的，它总结和汲取了当时世界范围内风险管理的最新理论与最佳实践并将其标准化，使人类步入了管理风险的标准化时代。

ISO 31000：2009《风险管理 原则与指南》，基于现代风险管理科学的最新成果，阐述了风险管理科学的最通用原理。图4-1表述了风险管理原则、框架和过程之间的关系：风险管理原则表述了风险管理科学的理论思想精髓，是开展风险管理应遵循的最基本原则；风险管理框架提供在组织内设计、实施、监测、评审和持续改进风险管理的实施指南，对于组织开展风险管理工作既提供了统一的语言，又提供了一套完整的解决方案；风险管理过程是组织在实施风险管理时应遵循的基本流程，形成了一个风险"识别—分析—评定—处理"的PDCA管理闭环。

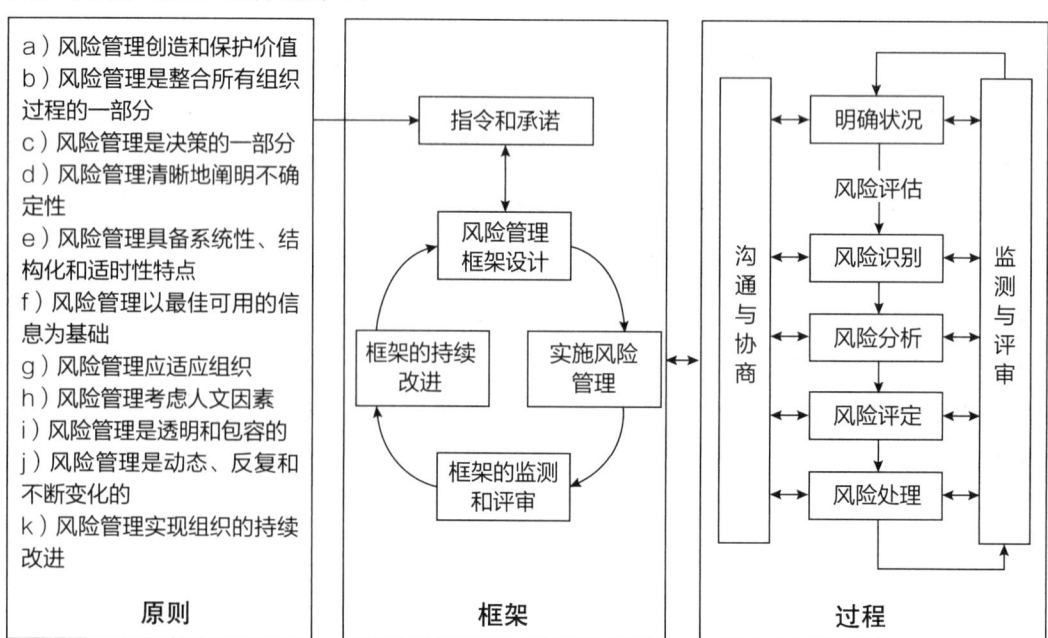

图4-1　风险管理原则、框架和过程之间的关系（ISO 31000:2009）

2018年，ISO 31000得到了首次修订，新版标准继承了上一版的基本结构和主要内容，确定了原则、框架、流程的"三轮车"模型，将原来的左中右结构变成稳定的三角形结构（见图4-2）。这一变化说明ISO将风险管理过程的地位提高了，风险管理的原则不只是悬浮在框架上，而是直接嵌入风险管理过程之中。负责制定该标准的ISO风险管理技术委员会主席杰森·布朗（Jason Brown）表示："ISO 31000修订版侧重与组织的整合以及领导者的角色和责任。风险从业者往往处于组织管理的边缘，这种强调将有助于他们证明风险管理是业务的一个组成部分。"

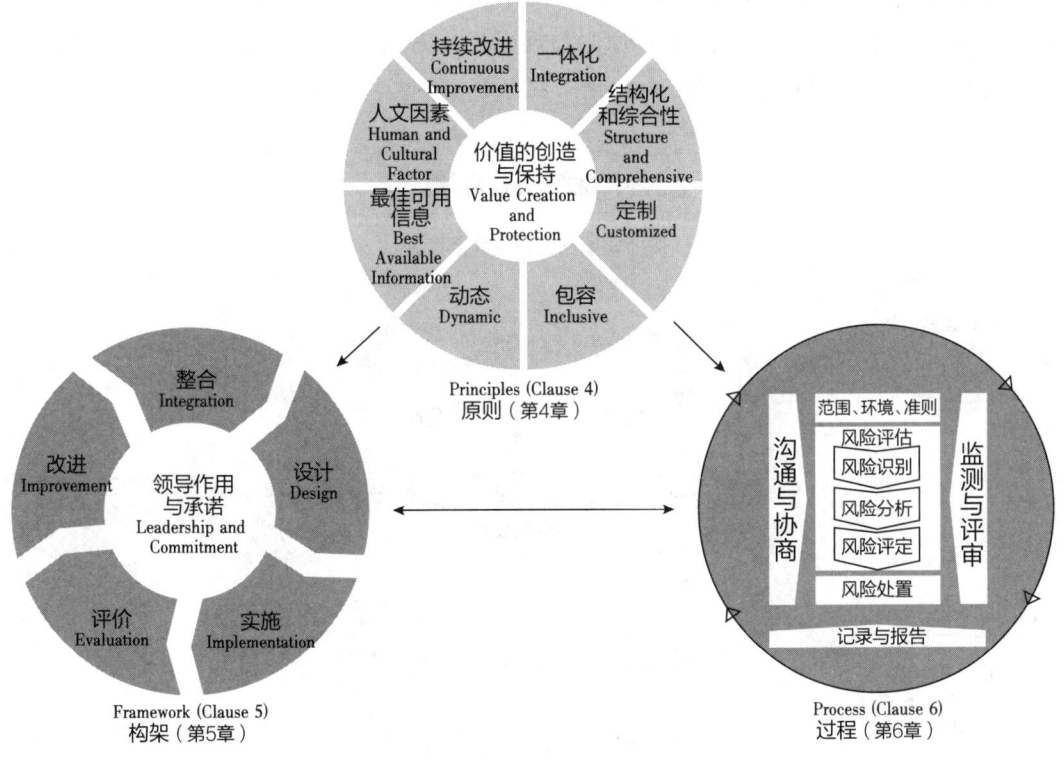

图4-2 风险管理原则、框架和过程的"三轮车"模型（ISO 31000:2018）

本书在设计实验室质量风险管理模型时，借鉴了ISO 31000"三轮车"模型的"过程"部分，包括风险识别、风险分析和风险评定。

（一）风险识别

风险识别的目的是发现、识别和描述可能阻止组织实现其目标的风险。相关的、适当的和最新的信息在识别风险方面很重要。组织可以使用一系列技术来识别可能影响一个或多个目标的不确定性。

（二）风险分析

风险分析的目的是理解风险的性质及其特征，适当时，包括风险级别。风险分析包括对不确定性、风险来源、后果、可能性、事件、情景、控制及其有效性的详细分析。

（三）风险评定

风险评定的目的是支持决策。风险评定包括将风险分定的结果与已建立的风险准则进行比较，以确定在哪里采取附加的行动。

二、ISO 45001职业健康安全管理体系：框架

2018年3月12日，国际标准化组织（ISO）发布了职业健康与安全新版标准ISO 45001:2018《职业健康安全管理体系 要求及使用指南》，该标准取代OHSAS 18001:2007标准。与ISO 14001:2015和ISO 9001:2015相同，ISO 45001:2018根据国际标准化组织《ISO/IEC导则 2：ISO和IEC文件的结构和起草原则与规则》（第8版）的要求，也采用了ISO/IEC导则规定的高阶结构（High Level Structure），见图4-3。

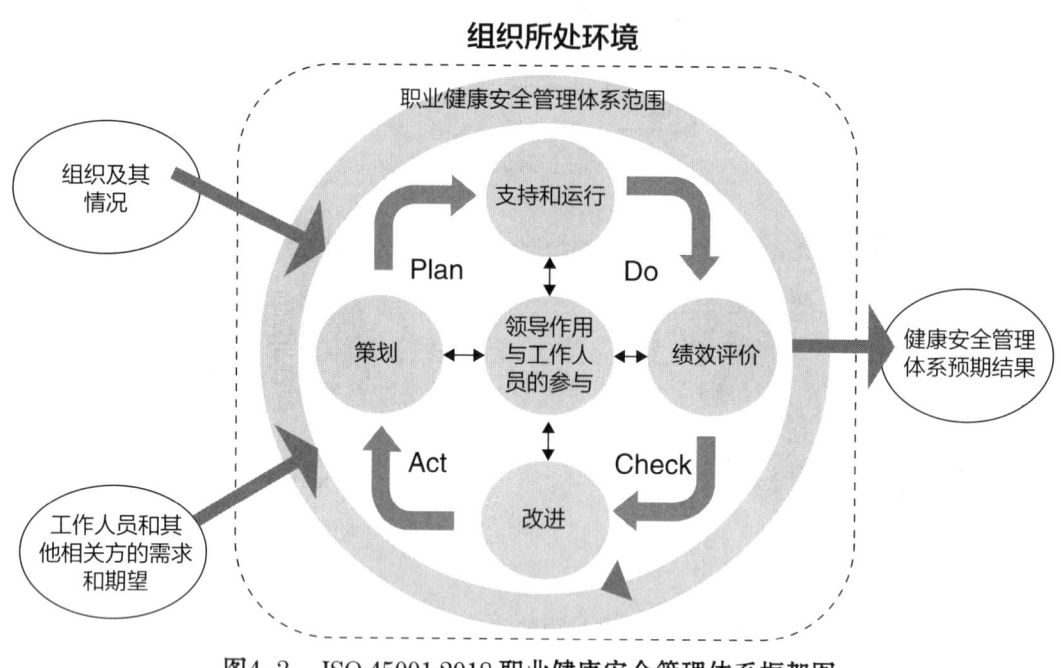

图4-3　ISO 45001:2018职业健康安全管理体系框架图

ISO 45001:2018按照过程方法的原理，将整个职业健康安全管理工作视为一个大过程，其输入为"组织及其情况""工作人员和其他相关方的需求和期望"，其输出为"健康安全管理体系预期结果"。这个大过程又有四个子过程，分别是策划、实施（支持和运行）、检查（绩效评价）和改进，每个子过程又由若干小过程组成，最后形成了标准的10个构成部分：

①范围（Scope）；

②规范性引用文件（Normative References）；

③术语和定义（Terms and Definitions）；

④组织所处的环境（Context of the Organization）；

⑤领导作用和员工参与（Leadership and Worker Participation）；

⑥策划（Planning）；

⑦支持（Support）；

⑧运行（Operations）；

⑨绩效评价（Performance Evaluation）；

⑩改进（Improvement）。

然而，虽然标准采用了新的高阶结构，但同旧版标准OHSAS 18001:2007相比，标准中各要素之间的逻辑关系则变得不太清晰，例如：如何理解组织及其所处的环境；如何确定组织需要应对的风险和机遇；如何策划应对风险和机遇的措施；如何对风险进行系统化管理。

为了更好地揭示ISO 45001:2018标准条款中各要素之间的逻辑关系，便于标准使用者更好地理解和实施，一些认证、咨询机构在借鉴OHSAS 18001:2007标准的基础上，提出了ISO 45001:2018的要素逻辑关系图（见图4-4）：

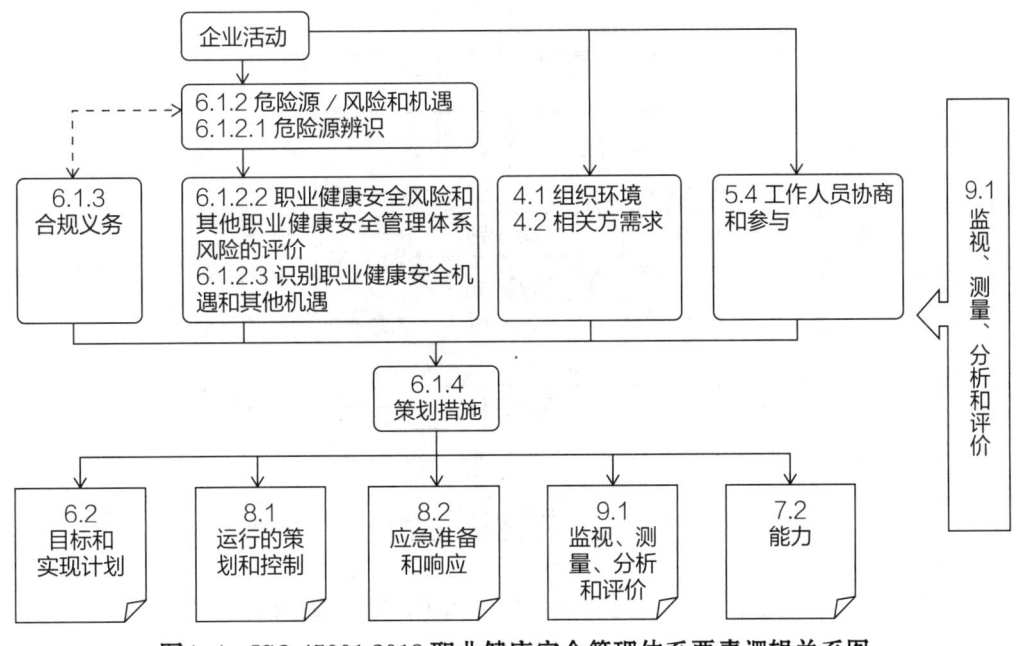

图4-4 ISO 45001:2018职业健康安全管理体系要素逻辑关系图

图4-4的上部，为危险源/风险和机遇的识别、分析与评价；图4-4的中部，为重大危险/风险和机遇的应对方案策划；图4-4的下部，为重大危险/风险和机遇的控制措施的实施，包括五个方面，即OHS目标和实现计划（6.2），运行的策划和控制（8.1），应急准备和响应（8.2），监视、测量、分析和评价（9.1）以及能力（7.2）。

三、检验检测服务风险管理：GB/T 27423标准在检验检测行业的应用尝试

2009年，我国发布《风险管理 原则和实施指南》（GB/T 24353—2009）（该标准的编

制参考了ISO/DIS 31000《风险管理 原则与实施指南》），提出风险管理过程由确定环境信息、风险评估、风险应对、监督及检查组成，已包含核心要素的一般性流程。但是，由于该标准比ISO 31000:2009提前两个月发布，后续也没有进行更新，导致有部分内容不同步，只有过程的一部分。

随着ISO 9001:2015等标准采用ISO/IEC导则规定的高阶结构，并强调"风险管理"，2017年发布的ISO/IEC 17025也顺应了这一结构变化要求，引入了"基于风险的思维"。然而，新版标准针对检测和校准实验室如何实施有效的风险管理，并没有给出清晰的指引。

2019年12月31日，由中国合格评定国家认可中心、市场监管总局认证认可技术研究中心等单位起草的《合格评定 检验检测服务风险管理指南》（GB/T 27423—2019）正式发布，该标准旨在"指导检验检测机构建立基于风险思维的管理方法和体系……，以满足国家政策、标准等对风险管理的要求，平衡风险-利益关系，在市场竞争中把握机遇，追求卓越。" GB/T 27423—2019在标准框架上与GB/T 24353—2009基本一致，参见图4-5。

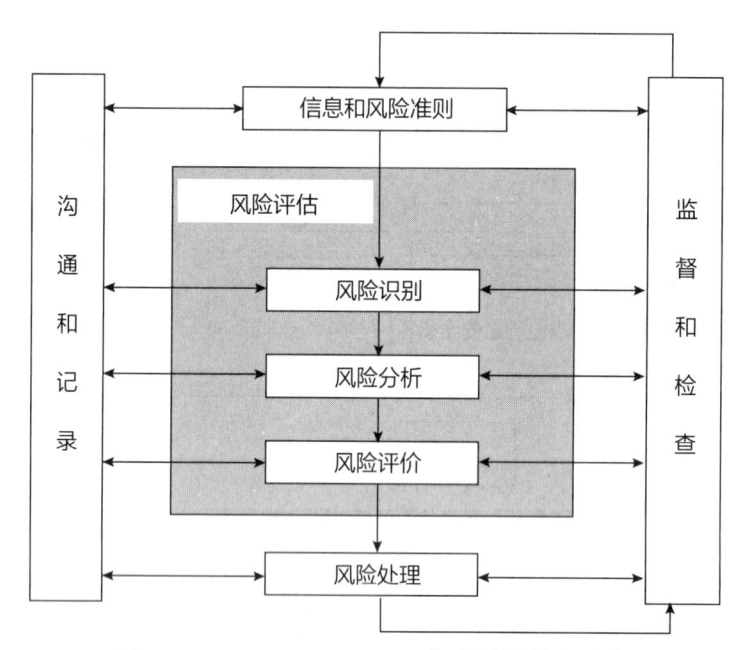

图4-5 GB/T 27423—2019典型风险管理过程

GB/T 27423—2019在"总则"中指出：风险管理是机构管理的有机部分，宜融入机构的文化和行为，贯穿机构运营的全过程。基于风险思维的机构治理的关键环节，包括内部环境、目标设定、事项识别、风险评估、风险处理、控制活动、信息沟通、监督和检查，机构宜按照上述八个环节（但不限于）组织、策划和实施风险管理。

该指南首次给实验室提供了系统风险管理思路。实验室的管理体系可能涉及质量、能力、服务、环境以及安全等，实验室可以有机融合不同的管理要求，建立统一协调的基于风险思维的管理体系。

四、实验室质量风险管理：一种新模式

每个行业都有自身的特点，一个通用性的管理体系标准往往无法满足一些特定行业的要求，因此产生了一些特定行业的标准。以ISO 9001:2015标准为例，该标准是一个通用性的质量管理体系标准，由于无法满足一些特定行业的特殊要求，产生了一系列行业专用标准，例如汽车行业的IAF 16949、食品行业的ISO 22000、医疗器械行业的ISO 13485、通信行业的TL 9000等。

同样，ISO 31000：2018也是一个风险管理体系的通用性标准，对一些特定风险类型也无法做到充分覆盖，因此在环境风险管理方面产生了ISO 14001，在职业健康安全风险管理方面产生了ISO 45001，在实验室风险管理方面产生了GB/T 27423—2019。

然而，由于GB/T 27423—2019标准的基本框架与GB/T 24353—2009基本一致，而GB/T 24353—2009基本来源于ISO 31000：2009的DIS稿，所以，该标准是否能够充分满足检验检测行业风险管理的应用要求还有待验证。

为了将"基于风险的思维"有效付诸检测／校准实验室的质量管理体系，本书作者经过近三年的实践和总结，参考ISO 31000：2018、ISO 45001:2018标准，并结合ISO/IEC 17025:2017的条款要求，提炼出了一套完整的实验室质量风险管理的工具和方法，并建立了一个实验室质量风险管理体系模型（见图4-6）：

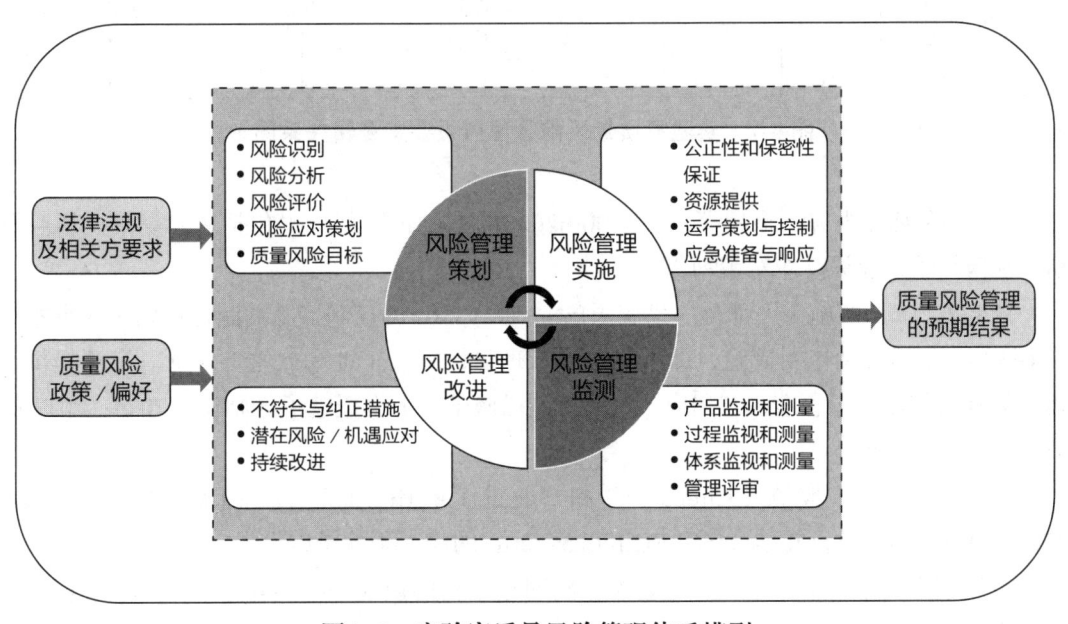

图4-6　实验室质量风险管理体系模型

该模型效仿ISO 45001:2018，按照过程方法的原理，将整个实验室质量管理视为一个大过程，其输入为"法律法规及相关方要求""质量风险政策／偏好"，其输出为"质量风险管理的预期结果"。这个大过程又有四个子过程，分别代表策划、实施、监测和改进，每个子过程又由若干小过程组成，其中：

策划过程包括风险识别、风险分析、风险评价、风险应对策划和质量风险目标;
实施过程包括公正性和保密性保证、资源提供、运行策划与控制、应急准备与响应;
监测过程包括产品监视和测量、过程监视和测量、体系监视和测量、管理评审;
改进过程包括不符合与纠正措施、潜在风险/机遇应对、持续改进。

为了更好地帮助读者理解实验室质量风险管理体系模型,本书提供了实验室质量风险管理体系要素逻辑关系图,如图4-7所示。

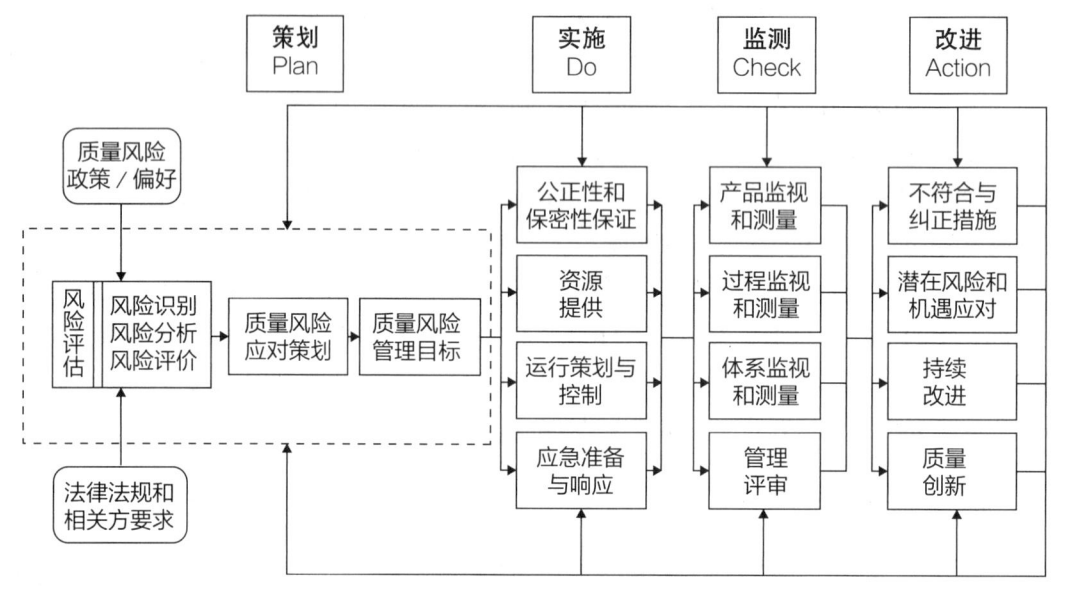

图4-7 实验室质量风险管理体系要素逻辑关系图

图4-7左端的内容,借鉴了ISO 31000:2018的"过程"部分,包括风险识别、风险分析、风险评价以及风险应对策划等。

图4-7 "Do(实施)"部分,借鉴了ISO 45001:2018的控制措施的制定思路(参见本章图4-4),包括五种控制措施,即质量风险管理目标、公正性和保密性保证、资源提供、运行策划与控制、应急准备与响应,这些控制措施基本上也覆盖了ISO/IEC 17025:2017 第4章至第7章的内容。

此外,图4-7 "监测(Check)"和"改进(Action)"中所列类目也参考了ISO 45001:2018的相关类目并结合ISO/IEC 17025:2017的相关条款予以设置。

在接下来的第二节至第五节中,本书将对这个新的模式——实验室质量风险管理体系模型进行系统介绍。

第二节 策划

实验室质量管理体系运作是一项系统的、持续性的和循序渐进的工作，风险思维作为基础在策划阶段就要充分融入体系。

首先，实验室应结合法律法规和相关方的要求以及基于自身内外部环境确定的质量风险政策／偏好，确定质量管理体系过程及所需应对的风险和机遇，确定整体的工作规划，在整体上有了系统、全面、清晰的长远规划后，就可以用其指导整体工作的持续开展。

然后，实验室应根据实际资源和质量管理基础，策划好各阶段的实施方案并进行细化，必要时可以分步骤、分层次实施，例如先在某重点业务领域或重点业务流程实施，或者是先在法律合规方面实施。同时，实验室质量风险管理工作还应以实现机构整体目标为目的，以取得实际效果为导向，突出质量管理工作的重点，比如通过明确各过程运行环节，建立过程准则和质量管理要求，对运行过程进行有效控制，从而实现风险精准管控。

另外需要注意的是，在当今社会日新月异的变化下，内外部环境以及相关方的需求和期望会随着实验室所在的背景变化而变化，这对实验室的质量管理体系是否能实现其预期结果、是否能最大程度地增强有利影响、是否能预防和减少不利影响并实现改进产生动态影响，需要不断更新、持续改进和提升管理体系绩效。

本节从风险和机遇的应对措施和质量目标及其实施的策划两个方面讲述如何策划质量管理体系工作。

一、风险和机遇的应对措施

实验室应识别和确认影响管理体系的风险和机遇，在策划应对这些风险和机遇的措施时，应考虑其对于产品和服务符合性的潜在影响。应对风险的措施可以是为寻求机遇规避风险、消除风险源，或通过信息充分的决策选择保留风险。而机遇可能给实验室带来新的机会，实验室可利用新技术、新实践，推出新产品，开辟新市场，赢得新顾客并建立合作伙伴关系等。这些风险和机遇主要来源于内部和外部因素。

内部因素包括方针、目标、管理体系、资源、人员、运行等，来自内部各种管理数据和信息的分析。内部最大的风险主要来自安全和质量，人为因素是最重要的风险点，如安全事故、不诚信、不公正、泄密和技术能力缺陷（检验结果出错）等对实验室是致命的风险；承诺未兑现、管理体系运行不畅、管理体系架构缺陷、资源不足、未实现目标、客户不满意等也会对实验室的生存造成严重影响。

外部因素包括政治、经济、社会、技术、市场及法律法规等，来自各种会议、国家法律法规政策、标准、政府部门及专业协会出版物、专业和技术出版物、客户及相关方需求等。外部因素与实验室生存密切相关，实验室管理层应持续识别、评估、应对外部风险，及时调整战略方向、质量方针、目标及管理体系。

风险应对措施主要有风险规避、风险承担、消除风险源、改变可能性、改变严重度、分担风险和保留风险七种类型。这七种风险应对方式来自ISO：31000标准的建议，具有较强的通用性，在实际应用中需要结合不同行业或领域的特征予以展开。

（1）风险规避

针对不可控的风险，实验室可以采取规避的方式处理，使该风险不再出现在日常活动中。例如，在缺少资源和技术能力的情况下，不进入新的检测领域；在使用实验室信息管理系统（LIMS系统）时，规定严禁将操作人员的用户名和密码泄露给他人。

（2）风险承担

针对在风险承受度之内的风险，实验室在权衡成本效益之后，不准备采取控制措施降低风险或者减轻损失，或者为了可持续、长远的发展，对机遇进行了识别和分析评价，在回报不确定的情况下，做出承担风险的决定。如某实验室管理层认为机构的报告准确率为行业平均水平，从而决定维持现有报告准确率水平而不进行改进，就是风险承担的一种表现；或者实验室基于市场的需求，投资新的设施设备，开拓新领域，也就意味着实验室承担不确定性风险。

（3）消除风险源

对客观存在的风险，实验室在识别、分析和评价的基础上，通过采取技术措施消除已知的风险源。该方式较适合负面风险，它是一种治本的方式。如有些含剧毒成分的试剂挥发会对人体造成很大伤害，在可选择的情况下，实验室采用其他无毒无害试剂替代剧毒试剂。

（4）改变可能性

风险通常是后果及其发生的可能性这二者的结合，如果将风险事件发生的频率（即可能性）降低，就可相应降低风险。如为防止出现故意篡改检测分析数据，采用LIMS系统自动抓取设备数据并自动生成报告的全自动化流程，就能大大降低人为更改检测数据的可能性。

（5）改变严重度

如前所述，风险是后果及其发生的可能性这二者的结合，如果能够将风险事件导致的后果控制在一定范围内并防止其进一步扩散或恶化，同样可以降低风险，例如在实验室内安装应急洗眼喷淋装置。需要特别说明的是，改变严重度只是改变后果的影响程度，并不改变后果的性质。

（6）分担风险

又称转移风险，是实验室通过合同或者非合同的方式将风险转嫁给另一个人（或单位）的一种方式。这种方式不改变风险自身的大小和性质，只是通过改变风险的承受主体来实现对风险的分担。例如：经客户同意的外部提供的服务；当客户要求出具的报告中对结果是否符合规范或标准要求进行判定时，实验室在合同评审时与客户沟通并约定判定规则，共同承担误判的风险。

（7）保留风险

这种方式适合应对那些经风险评估后，实验室认为可接受或者可容忍的风险，也适用于实验室目前尚无资源和能力应对的风险。一般情况下,实验室应首先关注那些被评价为高风险、中风险的风险因素并重点投入资源,而对于低风险的风险因素可以暂时采取保留风险的应对方式,当实验室整体质量风险水平下降到一定程度后,再来关注这些风险。

二、质量目标及其实施的策划

(一)质量目标制定

杨克军在其著作《供应链质量管理:概念、方法及战略》中,将供应链的质量目标分为三个层次,即合规、高绩效和质量竞争力。本书沿用这一分类方式,只不过在不同的环境下,实验室与供应链核心企业的质量目标在不同层次上略有差别。

1. 基本质量目标:合规

所谓合规,是指实验室在提供服务的过程中,各项经营管理活动均应满足相应的法律法规、技术规范以及认可准则的要求。它是实验室质量管理的最基本目标,如无法实现该目标,将直接影响到整个机构的运转,同时更高层次的目标(高绩效和质量竞争力)也将成为空中楼阁。

在ISO 14001:2015及ISO 45001:2018等管理体系的实践应用中,针对当前尚未满足法律法规要求的一些重大风险事项(例如安全从业人员数量不满足法定要求,污水排放不满足排放标准要求),通常采用确定"目标、指标及管理方案"的方式来消除或降低风险(例如在某一规定的期限内,通过采取若干行动计划来最终实现人员数量满足法定要求、污水排放达标等)。

同理,实验室针对一些无法立即整改的重大风险事项,也可以通过制定"目标、指标及管理方案"的方式来消除或降低风险,例如具有中级及以上职称的检测人员比例于某年某月前提升至30%。

2. 运营质量目标:高绩效

对于实验室而言,衡量其运营绩效的指标通常包括成本、效率、周期、质量、响应速度以及柔性等,不同的机构有不同的顾客价值主张,不可能面面俱到,或者说不可能为所有的关键指标都配置相同的权重。但是,作为提供公正性检测报告或数据的实验室,检测结论的准确性、检测周期的缩短以及准时交付无疑是客户最为关注的指标,通常制定的质量目标包括报告准确率、报告准时交付率、客户投诉处理及时响应率等。

3. 战略质量目标:质量竞争力

质量概念的发展,从"符合性"过渡到"适用性"及"满意性",并在20世纪90年代进入"卓越质量"阶段,质量成为企业核心竞争力的一个重要组成部分。质量竞争力理论的实质是企业竞争力理论与质量理论的结合。所谓企业质量竞争力,是指使企业在目前和未来的环境中为顾客创造出比竞争者更具个性、更有诚信、更具价值、更难超越的卓越质量的核心能力。

在产业界,一些国际国内知名的企业已经将质量作为一项核心的竞争力资源进行经营,例如将六西格玛、"零缺陷"作为一种质量经营理念,将推行卓越绩效准则、获取国家质量奖作为战略目标来培育自身的核心竞争力，从而创造出更优异的质量经济效益，实现远超同行业平均利润率的经营业绩。

对于实验室而言，可以通过推行"零缺陷""顾客满意工程"等来制定质量竞争的战略质量目标，如重大报告差错率为"零"、一般报告差错率低于万分之一、重要顾客满意度高于90%等。

（二）质量目标的实施策划

围绕上述三类质量目标（尤其是合规性目标），实验室应在以下5个方面进行充分的策划，以确保质量管理体系的运行满足实验室风险管理的要求。

1. 目标、指标及行动计划的明确

合规性目标是风险管理工作中的重要目标之一，也是内部控制的主要目标。我国2008年5月22日印发的《企业内部控制基本规范》第三条指出，内部控制的目标是合理保证企业经营管理合法合规，很多国家都在内部控制规范中将合规性目标作为内部控制的基本目标之一。

企业、单位或机构的合规性目标具有多样性，不同行业、主体、业务的合规性目标指标要求往往具有很大的差异性。在金融、保险、证券等行业，我国已经出台了强制性的合规管理制度，分别是《商业银行合规风险管理指引》《保险公司合规管理指引》和《证券公司合规管理试行规定》。检验检测行业尽管还没有明确的合规性管理指引或规定，但行业性的法律法规实际上具有强制性的要求。对于检验检测行业，机构必须通过收集法律法规文件，整理、制定内部合规性目标，明确对于国家相关法律法规的遵循。实验室制定的合规性质量目标通常包括但不限于：检验检测活动公正性指标；检验检测活动保密性指标；与法律法规相关的合规性指标；与方法/标准相关的合规性指标；其他合规性指标。

实验室在制定合规性目标指标及行动计划时，可按照以下三个步骤展开：

步骤一：描述不合规问题。合规指实验室及其人员的经营管理行为符合法律法规、认可准则、技术规范以及强制性方法标准的要求。实验室不合规的问题通常包括实验室的基本条件（如人员、工作场所、环境设施以及设备等）、检验检测活动的关键环节（如样品制备、样品测试、质量控制以及报告出具等）等不符合规定要求。实验室在描述不合规问题时应尽可能将问题具体化，不使用模棱两可的语言，对应的不符合规章制度应描述至文件的最小章节号，以便制定相应的合规目标及指标。

步骤二：制定合规的目标和指标。实验室在合规方面的目标应与业务发展的总体目标保持一致，在此基础上定义出合规的关键目标和具体可行的指标。合规的目标指标的制定，首先要结合实际情况，其次要具体且容易衡量。

步骤三：确定相应的行动计划及完成时间表。通常采用编制计划表的方式来实现合规目标指标的达成。行动计划一般包括目标、指标、工作内容、工作步骤、完成日期、实施部门、费用预算以及责任部门（或责任人）等。

2. 公正性和保密性的保证

ISO/IEC 17025:2017将公正性和保密性列为检测／校准实验室的"通用要求",显示出公正性和保密性是检验检测机构赖以生存的基石,机构必须采取有效的控制措施以消除影响公正性和保密性的风险因素。

检验检测公正性的风险来源通常包括实验室自身活动、实验室各种关系、实验室工作人员关系,这些风险可能基于所有权、控制权、管理方式、管理层、人员、共享资源(分包)、财务、合同、营销(包括品牌),以及支付销售佣金或介绍新客户的奖酬等。检验检测保密性的风险来源包括:样品管理、技术信息、结果报告以及客户参观等。实验室应系统识别各类公正性和保密性的质量风险并予以消除或控制。

好的组织架构能够确保实验室独立运作和保密性。例如:在组织架构设计时,将检测科室独立于业务部门;在部门设置时,按业务流程(例如客户开发、合同签订、抽样／采样、检验检测、报告发放等)设置不同的部门或岗位,这样每一道工序都能起到对上一道工序的监督审核作用,也可避免某一环节或人员对整体流程公正性的影响。

采用实验室信息管理系统(LIMS)可以减少内外部因素对运营的影响。随着当前网络的发展,质量管理朝着信息化与电子化方向发展,实验室可以将组织架构和工作流程完成融入LIMS系统,不仅可以提高效率,还可以避免内外部因素对于运营的干扰,保障机构的公正性和保密性。这主要表现在:①规范和优化实验室的工作流程;②加强LIMS系统保密性设置;③提高分析结果的准确性和客观性;④提高分析结果的可靠性。

3. 资源提供

实验室应确定和提供实现质量风险控制措施和风险管理目标所需的资源。根据ISO/IEC 17025:2017第6章的内容,质量风险管理所需的资源一般包括人员、设施和环境条件、设备、计量溯源性、外部提供的产品和服务。实验室应在其活动的各个阶段评估这些资源,以确保其满足实验室活动的初始能力和持续能力的需要。实验室管理层应根据检验检测活动范围、检测专业类型、业务量等统筹合理配置所需的人员、设施、设备、系统以及支持性服务等资源,为实施实验室活动提供有效的资源保障,确保检测或校准结果的正确性和可靠性。

4. 运行策划与控制

《职业健康管理体系 要求及使用指南》(ISO 45001:2018)及《环境管理体系 要求及使用指南》(ISO 14001:2015)在标准"运行策划和控制"条款中,均明确指出,组织应建立、实施、控制和保持满足相关管理体系要求,以及实施风险控制措施所需的过程,主要通过建立过程的运行准则和按照运行准则实施过程控制。控制可按层级(如消除、替代、管理)实施,并可单独使用或结合使用。组织应形成必要程度的文件化信息,以确信过程已按策划得到实施。

对于实验室而言,针对实验室运行阶段存在的质量风险,可以借鉴ISO 45001:2018及ISO 14001:2015"运行策划与控制"条款的要求进行管理。ISO/IEC 17025:2017第7章"过程要求"已就11类运行过程给出了详细的控制要求,实验室应针对所识别出的质量风险,形成更具针对性、操作性，并且能够有效消除或降低风险的控制措施（包括文件规定）。

5. 应急准备和响应

ISO 45001:2018及ISO 14001:2015在标准条款"应急准备和响应"中，同样明确指出："组织应建立、实施和保持在风险评价阶段所识别的紧急情况进行准备并做出响应的过程，包括：建立紧急情况的响应计划（包括急救）；为策划的响应提供培训；定期测试和演练所策划的应急响应能力；评价结果，并在需要时修订策划的响应措施，包括在测试特别是在紧急情况发生后……"

同样，对于实验室，针对潜在的突发事件，例如质量事件、职业健康安全事件、信息安全事件和自然灾害、公共卫生事件以及其他社会安全事件等，可以按照ISO 45001:2018和ISO 14001:2015"应急准备和响应"条款进行管理。

第三节　实施

依据实验室质量风险管理体系策划的安排（参见图4-7），实验室应从四个方面制定风险控制措施并予以实施：①公正性和保密性保证；②资源提供；③运行策划与控制；④应急准备和响应。

一、公正性和保密性保证

（一）公正性的保证

实验室的活动应以公正性为基石，公正性是机构各项活动和行为的基本准则，是质量保证的基础。针对识别出的可能对机构公正性构成重大影响的质量风险因素，机构可以从以下几个方面制定控制措施：

① 组织结构：机构的组织结构和治理方式应保证公正性。例如通过组织架构设置来确保实验室的独立性，通过工作流程的设计确保检验检测工作的独立性等。

② 管理层：机构的管理层应有公正性的承诺，并且确保其承诺能够落实到部门、班组和岗位，能够落实到机构价值观、业务战略及工作流程。

③ 人员：机构应从人员的聘用方式、职业道德、检测工作安排、薪酬和支付方式、记录的完整性和真实性、外部压力等方面制定相应的公正性保证措施。

④ 经营管理：机构应考虑经营管理过程中内外部财务压力、薪酬制度和奖惩制度等因素的影响并采取措施以保证公正性。

⑤ 申诉和投诉：机构应保证被投诉方不参与申诉和投诉的受理、调查和处理过程。

⑥ 检测业务的外延关系：机构的检测业务必须实施独立的合同控制体系，且由相对独立的人员负责处理。

⑦ 分包：机构应明确规定分包的审批权限和制定分包管理程序。

⑧ 现场检测：机构可以为现场检测活动建立廉政申明签署制度，建立检测人员行为准则，要求现场检测结果得到现场监督人员的审核，同时得到委托人的确认。

（二）保密性的保证

秘密指的是依据法定程序确定，在一定时间内只限一定范围的人员知悉的事项。实验室的保密义务是基于数据和结果的性质和作用决定的。实验室应从保密的信息范围、涉密人员、保密责任等方面策划并提出机构的保密性要求，落实保密性的实施要求、管理责任和保密措施；机构管理层通过签署保密承诺书，与员工或相关人员签订保密协议，规定各人员的保密职责和进行保密教育以明确保密义务；机构应建立相应的保密设施和采取相应的技术手段确保保密工作得到有效保证；机构应建立保密性控制程序，对保密的要求做出规定和进行有效控制。

二、资源提供

针对开展检验检测活动所必备的资源（包括人员、设施和环境条件、设备、计量溯源性以及外部提供的产品和服务），实验室可能存在的风险主要是资源或配置不足和资源无法满足要求，此类风险需要管理层予以重视并解决。

（一）人员

人力资源是第一资源，实验室对于人员资源的需求，主要是对人员能力的需求。一个完整的人员管理体系，可以保证发挥全员的能力和创造力，为实现风险管理目标提供最有力的保证。

从质量管理体系有效运行来看，首先，机构应根据开展的活动确定人员的能力要求，制定成文件；其次，机构应保证人员的数量、专业技术背景、工作经历、检测能力等与所开展的实验室活动或管理活动相匹配，应基于教育、培训和工作经历来确定不同岗位人员是否可以胜任工作；再次，机构应该通过多种渠道、方式将人员的职责和要求传达至相关人员；最后，通过对人员的培训指导、监督、授权、监控等方式确保人员的能力满足和持续满足质量管理的要求。

从保证质量风险控制措施的有效实施来看，除了满足质量管理体系有效运行的要求，机构人员还应熟悉其所从事的检测活动或领域的质量管理要求、质量风险以及相关法律法规的要求，经过风险管理的培训，具备质量风险管理相关要求的知识和能力。

（二）设施和环境条件

设施和环境条件是开展实验室活动的必要条件，是正确开展实验室活动的重要保障，实验室应从基础设施建设、布局、运行和环境条件监测等方面进行有效策划和管理，符合相关技术要求，从而有效控制风险。

对于设施要求，实验室场所应具备满足检测需要的区域，各区域的面积与空间应合理布置并适合内部人员从事相关活动。除了机构固定场所外，还应保证户外现场检测场所、客户现场检测场所、临时场所、可移动场所满足技术要求。机构应设置开展活动所必需的给排水、供配电、气体供应、暖通空调、废物处置、安全防护、网络通信等支持保障设施。

对于环境条件要求，机构应识别检测所需的环境条件，当环境条件对结果的有效性产生影响时，应编写必要的文件，并有相应的环境条件监控措施，确保环境条件不会使检测结果无效，或不会对检测结果产生不良影响。环境条件通常包括内部环境条件和外部环境条件：内部环境条件如温度和湿度、空气质量、照明、噪声、电磁辐射/静电、振动和冲击等；外部环境条件包括外部环境状况对结果有效性、人员健康等产生的影响，也包括实验室活动会对外部环境空气、水体及土壤造成不良影响的情况。

（三）设备

设备是实验室的重要资源之一，实验室应配备正确进行检测所需并影响结果的所有抽样、测量和检测设备，包括但不限于测量仪器、软件、测量标准、标准物质、参考数据、试剂、消耗品或辅助装置，设备的正确选择、配备、使用与维护直接关系到检测数据的质量。

首先，应关注配备设备的正确性和设备所有权，机构配备设备的类型、数量应与机构活动范围相匹配，所配设备的技术指标和功能，如参数功能、测量准确度、测量不确定度、量程等应满足要求。同一台设备不应在同一时期被不同机构共同租赁或共同使用。其次，对于设备的安全处理、运输、储存、使用、维护、检定/校准、期间核查、标识、处置等过程控制应有文件化规定进行管控。最后，应注意有良好的保护措施，避免发生未经授权的调整，防止因意外调整导致检测结果失效。

（四）计量溯源性

计量溯源性是通过一条具有规定不确定度的不间断的比较链，使测量结果或测量标准的值能够与规定的参考标准（通常是国家测量标准或者国际测量标准）联系起来的特性。计量溯源性是实现实验室之间检测结果数据互认、一致可比的核心依据和重要保证。

实验室应当有相应的计量溯源性管理程序和校准方案，确保测量结果溯源到国际单位制（SI）基准，当某些测量结果尚不能严格溯源到SI单位基准时，应明确并列出可计量溯源至适当的参考对象。实验室在选择和使用外部校准服务时，应选择有资格、有测量能力并满足溯源性要求的校准机构。

计量溯源主要有以下几种方式：

① 对列入国家强制检定管理范围的，应按照计量检定规程实施强制检定。但也要注意列入检定目录内的工作计量器具不一定均要实施强制检定，应该依据机构的实际情况，分析是否与食品安全、环境安全、贸易结算、产品质量等直接相关，并且按照《中华人民共和国计量法》及其实施细则执行。

② 可选择满足要求的、政府有关部门授权的外部校准机构提供的校准服务。

③ 可选择通过CNAS实验室认可的校准机构提供的校准服务。

④ 对于非强制检定的设备，机构有能力进行内部校准，并且满足内部校准要求的，也可以进行内部校准。

（五）外部提供的产品和服务

合理利用外部提供的产品和服务，是实验室充分利用有限资源和能力的有效途径，是市场经济行为在实验室活动中的客观反映。但由于所需的产品和服务专指检测活动所必需的并构成检测结果的重要因素，实验室应该确保影响实验室活动的外部提供的产品和服务的适宜性，包括用于实验室自身的活动、部分或全部直接提供给客户或用于支持实验室运作的产品和服务。

实验室应确定对外部提供的产品和服务的要求，确定评价、选择、监控和再次评价外部供应商的准则，在使用外部提供的产品和服务前确保其符合要求。

此外，实验室应注意关注有关"分包"的要求，不得对法律法规、技术标准等文件禁止分包的项目实施分包，比如国家监督抽查工作，司法鉴定中的抽样取样、鉴定结果的分析和判断及鉴定意见形成等重要工作，机动车检测工作等。

三、运行策划与控制

实验室应建立相应的过程，以建立、实施、控制和保持实验室质量管理体系要求，同时对已识别出的相关质量风险进行控制，包括建立过程的运行准则，并按照运行准则实施过程控制。

要求实验室建立过程准则，就是要明确各过程的控制要求，包括5W1H：谁（Who），为什么（Why），在什么时间（When），在什么地点（Where），做什么（What）以及如何做（How）。这些准则可以是实验室自行编制的制度、操作规程、作业指导书，也可以是国家或行业的标准或规范。实验室在开展检测／校准活动时，所涉及的活动见图4-8。

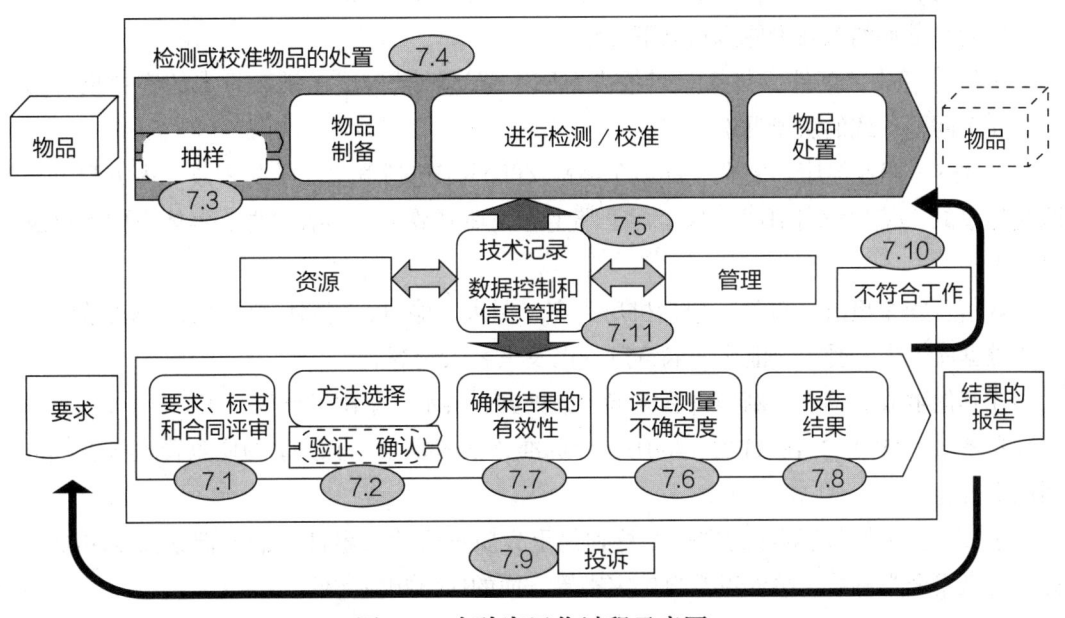

图4-8 实验室运作过程示意图

图4-8中，实验室运作涉及的过程可以分为三个"流"：图中上部是"物品流"，从物品（样品）抽样准备开始，到检测，再到物品（样品）处置结束，这个过程是物品（样品）流转过程，"物品流"是实验室开展活动的前提条件；图中下部是"工作流"，从顾客要求导入开始，到合同评审，到方法的选择，再到测量不确定度的评定，直到出具结果报告，这个过程是报告形成过程，"工作流"是三个"流"的核心，它是实验室活动结果的形成过程；图中中部是"信息流"，"物品流"和"工作流"上下两条主线通过记录、数据控制和信息管理等进行有机关联，"信息流"是实验室活动的主脉络。图中两个黑色箭头表示两种不同的情形：情形一，是在结果报告的形成过程中，如果产生不符合工作，则实验室需要重新走"物品流"；情形二，当结果报告出现投诉，则实验室需要重新从客户要求识别开始，按程序完成新一轮的报告形成过程。图中的虚线框表示，根据实验室活动具体要求和实际情况的不同，在实验室活动过程中可能发生的情况。

对于一个获证（CNAS或CMA）实验室而言，针对图4-8中的11个过程（对应ISO/ICE 17025:2017 标准中的7.1~7.11条款），通常已建立了相应的过程准则（例如程序文件或作业指导书）。然而，这些过程准则是否充分考虑了既有或潜在的质量风险，以及相应的控制措施，需要实验室进一步评估并进行相应的完善。

四、应急准备和响应

在我国，突发事件是指突然发生，造成或者可能造成严重社会危害，需要采取应急处置措施予以应对的自然灾害、事故灾难、公共卫生事件和社会安全事件。由于风险的潜伏性特征，在某种环境条件具备时，一些风险可能集中爆发，产生非预期的影响。突发事件往往具有高度的不确定性和紧迫性，处置不当可能导致严重的后果。

实验室常见的突发事件包括以下类型：

①质量事故/事件。包括差错报告召回、资质被暂停或撤销、重大的客户投诉或索赔、质量问题导致的法律诉讼等。

②HSE（职业健康、安全、环境）事故/事件。包括危险化学品事故、火灾事故、道路交通事故、特种设备事故、环境污染和生态破坏事故、传染病事件、群体性中毒以及感染事件等。

③信息安全事故/事件。包括机房火灾、漏水、停电、网络中断、网络设备故障、被盗，数据库丢失、受损、泄露，病毒危害以及黑客入侵等。

④其他事故/事件。例如自然灾害（如火灾、洪水、暴雨、台风等）。

参考ISO 45001:2018及ISO 14001:2015标准条款的要求，实验室的应急管理机制通常包括以下内容：

① 建立应对突发事件的文件，特别是重大质量事故/事件、职业健康安全事故/事件、信息安全类事故/事件以及自然灾害等方面的应急响应文件。

② 建立突发事件的预警机制和监测跟踪机制，以提高对突发事件的预见能力。

③ 建立突发事件上报和披露机制，一方面可以及时地传递相关信息，防止事态扩大或

恶化；另一方面可以让处理事件的人员及时掌握有用信息，为突发事件的有效处理提供准确的信息，以便做出科学的决策。

④ 建立各类突发事件处理的专业团队，专业人员对突发事件的反应会更快，能够有效组织和集中资源，大幅优化应急管理的成效。

第四节　绩效评价

绩效评价是指实验室为了达成预期结果所进行的监视和测量。监视是指通过不断的检查、监督、观察或确定状态，确定与所要求的或所期望的绩效水平相比的变化；测量通常会涉及对象或事件赋值，它是以定量数据为基础，并通常与质量目标或风险控制指标的绩效评价有关。

依据实验室质量风险管理体系（参见图4-7），实验室可从四个方面开展质量风险管理绩效的监视和测量：产品监视和测量；过程监视和测量；体系监测和测量；管理评审。

一、产品监视和测量

实验室提供一种特殊的产品，即检验检测数据（或结论）、检验检测报告（或证书），这类产品应满足其固有的质量特性要求，包括法律法规（或认可准则）的要求、技术规范的要求、顾客（或合同）的要求以及组织的承诺。因此，在绩效评价方面，实验室可以制定两类质量目标，一类是符合性（或合规性）目标，满足基本的法律法规及技术规范要求；一类是高绩效目标，满足特定顾客以及组织承诺的要求。此外，实验室应同步建立相应的产品质量监测机制，确保对这些质量目标的达成状况进行有效监测，通常可包括两种类型：① 报告审核机制；② 报告抽查机制。

（一）报告审核与绩效测量

1. 报告审核

每份检验检测报告在提交给客户之前应进行严格的审核。实验室为保证报告结果的准确可靠，通常会建立报告三级审核制度，包括报告的校核、审查和批准（或签发）。

主检人员优先对原始数据和拷贝数据进行校核，重点关注检测方法、检测条件、数据计算和处理过程、数据的有效位数、法定计量单位等，以及质量控制数据是否完整、抄写或录入计算机时是否有误、数据是否有异常等。

审查人员负责报告的二级审核，主要对数据的准确性、逻辑性、可比性和合理性进行审核。如生态环境监测报告的审查人员重点关注以下因素：监测点位；监测工况；与历史数据的比较；总量与分量的逻辑关系；同一监测点位的同一监测因子，连续多次监测结果的变化趋势；同一监测点位、同一时间（段）的样品，有关联的监测因子分析结果的相关性和合理性等。

报告批准人，也是检验检测项目的授权签字人，完成对报告的最终审核。授权签字人应保证实验室按照检验检测标准开展相关的检验检测活动，对检验检测数据和结果的真实性、客观性、准确性、可追溯性负责，对不符合要求的结果和报告具有否决权。

2. 报告符合性目标的测量

三级审核制度主要针对报告的符合性（或合规性）进行审核，即报告是否符合法律法规的要求，是否符合检验检测方法的要求等。实验室应根据报告审核的结果制定报告符合性（或合规性）目标，如结论或数据性错误为"零"等。

3. 报告高绩效目标的测量

非结论性以及非数据性错误在实验室中发生的频次相对较高，对于一些偶发性的编辑性或描述性错误，也许客户不会特别在意，但这类错误多了，就会导致客户的抱怨、投诉，甚至严重影响客户的认可度。针对此类错误，实验室可以设置报告差错率（或报告准确率），具体指标视实验室质量管理水平而定，原则上应逐年提升。为了追求更高的质量绩效，实验室可制定报告差错"零缺陷"目标。关于如何实施"零缺陷"，可以参考杨克军《商业实验室如何实施"零缺陷"质量管理》一文。

（二）报告抽查与绩效测量

1. 报告抽查

报告抽查是指在报告已经审核、签发，甚至已经提交给客户之后，对存档的检验检测报告按照一定的比例进行抽样，以检查报告是否满足规定的要求。这些要求主要包括法律法规（包括认可准则）、技术规范以及一些客户的特殊要求。

报告抽查旨在确认报告是否符合规定要求。报告合规意味着实验室既遵守了其适用的法律法规及监管要求，也遵守了相关标准及合同的要求。报告不合规的实验室可能面临法律制裁、监管处罚以及重大财产损失或声誉损失，由此造成的风险即报告合规性风险。

通常情况下，检测领域相对单一的检测机构可在实验室层面建立报告抽查机制（一级监督）；检测领域较多的检测机构可在公司层面建立报告抽查机制（二级监督）；如果是综合性的集团型检测机构，可在集团层面建立报告抽查机制（三级监督），由专职或兼职的稽核队伍实施定期或不定期的报告抽查。

2. 报告抽查合规性目标的测量

报告抽查类似于报告审计，采用类似于财务审计所使用的"穿行测试"手法，即抽取一份或多份典型报告（或订单），从接受委托订单开始，针对覆盖合同评审、样品准备、样品测试、数据审核及报告签发的全过程进行检查，从而确定是否存在不符合事项。

报告抽查所发现的不符合可以按照严重程度或风险大小进行分类，例如严重、重大及一般不符合，或者高、中、低风险事项。检测机构应基于风险的思维来制定合规性目标，例如报告高风险数量／比率、报告中风险数量／比率等。

实验室可根据自身的风险准则、风险容忍以及风险偏好制定报告风险评价的方法，如是否判断法、风险矩阵法和LEC法。

通过报告抽查机制，实验室对报告中可能存在的风险进行识别、分析和评价，从而鉴别出报告中低、中、高风险的数量。针对测量出的不同风险，实验室通过以下一种或几种途径进行处置：重新测试；暂停服务；告知客户以及召回等。

二、过程监视和测量

（一）过程及过程方法

过程是"将输入转化为输出的相互关联或相互作用的一组活动"。输入是指资源要素的输入，如生产过程中人员、设备、原材料、能源或信息等资源；输出是相应的产品或服务。把输入转换为输出的过程是一个增值的过程，任何一个组织的经营所得都是由一个个增值的过程去实现的。

为了产生期望的结果，由过程组成的系统在组织内的应用，连同这些过程的识别和相互作用，以及对这些过程的管理，可称为"过程方法"。过程方法的优点是对系统中单个过程之间的联系以及过程的组合和相互作用进行连续的控制。在应用过程方法时，强调以下几个方面的重要性：

① 理解并满足要求。对于任何一个过程，开始前必须了解其作用是什么，为顾客提供什么样的价值，也就必须先准确了解顾客的要求，根据其要求设计所需的过程，否则这样的过程是无用的。

② 需要从增值的角度来考虑过程。对于一个过程，除了要明确顾客要求，以顾客要求为出发点，还必须考虑过程本身是不是增值的。不增值的过程就是浪费，要杜绝不增值的过程运行而耗费资源。

③ 获得过程绩效。一个过程除了要有效果还要有效率，也就是说，花很大的成本满足了顾客要求，虽然达到了效果，但是投入产出比很差，其效率也很差，这样的过程是需要改善的过程。

④ 基于客观测量的基础，持续改进过程。过程的表现需要进行监视和测量，一方面可以确保过程的输出满足顾客的要求；另一方面，监视和测量过程的关键绩效指标（KPI），以确保过程的效率。对于监视和测量的结果，要进行持续的改进，以增强顾客的满意，不断提高过程的效率。

（二）实验室过程绩效的监视和测量

1. 实验室检验检测过程分类

国际汽车工作小组（International Automotive Task Force，IATF）要求在整个汽车供应链推行过程方法，IATF 16949：2016《汽车生产件及相关服务件组织的质量管理体系要求》根据功能不同，将过程分为以下三种类型：

① 以顾客为导向的过程COP（Customer Oriented Process）。COP是一个企业的核心过程（即企业实现价值、实现增值的过程），包括产品设计开发、生产以及服务等过程。

② 支持性过程SOP（Support Oriented Process）。SOP是为价值创造活动提供资源或原

材料的过程，虽然不直接向顾客提供价值，但是对核心过程的实现至关重要，包括采购、供应商管理、工具管理以及仓库管理等过程。

③管理过程MP（Management Process），包括质量目标管理、管理评审、绩效考核、内部审核以及数据分析等过程。

参照上述分类方式以及ISO/IEC17025的标准架构，检验检测机构的活动也可以分为以下三类：

①以顾客为导向的过程：包括标准条款7.1~7.11所涉及的11个检验检测过程；

②支持性过程：包括标准条款6.2~6.6所涉及的资源提供过程；

③管理过程：包括标准条款4.1、4.2、5.3、8.3~8.9所涉及的10个过程。

在上述26个过程中，检验检测机构应重点针对11个以顾客为导向的过程进行绩效测量，适当时，也可对资源提供过程进行绩效测量。

2. 实验室过程绩效的制定

实验室的过程绩效可以分为两类：一是整体的过程绩效，例如实验室的运营成本、效率、周期、质量、响应速度以及生产柔性等；二是单个过程的绩效，例如，合同评审过程的错误率，确保结果有效性过程的室内比对通过率，投诉处理过程的投诉处理满意度，量值溯源过程的设备校准计划完成率，人员管理过程的人员培训结果有效性等。

不同的检验检测实验室有不同的客户价值主张，不可能针对每个过程都设置绩效指标，也不可能为所有的关键指标都配置相同的权重，实验室应有所侧重地选择关键运营指标进行测量。通常实验室制定的运营绩效指标包括（但不限于）：

①周期类。例如检验检测周期、准时交付率。

②技术类。能力验证通过率、质量控制计划完成率。

③效率类。人均产值、设备利用率、实验室场地利用率。

④成本类。耗材费用占比等。

⑤分包方类：重点关注资质、能力、质量、周期类指标，例如是否具备相关资质、能力验证通过率、质量考核（或室间比对）通过率、报告准确率以及报告准时交付率等。

三、体系监视和测量

如何评估质量管理体系的有效性？我们首先想到的是内部审核，然而，顾客满意度测量是一个容易被忽视的质量体系有效性评价的重要方法。按照"过程方法"原理，将整个组织的所有活动视为一个大的过程（或体系），这个过程（或体系）的输入就是"顾客要求"，其输出为"顾客满意"，因此需要对顾客满意的程度进行监视和测量。除此以外，还有其他方法，例如各种质量管理成熟度评价模型。本书重点介绍顾客满意度测量和内部审核两种方法。

（一）顾客满意度测量

1. 建立顾客满意指标体系的意义

顾客的需求是否得到满足或在多大程度上得到满足，是评定组织绩效、进行绩效改进的重要依据。因此，建立科学合理的顾客满意信息收集系统，及时准确地掌握顾客满意和不满意的信息，客观公正地评价顾客满意度是组织管理的重要内容。

据统计，客户更换供应商的原因：1%是买方人员亡故；3%是营业地点变更；5%是顾及与其他朋友的关系；9%是竞争者抢走客户；14%是对服务不满意；68%是一线服务人员态度冷漠。顾客满意指标体系有几个方面的用途：

①了解顾客的想法，发现顾客的潜在要求，明确顾客的需要、需求和期望；

②测定企业过去与目前经营管理水平的变化，分析本企业与竞争对手之间的差距；

③检查企业的期望，以让顾客满意和提高顾客满意度，有利于制定新的质量或服务改进措施，以及新的经营发展战略与目标；

④明确为了让顾客满意，企业在今后应该做什么，是否应该转变经营战略或经营方向，从而紧随市场的变化而变化，增强企业的市场竞争能力和盈利能力。

2. 建立顾客满意指标体系的原则

在建立顾客满意指标体系时，必须遵循下列四大原则：

①建立的顾客满意度测评指标体系必须是顾客认为重要的。由顾客来确定测评指标体系是设定测评指标体系最基本的要求。要准确把握顾客的需求，选择顾客认为最关键的测评指标。

②测评指标必须能够控制。顾客满意度测评会使顾客产生新的期望，促使企业采取改进措施。但如果企业在某一领域无条件或无能力采取行动加以改进，则应暂不采用这方面的测评指标。

③测评指标必须是可测量的。顾客满意度测评的结果是一个量化的值，因此设定的测评指标必须是可以进行统计、计算和分析的。

④建立顾客满意度测评指标体系还需要考虑到与竞争者的比较，设定测评指标时要考虑到竞争者的特性。

顾客满意指标体系会随着市场及顾客的变化而变化，今天顾客不在意的因素，明天有可能成为顾客的"焦点问题"，因此对顾客的期望和要求应进行连续跟踪研究，从而了解顾客期望和要求的变化趋势，并对顾客满意指标体系做出及时的调整和采取相应的应对措施。

3. 开展顾客满意度调查的流程

顾客满意度的测量一般采用客户调查方式进行。实验室可以向顾客发放"顾客满意度调查问卷"进行调查，也可以通过客户访谈的方式收集客户意见（包括满意度）；可以由机构内部的某一个或多个部门实施调查，也可以选择外部机构进行独立调查。在采用问卷调查方式开展顾客满意度测量时，一般有以下几个步骤：

（1）确定调查主体内容和对象

选择合适的调查对象非常重要，必要时要进行客户细分并进行不同的问卷设计，因为不同类型客户的关注点各不相同。例如将调查对象分为A类客户（战略客户）和B类客户（一般客户）。A类客户通常指国内外知名品牌企业，在行业中或对其上游供应商具有较高影响力的公司，或年度营收贡献额占比较高的客户等；B类客户指除A类客户以外与实验室保持合作关系的其他客户。前者关注品牌和质量,后者则更关注价格。

(2)设计调查问卷

首先要将与调查有关的问题尽可能地列出来,然后逐个推敲筛选,决定问卷选用的问题。所选的题目一则必须符合客观实际;二则必须是围绕调查目的的最必要的题目。问卷过于简略或过于烦琐都不行。

问题的排列组合方式,一是按问题的性质或类别来排列;二是按问题的难易程度来排列,要从易到难,由浅入深。问题的表述,第一,要注意语言的简洁性、通俗性;第二,要持中立立场,不能带任何倾向性或暗示;第三,要做到每个问题只描述一种现状,而不能在同一个问题中描述两个或多个现状。

(3)开展满意度调查工作

满意度调查包括发放问卷、问卷回收等工作。调查部门应确定满意度调查工作计划及工作目标(例如发放问卷数量、收回问卷数量目标以及调查时限等),并采取必要措施确保工作计划及目标的实现。

(4)对调查结果的数据分析

满意度调查结束后,满意度调查组织部门负责对回收的调查问卷进行整理,对调查问卷得分和反馈内容进行统计,并按照预先设定的公式计算顾客满意度。

(5)满意度调查报告编制及发放

满意度调查组织部门根据调查数据的统计分析结果,编制满意度调查报告,报上级领导批准后发放至相关部门。

(6)满意度调查结果的改进

满意度调查部门负责组织召开顾客满意度改进工作会议,并辅之以提案改善、QCC小组等质量改进活动,按照"80/20"的原则,对各类弱项进行原因分析,提出对策。针对调查报告中满意度调查的结果及客户反馈的意见或建议形成改进计划并组织实施。

满意度调查组织部门还应对各部门改进计划的执行情况进行检查跟进,并对改进效果进行验证。针对满意度较低的客户,相关部门还应安排回访。

(二)内部审核

基于风险思维管理体系的内部审核,是以实验室自身为主体进行的内部审核,是根据质量风险、过程风险、产品风险评估结果确定管理体系满足风险管理要求的程度所开展的系统的、独立的评价监测活动。

实验室根据内部审核程序文件的规定,制定管理体系审核方案,其中包括管理体系审核、检验检测/校准过程审核和报告审核。

1. 管理体系审核

实验室根据年度审核方案,对管理体系进行至少一次全面的审核,以验证是否存在法律法规、标准的符合性风险。必要时,实验室应对客户特定的管理体系要求进行抽样审核,监测其是否得到有效遵循。

2. 检验检测／校准过程审核

实验室应根据检验检测／校准过程的重要性，策划、制定、实施过程审核方案，如果客户对检验检测／校准过程有特定要求，应对客户特定过程要求进行审核，以确定检验检测／校准过程有效性和效率。过程审核方案应覆盖所有工艺流程，包括审核来自抽样过程的风险。检验检测／校准过程审核应包括对过程风险（如FMEA）、结果有效性监控方案及相关方法、作业指导书实施有效性的评估。

3. 检验检测／校准报告审核

实验室根据标准及客户特定要求对检验检测／校准报告进行审核，以监测实验室对标准及客户所规定特定要求的符合性。如果客户无特定要求，实验室应根据自身管理体系的要求确定要采用的审核方法。

实验室针对内部审核制定的绩效指标通常是内审不符合数量，即通过内部审核活动监测不符合在管理体系、检验检测／校准过程，以及检验检测／校准报告中的分布情况，以评估实验室当前的风险水平。内审不符合是质量风险管理体系质量改进活动的一个重要的信息来源，被审核部门应识别内审中发现不符合的风险，开展风险分析、评价，并制定落实风险处理措施。内审员应对其不符合改进情况及风险处理措施实施情况进行跟踪审核和验证。实验室对内部不符合数量的监测是完善质量风险管理体系的重要组成部分，也是提高实验室质量风险管理工作水平的有效途径。

四、管理评审

管理评审应基于由内部或外部变化造成的影响管理体系和绩效的符合性风险、合规性风险，提出管理体系适宜性、充分性和有效性的分析、评价。

实验室管理评审是要发现管理体系中的薄弱环节，以达到实验室规定的质量方针、目标，找出检验检测／校准过程中存在的风险和机遇，并寻求改进机会。

管理评审通常以会议的形式开展，每年集中组织一次，由最高管理者主持，或最高管理者指定人员主持，质量负责人、技术负责人、各部门负责人及质量管理人员等参与评审，但并不是所有实验室都能有效利用这种方式。CNAS-CL01-G001:2024指出："对规模较大的实验室，管理评审可以根据实验室的性质分级、分部门、分次进行。"例如：推行风险管理体系的实验室，可开展专题管理评审，通过风险分析（如FMEA）识别潜在的现场失效，实现管理体系的持续有效运行；开展质量成熟度评估管理的实验室，可集中开展质量成熟度专题评审，以保持机构的管理体系先进性。

对于规模较大、组织架构设置较为复杂的综合性实验室，建议采用分级管理评审的形式，即各业务部门先进行内部的管理评审，将相关内容以书面形式反馈至公司最高管理层进行管理评审。一方面，各部门通过内部的管理评审可以对自身质量体系运行情况进行一次梳理，同时可将管理评审的辐射范围加大，提供一次较好的自我分析的机会；另一方面，经过一个或两个轮次部门的管理评审，再上升至最高管理层进行管理评审时，最高管理层可以获得更加有效的信息，从而输出可靠的风险和机遇，获得更好的管理评审效果。

第五节　改进

依据实验室质量风险管理体系（参见图4-7），实验室可从以下三个方面开展质量风险管理的绩效改进：①不符合与纠正措施；②潜在风险和机遇的应对；③持续改进。

一、不符合与纠正措施

ISO/IEC 17025:2017标准条款8.7.1针对实验室开展纠正和纠正措施给出了明确的要求和指引，本书已在第二章相关章节做了介绍，在此不再赘述。

二、潜在风险和机遇的应对

早期的质量、环境及职业健康与安全管理体系标准（例如ISO 9000、ISO/IEC 17025、QS 9000、ISO/TS 16949、ISO 14001以及OHSAS 18001等）均涉及"预防措施"这个术语及条款。根据ISO 9000:2015《质量管理体系——基础和术语》的定义，预防措施是指"为消除潜在不合格或其他潜在不期望情况的原因所采取的措施"。企业在实际的管理体系运作中，虽然都会去编制一份有关预防措施的形成文件的程序，但真正可以有预见性地较全面地发现潜在问题通常有较大难度，换言之，这样作业的可操作性不强，取而代之的主要是"纠正措施"。但"纠正措施"与"预防措施"的确是两个不同的概念，纠正措施是为了防止同样的问题再次出现所采取的措施。

为了解决上述问题，自ISO 9001:2015《质量管理体系——要求》颁布并取消"预防措施"这个条款后，所有ISO颁布的管理体系标准均不再使用"预防措施"这个术语和条款，并代之以"潜在风险和机遇的应对"，新版ISO/IEC 17025:2017标准同样如此。

事实上，为能有效地实施预防措施，使潜在问题被及时发现，需要一个从识别问题到控制潜在影响的管理系统。对于这一点，不同行业已经开发出了很多行之有效的方法，例如消费品行业的作业条件风险评价法（LEC），食品行业的危害分析与关键控制点法（Hazard Analysis and Critical Control Point，HACCP）以及汽车行业的潜在失效模式及后果分析法（Potential Failure Mode and Effect Analysis，FMEA）等，其中FMEA方法已在一些实验室得到应用并取得了非常好的效果。

三、持续改进

（一）持续改进的基本概念

对于一个以"高绩效""质量力"为质量目标的检验检测机构来说，仅仅依据检测/校准实验室质量管理体系标准（ISO/IEC 17025：2017）实施纠正、纠正措施以及预防措施，是远远不够的，机构需要导入适当的绩效改进工作以实现持续改进。

"持续改进"一词最早要追溯至"持续改善"。"持续改善"（Kaizen）方法最初是一个日本管理概念，指逐渐、连续地增加改善，由日本持续改进之父今井正明在《改善——日本企业成功的关键》一书中提出。Kaizen意味着改进，涉及每一个人、每一个环节的连续不断的改进，从最高的管理部门、管理人员到工人。"持续改善"是日本管理部门中最重要的理念，是日本人竞争成功的关键。

（二）持续改进的基本步骤

在《质量管理体系——基础和术语》（ISO 9000:2015）中，持续改进被定义为"提高绩效的活动"。持续改进的过程可以用PDCA的方法来实现（见图4-9）。

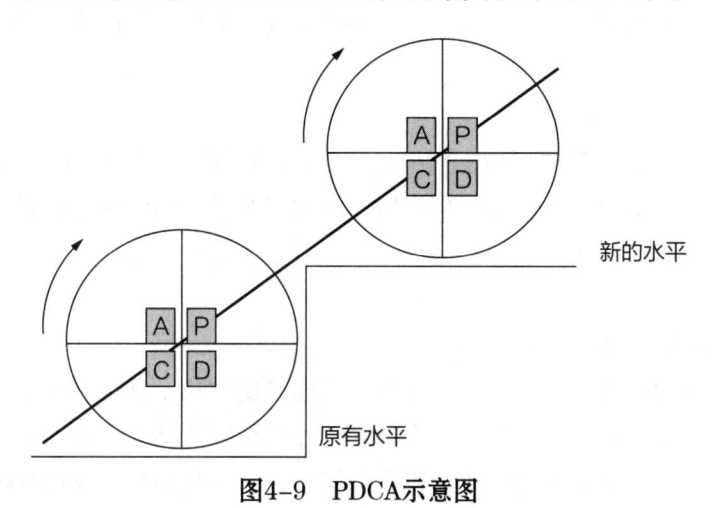

图4-9 PDCA示意图

PDCA又称为戴明循环（Deming Cycle），是一个质量持续改进模型，是提高产品或过程质量、改善组织经营管理的重要方法，是过程管理体系运转的基本方式。它包括持续改进与不断学习的四个阶段八个步骤，即计划（Plan）、执行（Do）、检查（Check）和处理（Action）。每个阶段的工作内容见表4-1。

表4-1 PDCA四个阶段八个步骤的工作内容

阶段	步骤	工作内容
Plan	步骤一：分析现状，找出存在的问题	①确认问题 ②收集和组织数据 ③设定目标和测量方法
Plan	步骤二：分析产生问题的各种原因或影响因素	
Plan	步骤三：找出影响的主要因素	
Plan	步骤四：制定措施，提出行动计划	①寻找可能的解决方法 ②测试并选择 ③提出行动计划和相应的资源
Do	步骤五：实施行动计划	
Check	步骤六：评估结果（分析数据）	
Action	步骤七：标准化和进一步推广	
Action	步骤八：在下一个改进机会中重新使用PDCA循环	

(三)持续改进的常用方法

受PDCA方法的影响,质量管理领域诞生了一系列的持续改进理论和方法,从早期的品管圈(QCC)、提案改善、解决问题的八个步骤(8D),到后期的"零缺陷"、六西格玛等,这些质量改进工具无一例外均打上了"PDCA"的烙印。

1. 品管圈(QCC)

品管圈指由相同、相近或有互补性质的工作场所的人们自动自发组成数人一圈的小圈团体(又称QC小组),全体合作、集思广益,按照一定的活动程序来应对工作现场、管理、文化等方面所发生的问题及课题。它是一种比较活泼的品管形式,目的在于提高产品质量和工作效率。

2. 提案改善

提案改善是为持续提升或突破KPI绩效,鼓励全员参与、集思广益,引导每一位员工在做好本身岗位工作的同时,针对工作中所存在的问题,发挥独创之构想,提出创新性改善意见或改善方法,组织团队资源实施改善,并对改善过程及结果进行验证、评估与预测的活动过程。

3. 解决问题的八个步骤(8D)

8D方法(Eight Disciplines)又称团队导向问题解决方法、8D问题求解法(8D Problem Solving Report)。8D方法就是要建立一个体系,让整个团队共享信息,努力达成目标。该方法适用于解决各类可能遇到的简单或复杂的问题,它本身不提供成功解决问题的方法或途径,但它是解决问题的一个很有用的工具。

4. "零缺陷"

美国质量管理学家菲利浦·克劳士比(Philip B. Crosby)指出,质量改进的最终目标是"零缺陷","零缺陷"是指引质量持续不断改进的理念。"零缺陷"管理的核心是第一次就把正确的事情做正确(Do It Right The First Time),包含了三个层次——正确的事情、正确地做事和第一次做正确,三个因素缺一不可。

5. 六西格玛

六西格玛是一套系统的、集成的业务改进方法体系,旨在持续改进企业业务流程,让客户满意。它通过系统地、集成地采用业务改进流程,实现无缺陷的六西格玛设计(Design for Six Sigma,DFSS),并对现有过程进行过程界定(Define)、测量(Measure)、分析(Analyze)、改进(Improve)、控制(Control),简称DMAIC流程,消除过程缺陷或无价值作业,从而提高质量和服务水平、降低成本、缩短运转周期,让客户完全满意,增强企业竞争力。

第五章

实验室内部审核

随着社会经济的发展和全球竞争的加剧，产品和服务质量日益受到人们的关注。实验室想要确保服务的质量，主要依赖自身管理体系的全面建设和成熟运作。内部审核无疑是实验室管理体系运行中极为重要的一项管理活动，在质量管理PDCA循环中充当了检查环节。

通过内部审核，我们可以发现管理体系是否持续符合要求，并得到有效实施和保持，从而为管理体系的持续有效运行提供改进方向。然而在实际工作中，往往会存在内部审核检查表千篇一律，内审员审核深度不够、不能有效发现问题、不符合项判定错误，责任部门纠正措施采取不当等现象，严重影响内部审核效果。那么如何有效地开展内部审核工作呢？

本章从审核基础知识（第一节）、内部审核策划（第二节）、内部审核实施（第三节）、内部审核的后续活动（第四节）、内部审核报告（第五节）等方面，理论结合实际，详细介绍了内部审核如何策划、实施，有哪些方法和技巧，如何正确描述和判定不符合项，内部审核报告编制要点以及不符合项的处理有哪些方法或工具。第六节分享了内审员管理的思路，从如何选择符合资格的内审员，到内审员的培训考核评价等，为实验室内部审核更加有效地开展夯实基础。

第一节 审核基础知识

一、审核的术语和概念

1. 审核

GB/T 19000—2016《质量管理体系——基础和术语》给出了审核的定义，即"为获得审核证据，并对其进行客观的评价，以确定满足审核准则的程度所进行的系统的、独立的并形成文件的过程"。

从定义中可以看出，审核是收集、分析和客观评价的过程，评价的对象是审核证据，而评价的依据就是审核准则。

2. 审核证据

审核证据是与审核准则有关能够证实的记录、事实陈述或其他信息。

审核证据可以是定性的或者定量的，可以是有形的或无形的，但一定是与审核准则有关的，一定是能够被证实的，否则将不能作为审核证据。我们可以通过现场观察、操作演示、人员询问、查阅记录等多种渠道获得审核证据，并在表达和记录审核证据时保持证据的客观性，不夹杂个人的推测和猜想。

3. 审核准则

审核准则是用于与客观证据进行比较的一组方针、程序或要求。

审核准则是开展审核、判断客观证据的依据。对于实验室管理体系的审核，其准则通常包括：

① 适用的法律法规要求；
② 建立管理体系所依据的准则要求，包括通用要求及相关领域要求；
③ 方法标准和规范；
④ 与客户约定的合同、标书等；
⑤ 实验室的管理体系文件要求。

4. 审核发现

审核发现是对收集的审核证据对照审核准则进行评价的结果。

审核发现是一种符合性评价结果，其结果既包括我们经常提及的符合、不符合，也包括受审核方的良好实践及识别的改进机会。

5. 审核结论

审核结论是考虑了审核目标和所有审核发现后得出的审核结果。

在审核过程中，内审员通过采用合适的审核方法，依据审核准则对审核证据进行比较、分析和评价，以确定其满足审核准则的难度，从而得出审核发现和审核结论。

6. 审核方案

审核方案是针对特定时间段所策划并具有特定目标的一组（一次或多次）审核安排。

审核方案是一组具有共同特点的审核活动的安排，包括策划、组织和实施审核的所有必要活动。对于质量管理体系的审核方案，可以是针对整个年度的审核活动的策划，也可以是针对某一次或几次的审核活动的策划。

7. 审核计划

审核计划是对审核活动和安排的描述。

相对于审核方案，审核计划是针对某一次审核活动做出的具体安排，二者是不同的概念，不可以相互替代，即使审核方案中仅包括一次审核活动，也不能用审核方案来代替审核计划，或用审核计划代替审核方案。

8. 审核范围

审核范围是审核的内容和界限。

审核范围通常包括对实际位置、组织单元、活动和过程的描述。审核范围可以是质量体系的全部要素或所有部门，也可以是质量体系的部分要素或部分部门。

9. 审核组

审核组指实施审核的一名或多名人员。

审核组可包括实习内审员，一位内审员出任审核组长，实习内审员不能担任审核组长。需要时，审核组可以寻求技术专家的支持

二、审核的特点

审核具有系统性、独立性、形成文件等特点。

系统性是指被审核的主体应具有总体性、关联性、有序性和动态性。此外，审核还是一项正式、有序的活动，审核组应该严格按照规定的审核准则、程序和方法完整地实施审核，并充分、客观地评价被审核主体管理体系的各项活动、过程和结果。

独立性指审核人员与被审核的主体间不存在任何利益关系，不参与被审核方的经营管理活动。对于第三方认证审核，则应确保审核活动独立于受审核方，从而确保审核的公正性。独立性是确保审核活动顺利进行的必要条件，更是审核的基本特征。

审核过程应形成文件，是指审核的策划、实施、结果等过程要形成文件，如审核方案、审核计划、检查记录表、不符合报告、审核报告等，以此体现审核活动的规范化和专业化。

三、审核的分类

根据委托方不同，审核类型可分为第一方审核、第二方审核、第三方审核。

第一方审核也称内部审核，由组织自己或以组织的名义进行，用于管理评审和其他内部目的，可作为组织自我合格声明的基础，是自我评价、自我完善和自我改进的系统活动。

第二方审核是由组织的相关方或由其他人员以相关方的名义进行的审核，如顾客为选择和评价供应商提供产品和服务的能力，以及持续促进双方合作所做的审核。

第三方审核是由外部独立的审核组织进行的审核，如资质认定评审、监管机构监督检

查、质量管理体系认证审核等。

第二方审核和第三方审核也可以统称为"外部审核"。

三种审核既有审核的共性，即系统性、独立性、形成文件等，也存在差异。

以实验室质量管理体系审核为例，在审核目的、执行人、审核准则、审核范围和审核时间上，三种形式审核有明显的不同，见表5-1。

表5-1 第一方、第二方、第三方审核的比较

维度	第一方审核（内部审核）	第二方审核	第三方审核
审核目的	确定体系的符合性和有效性，获得改进机会等	为相关方的评价、选择和管理提供依据等	资质认定、实验室认可、体系认证等
执行人	实验室的内审员、技术专家或聘用的外部人员	相关方（顾客为主）或其委托的其他人员	独立的第三方机构或机构的审核员
审核准则	相关的法律法规、资质认定和认可准则、实验室的管理体系文件、约定的合同或技术文件等	相关的法律法规、实验室的管理体系文件、组织与相关方的约定等	相关的法律法规、拟认证或认可的准则等
审核范围	可扩展到所有部门、岗位、场所、过程、活动及时期	一般为与相关方有关的过程和活动	申请认证或认可的范围
审核时间	自主策划时间	限定时间	限定时间

三种审核从三个角度对实验室的管理体系进行诊断，丰富了管理信息的输入渠道，构成了一种天然的互补性。内部审核作为组织自查自纠的一个渠道，有助于及时发现问题，加以纠正，并采取措施消除问题根源，为迎接第二方和第三方审核做好前期准备，为实验室获得信任奠定基础。同时，外部审核的结果也可以反过来验证内部审核的有效性。当外部审核由资深的审核员和技术专家进行评审时，可以对比同一时期相似情况下的内部审核发现，确认内审员对现状的把握是否准确，对审核证据的评价是否客观，对问题的挖掘是否充分，从而进一步确认审核员的能力，以及审核策划和实施的有效性。

四、内部审核的作用

相比于外部审核特定的目标性和有限的时间，内部审核拥有自主性、灵活性等诸多优势。

1. 自我改进的机制

质量管理体系是以过程方法为基础的，过程是体系的基本要素，所以体系的改进离不开过程的提升。每一个过程都可以理解为一个"P—D—C—A"循环，即将过程展开为策划（Plan）、实施（Do）、检查（Check）、改进（Action）的循环。审核在其中无疑充当了检查的环节，这样的检查是循环的内生动力，使每一次循环都是建立在问题改善和经验总结基础上的提升，动态循环的结果就是体系的持续改进。相比于以评价为目的的外部审核，内审更关注问题的发现，对持续改善具有更强的推动力，因此可以充分利用内部审核来实现自我改进。

2. 量身定制的管理工具

质量管理体系内部审核可以由组织结合自身管理特点和需求来制定和实施，审核的目的、审核的范围、审核的时机等都可以因时而变，随事而制，具有高度自治的特点。

实验室可以根据自身情况如外部监管要求变化、出现外部投诉，对内部检查结果的分析等选择进行专项审核，确定审核的范围和目的后及时进行审核，并对发现的不符合进行整改，使实验室能更加自如地应对内外部变化，减少风险项。如，实验室在申请资质认定或实验室认可前，可以针对扩项项目进行专项审核，包括人机料法环各方面，以确定实验室的各项流程是否符合现场评审的要求，及时改进，使资质认定或认可顺利进行。这些专项审核实验室可以灵活安排和把控，并且审核的实施者来自实验室内部，对其管理要求和实际运行情况也更为熟悉，可以有的放矢地实施审核和介入管理。

3. 风险管理的切入点

从国际相关标准发展趋势来看，基于风险的思维已然成为管理的内核，自2015年ISO 9001:2015《质量管理体系——要求》引入风险管理后，各行各业的管理标准纷纷效仿，ISO/IEC 17025:2017《检查和校准实验室能力的通用要求》也将风险理念贯穿标准的始终，建立了基于风险思维的管理体系。各个组织都在摸索适合自己的风险管理方式，而内部审核本身就是风险管理的切入点。

质量管理体系的本质就是风险管理，在风险管理过程中，实验室应考虑与自身活动相关的风险和机遇，对风险进行识别和控制。进行内审时，实验室应将识别出的重大风险纳入内审考虑范围，更有针对性地进行审核，更好地发现问题并进行改进；同样，在内审过程中发现的重大问题，实验室要将其纳入风险清单进行管理，识别改进机遇，并采取措施应对风险，将实验室风险降到最低，保障实验室持续有效地发展。

第二节　内部审核策划

内部审核的诸多优势使其备受关注，经过多年的摸索，大部分实验室都已形成了一套较为规范的内部审核制度，在一定程度上促进了实验室内部质量管理的提升。但不难发现，实验室在内部审核过程中仍存在一些问题，其中比较突出的就是内审的形式化和低值化，即实验室每年使用的内部审核方案、审核计划，以及检查表几乎千篇一律，只是在往年策划的基础上简单修改了时间等基本信息，审核时从条款的描述入手，更多关注文件和记录的符合性，忽略了将过程的实际绩效指标与预期相比较，这样发现的问题就集中在操作和执行的层面，从"增值"的角度考虑，不利于整个管理体系的有效性评价，也不利于实验室的改进。

内审效果不佳，是由于内部审核没有挖掘出深层次的问题，没有体现出它应有的价值。所以我们还是要从内部审核活动本身来寻找原因，比如审核目标不明确、审核时间不充足、审核思路不清晰、内审员能力不足等，而这些原因都可归于一处，就是内部审核的策划。

所谓谋定而后动，没有目标的指向，没有方略的制定，没有资源的准备，何谈成功的内审？所以完善的内部审核策划是内审成功的关键性因素，能够在内审工作中起到事半功倍的效果。

一、内审方案概述

为合理有效地实施内部审核，实验室应策划、制定、实施和保持审核方案。审核方案既可以是实验室全年度的审核策划，也可以是某一次或几次具有共同特点的审核活动的安排，由质量负责人策划并确定审核的形式、时机和频次、目的、范围和准则、方法、审核组、报告结果要求等内容。

完整的审核方案需要说明以下内容。

① 审核依据。

② 审核范围：应根据风险评估的结果确定，明确审核部门、要素和活动。

③ 审核特定目标：依据以上考虑的因素，并结合管理层的要求而确定，如关注新人员、新业务的变化，关注新政策的执行情况，关注以往不符合整改的有效性。

④ 审核组：适用时，应依据确定的审核依据、范围和特定目标，从内审员库内选择适合的内审组长和内审组成员；如年初制定内部审核方案时无法确定，可在内审实施计划中予以明确。

⑤ 审核频次：内部审核的周期一般为一年；内部审核可采取集中式审核方式或滚动式审核方式，确保管理体系的不同要素或不同部门在年度内都能被审核到，内部审核方案中应明确计划实施审核的起止日期；除每年的年度内审，实验室还可根据自身情况增加专项审核，比如遇到出现质量事故、质量体系有重大调整等情况。

⑥ 审核方法：包括但不限于面谈、现场观察、文件和记录查阅、实验室活动考核等。

⑦ 报告内审结果：可采取邮件、会议、内审报告等方式，将内审结果报告至管理层。

⑧ 必要时，可安排管理体系文件评审，以确保管理体系满足相关法律法规、通用要求和专业领域要求。

制定内审方案时需要综合考虑检验检测过程或活动的重要性、影响检验检测机构的变化、以往的审核结果等因素，并结合管理层的要求。

二、内审方案建立

（一）考虑因素

在策划内部审核时，我们应考虑实验室活动的重要性、影响实验室的变化和历史审核结果，策划、制定、实施和保持审核方案。

1. 实验室活动的重要性

实验室活动的重要性通常是指其对出具检验检测报告相关过程和活动的影响力，从人、机、料、法、环、测的角度考虑，可以包括人员监督和能力监控、设备的配置和计量溯源性、抽样和样品管理、方法的验证或确认及偏离控制、场所和环境条件的控制、内外部质量控制等过程。这些过程的控制都将影响报告的合规性和准确性，是我们策划审核时应重点考虑的方向。

2. 影响实验室的变化

影响实验室的变化可以从内外部环境的变化考虑。

外部环境变化包括法律法规的变化、认证认可准则的变化、检验检测技术的变化、市场的变化、相关方要求的变化等。比如，2015年国务院办公厅印发《国务院关于在市场监管领域全面推行部门联合"双随机、一公开"监管的意见》（国发〔2019〕5号）后，各级市场监管部门逐步推行以"双随机、一公开"监管为基本手段，以重点监管为补充，以信用监管为基础的新型监管机制。在这种新模式下，从事生态环境监测、机动车检验、食品检验、建材检验检测等业务的机构，其合规运营的要求已提升到了新的高度。2019年5月1日起实施的《检验检测机构资质认定 生态环境监测机构评审补充要求》对环境监测机构的运行管理和技术能力给出了明确的要求，对机构具有重要的影响。2020年在疫情的特殊背景下，部分传统市场需求明显萎缩，与此同时，口罩、防护服、护目镜等卫生防疫用品检验检测需求暴增。这些都是和实验室息息相关的外部环境的变化，会给实验室的管理和运营带来不确定性。

2021年4月8日市场监管总局令第39号公布了《检验检测机构监督管理办法》自2021年6月1日起施行。文件明确检验检测机构及其人员的主体责任；规定检验检测从业规范；严厉打击不实和虚假检验检测行为；落实新型市场监管机制要求，将"双随机、一公开"监管要求与重点监管、分类监管、信用监管有机融合；规定违法违规的法律责任。

2023年6月1日，市场监管总局发布了新版《检验检测机构资质认定评审准则》，并于2023年12月1日起实施。修订后的《准则》统一评审要求，减少自由裁量；聚焦关键控制点，理清责任边界；兼具灵活性，贴合实际需要，关注管理体系运行的结果；细化核查要点，统一评审尺度；增强了改革政策的可操作性、资质认定行政许可的规范性和统一性，还进一步减少了不必要的评审，减轻了机构的负担，充分释放了检验检测机构资质认定改革的红利。

相比于外部大环境的变化，内部变化主要在实验室内部结构、资源、管理的各个方面。比较有代表性的就是LIMS系统的逐步深入应用。初期使用LIMS系统时，可能仅仅包含客户管理、测试申请和报告管理等基础模块，随着系统的升级，实现了检测设备数据和测试谱图的自动采集后，LIMS系统对实验室运作的影响就越来越深入，它提供的流程化、模块化、标准化的操作管理系统也打造了新的质量控制系统，由此带来的是管理方式的极大变化。此外，内部组织结构、检验检测领域、技术能力、管理体系等这些变化也都会影响实验室出具报告的能力，影响实验室的运营绩效，影响客户的满意。

3. 历史审核结果

历史审核的结果包括内部审核结果和外部审核结果。以前审核中暴露出的严重和重大问题要重点审核，重复出现过的问题要重点审核，问题频发的部门、过程和要素要重点审核，通过审核对原有问题是否得到彻底改善进行再验证。

经过这种多维度、多层次的综合考量，才能有效把握实验室的各种运营风险，结合管理层的战略定位和发展目标，就可以策划出适合实验室当前管理需求的内部审核。

（二）审核准则

内部审核的准则一般包括实验室相关的法律法规、认证认可准则、方法标准和规范、合同和技术文件、实验室管理体系文件等。

1. 法律法规

合法合规运营是实验室不可逾越的红线，所以对相关法律法规的充分识别尤为重要，如163号令、39号令、《检验检测机构资质认定告知承诺实施办法（试行）》（国市监检测〔2019〕206号）等，还有《环境监测数据弄虚作假行为判定及处理办法》（环发〔2015〕179号）、《上海市检验检测条例》等特殊行业及地区的规范性文件。

2. 认证认可准则

认证认可准则通常指《检验检测机构资质认定评审准则》、CNAS-CL01:2018《检测和校准实验室能力认可准则》及各领域的应用要求等。以通过资质认定的环境监测机构为例，其审核准则应包括《检验检测机构资质认定 生态环境监测机构评审补充要求》。通过实验室认可的环境监测机构，当检测能力涉及微生物、化学领域时，其审核准则应包括CNAS-CL01-A001:2022《检测和校准实验室能力认可准则在微生物检测领域的应用说明》和CNAS-CL01-A002:2020《检测和校准实验室能力认可准则在化学检测领域的应用说明》。

3. 方法标准和规范

区别于其他质量管理体系，实验室体系有效运行的一个重要指标在于出具数据和结果的能力，需要依据检验检测的标准、规范等技术文件来审核，如设施环境、设备标物是否满足技术要求，样品的制备、前处理、质量控制方法是否与方法标准和规范中的技术要求相吻合等。

4. 标书及合同

与客户达成一致的标书、合同等，是开展检验检测活动的重要依据，也是评价活动结果的基本标尺，也应作为审核的准则，特别是当标书及合同中包含一些检验检测技术要求时，如环境监测机构承接的重点行业企业用地调查项目，《重点行业企业用地调查质量保证与质量控制技术规定（试行）》（环办土壤函〔2017〕1896号）、《重点行业企业用地调查样品采集保存和流转技术规定（试行）》（环办土壤〔2017〕67号）等一系列重点行业企业用地调查相关的技术要求都应作为土壤详查监测项目的审核准则。

5. 实验室管理体系文件

管理体系文件包括质量手册、程序文件、作业指导书等，是在资质认定能力评价要求和（或）能力认可准则等的基础上，结合实验室自身管理要求制定的一套支持实验室运行和发展的可行性制度，是准则要求在实验室的具体体现，故而一定也是内部审核的准则。

（三）审核范围

审核范围标志着审核的深度和广度，同时也决定了审核所需要的资源，贯穿审核策划和审核实施的全过程。组建内审组、确定内部审核计划、编制内审检查表、实施现场审核、编写审核报告等各个环节，无不涉及审核范围。因此，在策划审核时就要确定每一次审核所涉及的审核范围。

审核范围可以从以下四个维度来做限定。

① 实际位置，指受审核方所处的地理位置或其活动发生的场所位置，包括实验室的固定设施、固定设施以外的场所、临时或移动设施、客户的设施等，如环境采样活动所涉及的客户现场（固定设施以外的场所）、环境监测机构设于某一停车场的汽车尾气监测场所（临时设施）、水环境监测船和环境空气监测车（移动设施）等。

② 组织单元，指受审核方的管理体系所涉及的部门、岗位等。

③ 活动和过程，指从合同评审、采样/接样、检测/校准，到报告结果的主过程，以及人员、设施、设备、外部提供的产品和服务等支持过程和内部审核、管理评审等管理过程。

④ 审核所覆盖的时期，指受审核方的质量管理体系实施或运行的时间段，与审核目的息息相关，是某一特定目的下的时间界限，可以设定为上次内部审核到本次内部审核的时期，或者某一新准则开始实施到本次内部审核的时期等。

对于初次建立质量管理体系的实验室，首次内部审核应是一次全面的审核，涉及全部要素和全部质量活动，覆盖管理体系涉及的所有部门、岗位、场所、地点，以及管理体系运行的全部时间段。唯有这样才能够全面掌握管理体系运行的整体情况，为今后持续改进和提升管理体系的符合性和有效性提供依据。

体系运行基本正常以后，可以根据审核目的酌情确定适当的审核范围。根据CNAS-GL011:2018《实验室和检验机构内部审核指南》的要求，实验室在策划内部审核时，应确保质量管理体系的每一个要素至少每12个月被检查一次。

（四）审核目标

确定审核目标是指导审核策划，并确保审核方案有效实施的前提。审核的目标应该与管理体系的方针和目标相一致并予以支持。

以年度内部审核方案为例，其总目标可以是评价整个质量管理体系与审核准则的符合程度，评价各项活动与实验室自身管理要求的符合程度，评价管理体系实施的有效性，以及识别改进的机会等。而具体某一次审核的目的是围绕总目标展开的，但会有所侧重，有更具体的指向性，其可能是评价某个部门在管理体系建立、实施和保持过程中的符合性和有效性，也可能是在新的法规变更后，评价实验室相关质量管理活动是否符合新法规的要求并有效落实。

（五）审核形式和频次

1. 审核一般分集中式审核、滚动式审核、专项审核三种形式。

集中式审核是指在某一时间段内对质量管理体系涉及的全部过程、要素、部门、区域进行审核。其特点是在一个时间段内集中精力做好整个质量管理体系的所有审核工作，通过一次审核就可以全面了解实验室该时期质量管理体系的整体运行状况，具有极高的审核效率，也利于比较同一时期、同一过程、不同部门的管理水平，或者不同过程、不同要素的管理现状，避免审核不同步所导致的审核结论的差异。目前很多实验室，特别是区域集中的中小型实验室多采用这种方式。但这种方式也有其局限性，由于时间较短、任务重，审核可能不够深入，并且对于其他时间段内管理体系可能出现的问题，也不能及时识别和改进，不利于员工持续改进意识的增强。

滚动式审核是指在不同时间段对不同过程、要素、部门、区域进行审核，对于规模较大的综合性实验室，这种方式更有利于开展内部审核活动，因为可以合理地利用零散时间，最大限度地降低内部审核给日常工作带来的影响，相对减少对内审员数量的需求。每一次审核只涉及部分活动和部门，可以集中精力进行更加深入的审核，及时发现管理体系存在的问题，起到日常监督的作用，同时也能进一步增强员工的质量意识。当然这种审核也有一些弊端，因为滚动审核周期较长，所以在策划审核时要全面考虑审核应覆盖的范围，避免过程、要素、区域等的遗漏。此外，对于初步建立质量管理体系的实验室，不建议采取此种审核方式进行首次内部审核。

专项审核是指除了年度审核，基于实验室风险管理，需要对管理体系实施及时监控而追加的审核。这种审核方式覆盖的过程、要素、部门、区域更具有针对性，审核时间短，能高效、灵活地针对风险问题进行审核。当然这种审核对审核的策划和审核员能力的要求更高。当实验出现以下情况时，实验室可根据自身情况进行专项审核：

① 出现质量事故，或客户对某一环节连续投诉；
② 内部监督连续发现质量问题；
③ 公司质量体系有重大调整时；
④ 当法律法规、标准及其他要求变化时；
⑤ 市场需求发生重大变化时；
⑥ 发生其他必须进行内部审核的情况（如实验室搬迁、扩项评审）

例如，自2019年12月1日施行检验检测机构资质认定告知承诺制度以来，实验室在以告知承诺方式申请资质认定前，往往会追加一次与申请项目相关的内部审核，旨在更好地落实《检验检测机构资质认定告知承诺实施办法（试行）》，有效地控制实验室风险。在这种需求下，我国首个告知承诺团体标准T/CAQI 176—2021《检验检测机构履行告知承诺内部核查指南》应运而生，也为我们更好地理解和实施资质认定告知承诺制，改善内部审核效果指明了方向。又如，2019年受疫情影响，防疫用品的检验检测需求激增，很多实验室需要紧急进行医疗防护用品领域的扩项，为了抓住这一机遇，同时有效控制新领域的风险，实验室宜在扩项前追加一次内部审核，对这一新增领域涉及的管理制度、人员/设施/设备配置、技术能力等诸多方面进行一次全面的审核，降低能力不被认可的风险。

三种方式各有优势，我们也可以将三种方式结合使用，除每年在管理评审前进行一次集中式审核外，可以间隔一段时间对某一过程、要素、部门或区域进行一次小范围的审核，还可以根据内外部变化进行有针对性的专项审核，这些都可以作为集中式审核的补充，及时识别管理体系中存在的问题和薄弱环节，通过这种综合的方式增强内审的有效性和持续改进的意识。

2. 审核时机和频次

制定审核方案时，应根据实验室管理体系运行的具体情况科学地确定审核开展的时机和频次，坚决杜绝平均主义。

对于可能引入重大风险的过程要适当加大审核的频次。从检验检测活动的重要性、复杂性和成熟性的角度考虑，活动越重要，过程越复杂，成熟度越低，风险越高。

如果实验室初步建立质量管理体系，体系文件发布之初，各项质量活动尚未完全开展和保留相关记录时，不宜进行内部审核；当质量管理体系发生重大变化，各方面还处于调整状态时，也不宜使用这些信息对质量管理体系进行客观评价。

不是所有的风险都需要追加审核或增加频次，我们应该平衡实验室对风险的可接受度和实施审核的可行性，来确定"适当"的时机和频次，将有限的审核资源重点投放到高风险活动中。

（六）审核方法

审核方法的选择取决于审核的目的、范围、准则，内审员的能力，以及应用审核方法所需要的资源和可能出现的不确定性，可以灵活选择人员询问、现场观察、查阅文件和记录、现场试验考核等多种方法。在一些特殊情况（如疫情）下，对于多场所或非固定场所内的审核活动，审核方案策划时也可考虑借助于通信手段加入适当的远程审核方法。

（七）示例：内部审核方案

表5-2给出了一份典型的内部审核方案示例，在实验室质量负责人确认审核方案的完整性和可操作性后，报最高管理者批准。

表5-2 质量管理体系内部审核方案

审核目的：审核公司20xx年度x月—x月质量管理体系运行情况，评价质量管理体系的符合性和有效性，识别改进机会及其他（如审核新规定的落实情况，是否存在违法违规行为，新增部门质量体系运行情况；验证之前审核严重不符合问题是否存在）				
审核形式：滚动式				
序号	审核依据	审核范围		审核特定目标	计划实施起止日期
^	^	被审核部门	被审核要素和活动	^	^
1	①CNAS-CL01&CL01-G001 & CL01-A010； ②《检验检测机构资质认定评审准则》； ③法律法规（具体法律法规见检查表）； ④公司体系文件； ⑤技术文件、标书和合同	纺织实验室及业务客服	全部相关要素和活动	关注新人员、新标准的变化，新政策的执行情况，以往不符合整改的有效性	×月—×月

续表

2	①CNAS-CL01&CL01-G001 &CL-A001&CL01-A002; ②《检验检测机构资质认定评审准则》; ③《检验检测机构资质认定 生态环境监测机构评审补充要求》; ④《环境监测数据弄虚作假行为判定及处理办法》; ⑤法律法规（具体法律法规见检查表）; ⑥公司体系文件; ⑦技术文件、标书和合同	环境实验室及业务客服	全部相关要素和活动	关注新人员、新标准的变化，新政策的执行情况，以往不符合整改的有效性	×月—×月
3	①CNAS-CL01&CL01-G001 &CL01-A002; ②《检验检测机构资质认定评审准则》; ③法律法规（具体法律法规见检查表）; ④公司体系文件; ⑤技术文件、标书和合同	化学实验室及业务客服	全部相关要素和活动	关注新人员、新标准的变化，新政策的执行情况，以往不符合整改的有效性	×月—×月

注1：审核特定目标是依据方案制定考虑的因素，并结合管理层的要求而确定，如关注新人员、新业务的变化，关注新政策的执行情况，关注以往不符合整改的有效性。
注2：审核组成员应为被授权的内审员和实习内审员，实习内审员不能独立实施审核。
注3：审核方法包括但不限于面谈、观察、查阅文件和记录、现场试验考核等

第三节　内部审核实施

一、内部审核工作流程

内部审核活动包括明确内部审核计划、编制内部审核检查表、召开首次会议、实施现场审核、形成审核发现、召开末次会议等六个阶段，如图5-1所示。

需要注意的是，在启动内部审核前，需要针对组织的现状和需要，围绕内部审核的目的进行全面分析和策划，并输出可行的内部审核方案或计划，按照内部审核方案或计划予以实施。

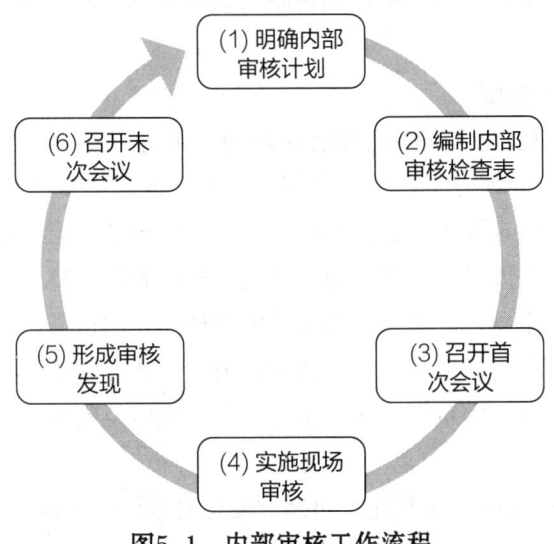

图5-1 内部审核工作流程

二、明确内部审核计划

对某一次内部审核活动的具体安排称为内部审核计划,审核计划是一种指导性文件。通常内部审核计划由内审组长根据审核方案和受审核部门提供文件中包含的信息编制,最终需要经过质量负责人等管理层审核批准。内部审核计划是内部审核组与受审核部门之间协调工作的安排,因此要具有一定的灵活性,能允许随着情况变化做必要的调整。如,当审核时间、审核员分工等需要变动时,经沟通协商一致后,可以及时对计划的安排做调整。审核计划的详细程度反映审核的范围和复杂程度,以及实现审核目标的不确定因素,在制定内部审核计划时要考虑适当的抽样技术、内审组的组成及其整体能力、审核对组织的风险。

(一)内部审核计划内容

① 审核目的。
② 审核范围:包括被审核部门的职能单元以及活动过程。
③ 审核依据:法律法规、认证认可准则、方法标准和规范、标书及合同要求,体系文件等。
④ 实施内审活动的地点、日期。
⑤ 使用的内审方法:包括所需的抽样范围,是否安排现场试验等。
⑥ 审核组成员及审核分工安排。

(二)内审组及整体能力

质量负责人在策划审核方案时,应确定每一个内审计划的组长,可以由质量负责人亲自担任,也可以委任给有能力、有资格的人员。内审组长确定后,应尽快组建自己的内审组,一个强有力的内审组能够协助组长收集受审核方的相关资料,制作内审检查表,实施现场审核，报告审核结果，跟踪验证纠正措施落实情况等。内审员资格能力要求见本章第六节的内容。

（三）审核组工作分配

为确保内部审核的质量，内审组长应依据内审员的能力，结合本次内部审核的范围，对内部审核工作组进行合理分工。组长分配工作的时候，需要考虑审核员的独立性和能力、资源的有效利用，即现场审核的整体时间，应考虑审核人员的数量与审核的工作量，审核的重要程度及难易程度是否匹配。对于现场审核内容的完整性，应考虑审核过程、部门、管理体系要素是否全覆盖。对于管理要素的审核需要内审员有一定的管理知识，技术要素的审核需要考虑内审员的专业背景、技术能力、工作经验等是否满足要求。例如，对化学实验室进行内部审核，内审组就应该包含从事管理岗位的内审员和具有化学相关专业能力的内审员。

经过与受审核部门沟通后，审核组长可结合变化对审核计划进行更新和调整。明确审核目的、审核依据、审核范围（包括被审核部门、审核要素、审核涉及地址、陪同人员）审核安排（包括人员分工、抽样方案等）等内容。表5-3给出了一份典型的内部审核实施计划示例。

表5-3　内部审核实施计划

审核目的	全面审查质量管理体系的运行情况，评价质量管理体系符合性和有效性，识别改进机会			
审核依据	163号令、39号令、《检验检测机构资质认定评审准则》、CNAS-CL01:2018《检测和校准实验室能力认可准则》及特殊领域应用要求（如有）、公司管理体系文件及其他适用的法律法规			
审核范围	被审核部门：A实验室、B实验室、C业务部门、D质量部、E采购部……			
^	审核要素：管理体系全部要素，具体详见审核分工			
^	审核活动范围：实验室涉及的固定场所，具体详见审核分工			
审核时间	20××年××月××日至20××年××月××日			
内审组成员	内审组长：××××　　内审员：××××			
审核安排	日程安排	时间	审核活动	
^	^	9:00—9:30	首次会议：内审组和被审核方相关人员出席，内审组介绍审核内容、分工和日程安排，实验室介绍接口人	
^	^	9:30—16:30	实施审核：具体见审核分工	
^	^	16:30—17:00	审核组内部会议：内审组出席，沟通各组审核发现，确定不符合项	
^	^	17:00—17:30	末次会议：内审组和被审核方相关人员出席，审核组宣布审核结果，与被审核方确认不符合项，确定整改验证期限	
审核安排	审核分工	审核部门	内审员	审核依据	涉及条款
^	^	A实验室	××	CNAS-CL01：2018；CNAS-CL01-G001：2018；CNAS-CL01-A009：2018	4/5/7.9/8.1/8.2/8.3/8.5/8.6/8.8/8.9
^	^	^	^	《检验检测机构资质认定评审准则》	（根据CNAS-CL01安排的条款，审核检查表中对应的条款）

续表

审核安排	审核分工	A实验室	××	法律法规（163号令、39号令、危险化学品安全管理条例）	（根据CNAS-CL01安排的条款，审核检查表中对应的法律法规的条款、危险化学品安全管理条款）
		B实验室	……	……	……
		C业务部门	……	……	……
		D质量部	……	……	……
		E采购部			
		……			

编制：**　　　　　　　　日期：××年××月××日

批准：**　　　　　　　　日期：××年××月××日

三、编制内部审核检查表

内部审核检查表也就是现场审核的检查记录表，是内审员实施内部审核的重要工具，也是内部审核活动的原始记录。在现场审核时，内审员应将审核发现记录在现场审核记录表中。为了提高内部审核的效率，内审员应根据审核计划的分工预先编制现场审核用的检查表，检查表的核查内容取决于被审核部门的工作范围、职能，审核抽样方案及审核要求和方法。检查表的类型一般分为标准条款检查记录表、过程要素检查记录表和部门检查记录表三种。各机构可以根据内部的实际情况，选择一种合适的进行编制。当然，编制检查表也不是一劳永逸的，检查表也有它的局限性和弊端。

（一）检查表的结构

检查表一般由两部分构成：一部分为检查的内容，主要包括查什么和怎么查的描述；另一部分为审核记录，即描述审核收集的客观证据或不符合事实以及审核结果。需要注意的是，管理体系标准的条款号、检查内容和审核记录应相互对应。

（二）检查表的作用

① 保持审核目标的清晰和明确：抽什么样本、样本数量抽取多少、如何抽样等问题都需要通过编写检查表来解决，事先明确此类问题有助于审核目标的实现。

② 使审核程序规范化：国际上进行审核的通用做法就是编制检查表，审核程序中也包含了编制检查表这一步骤，审核员将检查表作为审核过程的参考和记录，从而使审核程序进一步规范。

③ 保持审核时间和节奏的合理性：审核员根据检查表进行审核，不偏离审核目标和主题，不因现场中的枝节问题转移注意力导致迷失审核方向，浪费大量时间；提前策划好抽样样本、样本数量，以及需要调查的问题，有助于把握审核进度，使审核工作有序进行。

④ 作为审核记录归档：一次审核的检查表可以为以后编写检查表提供参考，审核员在检查表上记录的现场审核的情况，也为信息收集提供了证据，机构也可将检查表作为内部

审核结论的重要输入，作为内部审核活动是否有效的客观证据。

⑤ 提高内审员的专业形象：有了检查表，内审员在提问、查看文件、现场审核时也会更具有针对性，抽样更具有代表性，工作更具有条理性。

⑥ 削弱内审员的偏见和随意性：在现场审核过程中，由于审核员的特长或兴趣偏好，或者由于情绪和情感因素，可能出现对于熟悉的内容审核时间更长，对于陌生的内容审核时间过短的现象，利用检查表可以有效避免这种情况发生。

（三）检查表的编制类型

1. 按照标准条款编写检查表

这种检查表是编制其他检查表的基础，且通用性较强，可以在年度内审活动中使用，也可以在专项内审活动中使用。此类检查表可以直接将标准条款的所有要求作为问题逐一核查。要注意这种检查表需要对条款涉及的所有部门进行检查，但也要设定审核的重心。比如涉及人员、文件控制、不符合工作控制、风险和机遇、记录控制等，就应该对所有部门进行检查。但是也需要关注重点部门，比如涉及人员，就需要对实验室里实施检验检测的人员进行重点抽样检查。

2. 按照过程编写检查表

为使实验室活动有效运行，必须识别和管理与过程有关的相互活动，将输入转为输出的活动视为过程。输入、输出、资源、活动成为一个过程必不可少的要素。编制此类检查表时，需要在每个主要过程上充分体现PDCA的管理思想。策划阶段：是否策划输入及相关要求，是否策划输出及相关要求，是否策划资源方面的要求，是否策划活动的具体要求。实施阶段：是否按照要求配置资源，是否按照规定控制过程，输入和输出是否按照规定要求实施。检查阶段：是否按照策划对输入、输出、资源、活动进行了相关的监视和测量。改进阶段：当过程未到达策划结果时，是否采取了相应的纠正及纠正措施。

3. 按照部门编写检查表

按照部门编制的检查表是最常用的检查表。编制此类检查表时，关键是要明确各部门的职责，根据部门职责选择过程或要素，分清主次。这种检查表可以结合以上两种检查表的优势，识别部门的活动过程和相关要素进行编制。

无论按照哪种方式编制检查表，都应根据审核计划，覆盖审核部门、审核场所及审核要素，避免遗漏。表5-4给出了一份按标准条款编写的内部审核检查表示例，表5-5给出了一份按部门编写的内部审核检查表示例。

表5-4 内部审核检查表（按标准条款编写）

条款			核查内容	拟核查的材料/核查方法	评审结果	审核记录/不符合事实描述
管理手册	程序文件	外部要求				

4.通用要求（4.1公正性）

管理手册 4.1	《公正性程序》	《检验检测机构监督管理办法》第六条	第六条 检验检测机构及其人员从事检验检测活动应当遵守法律、行政法规、部门规章的规定，遵循客观独立、公平公正、诚实信用原则，恪守职业道德，承担社会责任。检验检测机构及其人员应当独立于其出具的检验检测报告所涉及的利益相关方，不受任何可能干扰其技术判断的因素影响，保证其出具的检验检测报告真实、客观、准确、完整	管理手册附录组织机构图、实验室组织架构、"自我声明书"、公司显著位置张贴公正性声明、公司网站公正性声明		查管理手册，总经理签发"自我声明书"，包含独立性、公正性和诚实性声明，声明在公司官网及机构现场上墙公示，符合实要求
管理手册 4.1	《公正性程序》	CNAS-CL01:2018 4.1.1	4.1.1 实验室是否公正地实施实验室活动，并从组织结构和管理上保证公正性	—	Y	
管理手册 4.1	《公正性程序》	《检验检测机构资质认定评审准则》2.8.2 2.8.3	2.8.2 检验检测机构应当严守诚实信用等情况进行自我承诺，严守诚实信用，准确地自我承诺遵守法定要求，独立公正从业。2.8.3 检验检测机构应当独立于其出具的检验检测数据、结果所涉及的利益相关方，不受任何可能干扰其技术判断的因素影响，保证检验检测数据、结果公正准确、可追溯。6) 检验检测机构或其所在法人组织应从事检验检测以外的活动的，检验检测机构应当独立运作，并识别、消除与其他部门或岗位可能存在影响其判断的独立性和诚实性的风险	—		

续表

条款			核查内容	拟核查的材料/核查方法	评审结果	审核记录／不符合事实描述
管理手册	程序文件	外部要求				
管理手册4.1	《公正性程序》	《食品检验机构资质认定条件》第四条、第十六条	第四条 检验机构应当符合相关法律法规和本认定条件的要求，按照《食品检验工作规范》开展食品检验活动，并保证检验活动的独立、科学、诚信和公正。第十六条 食品检验由检验机构指定的检验人独立进行。检验人应当依照有关法律法规的规定，并按照食品标准和《食品检验工作规范》对食品进行检验，恪守职业道德，保证出具的检验数据和结论客观、公正，不得出具虚假检验数据和报告			查管理手册，总经理签发"自我声明书"，包含独立性、公正性和诚实性，符合要求
管理手册4.1	《公正性程序》	《食品检验工作规范》	第三条、第六条	第三条 检验机构及其检验人员应当尊重科学，恪守职业道德，客观公正，准确、可追溯，不得出具虚假检验数据和报告。第六条 检验机构及其食品检验人员应当遵循客观独立、公平公正、诚实信用原则，独立于食品检验工作所涉及的利益相关方，实施针对性监控，建立保障不受任何来自内外部的不正当的商业、财务和其他方面的压力和影响，保证检验工作的独立性、公正性和诚信。机构对检验人员不存在观察项或需说明的问题，N表示"不符合"，N/A表示"不适用"	人员授权表，"自我声明书"，检验检测人员从业承诺书	Y	

说明："评审结果"应逐个条款进行评价，Y表示"符合"，Y'表示存在观察项或需说明的问题，N表示"不符合"，N/A表示"不适用"。当用Y'、N、N/A表示时必须同时在"审核记录/不符合事实描述"中详细描述

内审组长		内审员	

表5-5 内部审核检查表（按部门编写）

被审核部门：采购部

条款		外部要求	核查内容	拟核查的材料/核查方法	评审结果	审核记录/不符合事实描述	备注
管理手册6.6	《外部产品和服务程序》	CNAS-CL01: 2018 6.6.1	实验室是否确保影响实验室活动的外部提供的产品和服务的适宜性，这些产品和服务包括： a) 用于实验室自身的活动； b) 部分或全部直接提供给客户； c) 用于支持实验室的运作。 注：产品可包括测量标准和设备、辅助设备、消耗材料和标准物质；服务可包括校准服务、抽样服务、检测服务、设施和设备维护服务、能力验证服务以及评审和审核服务。实验室应根据自身需求，对需要控制的产品和服务进行识别，并采取有效的控制措施。通常情况下，实验室至少采购3种类型的产品和服务：……	查看外部产品和服务程序； 抽查采购合同或订单； 查看供应商的评价记录； 查看申购记录			
管理手册6.6	《外部产品和服务程序》	CNAS-CL01-G001: 2018 6.6.1(a)					
管理手册6.6	《外部产品和服务程序》	《检验检测机构监督管理办法》第十条	需要分包检验检测项目的，检验检测机构应当分包给具备相应条件和能力的检验检测机构，并事先取得委托人对分包的检验检测项目以及拟承担分包项目的检验检测机构的同意。	检查分包方名录及分包方评价表、分包报告			

说明："评审结果"应逐个条款进行评价，Y表示"符合"，Y'表示存在观察项或需说明的问题，N表示"不符合"，N/A表示"不适用"。当用Y'、N、N/A表示时必须同时在"审核记录/不符合事实描述"中详细描述

内审员：　　　　　　　　　　　　　　　　　　　　　审核日期：

内审组长：

（四）检查表的局限性和弊端

检查表虽然有以上作用和优点，但它也有自己的局限性和弊端，如检查表没有完全覆盖被审核部门的主要过程和相关管理体系要求；审核的途径比较混乱，逻辑思维不清晰；检查内容的可操作性不强，审核员过于依赖检查表，审核时过于机械，生搬硬套检查内容；审核员完全抛开检查表的检查内容，自由发挥；事先将检查表的内容透露给被审核方；审核记录不完善等。

四、召开首次会议

在实施现场审核之前，一般会先召开首次会议，首次会议的目的是确认所有相关方（被审核部门、审核组）对审核计划的安排达成一致，介绍审核组成员，确保所策划的内审活动能够正常实施。首次会议应该与受审核部门的管理层及被审核部门关键过程的负责人一起召开，在召开会议期间，允许提供问询的机会。

首次会议应当是正式的，会议应由内审组长主持，一般情况下首次会议应包含以下内容：

①介绍与会者，并概述与会者的职责与分工；
②确认审核目标、范围和依据；
③与被审核部门确认审核计划及其安排，例如末次会议的时间，审核组内部沟通会议时间（如有）以及其他新的变动；
④审核中所用的方法，并告知被审核部门本次审核将基于可获取的详细信息；
⑤介绍内审属于抽样的过程，抽样可能带来一定的审核风险；
⑥介绍审核组与被审核部门之间的沟通渠道；
⑦确认有关保密和信息安全的事宜。

五、实施现场审核

现场审核是通过抽样的方式，采用面谈、对活动的观察、文件和记录的查阅、现场试验考核等方法，寻找并收集被审核部门体系运行符合性、有效性的客观、有效的证据，形成审核发现，是整个内部审核工作最重要的环节。现场审核的时间有限，如何在有限的时间内收集到尽可能多的、覆盖全面的证据，需要内审员注意审核的思路和技巧。充分利用审核技术和方法，严把现场审核关，不仅能在较大程度上控制实验室运营中存在的风险，还能促进实验室的可持续发展。

（一）审核的思路和技巧

1. 审核思路

内部审核实际上是发现客观事实及其证据的活动，作为内审员，运用合适的审核思路，将会取得事半功倍的效果。常用的审核思路包含但不限于以下几种（见图5-2）。

第五章　实验室内部审核

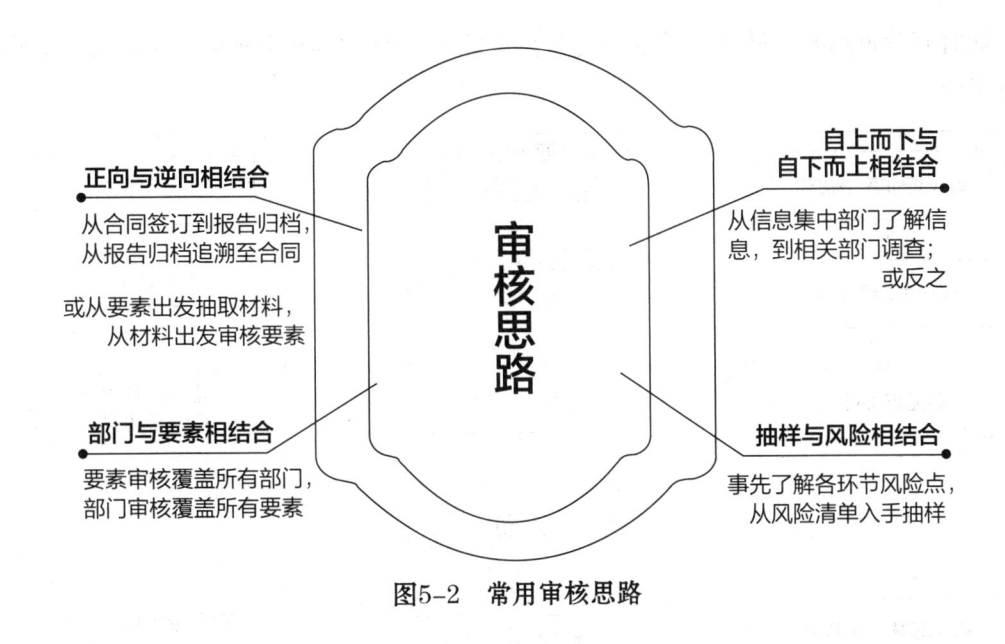

正向与逆向相结合
从合同签订到报告归档，从报告归档追溯至合同
或从要素出发抽取材料，从材料出发审核要素

自上而下与自下而上相结合
从信息集中部门了解信息，到相关部门调查；或反之

部门与要素相结合
要素审核覆盖所有部门，部门审核覆盖所有要素

抽样与风险相结合
事先了解各环节风险点，从风险清单入手抽样

图5-2　常用审核思路

（1）正向与逆向相结合

正向跟踪是指按检测或校准过程，从合同签订开始到报告的编制和签发去审核，或者从审核要素出发抽查相关材料进行审核；逆向追踪正好相反，即由报告签发追溯到合同签订为止，或者从抽查的材料出发对相关要素进行审核。

（2）自上而下与自下而上相结合

所谓自上而下是指先到信息比较集中的部门了解总的情况，再到相关部门去调查。自下而上是指各执行部门选取一定的样本，然后集中到管理的部门审核，如对设备管理的审核，内审员可以从设备管理部门抽取设备编号，查阅设备档案，再到实验室现场查看该设备的标识、使用记录等情况；或者内审员可以先到实验室现场查看设备的标识及使用情况等，再到设备管理部门查阅对应设备的档案。

（3）部门与要素相结合

按要素审核，一个要素会涉及多个部门；按部门审核，每个部门都会涉及几个要素。内审组分工时，可按要素分工，内审员负责审核一个要素时，覆盖到要素涉及的所有部门，避免遗漏被审部门；也可按部门分工，内审员负责审核某一部门涉及的所有要求，一次审核清楚，避免遗漏审核要素。

（4）抽样与风险相结合

内部审核时，应事先了解各环节存在哪些风险，从风险点入手。比如实验室在新进人员监督和人员监控方面存在较大风险，审核时就要重点抽样确认人员监督和监控风险的控制情况；再如某实验室在一年内发生过多次某检测项目结果数据不准确的投诉，在审核时就要重点抽样关注该检测项目相应风险措施的实施情况。

（5）其他审核思路

审核时将以上几种方法相结合，才能达到较好的审核效果；审核时也可按其他思路进行，如时间逻辑溯源、材料关联性、线索思维图等。图5-3为按照线索思维图对人员管理进行审核。

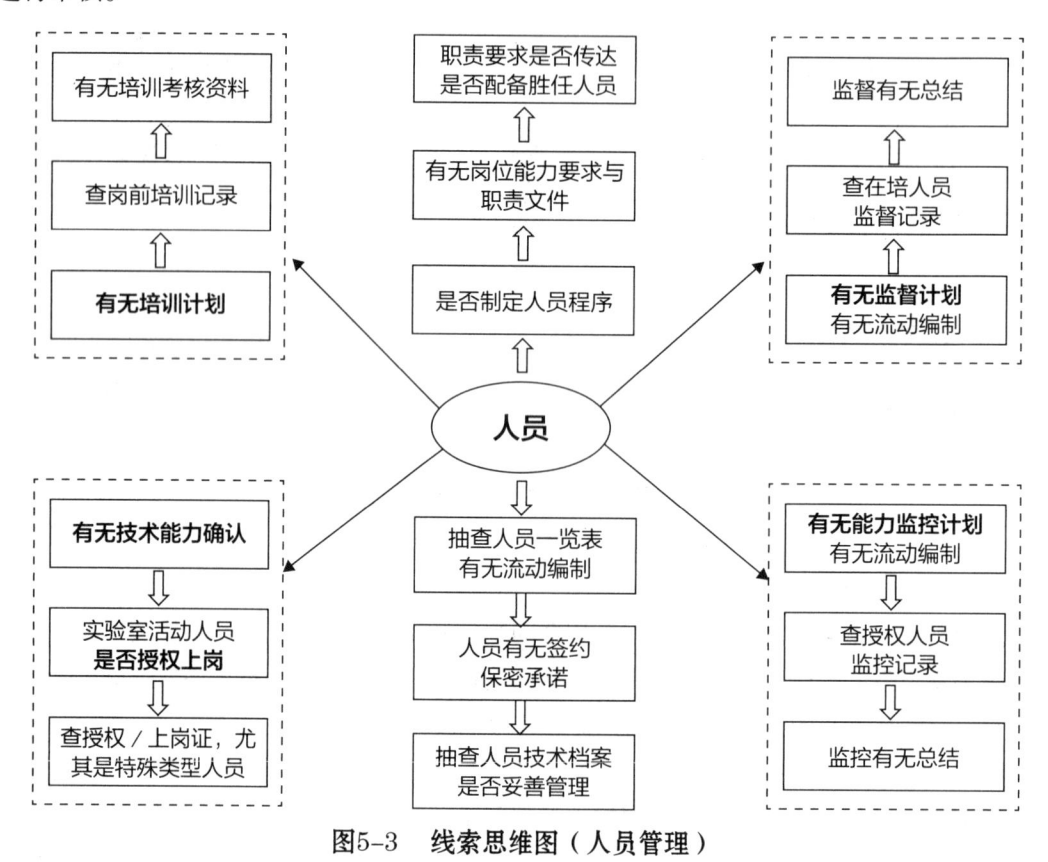

```
         有无培训考核资料              职责要求是否传达                监督有无总结
                ↑                   是否配备胜任人员                    ↑
         查岗前培训记录                      ↑                    查在培人员
                ↑                   有无岗位能力要求与                监督记录
          有无培训计划                    职责文件                      ↑
                                          ↑                     有无监督计划
                                   是否制定人员程序                 有无流动编制
                                          ↑
                                        人员
                                      ↙  ↓  ↘
         有无技术能力确认              抽查人员一览表              有无能力监控计划
                ↓                   有无流动编制                 有无流动编制
          实验室活动人员                    ↓                          ↓
          是否授权上岗                人员有无签约                  查授权人员
                ↓                   保密承诺                      监控记录
         查授权/上岗证，尤                  ↓                          ↓
         其是特殊类型人员              抽查人员技术档案               监控有无总结
                                   是否妥善管理
```

图5-3　线索思维图（人员管理）

2. 审核方法和技巧

为了做到审核的客观、全面和有效，内审组不仅要选择合适的审核思路，还应结合多种审核方法和技巧。被审核方的管理体系一直是其组织在使用的体系，内审员并没有参与运作，了解不深入，故内审员要多问、多听、少讲、多看，只有真正了解组织的体系运行情况，才能更好地进行审核。可选择图5-4所示的几种方式相结合。

问
- 选择合适的对象
- 提出恰当的问题
- 问题表达要清楚
- 注意提问的方式

听
- 给予充分说明的机会
- 仔细听讲并避免打断
- 善于发现并挖掘线索
- 注意缓和紧张的气氛

查
- 适当数量的抽样
- 随机性及代表性
- 文件执行有效性
- 记录充分规范性
- 结果报告正确性

看
- 现场有无必要资源
- 设施环境的合理性
- 体系文件可获得性
- 设备使用的熟练度
- 人员操作的正确性

查
- 现场观察试验
- 实验室内比对
- 现场模拟演示
- 查阅合同到报告

图5-4　审核方法和技巧

（1）掌握问询技巧

内审员应选择合适的面谈对象，应尽量选择过程或活动的责任人，并正确地提出问题，可采取封闭式问题和开放式问题相结合的方式。封闭式问题，可用简单的"是"或"不是"回答，这种提问用以获取专门的信息，有主动权，但获得的信息量小；开放式问题，回答需要解释或进一步说明，可以引出较多的信息，可分为主题式问题、扩展式问题、征求意见式问题和设想式问题。内审员还可以提出澄清式问题，用以获得更多的专门信息或确认已获得的信息，带主观导向，不能经常用。封闭式问题一般用于面谈开始，继之以许多开放式问题或澄清式问题，最后以一两个封闭式问题结束，这就是几种问题相结合使用的典型方式。

（2）掌握聆听技巧

内审员应当努力使被面谈人放松，多给予被审核方说明讲解的机会；交谈时要尊重对方，仔细地倾听，注意对方的表情和态度，不能粗暴地打断发言，以便收集更多的信息；善于发现和抓住信息的线索，深入了解审核对象的活动情况。

（3）有重点地查阅

现场审核时查阅的记录比较多，内审员不可能全部检查到位，需要进行抽样检查。抽样一般要有代表性，能体现审核的客观公正性。一般抽样会抽取3~5份记录，选取存在典型风险的记录。比如审核报告时，一般会选取分包类、修改类、偏离类等有代表性且又易存在风险的报告。调阅文件和记录时，需要关注记录是否齐全完整，是否包括原始观察记录、导出数据、校准记录、员工记录、内部审核记录、管理评审记录、纠正措施记录、风险控制记录等；记录是否包含充分的信息，是否能在尽可能接近的条件下重复；记录是否保存在适宜的环境中，能否防止损坏、变质、丢失；记录是否规定保存期，并按保存期存放；记录是否在检测和／或校准的当时进行；记录出现的错误是否采用划改进行修改，或能否保留前一个版本或原始记录。

（4）把握现场查看

现场查看往往是最容易发现问题的方法之一。

①观察检测／校准活动。如管理体系文件与作业指导书（检测方法或校准测量程序）的可获得性、现场原始记录的规范性、设备使用的熟练度、检测／校准人员操作的正确性、隔离措施的合理性等。

②观察环境设施状态。实验室是否有充分的开展工作的空间；检测／校准环境条件对有温湿度要求的检测和/或校准过程中温湿度的有效监控和记录；样品储存或制备过程中温湿度的控制，以保证样品的有效性；防电磁干扰、防腐蚀、防尘、防火、防震（如高灵敏度设备）；实验室的环境条件设计是否能将发生伤害及职业性疾病的风险降到最低，是否能保护员工和来访者，使其免受已知危险的伤害；实验室是否进行区域隔离，是否能防止交叉感染；实验室是否进行人员隔离，是否能防止未授权者访问；危险废弃物的存放及处置是否遵守相关法规；是否符合其他特定要求，如医学实验室的要求。

③观察设备状态。实验室是否配置满足检验检测活动所需的全部设备；实验室使用租

用、非永久控制的设备是否确保符合准则的要求；实验室的设备是否均有唯一性标识；实验室的设备是否有检定/校准或验证状态的标识；实验室是否有程序在校准给出一组修正因子时，确保修正因子及所有备份得到正确更新；实验室设备是否按照要求经授权者授权进行操作；实验室人员是否能随时获得使用和维护设备的最新作业指导书；实验室是否维持设备的安全工作状态，包括检查电器安全、紧急停止装置，以及由授权人员安全操作及处置化学、放射性和生物资料；是否发生过设备故障，如果发生，是否标记停用，妥善存放，直至修复，是否重新校准后才使用；设备脱离实验室直接控制，实验室在重新使用之前是否对其进行检查并确保其性能满足要求；是否有措施保护计算机程序，防止无意或未经授权者访问、修改或破坏。

（5）充分运用试验考核

现场试验考核是一个检查实验室人员技术能力的有效方法，有助于发现一些从记录或面谈中无法发现的操作性问题或风险。现场试验的形式有很多种，如现场演示、盲样测试、加标测试、比对测试等。现场试验重点关注人员对标准、方法的熟悉程度，如样品制备是否符合要求，仪器设备使用是否符合操作规程，质量控制是否符合测试标准要求，数据处理及记录是否符合要求，测试结果报告是否符合要求等。

（二）信息的收集与验证

在现场审核中，应通过适当的抽样调查收集并验证与审核目标、范围和依据有关的信息，包括与职能、活动和过程间接有关的信息，只有能够验证的信息才可作为审核证据。审核中所收集的信息是否具有代表性，是否充分与真实，影响审核结论的可信性和实施审核的有效性。

① 可选择的信息源。被审核部门的人员和相关人员的面谈；对检测或校准活动、设施和环境条件、设备样品的观察、现场试验的考核结果；相关的文件和信息，如体系文件、作业指导书、合同、检测或校准记录、设备记录、人员记录等；其他方面信息，如数据统计分析、客户投诉等。

② 收集信息的方法和技巧。内部审核是在有限的时间内利用有限资源进行的，因此，内部审核不能对所有信息进行逐一验证，应选择合适的方法，从信息源中抽取代表性样本。

③ 客观证据。客观证据建立在通过观察、测量、试验或其他手段所获得事实的基础上，证明是真实的信息。审核中的客观证据包括：存在的客观事实，并经过验证的可以成为客观证据，而主观分析、推断、预测的信息不能作为客观证据；被访问的、对该项质量活动负有责任的人员陈述，并有其他事实旁证的可以成为客观证据，传闻、陪同人员或其他与被审核的质量活动无关人员的谈话不能成为客观证据；现行有效的管理体系文件的规定和质量记录，可以证明当时发生的质量活动的客观证据，而作废的文件规定和擅自修改过的记录不能成为证明当时发生的质量活动的客观证据。

（三）现场质量关的把控

高质量的现场审核是有效内审的核心，在现场审核过程中做到以下"五要""五不要",把控好审核计划、审核活动、审核结果的现场质量,将对审核的有效性起到重要作用。

五要:要独立、公正实施审核;要坚持用客观证据说话;要坚持依据与实际对照;要追溯实际做得怎么样;要按审核计划的期限进行。

五不要:不要受情绪、偏见的影响;不要凭印象、推测、猜想下结论;不要将自己的经验和做法作为依据;不要仅停留在文件或口头规定上;不要"不查出问题决不罢休"。

1. 审核计划的控制

内部审核计划是经过内审组和被审核方确认并由质量主管批准的,不宜随意改动,确因特殊情况需要修改,应征得对方同意,并按程序执行。内审组长应利用好内审组内部会,交流审核信息,纠正审核偏差,调整审核日程,协调审核任务,把握审核尺度和调控审核进度。现场审核应在审核日程的宏观指导下进行,各阶段的工作应按照预定日期完成。在特殊情况下,内审组长应及时调整审核安排,内审员遵循审核日程,服从内审组长指挥,及时沟通协调,保持内审组和谐,发挥整体功能。

2. 审核活动的控制

内部审核从策划开始到提交审核报告结束,内审组都应坚持预定目标和进度。内审组长应随时掌握动态并及时协调,确保内审组不因某些干扰而转移审核视线或偏离审核目的。内部审核有明确的审核范围。内部审核核查表提出的抽样方案要具有充分的代表性,尽可能覆盖审核范围。内审员需要注意合理策划抽样量,以及审核时间的分配。如有特殊情况(如扩大审核范围等),须经组长同意以及被审核方的确认。内部审核过程应保持良好的审核气氛,坚持审核的独立调查不受任何干扰,防止对抗情绪,保持耐心和礼貌。

3. 审核结果的控制

内部审核时应重点关注调查所得证据的客观性,不要用主观猜测和推理替代客观证据,力求结论的客观和公正。当审核发现不符合项时,要及时交流,在内部会议上充分讨论,并经被审核方确认。如果双方不能取得一致意见,可请质量主管或管理层裁决。

六、形成审核发现

现场审核是一项抽样调查活动,最重要的是以公正客观的态度,利用正当有效的方法去寻找审核证据,将审核证据与审核依据对照,客观地进行符合性评价,形成审核发现。审核发现包括符合、不符合,也包括被审核方的良好实践以及识别的改进机会。内审员根据审核准则,对现场审核获得的审核证据进行评估,得出审核发现。审核依据一般为《检验检测机构资质认定评审准则》和/或CNAS-CL01:2018《检测和校准实验室能力认可准则》等。确定审核发现时,还应考虑以前审核结论的跟踪、样本量、审核委托方要求等。为了就审核发现达成共识,并为提出审核结论提供依据,审核组应在适当的阶段对审核发现进行评审。审核组一般是在审核组内部沟通会议上对审核发现进行评审,评审中应汇总与审核准则有关的符合情况,说明获得审核证据的场所或过程。

（一）记录审核发现

审核组应记录不符合及支持不符合的审核证据及不符合的对应的准则，审核组可以对不符合进行分级，同时应与被审核方一起评审不符合，以获得承认，并确认审核证据的准确性，使受审核方理解不符合，对于双方在审核证据或审核发现有分歧的地方，应予以沟通和解决。

在ISO 9000:2015《质量管理体系——基础和术语》中，合格（符合）被定义为满足要求，不合格（不符合）被定义为未满足要求。就管理体系而言，一般称为"符合""不符合"。对于实验室来说，这里的"要求"一般包含法律、法规、规章与建立管理体系所依据的准则要求，实验室自身制定的管理手册、程序文件、管理办法和作业指导书等管理体系文件，客户的要求等。

（二）不符合的分级

CNAS-GL008:2018《实验室认可评审不符合项分级指南》对不符合项进行分级，根据不符合项对实验室能力和管理体系运行的影响，CNAS将不符合项分为严重不符合项和一般不符合项。内部审核对于不符合程度的评价没有统一要求，实验室可在程序文件中做具体要求。

严重不符合是指影响实验室诚信或显著影响技术能力、检测结果准确性和可靠性以及管理体系有效运作的不符合。严重不符合项往往与实验室的诚信和技术能力有关。如串通能力验证结果、篡改原始记录等；如未实际具备检测资源、条件、能力即开展实验室活动，包括无人员能力、无关键设备等；如体系运行失效，包括同一要素的不符合多次在同一部门出现或在多个部门出现，实验室实际活动与质量管理体系严重不符等。

一般不符合是指偶发的、独立的、非系统性的对检测结果和质量管理体系有效运作没有严重影响的不符合。一般不符合的情形通常是偶然发生的，对实验室活动不会产生重大影响，并且相对独立，不造成其他方面的影响，例如实验室活动中某个环节操作不当，某位人员缺少某类培训，某设备未按期校准。

对于审核发现的不符合，内审员可从不符合的原因及不符合的严重程度两个方面分析判断不符合项的类型，以便受审核部门针对不同类型的不符合采取不同的纠正措施，使被审核部门的质量管理体系运作得到有效改进。

（三）不符合项的判定

准确判定不符合项是内审员必须掌握的技能，并且在不符合报告中起着较为关键的作用。在确定不符合的文件后，还要进一步确定不符合文件中的条款号，在确定不符合标准的条款时应遵循不符合项判定的原则即就近原则、就小不就大原则、清晰准确原则、增值原则。

1. 就近原则

在确定不符合文件的条款过程中应从与审核发现的不符合事实最接近的要素中选择最

适合的条款，如"环境监控记录"问题，不应只从"记录控制"中找，而是从"设施和环境条件"中找。

2. 就小不就大原则

这是指确定不符合文件的条款不仅应从与审核发现的不符合事实最接近的要素中选择最适合的条款，并且要选择最适合的最小条款。例如CNAS-CL01:2018《检测和校准实验室能力认可准则》7.8.2.1规定每份报告应包括的信息从a）到p），若不符合发现为报告没有标识部分结果来自外部供应商，应该判为不符合7.8.2.1p）。

3. 清晰准确原则

这主要指的是在描述审核发现的不符合事实时应当准确、清晰、有针对性，便于实验室实施纠正措施。一要指明不符合涉及的报告、文件、记录、设备、试剂、样品的名称及编号等具体信息，避免笼统描述，如"文件不满足要求""原始记录不完善""样品管理不合理""报告填写不规范"等，这样的不符合描述指向性不强，被审部门很难分析根本原因，并采取有效的纠正措施，无法解决根本问题。二要清晰准确记录符合事实，而不是推测不符合的原因，例如，由于实验室近期业务量激增，且离职人员较多，没有及时完成对新进人员王某的监督，正确的描述为：审核发现实验室不能提供新进人员王某的监督记录。

4. 增值原则

增值原则表示通过审核组的技术能力，被审部门发现体系运行中自身未发现的问题，使实验室采取纠正措施，从而不断提高实验室的体系管理水平和技术能力，增强实验室的管理体系的有效性，而不是为了揪住某个不符合，完成审核组的任务。

（四）不符合的确认

内审组共同评审审核发现，汇总不符合项和观察项，形成不符合报告。

内审组应就发现的不符合和观察项与被审核部门进行充分沟通，确认审核证据的准确性，并且确保被审核部门理解发现的不符合。若被审核方对内审组的审核发现有疑问应及时提出。沟通满意后，双方在不符合报告上签字确认。

（五）不符合报告的内容

内部审核评审组根据审核准则对收集到的审核证据进行评价，得出审核发现，审核发现包括符合或不符合审核准则。当发现不符合审核准则时，评审组应形成不符合报告。不符合报告的内容一般包括：被评审部门、审核日期、整改期限、不符合事实描述、不符合类型、不符合程度、依据文件/条款、纠正措施的验收方式、内审员的签字、被审部门对不符合事实的确认。下面选取较为重要的部分做进一步的说明。

不符合事实的描述是不符合报告中的关键内容，决定着不符合事实的指向，不符合事实描述产生偏差会使被审部门理解偏差，从而使被审部门所采取的纠正措施与不符合项偏离，最终导致无法达到内部审核的效果。所以在描述不符合事实时应该简明、准确陈述不符合现象，并且要有证实不符合的客观证据，保证不符合事实的可重查性和可追溯性。

（1）简明、准确描述不符合事实

①准确、客观地描述不符合事实，包括发现不符合事实的审核方式，事实发生的时间、地点、事件过程等。

②不符合事实描述应采用专业术语，如CNAS-CL01:2018《检测和校准实验室能力认可准则》及实验室认可的规则文件以及ISO/IEC 17000和VIM中给出的术语等。

③应尽量使用中性词汇，不使用"非常、极其、十分、严重"等表示程度的形容词及夸张的语言描述。

④就事论事，不扩大不符合的事实范围。

（2）证实不符合的客观证据

在描述不符合事实时，应将能证实不符合事实的客观证据描述清楚，如不符合涉及的文件名称、编号、版次，产品/服务/项目/方法的名称、编号、标识，设备的名称、编号、放置地点，记录的名称、编号、标识、时间，人员的工号、姓名缩写、职位、岗位等，应确保不符合描述具有可追溯性。

（六）不符合报告的样式

在实际运用中，通常将不符合报告与纠正措施报告合并使用，形成不符合纠正措施报告，以记录完整的不符合整改过程（见表5-6）。

表5-6 不符合纠正措施报告

纠正措施报告			
			报告编号：
发出人		不符合责任部门	
发出日期		整改期限	
不符合的来源：□ 内部审核　□ 外部审核　□ 客户投诉　□ 质量监督/监控 □ 结果报告审核　□ 其他 _____			
不符合分级：□ 严重不符合　□ 一般不符合			
不符合实施描述： 主要依据： □ CNAS-CL01：2018《检测和校准实验室能力认可准则》条款号_____ □《检验检测机构资质认定评审准则》条款号_____ □ 体系文件/标准：_____ □ 其他（特殊领域要求、客户要求）：_____			
内审员签字/日期：　　　　　　　　　部门负责人签字/日期：			
影响评价	□ 已经影响检测/校准结果 □ 需要暂停工作、扣发检测报告和校准证书　□ 需要通知客户取消工作 □ 需要追回已发出报告　　　□ 其他方式（在制定措施时具体说明） □ 未影响检测/校准结果		

续表

注：对可能影响实验室活动的不符合，应确认对结果的影响程度，并提供相应记录	
原因分析	
纠正措施制定	
分析/制定人： 责任部门负责人： 日期：	
审核措施	已找到根本原因，且制定的措施合理，可实施纠正/纠正措施
	不符合发出人： 日期：
措施实施	实施措施后的输出材料（如修订的文件、整改的现场、培训的记录等）：
效果验证	验证方式：□现场评审 □文件评审 □其他_____
	验证评价：已在规定期限内完成纠正措施，且充分实施，能够有效消除不符合发生的原因，防止不符合的再次发生。
	验证结论：纠正和纠正措施基本有效，该不符合项（或潜在不符合项）正式关闭
	验证人： 审核人： 日期：

（七）不符合报告编写容易出现的错误

1. 事实描述过于简单、笼统

如"报告信息不全面"，指的是哪份报告，报告编号是什么，哪方面的信息不全。这种描述过于宽泛，无法确定不全的指向。正确的描述应为："查编号为×××的报告，缺少××信息。"

再如"人员档案不完整"，是指某位人员还是某岗位人员或者是所有人员，档案不完整是缺少了什么材料，都应该清楚描述。正确的描述应为："查某工号某岗位人员的人员档案，未能提供某操作的培训记录。"

2. 条款判定不准确

"发现编号为×××的速冻水饺样品储存于冷藏冰箱，温度为3℃，未按包装袋上的要求存放于-18℃的环境中，不符合CNAS-CL01:2018:2018 6.3.3。"此项不符合是样品的储存条件不满足要求，不能判在"设施和环境条件"中，而应该判在"检测或校准物品的处理"中，所以案例应为不符合CNAS-CL01:2018:2018 7.4.4。

这主要是内审员未能运用不符合项判定原则对条款进行判定，导致判定不准确。这就需要内审员加强对法律法规、CNAS-CL01:2018《检测和校准实验室能力认可准则》和实验室认可的规则文件以及公司体系文件的学习，熟悉条款内容，并且灵活运用不符合项判定原则，提升不符合判定的准确性。

3. 用语不贴切

"查食品实验室优级纯盐酸试剂的验收记录，未发现主含量及影响检测结果的主要金属元素的含量的检测记录。"在描述证实不符合的证据时，应使用"未提供""提供不出""无""没有""缺少"等用语，表示实验室的不符合，而不是使用"未查出""未找到""未发现"等与内审员责任相关的用语。另外，不符合描述涉及人员时，应用工号或职务代替人员的姓名。正确的描述应为："查食品实验室优级纯盐酸试剂的验收记录，缺少主含量及影响检测结果的主要金属元素的含量的检测记录。"

4. 主观臆断

如"实验室只配备了1名授权签字人""食品实验室的记录未永久保存"。内审员不应不依照客观实际情况，只凭主观对不符合事实做出判断。不符合事实判定应立足于审核依据，不应以自己部门或自己的经验作为判断依据。案例中的要求都超出法律法规、评审准则等文件的规定。

5. 多项不符合事实合并描述

对于涉及同一要素同一条款的不符合可以合并描述，但是不同条款的不符合不适合一起描述，会导致条款判定不清晰，不便于被审部门采取纠正措施。如"GB 31604.3—2016《食品安全国家标准 食品接触材料及制品树脂干燥失重的测定》验证材料中缺聚苯乙烯树脂确认记录""GB/T 20769—2008中醚菌酯验证材料中缺少检出限内容"，二者都属于方法验证的不符合，同时不符合CNAS-CL01:2018 7.2.1.5的要求，可将两个不符合事实合并描述。

6. 不符合报告变成建议书

程序文件中部分引用文件名称已变更，虽然通过文件编号可以追溯，但建议及时更新程序文件。内部审核旨在发现不符合的证据，并及时采取纠正措施，使实验室活动符合要求，不符合项的改进建议可以在审核过程中沟通或在末次会议中提出，而不应在不符合报告中陈述。

7. 不符合报告不突出重点

"实验室于2020年12月21日组织了《中国药典》2020版四部通则第五法的培训，培训讲师为李某，有11名受训人员，受训人员都在签到表中签到，经过一天的培训后，培训活动结束。实验室没有培训考核记录。"这是一种流水账式的描述方式，这种描述方式会使不符合报告烦琐，无法突出重点，难以对条款进行判定，也不便于实施纠正措施。正确的描述应为：实验室未能提供《中国药典》2020版四部通则第五法的培训考核记录。

（八）得出内审结论

在末次会议前需要准备审核结论。审核结论是内审组考虑了审核目的和所有审核发现后得出的审核结果。在末次会议，内审组应评审审核发现，符合准则的发现可作为管理体系有效运行的依据；对不符合准则的发现，要求相关部门改进。

由于内部审核采取的是抽样审核，因此审核有一定的局限性，对于所有的审核发现和相关信息，内审组应进行全面的汇总、分析、评价，应当组织内审组成员充分讨论，达成一致的审核结论。审核结论一般包括以下内容：

① 管理体系与审核准则的符合程度，包括管理体系满足其目标的有效性；

② 管理体系的有效实施、保持的评价和改进意见；
③ 管理评审过程在确保管理体系的适宜性、充分性、有效性和持续改进方面的作用；
④ 审核组履行审核的情况，如审核目标完成情况、审核范围覆盖情况等；
⑤ 如有需要，还应对审核后续活动进行计划或规定，审核不符合报告纠正措施的跟踪活动等。

七、召开末次会议

现场审核结束后，应召开末次会议。会议由内审组长主持，参加对象为内审组全体成员、受审核方管理层和其他合适的人员。会议应简短明了，时间一般控制在0.5~1小时。

1. 末次会议的目的

①向受审核方介绍审核情况；

②宣布审核结论；

③提出后续工作要求；

④纠正措施跟踪验证等；

⑤澄清或回答受审核方提出的问题。

2. 末次会议主要内容

①表示感谢；

②重申审核目的、范围、准则；

③审核综述；

④宣读不符合报告，不符合事实确认；

⑤说明审核抽样的局限性；

⑥宣布现场审核结论；

⑦提出纠正措施及跟踪验证要求。

末次会议后，应该完成内部审核现场情况报告，对本次现场内部审核进行总结和报告。当然，根据实验室的实际情况，末次会议后也可在完成不符合项整改报告后进行审核情况总结，即对不符合项的发生进行原因分析，针对原因制定和实施纠正措施计划，对实施纠正措施的效果进行评价，并将审核情况的总结报告输入管理评审。

第四节 内部审核的后续活动

内部审核现场审核环节结束后，被审核部门应对内审中发现的不符合做出应对，评价是否需采取措施以消除产生不符合的原因，制定并实施纠正措施，对纠正措施实施情况进行跟踪验证以及审核结果的利用。这些工作的落实直接关系到内审工作的成效，是完善质量风险管理体系的重要组成部分，也是提高质量风险管理工作水平的有效途径。实验室要把内审实施过程和内审后续活动放在同等重要的位置，充分发挥内审工作的全部功效，持续完善质量风险管理体系。

一、不符合的应对

当不符合发生后，实验室应进行充分的影响评价，要考虑问题的广度及深度，是严重不符合还是一般不符合，是否影响了实验室活动结果，充分评价不符合对受审核部门或者客户的影响程度，以便采取合适的措施隔离或控制问题。必要时应停止工作，扣发报告或证书；通知客户不符合的影响，追回已发出的报告等，以防止影响扩大，并马上采取纠正或纠正措施。当事实证明不符合不会再发生时，可批准恢复工作。

【案例】编号为×××的高压灭菌锅上次校准日期为2018年4月5日，已过期未再次送校，不符合《评审准则》附件4 2.11.2 23）、CNAS-CL01:2018 6.4.6、设备管理程序。需要对编号为×××的高压灭菌锅申请停用，粘贴停用标识；检查超期后出具的报告，评估影响，必要时追回报告；采取纠正将编号为×××的高压灭菌锅送检。

二、消除产生不符合的原因

评审和分析不符合，确定不符合的原因，避免其再次发生或者在其他场合发生。在不符合的整改中，原因分析是否准确决定了后续纠正措施是否有效，所以原因分析非常重要，内审员和受审核方应掌握好原因分析的方法，以帮助找到不符合的根本原因。常用的分析方法有5WHY分析法、鱼骨图法、"80/20法"等。

（一）5WHY分析法

5WHY分析法是一种探索问题原因的方法。5WHY不代表问5个问题，而是对一个问题连续发问，从不符合项出发向前反推事件发生的原因，第一层"为什么"的答案可能是问题的表象，第二层"为什么"可能获得问题的直接原因，再多问几次"为什么"就可能得到问题的根本原因。在连续发问的过程中，每一个"原因"都会紧跟着另外一个"为什么"，直到问题的根源被确定下来。

在使用5WHY分析法进行原因分析时，第一步是陈述要分析的不符合，陈述所发生的问题和相关信息要清晰、明了，让有关人员清楚要分析的问题，即便是不熟悉该类问题的人员。因为只有与该类问题相关的人员才更了解问题的本质，清楚问题发生的原因，否则就如盲人摸象，只能以个人认知的部分信息分析问题，无法找到问题的根本原因。第二步是连续提问"为什么"，从表面原因一直问到深层次的原因，直到识别出问题的根本原因。检验是否找到根本原因的方法，就看这个原因解决后这个问题是否会再次发生，如果不会再次发生，就是找到了根本原因，否则仍需继续寻找根本原因。

（二）鱼骨图法

鱼骨图又称因果图、石川图、特性要因图等，是一种发现问题要因的方法，是1953年日本川崎制铁公司质量管理大师石川馨为了寻找产生某种质量问题的原因而首创的。"鱼头"代表问题或缺陷，鱼骨上的鱼刺表示产生问题的可能原因，鱼骨图有助于说明各个原因之间如何相互影响（见图5-5）。

假设在实验室中发现某月某日检测员李某在做的现场试验项目饮用水中铬质量的考核结果不满意，这就是鱼骨图中的"鱼头"。造成这个问题的原因可以从人、机、料、法、环、测6个维度考虑，6个维度画成"鱼"的"大骨"；接着继续按"大骨"的6个维度思考原因，所产生的原因形成了"中骨"。从人员方面思考，造成饮用水中铬质量的考核结果不满意的可能是人员操作失误，也可能是标准曲线配制错误；从机器（设备）方面找原因，可能是设备出现故障、设备未校准、设备参数设置错误等；在材料方面，更换供应商、使用替代材料、试剂过期等都会影响测试结果；在方法方面，可能存在使用过期方法、基质不适用等问题；在环境方面，造成问题的原因主要是环境条件不满足要求、样品在前处理环节被污染等；在检测方面，会存在取样量不足、前处理步骤偏离、未做平行等原因。

"中骨"找出来了，可以再深入思考造成"中骨"的原因，形成"小骨"，比如：什么原因造成人员操作手法错误？答案是没有培训；设备为什么会发生故障呢？原因是没有设备点检。可以按这种方式继续分析原因，直至找到该维度的根本原因，形成了完整的鱼骨图。最后，从鱼骨图的多个维度中找到产生问题的最主要的原因，采取对应的措施。

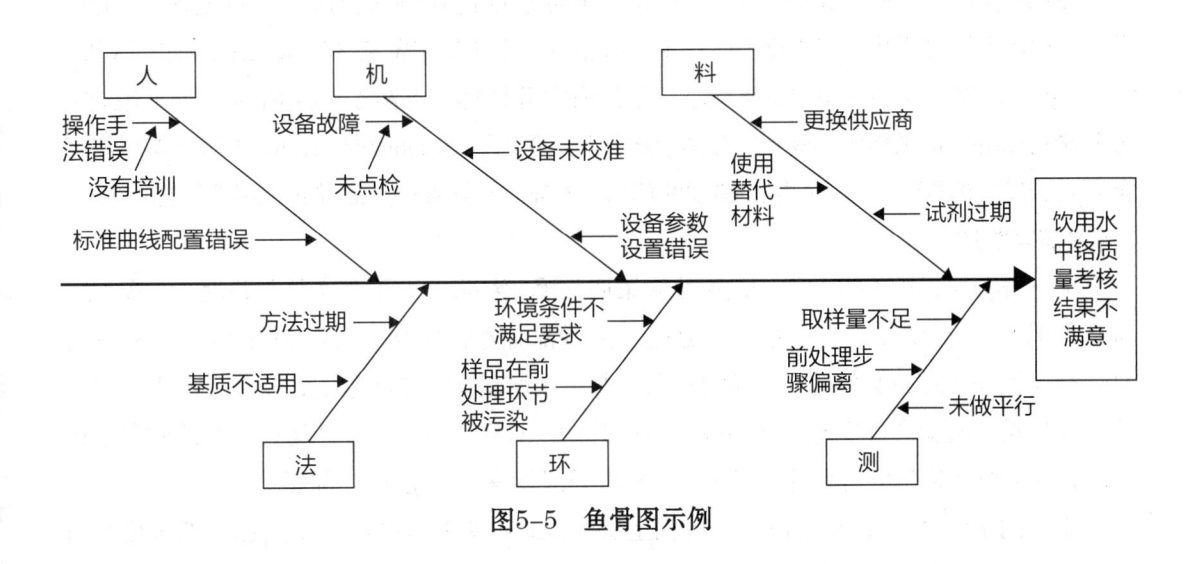

图5-5　鱼骨图示例

（三）"80/20法"

在生活中存在大量"80/20现象"，如企业80%的产品被20%的客户消化，80%的交通事故由20%的驾驶员引发。这揭示了一个道理：大部分的结果、产出或收益通常来自小部分的原因、投入和努力。

将"80/20法"运用到不符合项的原因分析中，即80%的不符合项一般集中在20%的问题点上。所以，在寻找不符合项的原因时，应侧重抓关键、抓重点，弄清20%的问题点，采取有效的措施，重点突破，进而以重点带全面，取得实验室质量管理的整体提升。这种方式也可运用在评审报告中以分析产生各不符合项的原因集中在哪些条款，以此发现普遍性问题，分析原因，采取措施，系统地、集中地、全面地解决问题。

以上原因分析方法不是孤立存在的，实际使用中往往交叉。比如，可以用5WHY法全面分析，找到鱼骨图中"大骨""中骨""小骨"，并结合"80/20法"弄清关键点，找到突破口，从众多的原因中抓住根本原因。

三、纠正措施的制定与实施

（一）纠正措施的制定

1. 纠正措施

纠正措施是针对问题产生的原因制定的措施，其制定是纠正措施过程最重要的一步，决定了发现的不符合是否能在根本上得到解决。如当原因分析发现不符合的产生是由于文件缺少规定时，纠正措施的第一步是新建或修订文件，补充缺失的内容，第二步培训，针对文件新增或变化内容，要求相关人员学习掌握。

2. 风险控制措施

就已发生不符合的活动举一反三，能将使用同类工作方式造成的错误一并发现，一并整改，避免留下历史问题。要注意不应扩大核查范围，比如某实验室区域未记录温湿度情况，应举一反三核查由该员工负责的区域近三个月内的温湿度记录情况，而不是核查整个实验室几年来的温湿度记录情况。核查的范围应选择与不符合最相关的同类活动，同时要考虑能降低不符合发生的风险，但又不增加整改的负担。核查应有核查检查表并且保留核查记录。

3. 整改监督

在不符合纠正措施报告中一般整改到第四步骤就结束了，但其实整改并没有结束，整改后的活动运行得如何，是否持续性运行，这些都需要后续跟踪。例如整改中涉及修订文件，部门就需要对新文件的实施情况进行监督。了解新文件是否落实，新文件是否适用，实际运作是否按新文件实施。在整改后一段时期内对整改后的活动的运行情况的监督很重要，能了解整改措施的有效性，对无效的整改及时调整，不至于一错再错。

【案例】编号为×××的高压灭菌锅上次校准日期为2018年4月5日，已过期未再次送校，不符合《评审准则》附件4 2.11.2 23）、CNAS-CL01:2018 6.4.6、设备管理程序。

原因分析：设备管理员为新进人员，缺少设备管理程序培训，导致超过设备校准日期未送校。

措施制定：见表5-7。

表5-7 纠正措施制定

步骤	措施
1.隔离/控制问题	1.编号为×××的高压灭菌锅申请停用，粘贴停用标识；检查受影响的报告
2.纠正	2.将编号为×××的高压灭菌锅送检
3.纠正措施	3.将该设备纳入检定/校准方案 4.对设备管理员进行《评审准则》附件4 2.11.2.23）、CNAS-CL01:2018 6.4.6及设备管理程序培训
4.风险控制措施	5.对实验室内其他设备校准状态进行核查
5.整改后监督	6.监控设备管理员后续工作是否按新的检定/校准方案实施

（二）纠正措施的实施

WBS法也称为工作分解结构（Work Breakdown Structure），是以可交付成果为导向的工作层级分解。也就是说，为了实现项目目标，获得工作成果，可将项目按一定的规则层层分解，项目分解成任务，任务分解成工作，工作落实到每个人，以此类推，直到无法分解为止。WBS分解满足横向到边、纵向到底的原则。从横向看，每个层级的分类要不重复、不遗漏，更不能出现多余分类；从纵向看，WBS分解的层次要足够细，分解到底，以便分配和控制工作。WBS法每向下分解一个层次，就意味着项目的定义更深入了一步，项目内容更详尽、细致。WBS法中每一项工作都必须只有一个负责人，并且应有交付物也就是工作成果体现项目完成。在日常工作中会经常运用WBS法，只有将任务分解得足够细、足够清晰，才能有条不紊地工作，才能统筹全局，充分利用人力、物力和财力资源，把握项目的进度。

不符合描述同样是：编号为×××的高压灭菌锅上次校准日期为2018年4月5日，已过期未再次送校。

原因分析：设备管理员为新进人员，缺少设备管理程序培训，导致超过设备校准日期未送校。

纠正措施及措施实施记录：见表5-8。

表5-8 纠正措施及措施实施记录

纠正措施	措施实施记录
1.编号为×××的高压灭菌锅申请停用，粘贴停用标识；检查受影响的报告	1.停用申请表、标识；报告核查记录和回收记录（必要时）
2.将编号为×××的高压灭菌锅送检	2.检定证书、结果核查表
3.修订"检定/校准方案"	3.新检定/校准方案
4.对设备管理员进行《检验检测机构资质认定评审准则》2.11.2 23）、CNAS-CL01:2018 6.4.6及设备管理程序培训	4.培训记录及考核记录

续表

纠正措施	措施实施记录
5. 对实验室内其他设备校准状态进行核查	5. 设备核查记录表
6. 监控设备管理员后续工作是否按新检定／校准方案实施	6. 监控记录

四、纠正措施的效果验证

受审核部门针对所有不符合采取纠正措施后，纠正措施的实施情况及有效性经内部审核评审组验证后，方可关闭不符合。

（一）验证方式

内部审核评审组应跟踪纠正措施的实施情况，评价纠正措施的有效性，发现问题及时反馈。纠正措施实施完成后，内审员应对纠正措施完成情况进行验证。验证的方式有现场评审、文件评审、下次评审、质控图等。

①现场评审侧重验证现场不符合，需内审员到现场进行复审，这种方式一般用于发现严重不符合或只有到现场才能验证的一般不符合。

②文件评审侧重验证文件类不符合，对整改部门提交的整改佐证材料进行书面验证，一般用于一般不符合或不符合项较少的部门。

③下次评审一般用于纠正措施对体系的运行影响不大，在短时间内无法完成而又确定了有效的整改计划的不符合项，可先验证计划的可行性，安排下次内部审核时一并验证。

④质控图侧重于验证后续不符合是否不再发生，纠正措施是否持续有效，一般适用于技术验证。图5-6-1有三条平行于横轴的直线以及按时间顺序排列的描点序列。三条直线为中心线（CL）、上控制线（UCL）和下控制线（LCL），统称为质控线。如果质控图中的描点落在UCL与LCL之外或描点在UCL和LCL之间的排列呈现为不随机，就表明过程异常。从图5-6-2、图5-6-3中营养元素钠质控情况可以看出，质控图中的描点落在UCL与LCL之外，所以质量控制存在异常情况，也就是说纠正措施不够彻底，未找到根本原因，须重新进行原因分析、实施纠正措施。

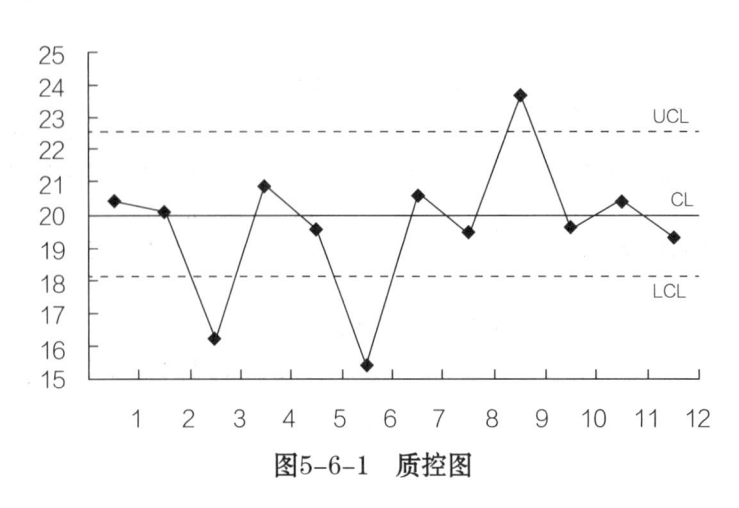

图5-6-1　质控图

营养元素钠质控图									
组别：无机组　质控项目：钠　　　质控方法：GB/T 5009.91—2003、GB/T 5009.91—2017第一法									
仪器/编号：原子吸收光谱仪××××　　　质控样品名称及编号：牛肉粉××××									
质控样品标准值：4.71±0.22g/kg　　　质控时间：2017年9月1日—10月12日									
营养元素钠质控数据表									
	平均值 $\bar{x}$	4.77	标准偏差s	0.14	相对标准偏差RSD	2.99	质控次数n	29	
序号	日期	质控数据	平均值 $\bar{x}$	$\bar{x}+s$	$\bar{x}-s$	$\bar{x}+2s$	$\bar{x}-2s$	$\bar{x}+3x$	$\bar{x}-3s$
1	9-1	4.83	4.77	4.91	4.62	5.05	4.48	5.19	4.34
2	9-2	4.87	4.77	4.91	4.62	5.05	4.48	5.19	4.34
3	9-3	4.85	4.77	4.91	4.62	5.05	4.48	5.19	4.34
4	9-4	4.72	4.77	4.91	4.62	5.05	4.48	5.19	4.34
5	9-5	4.82	4.77	4.91	4.62	5.05	4.48	5.19	4.34
6	9-6	4.83	4.77	4.91	4.62	5.05	4.48	5.19	4.34
7	9-7	4.88	4.77	4.91	4.62	5.05	4.48	5.19	4.34
8	9-8	4.88	4.77	4.91	4.62	5.05	4.48	5.19	4.34
9	9-9	4.80	4.77	4.91	4.62	5.05	4.48	5.19	4.34
10	9-10	4.69	4.77	4.91	4.62	5.05	4.48	5.19	4.34
11	9-11	4.72	4.77	4.91	4.62	5.05	4.48	5.19	4.34
12	9-12	4.72	4.77	4.91	4.62	5.05	4.48	5.19	4.34
13	9-13	4.71	4.77	4.91	4.62	5.05	4.48	5.19	4.34
14	9-14	4.87	4.77	4.91	4.62	5.05	4.48	5.19	4.34
15	9-15	4.71	4.77	4.91	4.62	5.05	4.48	5.19	4.34
16	9-16	4.69	4.77	4.91	4.62	5.05	4.48	5.19	4.34
17	9-17	4.65	4.77	4.91	4.62	5.05	4.48	5.19	4.34
18	9-18	6.20	4.77	4.91	4.62	5.05	4.48	5.19	4.34
19	9-19	4.83	4.77	4.91	4.62	5.05	4.48	5.19	4.34
20	9-20	4.89	4.77	4.91	4.62	5.05	4.48	5.19	4.34
21	9-21	4.66	4.77	4.91	4.62	5.05	4.48	5.19	4.34
22	9-22	4.69	4.77	4.91	4.62	5.05	4.48	5.19	4.34
23	9-23	4.60	4.77	4.91	4.62	5.05	4.48	5.19	4.34
24	9-24	4.84	4.77	4.91	4.62	5.05	4.48	5.19	4.34
25	9-25	4.38	4.77	4.91	4.62	5.05	4.48	5.19	4.34
26	9-26	4.80	4.77	4.91	4.62	5.05	4.48	5.19	4.34
27	9-27	4.80	4.77	4.91	4.62	5.05	4.48	5.19	4.34
28	9-28	4.60	4.77	4.91	4.62	5.05	4.48	5.19	4.34
29	9-29	4.79	4.77	4.91	4.62	5.05	4.48	5.19	4.34

图5-6-2　营养元素钠质控数据

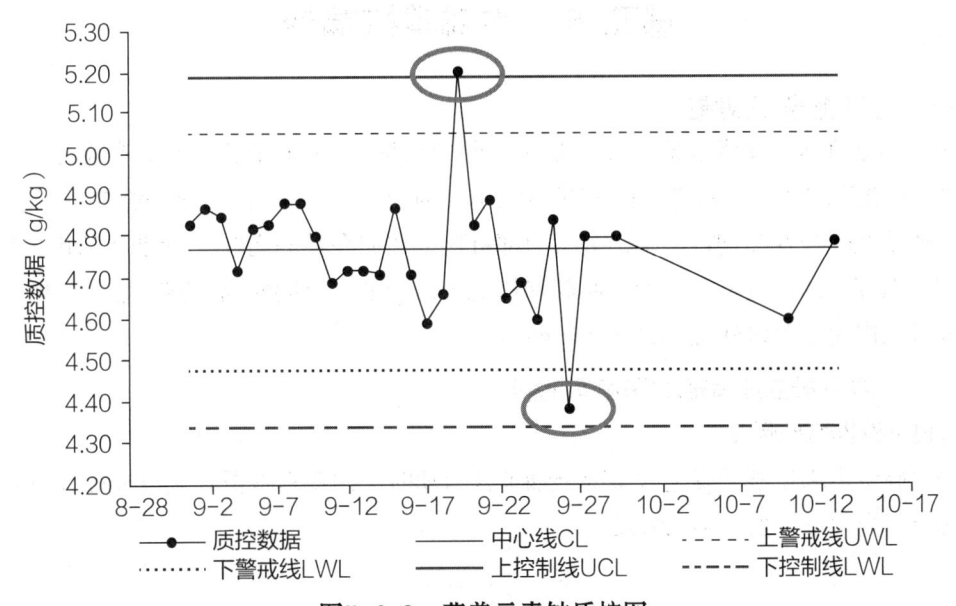

图5-6-3　营养元素钠质控图

（二）验证内容

无论是采取现场评审、文件评审、下次评审，还是采取质控图验证，内部审核评审组对受审核部门不符合项进行跟踪验证时，须重点关注以下内容：

1. 原因分析

受审核部门对不符合进行的原因分析是否正确，是否确切地找到了问题的根源。

2. 措施制定

针对不符合的原因所采取的纠正措施是否具备可行性、合理性和有效性：

①纠正措施是否针对产生不符合的原因；

②纠正措施是否能防患于未然，是否能避免同类问题的发生。

3. 实施及效果

①措施是否在规定期限内完成；

②措施是否得到了充分的实施；

③措施的实施是否能够有效消除不符合产生的根源，是否能够有效杜绝不符合再次发生；

④实施情况是否有记录可查。

（三）验证记录

内审组针对不符合项进行跟踪验证后，应在"不符合纠正措施报告"的"效果验证"中评价其有效性，并做出验证结论，若验证结论有效，不符合项关闭；若验证结论为纠正措施失效，则应补充执行纠正措施，直至不符合项效果验证为有效，不符合项关闭。对于验证后的不符合纠正措施报告及对应的纠正措施实施记录，受审核部门应予以保留。

第五节　内部审核报告

一、内审报告的编制

实验室按照内部审核方案（和/或内部审核计划）完成审核后，质量负责人应组织内部审核工作组织部门（一般为质量管理部门）和内审组长，对内部审核的实施情况及实验室管理体系的运行情况进行总结，分析内部审核工作中存在的问题，识别内部审核工作或实验室管理存在的改进机会，形成内部审核报告，为下一年度内部审核方案的策划提供依据，同时也作为管理评审输入的支撑材料。

（一）内审报告编写形式和编写时机

1. 内审报告编写形式

当实验室内部审核方案包含多次内部审核活动时，内部审核报告应包括单次内部审核报告和年度内部审核报告两种形式。

2. 内审报告编写时机

根据CNAS-GL011：2018《实验室和检验机构内部审核指南》9.3"审核结束后，应当编制最终报告。报告应当总结审核结果，并包括以下信息：……h）商定的纠正措施及其完成时间，以及负责实施纠正措施的人员；i）采取的纠正措施；j）确认完成纠正措施的日期；k）质量负责人确认完成纠正措施的签名"，内部审核报告编写的时间节点应为纠正措施验证有效后。

实验室往往会在末次会议后、纠正措施实施之前编写报告，该报告仅是内部审核实施的总结报告，并对纠正措施实施要求予以规定。建议实验室在完成纠正和（或）纠正措施实施及验证有效后，将其作为补充内容，形成最终的内部审核报告。实验室可结合实际情况自行选择内审报告的编写时机。

（二）内审报告编制要点

内部审核报告应完整、准确、简明和清晰，在编写时应包括以下要求：

1. 审核目的

内部审核的目的一般包括两个方面，即确保管理体系及实验室活动的符合性和有效性。实验室应依据内部审核方案（和/或内部审核计划）中已设定好的内部审核目的进行编写。各次内部审核目的因其审核范围和审核准则的不同，会存在一些区别，但每次内部审核的目的均应围绕内部审核方案的总目的。

比如当实验室的内审方式是滚动式审核时，某一次的内部审核只是针对某部门的部分要素进行审核，审核目的则应是确认该部门在这些要素中实验室活动的符合性和有效性；或者当实验室某次的内部审核只是针对某一相关政策和要求变化时，审核目的则应是确认该实验室是否符合新政策和要求及其是否有效落实。

2. 审核范围

实验室应依据内部审核方案（和/或内部审核计划）中已设定好的内部审核范围进行编写。内部审核范围可采取集中式一次性覆盖所有部门、要素及活动等，也可在采取滚动式在年度内覆盖全面。

内部审核范围一般包括被审部门、审核要素、审核活动、审核覆盖的时期等。审核范围界定了审核的内容和界限。

① 被审部门：有时是管理体系下的所有部门，有时仅是某一个部门。

② 审核要素：一般以内部审核方案（和/或内部审核计划）中确定的审核要素为准，但也需结合审核过程中的实际情况而定；有时审核要素会因实验室某部门职责变动而略微调整。

③ 审核活动：包括固定场所和非固定场所的活动，或者更为细分至具体某一功能区的活动。

④ 审核覆盖的时期：一般为上次内部审核到本次内部审核之间，或者某一新要求开始实施到本次内部审核之间。

3. 审核准则

实验室应依据内部审核方案（和/或内部审核计划）中已设定好的审核准则进行编写。审核准则一般包括实验室相关的法律法规、认证认可准则（如检验检测领域的通用及专用要求）、自身管理体系文件、检验检测标准/方法/规范和技术文件、标书及合同等。

4. 审核过程综述

实验室应依据内部审核活动的实际实施情况，对审核过程进行综合阐述，一般包括但不限于审核成员及分工、审核日期、被审区域、被审区域情况等。

① 审核分工：一般内审组成员及分工与内部审核方案（和/或内部审核计划）保持一致，内部审核现场因特殊原因调整除外。

② 审核日期：如内部审核实施时将文件审核和现场审核交叉开展，则需要分别表述；如文件审核和现场审核在同一时间段开展，则可表述总时间段。

③ 被审区域：一般需要表述被审核的实际位置。

④ 被审区域情况：一般需要概述采取哪些审核方法，对被审区域哪些位置、人员、文件、记录等进行了审核。

5. 内部审核发现

实验室应按照内部审核末次会议上经内审组与被审部门双方确认的审核发现的结果编写。内部审核发现包括体系运作的良好实践、不符合项和观察项。

① 体系运作的良好实践：一般采取叙述形式，就审核过程中发现被审部门做得比较好的方面进行简述。

② 不符合项和观察项：一般分别采取表格形式，将事实描述、对应的文件条款、责任部门等一一列明（见表5-9）。

表5-9　不符合项清单

责任部门	对应的文件条款	事实描述
业务部	CNAS-CL01:2018 7.1.2；《合同管理程序》（实验室内部文件）6.2.2	样品编号为*****，检测人员发现检测方法不适用，业务人员告知直接更换其他检测方法

6. 内部审核结论

实验室应依照内部审核方案（和/或内部审核计划），结合已经确认的内部审核发现，对管理体系做出综合评价。

（1）管理体系的符合性、体系运行的符合性和有效性评价

实验室应结合每次内部审核的结果，总结当期管理体系的情况，对管理体系的符合性、体系运行的符合性和有效性进行评价。

（2）内部审核的目标是否实现

实验室每次内部审核均有不同的审核目标，须结合审核结果，判断内部审核特定目标是否实现。

（3）内部审核是否覆盖审核范围

单次内部审核报告须对照内部审核计划，判断本次审核所涉及的内部审核范围是否与审核特定目标相对应。年度内部审核报告须对照内部审核方案，总结年度内部审核范围，判断是否覆盖全面。

（4）内部审核发现的不符合项、观察项的分布及趋势分析

1）不同维度分类、汇总

实验室可对不符合项和观察项从责任部门、要素、不符合类型等维度进行分类汇总，形成矩阵式表格（见表5-10、表5-11、表5-12）。

表5-10 责任部门维度

责任部门	不符合项数量	观察项数量
业务部	5	2
客服部	1	5
检测室1	3	2
检测室2	8	1

表5-11 要素维度

要素	不符合项数量	观察项数量
6.2	5	2
6.4	1	5
7.2	3	2

表5-12 不符合类型维度

不符合类型维度1		不符合类型维度2	
不符合类型	数量	不符合类型	数量
严重不符合	1	体系性不符合	1
重大不符合	3	实施性不符合	3
一般不符合	10	效果性不符合	10

2）横向比较

实验室可将收集到的不符合项或观察项数据绘制成分布图，展示不同维度下的分布情况，以便能直观分析出不符合项或观察项主要集中分布于哪几类，方便相关部门有重点地改进。

例如按责任部门维度分布（见图5-7），不符合项和观察项主要集中于检测室2，其次是业务部。

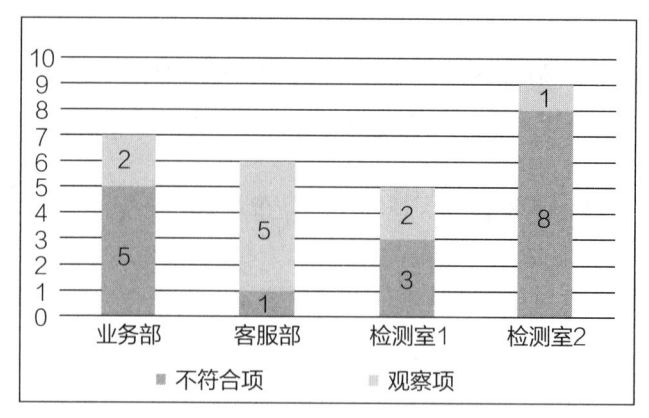

图5-7 责任部门维度分布

例如按要素维度分布（见图5-8），不符合项主要集中于要素6.2，其次是要素7.2；观察项主要集中于要素6.4。

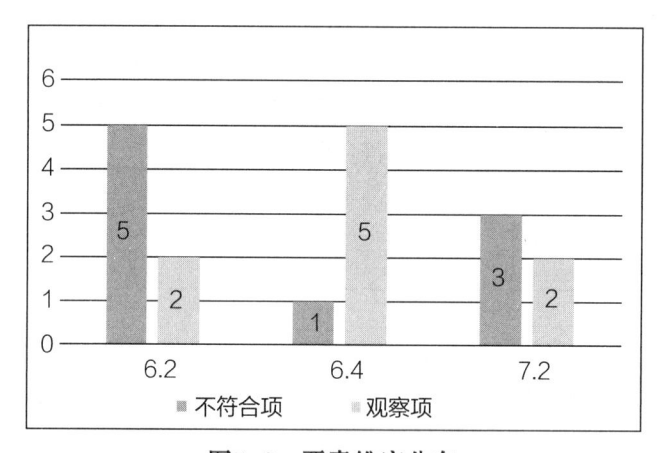

图5-8 要素维度分布

例如按不符合项类型维度分布（见图5-9），不符合项主要集中于一般不符合类和效果性不符合类。

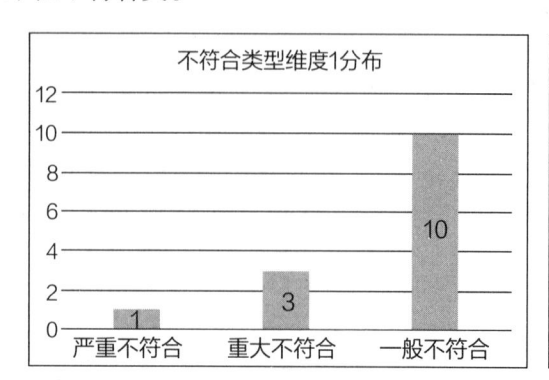

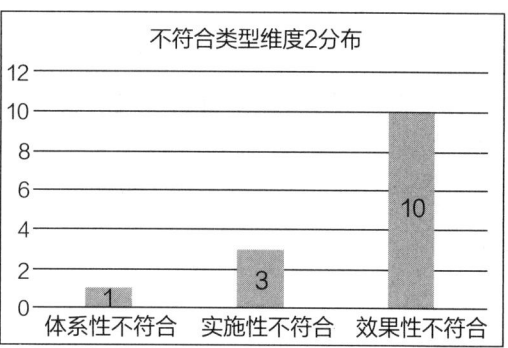

图5-9 不符合类型维度分布

3）纵向比较

实验室可了解以往内部审核结果的分布及分析情况，纵向对比、分析其发展趋势，判断管理体系改进的效果。

例如按要素维度分布，不符合项主要集中于要素6.2、7.2，上一年度主要集中于要素6.2、6.4，可判定管理体系上一年度在要素6.2方面改进效果不佳，在要素6.4方面改进相对有效，在要素7.2方面暴露出新的问题。

7. 改进建议

（1）下次内部审核的建议

实验室应结合内部审核实施过程存在的问题和改进机会，对下次内部审核的策划与实施提出改进的建议，以期持续改进内部审核工作。例如对年度内部审核方案落实情况、内审员工作能力等情况的评价，并给出适当的建议。

（2）管理体系和过程的改进建议

实验室应结合以上内部审核结果的分布及趋势分析，对管理体系运行提出改进的建议，如修改管理体系文件、增加人员培训等，以期持续提升质量管理水平。

8. 纠正措施与验证

实验室应对不符合项所采取的纠正（和／或纠正措施）及其实施人员、纠正（和／或纠正措施）的验证情况、观察项的处置结果进行总结。

9. 内部审核确认意见

实验室内审报告编制完成后，应由质量负责人对内部审核工作进行签字确认，并给出相关意见。

二、内审结果的利用

内审结果用来评价整个质量管理体系与审核准则的符合程度，评价各项活动与实验室自身管理要求的符合程度，评价管理体系实施的有效性，以及识别实验室的风险和机遇等。

（一）识别改进机会，实现持续改进

质量管理体系是以过程方法为基础的，每一个过程可以理解为一个"P—D—C—A"循环，审核作为其中的检查环节，使每一次循环都是在发现问题、识别改进的机会，从而解决问题和总结经验的基础上实现质量管理体系的持续改进。相比于以评价为目的的外部审核，内部审核更关注发现问题，对持续改善具有更强的推动力，因此可以充分利用内部审核实现自我改进。

（二）风险管理的切入点

ISO/IEC 17025:2017《检查和校准实验室能力的通用要求》将风险理念贯穿始终，建立了基于风险思维的管理体系。基于风险的思维已然成为管理的内核，而内部审核本身就是风险管理的切入点。有以下两种方式可以考虑：

①实验室内部审核的方案设计本身就可以基于风险因素考虑，包括检验检测过程或

活动引入的风险及控制结果（人员、设施环境、设备、方法、样品、记录、质控、报告等），以及内外部环境变化等（政策、客户、新技术、组织架构、工作量等），通过审核结果可以确定是否存在风险，或者已经发生不符合项，针对风险和不符合采取应对措施。

②实验室可以通过横向比较对不符合项和观察项从责任部门、要素、不符合类型等维度进行分析，发现不符合的分布，如关注严重不符合数量多的部门，要素；通过纵向比较以往内部审核结果的分布及分析情况，分析其发展趋势，如某一要素的不符合突然增加，如某部门不符合要素多，数量呈现递增的趋势等。实验室可以通过不同维度的数据分析原因，识别实验室的风险，通过后续评价结果制定控制措施，从而预防或减少实验室活动中的不利影响和可能的失败。

第六节　内审员管理

公司的管理层都期望通过内部审核增强质量管理体系的运行的适宜性，以及识别公司风险，最终帮助公司实现质量管理体系的不断改进，所以内部审核的质量和效率非常重要。一支素质优良、熟悉标准、具有一定审核经验的内审员队伍是实验室的宝贵财富。内审员水平的高低、专业能力的强弱，将直接制约内审工作的质量，并影响质量风险管理工作的成效，所以实验室应该充分重视内审员的培养。

一、内审员资格能力要求

根据CNAS-GL011《实验室和检验机构内部审核指南》5.5"审核由具备资格的人员来执行，审核员对其所审核的活动应具备充分的技术知识，并专门接受过审核技巧和审核过程方面的培训"，内审员应具备资格和能力，熟悉相关的法律法规、检验检测业务、通用要求及相应领域的补充要求和管理体系要求，接受过审核方法和审核技巧等方面的培训。实验室应按照以上要求选拔符合要求的人员，并组织安排其参加必要的培训。如果实验室内部人员不能满足要求或者想要改善审核的效果，可以聘请外部人员参加内审。

二、内审员的培训

（一）首次培训

成为内审员需要经过培训并考核合格，可以参加由实验室内部组织培训，也可以参加外部培训机构组织的培训。培训的内容至少应包括如下内容。

1. 行业法律法规

国家质检总局163号令《检验检测机构资质认定管理办法》、市场监管总局令第39号《检验检测机构监督管理办法》，以及行业和地方的检验检测相关的法律法规等。

2. 审核准则

ISO/IEC 17025:2017标准、检验检测机构资质认定评审准则，以及相关应用领域的准则等。

3. 审核方法和技巧

包括如何策划内容（制定审核方案、编制检查表等），如何实施现场审核（审核思路和技巧、不符合描述和判定等），以及如何完成内审改进（不符合的验收等）。

（二）审核员能力维持培训

1. 定期培训

定期组织内审员对审核思路、审核方法、不符合案例、审核的难点等进行学习，有助于审核员加深对标准法规的理解，掌握审核方法和技巧，促进内审员的能力不断提升。实验室可邀请有经验的内审员介绍经验和技巧，促进内审员间的交流；还可定期派遣一批内审员外出学习，或者邀请审核专家开展内部培训，讲授先进的内审理念和方式。持续的培训可以帮助每一位内审员不断提升综合素质，模拟内审演练或内审实习等可以锻炼内审员的审核能力。

2. 不定期培训

当外部的法律法规、准则发生变化，内部体系文件有重大改版修订时，实验室都需要组织内审员快速熟悉新的内容，紧跟政策法规前沿，确保实验室的合规性。

（三）培训效果

为保证内审员的培训效果，每次培训后应该有考核。如果是内部组织的培训，可以设置理论考试，如果不能达到合格的分数线则需要重新修。

三、内审员的考核和评价

（一）建立内审员库

实验室可以将内审员按照学历、专业、工作年限、培训经历、审核经验等维度进行评估，将审核员分成不同的等级，并建立内审员信息库。质量部负责建立内审员库并保存内审员资质相关证明材料。质量部需要对内审员库进行定期更新，包括新增、重新评估等，确保内审开展时有充足的人力资源。

（二）资质考核及监控

实验室人员想要进入内审员库，需要经过资格评估，初次评估可以由个人申请，并提供所需的证明材料。质量部门依据内审员资格能力要求进行评估，包括学历／专业、专业工作年限，审核经历是否满足申请等级的要求，以及是否参加内审员培训并考核合格。评估合格者可以进入内审员库。

质量部需要每年根据审核员当年的审核结果对其进行监控，重新确认资格包括升级、降级和领域变化。审核组长和被审核部门对内审员的表现进行评分，评分维度可以包括审核准备、标准理解、审核能力、客观公正性、记录完整性等。质量部实时收集各次审核的评价表，对评价结果进行整理分析，如：当评价得分低于60分，取消其审核员资格，通知其重新参加培训和考核；评价得分低于70分，考虑降级；评价得分超过85分，推荐升级。

如果发现审核员连续几年不参加内审，可以取消其审核员资格。

（三）内审员的激励机制

为鼓励内审员更加积极地参与审核并不断提升自身审核能力，在公司内部形成正向氛围，可建立多种形式的激励机制，如针对审核员的等级设定补贴标准，奖金=审核天数×补贴标准×系数（系数与审核效果有关）。

除了常规补贴，可以每年评审优秀内审员，通过树立标杆引领其他审核员学习。优秀审核员的评奖维度可以包括不符合数量（尤其是严重不符合数量）、记录的完整性和准确性、审核态度、审核能力等

第六章

内部审核要点与难点

本章节将介绍内部审核要点与难点的实务内容,着重分析实验室在内审工作过程中的技术难点及要点,包含计量溯源性、方法选择、验证与确认,测量不确定度,检测结果的质量控制,合同评审等五个方面内容。本书结合虚假报告、不实报告、超范围出具报告、结果不准、客户投诉、出现严重不符合后果等应用场景,介绍内审员怎样采用内审方法或技巧去发现此类不符合,针对此类不符合及技术要点实验室怎样确定不符合项整改对策与途径等。本章是第三章及第五章的审核实务在技术方面的延伸,为各类检验检测机构在内部审核工作中解决实验室管理体系运行的技术难点等提供技术参考和指导。

第一节　计量溯源性

一、扩展基本概念与知识

（一）量值传递

量值传递指将国家计量基准所复现的计量单位的量值，通过检定或其他方式传递给下一等级的计量标准，并依次逐级传递到工作计量器具，以保证被计量的对象的量值准确一致。

量值传递的法定要求如下：

① 必须依据国家计量检定系统表；

② 必须按照计量检定规程进行；

③ 计量检定人员必须经计量考核合格，取得计量检定员证书；

④ 计量标准必须经计量检定合格；

⑤ 计量检定机构必须是政府设立或授权的法定计量技术机构。

量值传递的方式一般常用实物标准逐级传递（计量基准、标准）、发放标准物质、发布标准数据、发播标准信号和计量保证方案（MAP）等。

（二）量值溯源

量值溯源是指通过具有规定不确定度的不间断比较链，使测量结果或测量标准的量值与规定的参考标准（通常是国家测量标准或国际测量标准）联系起来。量值溯源是自下而上的自发过程，是量值传递的逆过程。

量值溯源的目的是确保所有检测和／或校准结果或标准的量值能最终溯源到国家基准或国际计量基准，以确保检测和／或校准结果准确可靠。量值溯源是国家（地区）相互承认测量结果的前提条件，也是测量结果有效性的基础。

（三）量值溯源／传递实现途径

实现量值溯源的方法主要有以下六种。

① 依据计量法规建立的内部最高计量标准（参考标准），通过校准实验室或法定计量检定机构所建立的适当等级的计量标准的校准或定期检定。

② 计量器具送至被认可的校准实验室或法定计量检定机构，通过使用相应等级的社会公用计量标准进行定期计量检定或校准实现量值溯源。

③ 计量器具按照国家量值溯源体系的要求，溯源至本部门本行业的最高计量标准，进而溯源至国家计量标准。

④ 工作计量器具的量值可直接溯源至工作基准、国家副计量基准或国家计量基准。

⑤ 当使用标准物质进行测量时，只要可能，标准物质必须追溯至SI单位或有证标准物质。

⑥ 当溯源至国家计量基准不可能或不适用时，则应溯源至公认实物标准或通过比对、能力验证等途径提供证明：

a. 使用具备能力的标准物质／标准样品生产者提供的有证标准物质的标准值；

b. 使用描述清晰的、满足预期用途并通过适当比对予以保证的参考测量程序、规定方法或协议标准的结果。

（四）实验室计量溯源性的实施

1. 实验室计量溯源性的识别

（1）设备检定的识别

强制检定指的是由政府计量行政部门所属的法定计量检定机构或授权的计量检定机构，对社会公用计量标准、部门和企事业单位使用的最高计量标准，用于贸易结算、安全防护、医疗卫生及环境监测四个方面列入国家强检目录的工作计量器具实行定点定期的一种检定。强制检定的计量器具必须同时满足两个条件：一是在中华人民共和国强制检定的工作计量器具明细目录内；二是使用的领域是贸易结算、安全防护、医疗卫生、环境监测。

（2）设备校准的识别

校准是企事业单位自愿的溯源行为，并非强制性的。企事业单位为满足自身的计量溯源性要求可以自行进行校准，也可以委托外部机构进行校准。除了检定之外的设备，为满足适用校准实验室配备满足正常检测或校准的设备，对报告结果的准确性或有效性有显著影响和／或为建立报告结果的计量溯源性的设备，包括辅助测量设备（例如用于测量环境条件的设备），在投入使用前应进行校准。

2. 建立实验室计量溯源性文件

实验室除了确定设备的计量溯源性外，应建立计量溯源性文件，如建立溯源图，使被计量器具的测量结果与适当的参考对象相关联，建立并保持测量结果的计量溯源性，也可以参考CNAS-CL01：2018《检测和校准实验室能力认可准则》中的资料性附录A提供建立计量溯源性文件的方法。

3. 制定实验室计量溯源性方案

依据CNAS-CL01-G002《测量结果的计量溯源性要求》的规定，实验室应对需检定／校准的设备制定检定／校准方案，方案应包括校准的参数、范围、测量不确定度要求和校准周期等内容，以便送校时提出具体而有针对性的溯源要求。

（1）检定／校准参数确定

检定参数的依据是检定规程规定的检定参数、量值误差范围，实验室不能自行确定检定参数。

校准参数应根据检测方法的要求确定。校准是按照设备的溯源途径和校准规程或其他经确认的校准技术文件所规定的校准条件、校准项目和校准方法，将被校准对象与计量标准进行比较和数据处理，将所获得的校准结果数据清楚明确地表达在校准证书中，故需要合理地根据检测方法要求确定校准参数。如GB 4789.2—2022《食品微生物学检验菌落总数测定》对恒温培养箱温度有"36℃±1℃""30℃±1℃"的要求，为此，在确定烘箱的校准参数时就必须结合使用要求加入温度参数和温度点。

（2）检定／校准的参数范围的确定

检定应依据检定规程的规定范围执行。

校准范围是实验室根据实验室的能力附表中对应项目的测量范围，来确定设备需要校准的范围，原则是设备的校准范围应覆盖的检测能力工作的范围，只有这样才能确保测量结果的计量溯源性，如GB/T 2423.2《电工电子产品环境试验 第2部分：试验方法 试验B：高温》6.5规定了温度的严酷等级+30℃~+1000℃，实验室应结合自身认可测试能力严酷等级确定校准范围，假如实验室最高测试的温度为+85℃，最后确定的校准范围应覆盖+30℃~+85℃这个范围。

（3）测量不确定度要求的确定

设备的测量不确定度（或准确度等级、最大允许误差）应满足技术标准（如检定规程、校准规范或国家标准等）和国家校准等级图的要求并与所开展的工作相适应，用于计量设备的测量不确定度应高于被测设备的测量不确定度。

（4）校准周期的确定

设备的校准周期应结合对应技术方法（比如检定规程或校准规范）的规定来确定校准，也可以根据使用的频次缩短或延长校准周期。当需要延长校准周期时，可根据JJF 1139《计量器具检定周期确定原则和方法》的规定来确定，并保留相应的验证材料。

4. 实验室实施计量服务机构选择

① 实验室选择外部计量服务时，可按照CNAS-CL01-G002《测量结果的计量溯源性要求》4.5条款选择外部计量服务机构。

② 实验室在选取标准物质时，可选择符合CNAS-CL01-G002《测量结果的计量溯源性要求》4.6条款要求的外部供应商，或满足ISO 17034要求的标准物质／标准样品生产者或ISO 17043能力验证提供者生产或提供的标准物质。

③ 关于计量服务机构和标准物质提供者选择，实验室应按照上面的要求寻找各类服务和供应品的供应商，收集供应商的产品目录和能力证明资料，对供应商进行评价并建立合格供应商名录。

④ 在评审提供校准服务的供应商时，选择获得CNAS认可或者符合认可机构要求的外部校准实验室，核对其校准能力范围表，以确定实验室的校准服务需求在其校准能力范围内。

5. 实验室校准／检定证书的确认

实验室应对校准／检定机构提供的报告或证书进行计量溯源确认，确认满足要求后方可使用。

（1）校准／检定机构资格是否符合要求

① 法定的计量检定机构（地方县级以上计量所或政府授权的计量站等）出具的证书上有授权证号；

② 政府授权的或认可的校准机构出具的证书上应有授权证书号，出具的校准证书上应有认可标识。

（2）校准／检定机构的计量能力是否符合要求

① 应在授权范围内出具校准／检定证书；

② 应在政府授权或认可范围内出具校准报告或证书，且校准证书应有包括测量不确定度和／或符合确定的计量规范声明的测量；

③ 测量结果能溯源到国家或国际基准。

（3）是否满足自身的检测能力要求

① 校准／检定参数应与实验室计划校准／检定参数一致；

② 应满足检测方法、技术规范中规定的要求；

③ 若检测方法未定，可参照仪器说明书中的技术参数要求。

（4）计量溯源结果的符合性

① 确认溯源方式是否符合约定。实施检定的设备应出具检定证书，实施校准的设备应出具校准证书，需要进行强制检定的仪器设备不应出具校准证书。出具的校准证书应有测量不确定度和／或符合确定的校准规范声明。同时，检定证书通常应包含溯源性信息，如果未包含测量结果的不确定度信息，检测实验室可索取或评估测量结果的不确定度。

② 确认证书的基本信息及结果符合性。检测实验室应将校准／检定得到的检测设备的计量溯源结果，与相应的计量要求（校准方案或溯源文件）进行比较，以确定检测设备能否符合预期使用要求。同时核对校准／检定环境条件是否合理，技术依据是否适用，是否为现行版本。

③ 修正值或校准因子的确认及使用。如果设备校准后产生了一组修正因子，实验室应将该校准因子通知到所有相关人员，将实验室的备份（例如设备上的修正因子标贴、计算机软件中的备份等）及时更新，并在检验检测工作中加以运用。

④ 需要确认设备不确定度的变化。如涉及设备校准／检定的不确定度参与检测方法测量不确定度计算时，如果发生变化，要重新测量不确定度评估。

6. 计量溯源结果确认的处置及记录

① 检定／校准结果确认不合格的设备，应立即停用设备，并对不合格原因进行分析并制定对应的措施，措施包括：设备的调整、维修和再校准／再检定；不合格设备造成的影响后果进行评价，对受影响的测量结果进行追溯；对精度或关键量值不满足检测要求的设备，可降级使用或限制范围使用。

② 检定／校准结果确认合格的设备，实验室应加贴计量确认合格标识，同时保留计量溯源结果确认的记录。计量溯源结果确认过程应注明日期并由授权人审查批准，以证明结果的有效性。实验室应将计量溯源结果确认记录作为文件，纳入仪器设备档案保存管理。

二、计量溯源性内部审核实务

（一）计量溯源性内部审核实务案例一

1. 场景描述

① 某检测机构内审员在年度内审中检查材料实验室微机控制环刚度试验机（设备编号为A）计量溯源性方案，发现用于GB/T 9647测试项目的微机控制环刚度试验机校准方案中仅有力值示值误差[（100N、250N、500N、1000N、2500N、5000N、9000N）±1.0%]的溯源要求，缺少位移测试[（10mm、20mm、2~50mm）±0.5%]和速度测试[（2±0.1、5±0.25、10±0.5、20±1）mm/min]的校准信息，实验室负责人现场表示不清楚该设备需要校准哪些范围和参数。

② 某检验检测机构在内部审核中，内审员抽查微生物实验室现场使用的高压蒸汽灭菌锅（编号为A）、立式压力蒸汽灭菌器（编号为B）的设备溯源证书，发现两台设备的安全阀未检定，现场人员解释，这两台设备是新购买的，目前检测任务量很大，还来不及将安全阀送检。

③ 在某检测机构内审中发现用于乳酸菌检测（设备编号为A）的生化培养箱的校准证书结果温度偏差为±1.06℃，不满足GB 4789.35—2016《食品安全国家标准 食品微生物学检验 乳酸菌检验》中检测温度"36±1℃"的要求，现场发现仪器粘贴了绿色（计量合格）标识，并且机构不能提供该设备的校准结果确认记录，现场询问设备管理员，其称不确定具体的使用标准要求，认为校准证书示值偏差在允差的范围即为计量合格。

2. 内审不符合项及导致后果描述

【不符合项一】现场检查材料实验室发现，用于GB/T 9647测试的微机控制环刚度试验机（设备编号为A）的校准方案，仅有力值示值误差[（100N、250N、500N、1000N、2500N、5000N、9000N）±1.0%]的溯源要求，缺少位移测试[（10mm、20mm、2~50mm）±0.5%]和速度测试[（2±0.1、5±0.25、10±0.5、20±1）mm/min]的校准信息，不符合CNAS-CL01：2018条款6.5.2、《评审准则》附件4 2.11.2 23)的要求。

【不符合项二】现场审核发现，微生物实验室新购买的高压蒸汽灭菌锅（编号为A）、立式压力蒸汽灭菌器（编号为B）的安全阀未检定，不符合CNAS-CL01：2018条款6.4.4、《评审准则》附件4 2.11.2 23)的要求。

【不符合项三】现场发现用于乳酸菌检测（设备编号为B）生化培养箱的校准证书结果温度偏差为±1.06℃，不满足GB 4789.35—2016《食品安全国家标准 食品微生物学检验 乳酸菌检验》中检测温度"36±1℃"的要求，现场发现仪器粘贴了绿色（计量合格）标识，并且不能提供该设备的校准结果确认记录，不符合《评审准则》附件4 2.11.2 24)的要求。

【导致后果】可被认定为39号令第十三条第（二）款"使用未经检定或者校准的仪器、设备、设施"的不实报告。

3. 场景涉及内审技术要点

【要点一】检验检测机构是否按照CNAS-CL01-G002《测量结果的计量溯源性要求》

4.2条款要求编制检定/校准方案，方案是否包括校准的参数、范围、测量不确定度要求和校准周期等内容，并定期复核和进行必要的调整。

【要点二】在检定/校准后，检验检测机构是否对检验检测（包括采样）使用的仪器设备进行检定/校准结果的确认，使其满足检验检测使用要求。

4. 内审方法或技巧

【现场问询法】询问设备管理人员或设备使用人员是否存在设备检定/校准参数、范围、要求/允差遗漏情况。

【记录核查法】从设备管理台账中抽取一定比例的设备校准方案，查看其检定/校准参数、范围、要求/允差是否覆盖全部使用要求，以及是否有定期复核和必要的调整记录。

【现场查看法】现场抽取一定数量实验室的设备，查看是否有检定/校准或验证状态的标识和计量确认的标识。

5. 整改对策与途径

（1）纠正

① 实验室暂停使用未计量或计量参数、范围未覆盖全部使用要求的设备，并用标识明示，扣发已完成但未发出的检测报告。

② 确认实验室不满足计量要求的设备和受影响的检测报告的数量。

③ 对不满足计量要求的设备，实验室对检定/校准方案和溯源的文件进行必要的调整（依据顾客要求、法律法规、产品技术规范、合同书、技术标准、检验规程等确定计量要求，明确需要校准的关键量值和范围），实验室结合方案全面核查实验室设备的检定/校准证书，对检定/校准参数、范围、要求/允差应覆盖使用要求的设备重新进行计量和计量确认，就受影响的报告进行追溯和纠正。

④ 对已发出的检测报告，可抽取备样进行复测比对，确认结果数据的准确性，如数据异常，就已发出的检测报告应立即通知客户并追回检测报告。

（2）原因分析

发生此类不符合项的原因可能是：

① 实验室人员（如设备管理员、设备使用人）对检测标准的使用要求和设备的计量依据理解不到位，不清楚建立设备计量方案的内容，另外没有定期对校准方案进行复核和调整；

② 实验室体系文件（如程序或作业指导书）缺少对应的计量溯源性的规定或要求；

③ 实验室人员没有掌握设备管理要求，对设备验证、设备计量溯源性、设备计量确认不清楚。

（3）供参考的纠正措施

① 对相关人员进行CNAS-CL01-G002《测量结果的计量溯源性要求》和RB/T 039《检测实验室仪器设备计量溯源性结果确认指南》、程序或文件的培训；

② 修订或增加设备验证及计量溯源性程序或作业文件，将计量溯源性方案内容、计量确认的流程及要求明确在文件及表单上，使实验室人员能够按照文件和表单要求执行，加强对实验室管理人员和使用人员的宣贯及日常监督；

③ 对相关人员进行程序及作业文件培训，并通过考试、实操等考核，定期的人员监控等方式进行能力确认；

④ 实验室建立定期报告抽查制度，利用报告倒查设备计量溯源性实施记录，如有偏离，及时采取纠正措施；

⑤ 实验室结合法律法规、产品技术规范、合同、检测技术标准、校准或检定的技术标准全面核查实验室全部设备计量溯源和计量确认情况，举一反三，查漏补缺。

（二）计量溯源性内部审核实务案例二

1. 场景描述

某机构在内审过程中发现一个烘箱（编号为A）在实验室要使用的温度点是180℃，校准证书给出的修正值是-3℃；内审员问这个修正值怎么应用，现场负责设备管理的人员解释："实验室要用这个烘箱的180℃的温度，可以对设备进行调整，将设备的温度调低3℃，即烘箱的温度可以设置为177℃。"现场核查烘箱设备，温度示值均设置为177℃。

2. 内审不符合项及导致后果描述

【不符合项】现场核查实验室设备烘箱（编号为A），校准证书给出的修正值是-3℃，但实际错误使用修正值，不符合CNAS-CL01：2018 条款6.4.11、《评审准则》附件4 2.11.2 24）的要求。

【导致后果】可被认定为违反39号令第八条"检验检测机构应当按照国家有关强制性规定的样品管理、仪器设备管理与使用、检验检测规程或者方法、数据传输与保存等要求进行检验检测"的要求。

3. 场景涉及内审技术要点

【要点】实验室应确认设备计量产生的修正因子是否得到正确应用。

4. 内审方法或技巧

该类型的不符合主要采用抽样与风险相结合的审核方法，可采用以下审核技巧。

【现场问询法】现场问询设备管理员计量确认是否有产生修正因子的情况；若有，查数台设备修正因子的使用情况。

【记录核查法】现场抽取不同类别的检定／校准证书及计量结果确认记录，核对修正值或修正因子情况。

【现场查看法】现场查看修正值或修正因子使用的标识情况。

5. 整改对策与途径

（1）纠正

① 实验室利用烘箱（编号为A）校准证书给出的修正值，重新对设备进行调整，如需使用该烘箱180℃这个温度点时，要将设置温度调高3℃，烘箱的温度显示应为183℃，并更新该烘箱的修正值使用的标识；

② 实验室扣发使用烘箱（编号为A）已出具但未发出的检测报告，可抽取备样进行复测，重新确认结果数据的准确性，并重新出具报告；

③ 实验室核查使用烘箱（编号为A）测试并已发出的检测报告，应立即通知客户，适当时追回检测报告。

（2）原因分析

设备使用人员不清楚修正因子有效正确利用要求，未合理使用修正值对设备进行调整，不满足使用要求。

（3）可供参考的纠正措施

① 修订或增加相关设备管理的关于修正值、修正因子使用的程序或作业指导书文件，将设备确认要考虑的修正值、修正因子的流程或要求明确在文件及表单上，使实验室能够按照流程和表单的要求执行；

② 对相关人员进行程序或作业指导书文件的培训，强调正确使用修正值、修正因子的重要性，并通过试题、实操等考核方式对人员进行能力确认，并授权考核后符合要求的人员使用设备。

③ 实验室核查其他设备的检定/校准证书及计量结果确认记录，核对修正值或修正因子有无误用的情况，举一反三，查漏补缺。

第二节　方法选择、验证与确认

一、扩展基本概念与知识

（一）方法验证、方法确认、方法偏离

1. 方法验证（GB/T 27417—2017 3.2）

实验室通过核查，提供客观有效证据证明满足检测方法规定的要求。

2. 方法确认（GB/T 27417—2017 3.1）

实验室通过试验，提供客观有效证据证明特定检测方法满足预期的用途。

3. 方法偏离

偏离指一定的允许范围、一定的数量和一定的时间段等条件下的书面许可。

4. 方法验证、方法确认、方法偏离的差异

方法验证、方法确认、方法偏离之间存在一定的差异，在日常工作过程中，实验室易混淆，导致在实施过程中验证不全面、确认不完整、偏离不合规等，从而增加实验室的风险。方法验证、方法确认、方法偏离之间的差异见表6-1。

表6-1　方法验证、方法确认、方法偏离的差异

差异点	方法验证	方法确认	方法偏离
对象	标准方法	非标方法、实验室自制方法、超出预定范围使用的标准方法以及修改的标准方法	标准方法、非标方法

续表

差异点	方法验证	方法确认	方法偏离
目的	验证实验室是否有能力按照标准方法开展实验室活动，确保实现所需的方法性能	确认实验室非标方法能否实现预期的用途	因特殊原因不能严格执行方法，需要临时对方法进行偏离，以满足工作要求
方法	从"人机料法环测"等资源和技术方面进行验证	采用CNAS CL01：2018 7.2.2.1的方法进行确认	有文件规定，经技术判断，获得授权，被客户接受
有效期	使用一段时间	在转化为标准方法前	临时的、非常态的，偏离后仍然需要回归常态

（二）方法验证的实施

进行方法验证时，应从以下7个方面逐一验证，其中1~6属于资源符合性验证，7属于方法技术特性符合性验证。内审时也应从以下几个方面入手审核方法验证的全面性、真实性、符合性。

1. 方法的有效性

在开展方法验证前，实验室应首先通过可靠的途径识别方法的有效性，获得所验证标准方法的文本。当实验室识别出方法不能被操作人员直接使用，如内容不便理解、方法中有可选择步骤时，应编制作业指导书，以确保人员使用该方法的一致性。如《烟气脱硝催化剂化学成分分析方法》（GB/T 31590—2015）中未明确条状催化剂取样端头和取样部位，实验室应编制作业指导书，对条状催化剂取样端头识别和取样部位进行明确规定。

内审时应关注方法的有效性，是否获得有效的标准文本（纸质或电子），是否需要编制作业指导书及编制得是否合理。

2. 设备配备的验证

实验室应根据所验证标准方法的具体要求配置仪器设备（包括必要的抽样、制样和检测设备）。需要实现计量溯源性的仪器设备应进行检定／校准，并对其检定／校准结果进行确认，确保其满足标准方法的要求。不需要进行检定／校准的仪器设备应进行功能核查，确保不对检测结果产生不良影响。对于关键试剂耗材应进行技术验收，当方法有要求时应满足方法的要求。如对《食品安全国家标准 食品中黄曲霉毒素B族和G族的测定》（GB 5009.22—2016）第一法测定黄曲霉毒素B_1进行方法验证时，除了配置标准方法中要求的仪器设备、标准物质、试剂耗材等外，还应对免疫亲和柱进行验收，验收方法应符合标准附录B。

内审时应关注实验室是否配置了标准中要求的仪器设备，所配置的设备是否均进行了必要的检定／校准／核查且结果满足标准方法的要求，关键试剂耗材是否进行正确的技术验收。

3. 场所环境的验证

实验室应识别拟验证的标准方法对场所、环境条件的具体要求，验证本实验室配置的场所及其环境条件是否满足标准要求,并保留验证记录。场所环境的验证同时也包括样品运输与保存条件的验证。

实验室应将识别出的环境条件要求及监控要求以文件的形式(如作业指导书)表示,包括监控项目、监控点、监控频率、监控记录等,明确出现监控结果异常时的处置方法。实验室应按文件规定实施监控,并保留监控记录。

如对《土壤速效钾和缓效钾含量的测定(NY/T 889—2004)》测定速效钾进行方法验证时,标准方法要求"在20℃~25℃下振荡30min",则实验室应识别"20℃~25℃"这个环境要求,将其文件化,并在试验时进行监控和记录。

内审时应关注实验室是否对标准方法中的场所环境条件要求进行了识别并文件化,是否对环境条件进行监控,环境条件监控结果是否满足标准方法或文件的要求等。

4. 人员能力的验证

实施方法验证的人员属于关键技术人员,应符合CNAS-CL01、CNAS-CL01-G001及相应检测领域应用说明中关于该类人员的要求。实验室应通过相应的培训对从事方法验证人员的能力进行确认,确保该人员具有验证该方法的能力,并在此基础上通过授权的方式明确该方法验证人员的权利和责任,授权应明确至相应的检测技术。在该过程的验证中,还会产生人员培训记录、监督记录等。

另外还应关注标准方法对检测人员的要求(数量、能力等)。如对《挂面》(LS/T 3212—2021)测定口感进行方法验证时,需要有5名检测员同时进行,则实验室应有足够的检测员,且经过培训和能力确认。

内审时应关注实验室从事方法验证的人员和实施方法的检测员是否符合岗位要求,是否进行了能力确认和授权,授权书是否明确至相应的检测技术,是否明确方法验证人员的权利和责任,是否有人员培训和监督记录等。

5. 验证样品选择

实验室应根据方法的适用范围选取验证所需的样品,样品应覆盖标准的适用范围,并具有一定的代表性。标准方法的适用范围较为宽泛时(如"适用于食品中……的测定"),应选择具有代表性的、实验室经常开展的、基质较为复杂的、风险较高的样品作为验证样品。如食品领域可参考SN/T 3266《食品微生物检验方法确认技术规范》和《用于农药最大残留限量标准制定的作物分类(农业部第1490号公告)》等选择验证样品。

如对GB/T 21323—2007《动物组织中氨基糖苷类药物残留量的测定 高效液相色谱-质谱/质谱法》进行方法验证时,该标准方法适用于动物内脏、肌肉和水产品,则实验室应验证这三类基质,且应选择实验室经常开展的、风险较高的具体样品,如鸡肉、猪肾、鲫鱼。

内审时应关注实验室选择的验证样品是否符合标准方法的适用范围,验证的样品是否全面,选择的验证样品是否合理,验证样品是否按样品标识系统进行标识并按样品管理相关程序实施管理。

6. 记录与报告要求的验证

实验室设计的原始记录表格、报告格式等应覆盖标准方法的要求。记录表格的内容宜完整复现实验室活动的全过程，根据记录的内容，实验室活动过程可追溯。结果报告的内容应准确、清晰、明确、客观，并符合标准方法的规定。如对《烟用纸张中溶剂残留的测定 顶空-气相色谱/质谱联用法》（YC/T 207—2014）测定溶剂残留进行方法验证时，标准方法要求试验报告应说明"试验结果，包括两次平行测定结果及其平均值；试验日期；测试人员"，则实验室设计的原始记录、报告格式应满足标准的要求。

内审时应关注实验室所编制原始记录的全面性、复现性和可追溯性，以及原始记录和结果报告内容对标准方法中特殊要求的符合性。

7. 方法性能的验证

对于标准方法的验证，识别人员、设施和环境、设备等资源的需求只是一个方面，更重要的是通过试验进行技术验证，验证的内容应该全面覆盖方法的要求，必要时，应包括采样、样品制备（包括前处理）、检测/校准、报告结果等全过程。技术验证的目的，就是证明实验室能够正确运用方法，具备使用该方法开展实验室活动的能力，能够实现方法的性能，同时，也可以找出不足，加以改进。

在资源性符合性验证的基础上，实验室应可使用标准物质利用重复检测、留样复测、方法比对、参加能力验证或实验室之间比对、实验室内部比对、实际样品测定等方式，对待验证方法规定的技术特性指标（如校准曲线、线性范围、检出限、定量限、准确度、精密度等）等进行验证，并优先根据标准方法的要求评价性能指标的符合性。如HJ 491-2019《土壤和沉积物 铜、锌、铅、镍、铬的测定 火焰原子吸收分光光度法》中对方法定量限、实验室空白、线性范围、标准曲线、精密度、准确度（偏倚及回收率）等有明确要求，则实验室应验证这些性能指标，并满足HJ 491—2019的要求。当然，实验室也可以参考GB/T 27417进行验证参数（技术特性指标）的选择。

内审时应关注实验室所验证性能指标的全面性、验证方式的合理性、验证结论及其评价依据的正确性、过程数据的真实性、验证方式的合理性、验证结果的符合性。

实验室在开展方法验证时，主要技术特性指标的验证方式及要求可参考以下内容，更多技术特性指标的验证可参考GB/T 27417或HJ 168等标准中的方法。

① 检出限。可以理解为，在一定概率下，被检测物能被可靠检出的最低浓度或含量。检出限通常分为方法检出限和仪器检出限。进行方法验证时，实验室应验证方法检出限，而非仪器检出限。对不同类型的方法（如光谱法、色谱法、滴定法、电化学法等），检出限的验证方式不同，可参考GB/T 27417 或 HJ 168等标准中的方法。

② 定量限。可以理解为样品中被测组分能被定量测定的最低浓度或最低量，此时的分析结果应能确保一定的正确度和精密度。方法定量限的确定主要从其可信性考虑，一般将几倍的检出限作为定量限，如HJ 168中建议一般情况下以4倍检出限作为定量限，GB/T 27417 中建议取3倍或10倍检出限作为定量限。

③ 精密度。在规定条件下，对同一或类似被测对象重复测量所得示值或测得的量值间的一致度。精密度可以用标准偏差、相对标准偏差（或变异系数）、相对相差、重复性限、再现性限、极差等方式表达。方法验证时，实验室一般应验证重复性测量条件下的精

密度，即重复性。重复性的测定可使用不同浓度的实际样品，也可采用加入待测物标准物质的样品。重复性的验证通常应在自由度至少为6的情况下开展，对一个样品测定7次，或对2个样品每个样品测定4次等。应按方法中精密度的表达方式对获得测定数据进行计算和处理，获得精密度验证的结果。

④ 正确度。通过无穷多次重复测量，最大程度降低或消除随机误差的影响，无穷多次重复测量所测得的量值的平均值与参考量值间的一致程度。可通过使用有证标准样品或加标回收的形式验证正确度。加标回收适用于难以获得预期浓度的样品类型，如验证奶粉中三聚氰胺检测方法的正确度时，难以获得含有三聚氰胺的奶粉样品，此时可称取n份（n≥7）奶粉样品，加入三聚氰胺标准物质，使其浓度达到预期的验证浓度，进行回收率实验。

⑤ 回收率。检测开始前向样品中加入一定量的目标分析物，或使用有证标准物质，通过方法检测获得样品的目标组分含量或浓度，与加入样品中或有证标准物质中的目标分析物含量或浓度的百分比。回收率的测定可参考GB/T 27417等标准中的方法。

⑥ 稳健度。实验条件变化对分析方法的影响程度，其验证可参考GB/T 27417等标准中的方法。

⑦ 线性范围。对于分析方法而言，用线性计算模型来定义仪器响应与浓度的关系，以及该计算模型的应用范围。线性范围的验证可参考GB/T 27417等标准中的方法。

8. 方法验证记录的保存

开展方法验证活动的同时应形成方法验证记录，保存期不少于6年。内审时应关注实验室保存的方法验证记录是否完整和齐全，是否按记录控制相关程序进行管理。

（三）方法偏离的实施

方法偏离易与非标方法发生混淆。方法偏离指在一定的允许范围、一定的数量和一定的时间段等条件下实施过程（实际操作），方法本身没有修改，应与方法修改予以区别。方法偏离是临时性的、偶然的、非常态的，长期的方法偏离属于非标方法，需要在方法确认后使用。

1. 方法偏离的实施（四要素）

（1）识别并形成文件

实验室应预先识别哪些情况可以偏离，并将其形成文件，这是开展方法偏离工作的前提，偏离不能改变原方法的原理，不能超出原方法的适用范围，不能影响原方法的结果有效性，不能影响实验室的诚信。

实验室在识别允许方法偏离的情况时，可以依据自身的技术经验，或参考一些行业标准和法律法规，如食品检测实验室可以参考《实验室质量控制规范 食品理化检测》（GB/T 27404—2008）、《检验检测机构监督管理办法》（39号令），识别出以下情况可以进行方法偏离。

① 通过对方法的偏离（如试验条件适当放宽，操作步骤适当简化），缩短检测时间，且这种偏离对结果的影响在标准允许的范围之内，例如色谱分析领域方法调整可参考GB/T

32465—2015附录A。

② 对方法中某一步骤采用新的技术（但不能改变方法的原理），能在保证实验室活动结果准确度的情况下提高效率，或是能提高原方法的灵敏度和准确度；

③ 由于实验室条件的限制，无法严格按方法中所述的要求开展实验室活动，不得不做偏离，但在实验室活动过程中同时使用标准物质或参考物质加以对照，以抵消条件变化带来的影响；

④ 强制性标准方法不允许偏离。

⑤ 实验室应制定方法偏离相关程序文件指导方法偏离工作的开展，包括偏离的申请、偏离内容描述、偏离适用范围（时间范围、数量范围、工作范围等）、偏离必要性、方法偏离的实施等。

（2）技术判断

技术判断是实验室判定能否接受偏离的核心，偏离不能影响实验室活动结果的有效性。必要时，要通过试验验证偏离不会影响实验室活动结果的有效性。实验室应参考方法验证/确认的要求对偏离的方法进行技术判断，以确保偏离后的方法具有不逊于原方法的准确度和方法性能。技术判断应形成记录。

对方法偏离的技术判断，一般由技术负责人或授权签字人等具有较强技术能力的人员开展。采用拟偏离的条件开展偏离验证试验（参考方法验证的方式），将获得的偏离验证结果与非偏离条件下的检测结果进行比对（可采用统计学方法，如允差法、E_n值法、F检验和t检验），以确定偏离是否对检测结果的有效性造成影响。如果偏离验证结果显示对检测结果的有效性有影响，则不允许偏离；如果对检测结果的有效性没有影响或影响在可接受范围内，则执行"获得授权"步骤。

（3）获得授权

偏离不是从事实验室活动人员的个人行为，它应得到实验室管理层的批准，并授权给特定的人员使用，被授权人员应熟悉偏离实施的要求，在限制范围内正确实施方法偏离。

（4）客户同意

对于方法偏离，实验室应主动告知客户，并在获得客户的同意后才可实施方法偏离。实验室应保留客户同意的证据，客户接受偏离可以事先在合同中约定。

2. 内审关注点

内审时应关注实验室是否有方法偏离的情况，是否正确识别方法偏离，是否将非标方法误认为方法偏离，方法偏离的实施是否符合上述的要求，方法偏离是否长期使用，是否对强制性标准方法实施了偏离等。

二、方法选择、验证与确认内部审核实务

（一）方法选择、验证与确认内部审核实务案例一

1. 场景描述

某次内审时，审核员查阅编号为××××的报告及其原始记录，发现2019年2月26日对

编号为××××的0号车用柴油（Ⅵ）进行灰分测定的原始记录上显示，生成灰分质量分别为0.5mg和0.8mg，不能满足标准方法5.1条款"所取试样足以生成20mg的灰分为限"的要求，该检测报告加盖有CNAS和CMA标识。技术负责人解释，这段时间业务量比较大，检测人员可能没有注意到这个问题。

2. 内审不符合项及导致后果描述

【不符合项】查阅编号为××××的CNAS/CMA报告及其原始记录，编号为××××的0号车用柴油（Ⅵ）的灰分检测原始记录模板显示，生成灰分质量分别为0.5mg和0.8mg，不满足标准方法5.1条款"以所取试样足以生成20mg的灰分为限"的要求，不符合CNAS CL01:2018 7.2.1.5、《评审准则》附件4 2.12.4* 33）和GB/T 508—1985。

【导致后果】可能被认定为第39号令第十三条第（三）款"违反国家有关强制性规定的检验检测规程或者方法"的不实报告。

3. 场景涉及内审技术要点

【要点一】实验室是否按方法要求执行，是否违反强制性国家标准出具检验检测报告。

【要点二】实验室是否能识别出方法中的关键测试条件，是否对其进行有效控制。

4. 内审方法或技巧

该类型的不符合主要采用逆向追溯、抽样与风险相结合的审核方法，可采用以下审核方式和技巧。

【记录核查法】通过抽取实验室存在高风险的检测方法的检测原始记录模板进行审核，确认其是否符合方法的要求。高风险方法如：样品制备/称量基数大的、过程操作复杂的、使用频次低的、使用特殊设施设备的、有可选操作的、易发生偏离的、易使用新技术替代的、发生技术变更的、发生过严重不符合的、新引入的、测试条件要求严格的、人员能力弱的等。不同类型实验室对高风险方法的定义不同，审核员应熟悉自己审核范围内存在哪些方法和程序具有较高的风险。

【记录核查法】通过事先掌握有特殊要求的方法，现场有针对性地抽取其报告和相应的原始记录，审核其是否覆盖方法的特殊要求。特殊要求如：方法中有特殊制样/取样基数、有特殊制样方式、有特殊取样/检测部位、有特殊取样量及精度、有特殊环境条件要求、使用特殊设施设备、使用特殊试剂耗材、试剂耗材有特殊验证要求、有特殊条件限制要求、有特殊检测/定量方式要求、有特殊人员资质和数量要求等。不同类型实验室对"特殊要求"的定义不同，审核员应熟悉自己审核范围内的方法和程序。

5. 整改对策与途径

（1）纠正

① 立即要求实验室按照标准中的取样要求进行取样，开展实验；

② 如已完成但未发出的报告，扣发检测报告，按标准要求重新进行检测，出具检测报告；

③对已发出的报告，组织检测员按标准取样要求，对近两个月内的灰分参数进行记录核查，必要时进行留样复测，以确认检测结果的准确性，如发现检测结果失实，立即通知

客户，追回报告。

（2）原因分析

发生此类不符合项的原因可能是：

① 原始记录信息不充分，不能指导人员开展工作；

② 人员能力不足，不熟悉检测标准要求，不能清楚识别"关键测试条件"等。

（3）供参考的纠正措施

① 修订检测原始记录模板，将取样要求等特殊要求明确在原始记录模板上，使检测员能够清晰、快速识别。

② 对相关人员进行标准方法的培训，强调标准方法中取样要求等特殊要求的重要性，并通过试卷考核、监督、考核等方式进行有效的培训效果评价，确保人员能够正确理解和使用标准方法。实验室应对人员培训的有效性，以及授权前的能力进行确认，确保人员具备拟授权范围内的工作能力，包括实操能力和理论知识储备。

③ 为了更好地保证方法实施的符合性和一致性，实验室可建立"检测方法关键控制因素一览表"，将各检测方法中的关键控制因素、特殊要求进行汇总，以利于人员查询和使用。

（二）方法选择、验证与确认内部审核实务案例二

1. 场景描述

在对某实验室进行内审时，审核员查阅编号为××××的报告及原始记录，该报告有CNAS、CMA标识。审核员发现食品实验室采用GB 5009.22—2016第一法对大豆油中黄曲霉毒素B1进行检测时，取2.5g试样，而标准要求取样量为5g。检测员解释："这属于偏离，我们还做了偏离验证，结果没什么影响，而且结果也是'未检出'。"实验室向审核员提供了方法偏离验证报告。审核员调取该样品时，发现该样品已经被处理了。

2. 内审不符合项及导致后果描述

【不符合项】查报告编号为××××的报告及原始记录，食品实验室采用GB 5009.22—2016第一法对大豆油中黄曲霉毒素B1进行检测，取2.5g试样，不满足标准中取5g试样的要求，不符合CNAS CL01:2018 7.2.1.5、《评审准则》附件4 2.12.4* 33）和GB 5009.22—2016第一法。

【导致后果】可被认定为39号令第十三条第（三）"违反国家有关强制性规定的检验检测规程或者方法"的不实报告。

3. 场景涉及内审技术要点

【要点一】实验室是否存在违反国家有关强制性规定的检验检测规程或者方法，或对强制性标准实施偏离的情况。

【要点二】实验室人员是否清楚方法偏离和非标方法的情形，是否能正确识别方法偏离和非标方法。

4. 内审方法或技巧

该类型的不符合主要采用正向逆向相结合、抽样与风险相结合的审核方法，可采用以

下审核方式和技巧。

【记录核查法】随机抽取若干检测原始记录模板，对照方法标准进行审核。或通过抽取实验室存在高风险的检测方法的检测原始记录模板进行审核，确认其是否符合方法的要求。

【现场验证法】对高风险方法、有特殊要求的方法，可安排现场演示，观察检测人员是否能够正确使用方法。

【现场问询法】可针对方法中的关键控制点、特殊要求与检测人员进行交流，通过检测人员的陈述，了解人员能否正确使用方法。与实验室人员进行交谈，通过问答情况和陈述内容，了解实验室是否存在方法偏离的情况，从而有针对性地抽取报告和原始记录，进一步实施审核。

5. 整改对策与途径

当发生该项不符合时，实验室可采取以下方式进行应对。

（1）纠正

① 立即暂停该"方法偏离"的使用，严格按标准要求开展检测活动；

② 如有已完成但未发出的报告，扣发检测报告，按标准要求重新进行检测，出具检测报告；

③ 对已发出的报告，组织检测员按标准取样要求，对近两个月内的黄曲霉毒素B1参数进行核查，以确认检测结果的准确性。如发现检测结果失实，立即通知客户，追回报告。

（2）原因分析

发生此类不符合项的原因可能是：

① 体系文件对方法偏离的识别、评估等程序规定不完善，未将不得方法偏离和／或可以实施方法偏离情况形成文件；

② 实验室不清楚方法偏离的情形，不能正确识别方法偏离。

（3）供参考的纠正措施

① 修订体系文件中的相关章节，完善方法偏离的识别、评估及偏离实施的程序，明确不得实施方法偏离和可以实施方法偏离的具体情况。

② 对实验室人员开展培训，提升识别方法偏离的能力。

③ 组织全体检测员开展核查，如发现存在其他同类方法偏离或方法修改，则一并融入体系文件的修订过程中；如发生，执行纠正。

（三）方法选择、验证与确认内部审核实务案例三

1. 场景描述

某次内审时，审核员查阅了编号为××××的报告及原始记录，发现甲醇检测过程中，消费品实验室用毛细管柱代替填充柱，用标准曲线法代替单点校正，不符合GB/T 9985—2000附录D的要求。审核员随即调阅了2022年4月—2023年5月该方法的多份检测报告及原始记录，发现实验室长期都是这样操作的，检测报告还加盖了CNAS、CMA标识。技术负责人解释：现在填充柱比较少见了，毛细管柱的分离效果更好；另外，标准曲线法定量也较单点校正更准确。审核员让实验室提供相应的文件化规定及申请方法确认的证据，检测员解释："这应该属于方法偏离吧，我们做了准确度验证，只是没有形成方法偏离验证报告。"

2. 内审不符合项及导致后果描述

【不符合项】消费品实验室长期对GB/T 9985—2000用毛细管柱代替填充柱，用标准曲线法代替单点校正，并出具带有CNAS、CMA标识的报告，但不能提供相应的文件化规定并申请非标方法，不符合CNAS CL01:2018 7.2.2.1、《评审准则》附件4 2.12.4* 33）和GB/T 9985—2000。

【导致后果】可能被认定为39号令第十三条第（三）款"违反国家有关强制性规定的检验检测规程或者方法"的不实报告。未按非标方法申请认可／资质认定，可被认定为新163号令第三十六条第（二）款"超出资质认定证书规定的检验检测能力范围，擅自向社会出具具有证明作用的数据、结果"的超范围出具检测报告。

3. 场景涉及内审技术要点

【要点一】实验室是否了解方法偏离的原则，是否将方法修改认作方法偏离，且长期使用。

【要点二】实验室是否了解方法偏离的"四要素"。

4. 内审方法或技巧

该类型的不符合主要采用正向逆向相结合、抽样与风险相结合的审核方法，可采用以下审核方式和技巧。

【记录核查法】随机抽取若干检测原始记录，对照方法标准进行审核；或通过对实验室活动范围的熟悉，抽取高风险方法、有特殊要求的方法的报告及原始记录进行审核，确认其是否符合标准的要求。

【现场查看法】对仪器设备、配件、试剂耗材进行核查（或现场检查），确认实验室是否配置了特殊的／不常见的仪器装置、配件、消耗品等，以确认方法实施的符合性。

【现场问询法】与实验室人员进行交谈，通过问答情况和陈述内容，了解实验室是否存在方法偏离的情况，从而有针对性地实施审核。

5. 整改对策与途径

（1）纠正

① 立即暂停该"方法偏离"认可标识的使用；

② 按检测标准要求开展检测活动，恢复使用认可标识；

③ 如有已完成但未发出的报告，扣发检测报告，按标准要求重新进行检测，出具检测报告；

④ 对已发出的报告，组织检测员按标准要求，对近两个月内的检测数据进行核查，以确认检测结果的准确性，如发现检测结果失实，立即通知客户，追回报告。

（2）原因分析

发生此类不符合项的原因可能是：

① 体系文件对方法偏离的识别、评估及偏离实施程序规定不完善，未将不得方法偏离和可以实施方法偏离的情况形成文件；

② 人员不了解非标方法和方法偏离之间的区别及方法偏离的前提。

（3）供参考的纠正措施

① 修订体系文件中的相关章节，完善方法偏离的识别、评估及偏离实施的程序，明确不得方法偏离以及可以实施方法偏离的具体情况，明确非标方法和方法偏离之间的区别及方法偏离的前提；

② 对实验室人员开展培训，使其了解非标方法和方法偏离之间的区别及方法偏离的前提；

③ 对确需修改的标准方法或长期使用方法偏离进行方法确认，并形成非标方法文件，申请认可。

（四）方法选择、验证与确认内部审核实务案例四

1. 场景描述

某次内审时，审核员在现场观察A、B两位检测员依据《化学成分的检测方法》（WXSHJC-ZY-A-02）实施人员比对试验时注意到，两位检测员的样品（条状催化剂）取样端头和取样部位不一样，两人的比对检测结果数值相差较大，审核员查阅了实验室脱硝催化剂作业指导书《化学成分的检测方法》（WXSHJC-ZY-A-02），缺少对条状催化剂取样端头识别和取样部位的规定。检测人员A解释：标准方法没有明确规定取样端头和取样部位，实验室的作业指导书都是以前的人写的，日常检测时我们就根据工作经验，选择了个人认为最合适的取样方式，感觉也没什么问题。

2. 内审不符合项及导致后果描述

【不符合项】实验室脱硝催化剂作业指导书《化学成分的检测方法》（WXSHJC-ZY-A-02）未明确规定条状催化剂取样端头识别和取样部位，不符合CNAS CL01:2018 7.2.1.3、《评审准则》附件4 2.12.4* 34）。

【导致后果】作业指导书中未对检测的重要影响因素进行明确规定，影响检测结果的有效性，可能造成结果不准确。

3. 场景涉及内审技术要点

【要点】实验室是否能准确识别对方法一致性有影响的因素，并对其进行规定和控制。

4. 内审方法或技巧

该类型的不符合主要采用抽样与风险相结合的审核方法，可采用以下审核方式和技巧。

【记录核查法】根据对实验室活动范围的了解，查阅有风险的、标准未明确关键控制点的、重复性差的方法作业指导书，审核其内容的充分性。

【现场验证法】通过现场试验（现场演示），观察不同人员开展同一试验时，在关键控制点上是否存在不一致的情况；通过现场试验（人员比对）结果，评价人员操作之间的差异性，以评估检测过程的一致性。

【现场问询法】通过与人员的交谈，了解实验室日常工作中是否存在同一试验结果重复性差的情况，从而进一步确定审核对象。

5. 整改对策与途径

（1）纠正

① 对《化学成分的检测方法》（WXSHJC-ZY-A-02）作业指导书进行修订，增加取样端头识别和取样部位要求的规定；

② 采用新的作业指导书和原始记录进行实验室活动，评估实验室活动的一致性。

（2）原因分析

发生此类不符合项的原因可能是：

① 体系文件对方法作业指导书应包含的内容规定不详细；

② 检测原始记录模板的设计不足以指导人员实施检测活动；

③ 检测员技术能力不足，不能准确识别对方法一致性有影响的因素；

④ 实验室没有好的方式识别影响结果有效性的因素。

（3）供参考的纠正措施

① 修订相关的体系文件，对方法作业指导书中应包含的内容进行规定，如样品选择、取样、制样、样品处理、环境条件要求、安全、分析测试过程、质控、数据分析、结果报告、注意事项等。作业指导书在编制时要符合以下几点要求：语言通畅，易于理解，操作步骤具体清晰，可操作性强，不违背方法的要求，所有的规定应在使用者中已达成共识，只有这样，才能有利于使用者按作业指导书规定的步骤进行操作，确保一致性。

② 修订检测原始记录模板，增加取样端头识别和取样部位的记录内容。

③ 对相关人员进行标准方法的培训，强调检测过程中影响结果有效性的因素识别，确认是否需要编制作业指导书，进而确认作业指导书中应明确的信息，确保检测过程的一致性。

④ 对实验室的作业指导书进行技术评审，识别其缺陷并及时修正。

⑤ 组织稳健度试验，识别影响结果有效性的因素。

（五）方法选择、验证与确认内部审核实务案例五

1. 场景描述

某次内审时，审核员查阅了申请参数的方法验证报告，发现了以下问题：

① 实验室提供的HJ 743—2015《土壤和沉积物中多氯联苯的测定 气相色谱-质谱法》的验证报告中缺少对现场采样及样品前处理技术能力的验证信息。检测员解释："这个方法我们还没有获得资质，还没开展采样活动，仅验证检测过程就够了吧。"审核员表示，这可能要被限制从事采样活动了。

② 实验室提供的EN 71-3:2019《玩具的安全性 第3部分：某些特定元素的迁移》方法验证报告中缺少有机锡的精密度和检出限方法验证信息。检测员解释："我应该验证了，但在写验证报告的时候忘记写了。"审核员调取了设备使用记录和仪器的原始数据文件，

实验室确实开展了相应的测试。

③ 实验室提供的GB/T 21323—2007《动物组织中氨基糖苷类药物残留量的测定 高效液相色谱-质谱/质谱法》方法验证报告中，庆大霉素、卡那霉素仅验证了鸡肉基质，未验证水产品和动物内脏基质，需要对其进行限制推荐。技术负责人解释："我们经常开展的检测的样品类型就是动物肌肉，水产品和动物内脏很少有委托检测的。"

④ 实验室申请了黄曲霉毒素B1项目的检测，但GB 5009.22—2016第一法的方法验证报告中无黄曲霉毒素B1的验证内容。检测员解释："做验证的时候忘记了，但是其他黄曲霉毒素都验证了，这个应该也没问题的，方法都是一样的。"审核员表示，这个参数可能不会被通过。

2. 内审不符合项及导致后果描述

【不符合项】①实验室不能提供HJ 743—2015中现场采样及样品前处理技术能力的方法验证信息；②实验室不能提供EN 71-3:2019中有机锡的精密度和检出限方法验证信息；③实验室不能提供GB/T 21323—2007中庆大霉素、卡那霉素在水产品和动物内脏基质的验证信息；④实验室不能提供GB 5009.22—2016第一法中黄曲霉毒素B1的方法验证信息。不符合CNAS CL01:2018 7.2.1.5、《评审准则》附件4 2.12.4* 33）。

【导致后果】方法验证记录不能证明实验室完全具备正确使用该方法的能力，从而导致申请项目被限制使用范围、申请项目不予通过或开具不符合项。

3. 场景涉及内审技术要点

【要点一】实验室方法验证实施是否全面，是否能证明实验室完全具备正确使用该方法的能力。

【要点二】方法验证记录是否完整，是否保留了必要的信息。

4. 内审方法或技巧

该类型的不符合主要采用部门与要素相结合、抽样与风险相结合的审核方法，可采用以下审核方式和技巧。

【记录核查法】抽取典型的、复杂的、特殊的方法的验证/确认报告，审核其验证的全面性和验证方式的正确性。从新人员、新设备、新领域、新方法类型、新样品类型等因素着手，抽取其近期新方法开发的验证/确认记录，审核其全面性、真实性、符合性。

5. 整改对策与途径

（1）纠正

① 对验证不充分的参数、项目或方法，重新开展方法验证工作，补充缺失的验证内容，并形成完整的方法验证报告，保留完整的验证记录。

② 对已完成方法验证，但方法验证记录信息不完整的，重新进行信息汇总，形成完整的方法验证报告，保留完整的验证记录。

（2）原因分析

发生此类不符合项的原因可能是：

① 体系文件对方法验证的内容规定不细致；

② 人员技术能力不足，未正确掌握方法验证的技术能力；

③ 方法验证记录审核不充分。

（3）供参考的纠正措施

① 修订相关体系文件，明确方法验证内容的要求，如基质的选择、验证内容（采样、制样、保存、检测等）、技术特性指标、验证方式及要求或注意事项、验证报告要求、资料审核要求。

② 授权合适的方法验证人员（授权到技术），对其进行必要的培训，使其熟悉方法验证要求，掌握方法验证技术，具备开展方法验证的能力。

③ 合理安排时间，做好充分的验证。

④ 加强验证报告及记录的审核，确保验证报告及记录信息的全面性、真实性、符合性；实验室可设计"方法验证报告及记录审核单"，明确审核的内容，逐条进行确认。

第三节　测量不确定度

一、扩展基本概念与知识

（一）测量不确定度定义

测量不确定度，即根据所获信息，表征赋予被测量值分散性的非负参数。

假如一位地质学家，反复用天平称量一块矿石的重量，他共称了6次，结果分别为300g、298g、302g、300g、301g、299g，其中很可能没有一个是这个矿石的真实重量。既然测量总是存在一定程度的不可信，即不准确，那么，如何表示测量结果才合理？

根据定义，测量不确定度表示被测量之值的分散性，因此不确定度表示一个区间，即被测量之值的分布区间，测量不确定度通常用两个数值来表示：一个是测量不确定度的大小，即被测量可能值区间的半宽度；另一个是对其相信的程度，即包含概率，表明该区间内包含被测量的一组值的概率。比如矿石测量值为300g，测量不确定度为±2g，包含概率为95%，测量不确定度表示为"300g±2g，包含概率为95%"，也就是说，矿石的重量有95%的把握为298～302g。

（二）测量不确定度应用要求

CNAS-CL01:2018《检测和校准实验室能力认可准则》和CNAS-CL01-G003《测量不确定度的要求》等文件要求实验室识别测量不确定度的贡献，评定和应用测量不确定度，并建立维护测量不确定度有效性的机制。其中，对于开展校准的实验室，包括校准自有设备的实验室，应评定所有校准结果的测量不确定度；对于开展检测的实验室，应评定测量不确定度，若因检测方法的原因难以严格评定测量不确定度，实验室应基于对理论原理的理解或使用该方法的实践经验进行评估。由此可见，测量不确定度在校准和检测领域的应用是不同的，我们可以简单理解为：在校准领域，测量不确定度用于描述被校准设备的工作状态;而在检测领域,测量不确定度用于描述检测活动的质量。

校准实验室一般只需要在校准证书上报告测量结果的不确定度,而不需要做出符合性判定,客户依据JJF1094《测量仪器特性评定》即可对仪器是否合格做出判断,并根据自身仪器用途采取相应的风险控制手段。因此,校准实验室通常可不考虑未知影响对不确定度的贡献,例如运输过程引入的不确定度。如果实验室预计到这些不确定度分量将对不确定度有显著影响,可根据CNAS-CL01中有关合同评审的要求告知客户,并在校准证书中说明,或采取其他措施来控制风险。

检测实验室在测量不确定度与检测结果的有效性或应用有关时,或检测方法/标准有要求时,或客户有要求时,或测量不确定度影响与规范限的符合性时,应在检测报告中报告检测结果的不确定度。实验室应在检测报告上做出与要求或规范的符合性声明,以便客户合理使用检测结果,特别是对于如环境监测或产品检测等需要实施符合性判定的领域。当实验室做出与规范或标准的符合性声明时,应考虑与所用判定规则相关的风险水平(在降低测量不确定度所需的成本和获得更准确的被测量真值信息所带来的益处之间做出折中考虑,以便在可接受的风险水平上做出合格与否的判定)。因此,实验室如何根据测量不确定度量化判定风险水平,从而应用什么样的判定规则,是测量不确定度最重要的应用之一。

(三)测量不确定度结果在合格评定中的应用

测量不确定度结果在实验室的应用较为广泛,常应用于设备的校准结果确认、符合性判定等工作中。

1. 测量不确定度在校准结果确认中的应用

实验室收到校准证书后,会对设备的校准结果进行确认。校准证书一般不会给出合格与否的结论,实验室可以通过从校准证书得到测量结果的示值误差以及扩展不确定度的信息,对测量仪器特性进行符合性评定。

若评定示值误差的不确定度(U)与被评定测量仪器的最大允许误差的绝对值(MPEV)之比小于或等于1/3(即$U_{95} \leq 1/3 MPEV$),则可不考虑示值误差评定的测量不确定度的影响。因此,被评定测量仪器的示值误差在其最大允许误差限内(≤MPEV)时,即可判为合格;被评定测量仪器的示值误差超出其最大允许误差(>MPEV)时,则判为不合格。

若出具校准证书机构评定测量设备示值误差的不确定度,须考虑测量不确定度因素的影响,不能直接与最大允许误差比较后使用,应按以下方法判定:被评定测量设备的示值误差的绝对值小于或等于其最大允许误差的绝对值与示值误差的扩展不确定度之差时,即可判为合格;被评定测量设备的最大示值误差的绝对值大于或等于其最大允许误差的绝对值与示值误差的扩展不确定度之和时,则判为不合格。

当被评定测量仪器的示值误差既不符合合格判据又不符合不合格判据时,此时处于待定区,既不能下合格结论也不能下不合格结论。根据规范JJF1094—2002《测量仪器特性评定》的规定,当测量仪器示值误差的评定处在待定区时,可以采用准确度更高的测量标准、改善环境条件、增加测量次数和改变测量方法等措施，降低测量不确定度评定的不确定度，使满足$U_{95} \leq 1/3MPEV$后，再对测量仪器的示值误差重新进行评定。

例：用一台多功能校准源标准装置，对数字电压表测量0~20V的10V电压值进行检定，测量结果是被校数字电压表的示值误差为+0.0007V，需要评定被检数字电压表10V示值误差是否合格。经分析得知，包括多功能标准源提供的直流电压以及被校数字电压表重复性等因素引入的不确定度分量在内，示值误差的扩展不确定度为0.25mV。根据要求，被检数字电压表的最大允许误差为±（0.0035%×读数 + 0.0025%×测量范围上下限之差），所以在0~20V测量范围内，10V指示值的最大允许误差为+0.00085V，满足$U_{95} \leq 1/3MPEV$的要求。且被检数字电压表示值误差的绝对值小于最大允许误差，所以被检数字电压表判为合格。

2. 测量不确定度在符合性判定中的应用

符合性判定是根据测量结果判断合格评定对象的特定属性是否满足规定要求的活动，是延伸测量结果的服务，也是实验室常从事的活动。测量不确定度表征赋予了被测量量值的分散性，是测量结果的一部分，也是判定规则考虑的主要内容。ISO/IEC指南98-4:2012《测量不确定度 第4部分：测量不确定度在合格评定中的应用》提出了在符合性判定中考虑测量不确定度及风险评估的方法，包括常见的判定规则、合格概率的计算、基于合格概率确定接受区间、消费者和生产商风险的计算方法等，为实验室选择和制定判定规则提供了指导。

当需要在报告中做出符合性声明时，若没有指明进行符合性评价时要考虑不确定度的影响，或客户与实验室的协议或实施规范中可能已声明其采用的方法的准确性是足够的，实验室可以不考虑不确定度，而根据测得值是否在限值范围内做出符合性判断；反之，则要考虑测量不确定度对判定和规则的影响。

（1）测量不确定度和判定风险的联系

当基于测得值对测量结果进行与规范或标准（容许限）的符合性判定时，会有正确判定和错误判定两种可能（如图6-1所示）。图6-1中，对于相同的测得值（圆点所示），情况A的扩展测量不确定度区间全部位于容许区间，情况B则有一部分扩展测量不确定度区间位于容许区间外，此时基于测得值进行判定，情况B由于扩展测量不确定度较大，错误接受的风险就较高。由此我们在做符合性判定时，需要直接或间接考虑测量不确定度的影响。

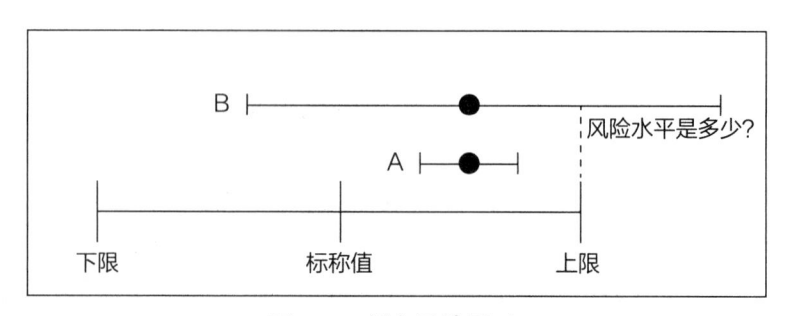

图6-1 判定风险图示

（2）直接考虑测量不确定度

直接考虑测量不确定度时，通常会采用有保护带的判定规则，且保护带长度是扩展测量不确定度U的倍数（w=rU）。对于二元判定规则，接受限（AL=TL-w）以内的测得值是可以判为合格的，如图6-2所示。对于不同的判定情况，实验室可以采用不同长度的保护带。

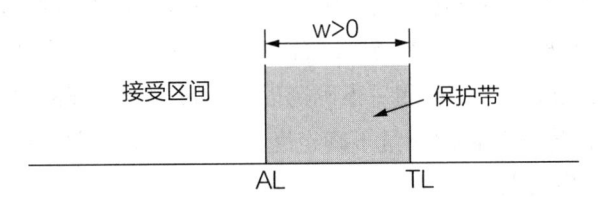

图6-2 单侧容许区间有保护带接受的判定规则

（3）间接考虑测量不确定度

直接将扩展测量不确定度作为保护带，接受区间就是容许区间的一部分。扩展测量不确定度越大，接受区间越小，不符合（被拒绝）的测量结果越多。如图6-3所示，对于相同的容许限，情况A中扩展测量不确定度较小，保护带较小，接受区间较大；情况B中扩展测量不确定度较大，保护带较大，接受区间较小，较大的保护带使被接受事物的分布函数变窄。

因此，为了避免实验室对保护带的依赖，监管机构一般选择间接考虑测量不确定度，例如：某些检测标准在设置容许限时考虑了典型的测量不确定度，此时接受限等于容许限；法制计量中要求校准结果的扩展测量不确定度不能大于被校仪器最大允许误差绝对值的 1/3 或更小；高速公路测速执法中，警察通过雷达或激光测速仪测量机动车的速度，不能单纯根据测得的速度值出具超速罚单，否则可能引起诉讼，必须有确凿的证据表明驾驶员确实超速；客户根据所需的风险水平设置的保护带，该保护带可以是固定值，也可以根据测量不确定度而调整。

A. 相对较小的扩展测量不确定度U=TL/10且w=U

B. 相对较大的扩展测量不确定度U=TL/2且w=U

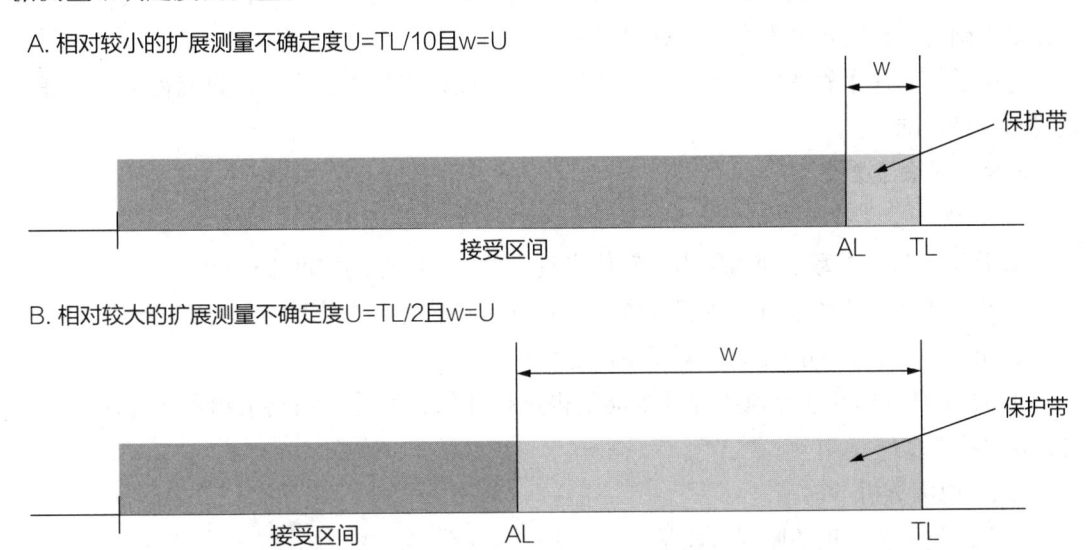

图6-3 不同长度的保护带对应的接受区间

二、测量不确定度内部审核实务

（一）测量不确定度内部审核实务案例一

1. 场景描述

在对某校准实验室进行内部审核时，审核员发现该实验室提供的编号为××××的《紫外辐照度计校准结果的测量不确定评定》中对紫外辐照度计的不确定度分析为18%，大于该规程规定的二级辐照度计允许误差15%，而中国计量科学研究院给出的标准器溯源证书仅为8%。实验室负责人解释："在测量不确定度评定过程中由标准器引入错误的标准不确定度，从而使紫外辐照度计项目的测量不确定度评定结果超出了允许范围。"

2. 不符合项及导致后果描述

【不符合项】现场发现实验室对紫外辐照度计的不确定度分析为18%，大于该规程规定的二级辐照度计允许误差15%，不符合CNAS CL01:2018条款7.6.1的要求。

【导致后果】评审组可对此项目／参数给予"不予推荐／撤销相关项目"或"向CNAS建议暂停相关项目"的结论。

3. 场景涉及内审技术要点

【要点一】实验室建立维护测量不确定度有效性的机制，实验室制定的测量不确定度评定的程序、方法，以及测量不确定度的表示和使用是否符合GB/T 27418和ISO/IEC指南98系列标准的其他文件及补充文件的规定。

【要点二】负责评定测量不确定度的人员是否熟知测量不确定度评定相关程序、方法的要求，是否能正确开展测量不确定度评定工作。

4. 内审方法或技巧

该类型的不符合主要采用自下而上、抽样与风险相结合的审核方法，可采用以下审核方式和技巧。

【现场问询法】通过和负责评定测量不确定度的人员交谈、沟通，了解其是否清晰知晓测量不确定度评定相关程序、方法的要求。

【记录核查法】查阅实验室完成的测量不确定度评定报告，查看评定流程是否合理，最终结果是否准确。

5. 整改对策与途径

（1）纠正

① 若该项目／参数已获得能力，暂停出具该项目／参数的校准报告；

② 核查该评定人员和其他项目／参数的测量不确定度报告是否存在类似问题；

③ 重新评定紫外辐照度计的测量不确定度；

④ 对以前出具的紫外辐照度计校准报告进行评估，如受影响则须扣发和追回对应报告，修订报告。

（2）原因分析

发生此类不符合项的原因可能是：

① 负责评定测量不确定度的人员对实验室制定的相关测量不确定度评定的程序、方法

不熟悉，人员能力不足，导致评定时未发现引入了错误的不确定度分量；

② 实验室技术负责人未对负责评定测量不确定度的人员的能力充分确认，对其完成的测量不确定度评定报告未充分审核。

（3）供参考的纠正措施

① 实验室技术负责人应识别测量不确定度相关文件的规定，包括CNAS CL01:2018《检测和校准实验室能力认可准则》、CNAS-CL01-G003《测量不确定度的要求》、JJF1059.1《测量不确定度评定与表示》、GB/T 27418和ISO/IEC指南98系列标准等文件的要求，将相应的要求转化成内部文件，便于实验室人员理解并掌握。

② 实验室应组织对所有负责评定测量不确定度的人员进行测量不确定度评定相关程序、方法的培训，确保这些人员具备正确评定测量不确定度的能力。

③ 建议实验室在每次开展不确定度评定工作之前，组织有能力的人员对相应的方法或标准进行识别，确保所有影响因素能正确识别，从而建立有效的数学模型，最终出具准确的测量不确定度报告。

（二）测量不确定度内部审核实务案例二

1. 场景描述

在对某机构进行年度内审时，内审员发现化学实验室提供的《原子吸收光谱法测定钨精矿中Zn含量的测量不确定度评定报告》中评定结果"0.054% ± 0.0046%，k=2"，不确定度的位数与测量结果的位数不一致。实验室负责人解释说："评审人员对测量不确定度的结果表达要求不熟悉，导致不确定度的位数与测量结果的位数不一致的错误。"

2. 内审不符合项及导致后果描述

【不符合项】实验室提供的《原子吸收光谱法测定钨精矿中Zn含量测定的测量不确定度评定报告》中评定结果"0.054% ± 0.0046%，k=2"，不确定度的位数与测量结果的位数不一致，不符合CNAS-CL01-G003：2021《测量不确定度的要求》条款4.6。

【导致后果】评审组可对此项目／参数给予"不予推荐／撤销相关项目"或"向CNAS建议暂停相关项目"的结论。

3. 场景涉及内审技术要点

【要点一】实验室是否制定了包含符合GB/T 27418和ISO/IEC指南98系列标准等文件规定的测量不确定度评定与表示相关的文件，是否易于理解，以便实验室人员掌握。

【要点二】负责评定测量不确定度的人员是否熟知测量不确定度评定相关程序、方法的要求，是否能正确报告测量不确定度评定结果。

4. 内审方法或技巧

该类型的不符合主要采用自下而上、抽样与风险相结合的审核方法，可采用以下审核方式和技巧。

【现场问询法】通过和负责评定测量不确定度的人员交谈、沟通，了解其是否清晰知晓测量不确定度评定相关程序、方法的要求。

【记录核查法】查阅实验室完成的测量不确定度评定报告，查看结果报告是否准确。

5. 整改对策与途径

（1）纠正

① 重新评定《原子吸收光谱法测定钨精矿中Zn含量测定的测量不确定度评定报告》；

② 对先前出具的紫外辐照度计校准报告进行评估，如受影响则扣发或追回对应报告，修订报告。

（2）原因分析

发生此类不符合项的原因可能是：

① 负责评定测量不确定度的人员对实验室制定的测量不确定度评定与表示相关知识不熟悉，人员能力不足；

② 实验室技术人员未对负责评定测量不确定度的人员的能力充分确认，对其完成的测量不确定度评定报告未充分校核。

（3）供参考的纠正措施

① 实验室技术负责人应识别测量不确定度相关文件特别是关于测量不确定度结果表示的规定，包括CNAS-CL01-G003《测量不确定度的要求》、JJF1059.1《测量不确定度评定与表示》、GB/T 27418和ISO/IEC指南98系列标准等文件的要求，将相应的要求转化成内部文件，便于实验室人员理解并掌握。

② 实验室应组织对所有负责评定测量不确定度的人员进行测量不确定度评定相关程序、方法的培训，确保这些人员正确报告测量不确定度评定结果。

（三）测量不确定度内部审核实务案例三

1. 场景描述

某检测机构在某次内审活动中，内审员发现，编号为××××的报告原始记录中，报告结果值恰好为规定限值，实验室做出了符合的判定，未报告扩展不确定度，实验室也未能提供相应的判定规则。实验室解释："电话咨询过客户，客户未提出要求，因此不需要报告扩展不确定度。"

2. 内审不符合项及导致后果描述

【不符合项】编号为××××的报告原始记录显示报告结果值恰好为规定限值，实验室做出了符合的判定但未报告扩展不确定度，实验室未能提供相应的判定规则，不符合CNAS-CL01：2018《检测和校准实验室能力认可准则》条款7.8.3.1 c）、CNAS-CL01-G003：2021《测量不确定度的要求》条款6.7、《评审准则》附件4 2.12.2 31）。

【导致后果】可被认定为39号令第十三条第（四）款"未按照标准等规定传输、保存原始数据和报告的"导致数据、结果存在错误的不实报告。

3. 场景涉及内审技术要点

【要点一】当测量不确定度与检测结果的有效性或应用相关时，或当检测方法/标准有要求时，或当内部质量控制有要求时，或当客户有要求时，或当测量不确定度影响与规范限的符合性时，是否报告了相应的测量不确定度。

【要点二】若客户声明符合性判定不需要考虑不确定度的影响，实验室是否和客户签署了相关的书面协议声明。

4. 内审方法或技巧

该类型的不符合主要采用抽样与风险相结合的审核方法,可采用以下审核方式和技巧。

【记录核查法】关注结果值和规定限值相近的报告,看实验室是否能提供相应的判定规则(包含如何考量测量不确定度影响的内容),最终的判定结论是否会引起误解或结论错误。

5. 整改对策与途径

(1)纠正

① 与客户确认判定规则,若客户认为可以不考虑不确定度的影响且客户提供的判定规则允许在"测得结果和限值一致"的情况下做符合性的判定,和客户签订书面协议;反之,追回报告并修改判定结论。

② 实验室应制定"判定规则",对判定规则的使用进行规定(包括覆盖客户的特殊判定规则要求)。

(2)原因分析

发生此类不符合项的原因可能是:

① 实验室未制定相关的"判定规则",对常见的判定规则(如CNAS-CL01-G003《测量不确定度的要求》、CNAS-TRL-010《测量不确定度在符合性判定中的应用》等)要求不熟悉,针对特殊情况无依据可循;

② 未和客户书面确认"判定规则"的要求,未形成书面记录。

(3)供参考的纠正措施

① 将CNAS-CL01-G003《测量不确定度的要求》、CNAS-TRL-010《测量不确定度在符合性判定中的应用》等文件中判定规则的要求和客户的要求整理成实验室的"判定规则"。

② 在和客户签订合同时,告知实验室所采用的"判定规则"(应特别关注客户关于不测量不确定度的特殊要求),和客户达成一致并保留相关书面记录。实验室依据约定的"判定规则"进行结果判定。

第四节 检测结果的质量控制

一、扩展基本概念与知识

检测报告的质量,关系着实验室的生死存亡,而检测结果的有效性是检测报告质量的核心,是提升检测报告质量的关键,是维系实验室发展的生命线。

实验室确保检测结果有效性的关键在于确保"数据和结果实现过程"的有效。此过程共分为实验输入材料的确认阶段及检测结果的验证阶段两个阶段。本节就检测结果的验证阶段展开论述。

（一）检测结果的验证

检测报告质量的核心是确保检测结果的有效性。影响检测结果有效性的因素很多，概括起来无外乎参与实验的人（人员）、机（设备、消耗性材料）、料（样品）、法（检测方法）、环（设施及环境条件）这5个因素。在这5个因素中，凡是参与实验的均对检测结果有所贡献。

实验输出的结果中既包括了样品被测性能的信息，也包括了所有实验输入对检测结果偏离样品真实性能影响的信息。

检测结果=样品被测性能的信息+实验输入对检测结果偏离样品真实性能影响的信息，其中样品被测性能的信息是实验的目的，实验输入对检测结果偏离样品真实性能影响的信息是检测结果的质量，检测结果的质量直接决定了检测结果的有效性。

实验室采取的一切质量控制措施均是为检测结果的质量服务，无论是实验开展前对人、机、料、法、环的确认，还是实验结束后对检测结果的验证，均是为了获得准确可靠的检测结果。

实验开展前，对实验输入的人、机、料、法、环的确认是为了建立的分析系统稳定可靠，实验结束后，对检测结果的验证是为了实施分析系统的核查，监控该系统的持续稳定性及检测结果的有效性，二者缺一不可。实验室的质量控制流程一般如图6-4所示。

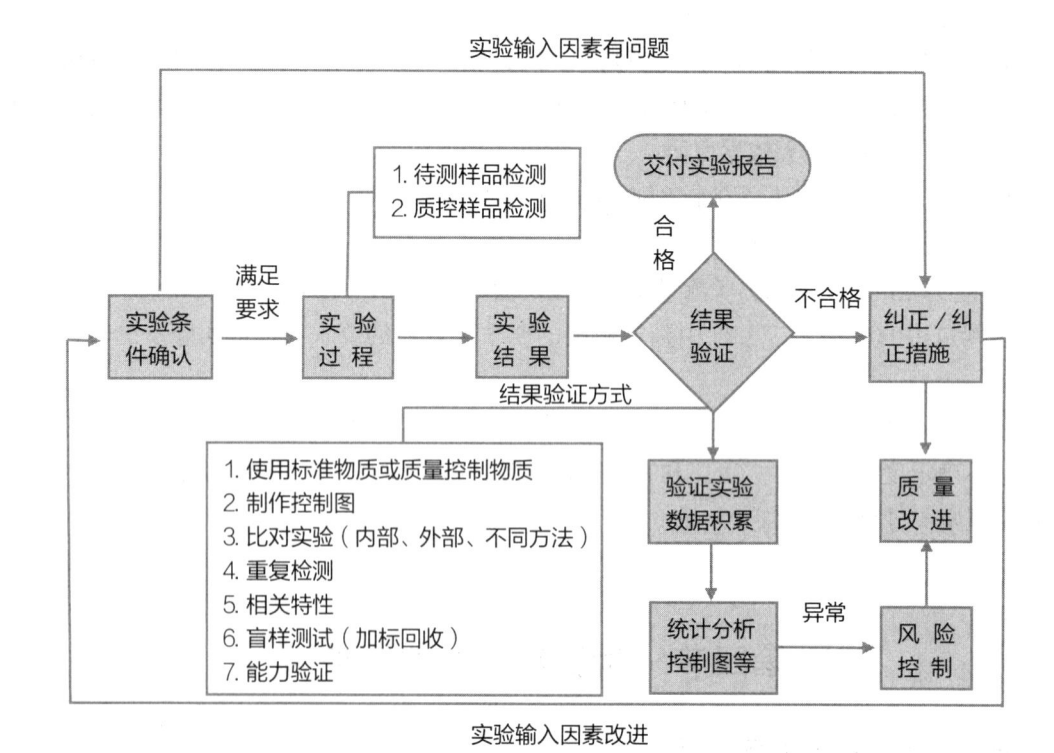

图6-4　实验室质量控制流程图

关于对检测结果的验证，CNAS-CL01:2018《检测和校准实验室能力认可准则》7.7.1中提到7种监控方式：使用标准物质或质量控制物质；适用时，使用核查或工作标准，并制作控制流程图；使用相同或不同方法重复检测或校准；留存样品的重复检测或重复校准；

物品不同特性结果之间的相关性；实验室内比对；盲样测试。这些均属于对检测结果的验证方式。

CNAS-CL01:2018《检测和校准实验室能力认可准则》7.7.2提到参加能力验证、参加除能力验证外的实验室间比对，这两种方式同样是对检测结果的验证，是对分析系统误差进行的间歇性核查，是证明实验结果准确可靠的重要手段。但需要注意，能力验证和实验室间比对不能替代日常的质量监控措施，但可作为日常质量监控的有效补充。

实验室究竟采用哪种验证方式需要根据不同的试验特点来决定，如：人员参与程度较高的检测项目，可优先选择人员能力核查或人员比对的监控方式；设备依赖程度较高的检测项目，可优先采用设备比对或设备定期核查的监控方式；样品稳定性较好、复现性较强、样品量充足的检测项目，可采用留样再测或依托稳定样品制作质控图的监控方式；复现性较差或具有破坏性的检测项目，可优先选择设备定期核查和人员能力核查的监控方式；化学痕量分析的检测项目还应考虑空白及信噪比的影响。本书选取三种典型的质量控制方式进行介绍。

（二）结果验证方式

1. 使用标准物质或质量控制物质（质控样品）

标准物质，尤其是有证标准物质，因其特性值具有计量溯源性，可溯源至国际标尺或其他测量标准。而计量溯源性是得到可比、兼容的检测结果的先决条件，故有证标准物质在整个检测过程中可以作为参照物，来评判检测结果的质量。

通过有证标准物质与其他待测样品的同步试验，不但可以监控单次检测结果的准确性，判断当次实验的质量合格与否，还可以通过多次测试不同浓度的有证标准物质，评估在不同浓度下检测结果的准确性及稳定性。

对于单次的定量实验，检测结果=样品真值+误差。误差是检测质量的反映，由于样品的真值不可知，所以误差求不出。对于有证标准物质，其真值或近似真值已知，实验的误差可以求出，所以可以用有证标准物质来评价单次实验的质量情况。

对于多次的定量实验，检测结果=样品真值+系统误差+随机误差，其中多次测量的平均值=真值+系统误差，系统误差=多次测量的平均值−真值，系统误差也称为偏倚，即测量系统相对于真值的偏离程度，显然，偏倚的绝对值越小，越接近真值，测量系统的质量越好。

随机误差一般用多次检测结果的方差表示，其代表了数据之间的离散性，方差越小，数据越集中，测量系统越稳定。

因为标准物质的真值在一定时间内具有稳定性，可以保持不变，故测量系统造成的数据波动很容易从测量结果中反映出来，测量系统是否稳定一目了然。

无论是单次定量实验，还是多次定量实验，有证标准物质在质量控制方面的作用都举足轻重，详见表6-2。

表6-2 标准物质的质控作用

实验次数	统计项目	作用
单次实验	实验误差=标准物质实验结果-标准物质真值	判断当次实验的质量是否合格
少于25次重复实验	统计"偏倚"或系统误差、方差或随机误差	判断测量系统的质量是否合格
25次及以上重复实验	制作质控图	判断测量系统的质量,并对可能发生的不合格进行预警

一个实验室的测量系统经过了准确性和稳定性的验证,具备了持续稳定的提供准确可靠检测结果的能力,其检测结果的质量就非常有保障,出具的检测结果是准确的、可靠的,值得客户信赖的。

当以标准物质作为质控样品来评判检测结果的质量时,其检测过程的质量控制要满足以下要求。

① 每批待测样品均应附带空白(或阴性样品)、标准物质样品、待测样品的平行样。检测的顺序为:空白(或阴性样品)、待测样品、标准物质样品、重复样品。

② 每间隔20个待测样品,加1个标准物质样品,如果待测样品不足20个也视为一批,需实施完整的过程质量控制。

③ 实验室也可以根据具体情况对待测样品的批量做出适当调整,如长时间测量系统核查结果表明测量系统始终处于稳定状态,则可在其后的检测中适当加大批量;反之,如果核查表明测量系统处于不稳定状态,则应减小批量。

当标准物质作为质控样品时,在使用上需要注意以下几点:

首先,需要考虑标准物质的种类,标准物质有定量与定性两种,定量的标准物质应有相应的量值与不确定度或者偏差,定性的标准物质应有相应的名称或等级,在选择时需要对应。

其次,标准物质的量值水平及分类水平要与预期的使用水平相适应,标准物质通常应与待测样品的基体相同或相近(如土壤重金属元素的分析试验,所采用标准物质的基质应为土壤,而非水或其他基质),含量水平相近,若被测样品为"未检出",则标准物质中被测组分的含量应在方法测定低限附近。如无适宜的标准物质,也可采用加标回收的方式,回收率的偏差范围须满足表6-3的要求。

表6-3 化学实验中加标回收率要求

被测组分含量(mg/kg)	回收率范围(100%)
>100	95~105
1~100	90~110
0.1~1	80~110
<0.1	60~120

另外,使用标准物质前,应仔细阅读标准物质证书上的全部信息,并注意其有效期、稳定性及最小取样量。

2. 控制图

CNAS-CL01:2018条款7.7.1提到"记录结果数据的方式应便于发现其发展趋势,如可行,应采用统计技术审查结果。……d)适用时,使用核查或工作标准,并制作控制图"。

CNAS-CL01:2018 条款7.7.3条规定:"实验室应分析监控活动的数据用于控制实验室活动,适用时实施改进。如发现监控活动数据分析结果超出预定的准则,应采取适当措施防止报告不正确的结果。"

控制图理论首次由美国的休哈脱提出,并应用在监控生产的过程中,以预测产品质量波动的发展趋势,控制不合格率的发生,达到改善产品质量的目的。实验室的检测过程也可以看作数据结果的制造过程,通过使用质量控制物质制作控制图对实验室的测量系统、测量过程进行监控。

控制图的基础是将质控样品与待测样品放在一个分析批(见图6-5)中一起进行分析,然后对质控样品的结果(即控制值)进行记录、评估,绘制在控制图上(见图6-6)。实验室通过分析控制图中控制值的分布及变化趋势,评估分析过程是否受控,分析结果是否可接受。

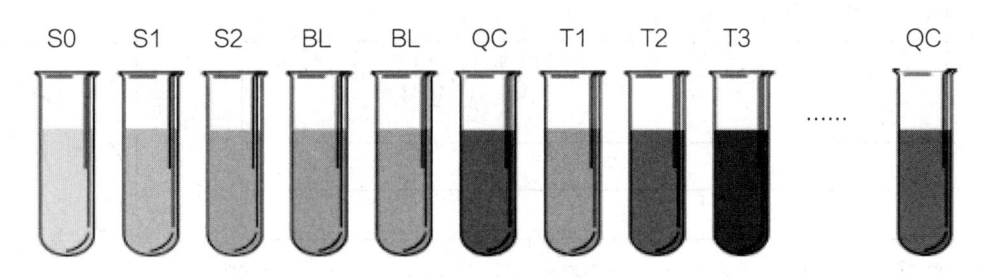

S0~S2,标准溶液;BL,空白样品;QC,控制样品;T1…,待测样品

图6-5 一个分析批(含两个质控样品)

在控制图中,如果所有控制值都落在上下警戒线之间,表明参与检测的人、机、料、法、测都处于正常状态,测量过程中没有任何异常情况发生,均在规定的限值范围内运行,可以报告待测样品的分析结果。如果控制值落在上、下行动线外或在上、下警戒线内不随机排列,则表明检测过程异常。此时的检测结果异常于重复测量的大多数结果,此时的分析系统有问题,不得报告待测样品的分析结果,而应采取纠正措施,识别误差的来源并予以消除。如果控制值落在警戒线之外,但在行动线之内,则应根据特定的规则进行评估。

控制图基于控制样品的分析结果随机变化的正态分布统计特性,正态分布曲线与等效的控制图(X-图)之间的关系如图6-6所示。控制图中有中心线(CL)、上下行动线(AL)和上下警戒线(WL)以及按时间顺序控制值的描点。控制图的中心线(CL)代表控制值的平均值或参考值。警戒线与中心线的距离为±2倍标准偏差，在服从正态分布的情况下，约95.4%的数据落在警戒线之内；行动线与中心线的距离为±3倍标准偏差，约99.7%的数据落在行动线之内。

从统计学上来讲，在1000次测量中，只有3次测量的结果会落在行动线之外。因此，在通常情况下，如果控制值落在行动线之外，分析程序中存在差错率的概率非常高，故待测样品的检测结果可信度很低，不得报出待测样品的分析结果。

由此可见，控制图并不直接用于控制检测结果，而是通过控制质控样品的检测质量来推测待测样品的数据结果的准确性。

控制图不仅能够反映出质量不合格实验，还能反映出实验系统的稳定性、系统偏差及其趋势，在质量未出界前进行报警。通过分析控制图显示的异常趋势，查找存在的问题，必要时采取一定的措施，预防不合格测量的发生，并防止报告错误的数据和结果，进一步提升报告质量。

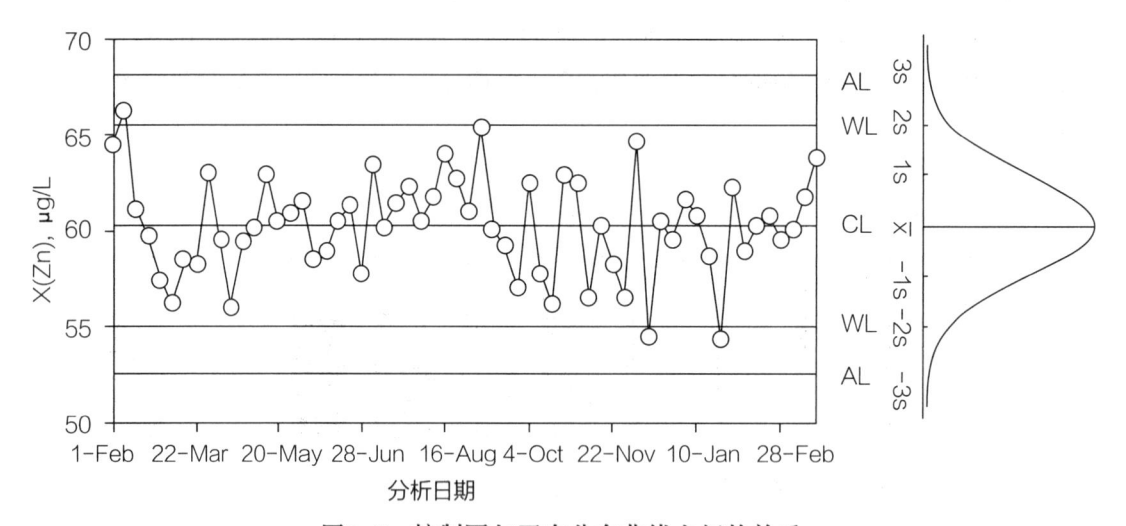

图6-6 控制图与正态分布曲线之间的关系

质控样品的基质应与待测样品尽可能相同，且有良好的稳定性，有足够的量，有合适的分析物浓度并便于保存。如果无法同时满足这些条件，实验室也可以选择不同类型的质控样来满足质量控制的需要，如有证标准物质、标准溶液、室内控制样品、室内标准物质、空白样品等。

3. 实验室间比对、能力验证

实验室间比对是按照预先规定的条件，由两个或多个实验室就相同或类似的被测物品进行检测的组织、实施和评估活动。能力验证是以实验室间比对为基础，按照预先确定的准则来评价参加者的能力。

实验室作为参加能力验证的主体，应基于自身需求和外部对能力验证的要求，在综合考虑内部质控水平、人员能力情况、设备设施状况、管理和技术方面的风险[①]、经济成本、能力验证的可获得性等要素的基础上，合理策划能力验证计划。同时根据人员、方法、场所和设备等的变动情况，定期审查和调整参加能力验证的工作计划。

能力验证计划一般由实验室自愿参加，但对于初次申请CNAS认可，或扩大认可范围的实验室来说，能力验证是一项强制性的质控手段。实验室应按照CNAS-RL02《能力验证规则》及相关资质主管部门的要求参加能力验证活动，并优先选择已获CNAS认可的能力验证提供者或认可机构直接组织的能力验证计划，这类能力验证计划的质量更有保证，结果更为可靠，更容易被承认。

实验室完成能力验证计划后，能力验证提供者对参加者反馈的数据进行分析统计，检测实验室的能力验证计划一般采用Z比分数来进行结果评价，校准实验室能力验证计划一般采用E_n值进行结果评价。

$|Z|\leqslant 2$，表明能力验证结果"满意"；$2<|Z|<3$，表明能力验证结果"可疑"；$|Z|\geqslant 3$，表明能力验证结果"不满意"，需要采取纠正措施。

$|E_n|\leqslant 1$，表明能力验证结果"满意"；$|E_n|>1$，表明能力验证结果"不满意"，需要采取纠正措施。

如果实验室参加能力验证结果的Z比分接近0，表明这个结果与其他实验室的结果符合性好，其能力水平与其他实验室能力水平相当，差异很小；如果Z比分的绝对值大于等于3，那么这个结果离群，实验室应立即查找原因，积极改进。

参加能力验证是实验室质量保证的重要手段，有助于实验室评价和证明其测量数据的可靠性，识别自身存在的问题，从而有效改善测量系统，确保检测结果的有效性。能力验证结果还可作为实验室技术能力的有效证明，为管理部门、认可机构、客户和其他利益相关方选择、评价、认可有能力的实验室提供依据。

二、检测结果的质量控制内部审核实务

（一）检测结果的质量控制内部审核实务案例一

1. 场景描述

某检测机构食品及饲料实验室，其能力覆盖食品微生物、营养成分、重金属、添加剂，前年新增食品药物残留和动物饲料营养成分等子领域能力，在今年的年度内审中，内审员核查年度质量控制计划，计划没有制定覆盖食品药物残留和动物饲料营养成分子领域能力验证活动，现场问询负责人，其不清楚食品药物残留需要做能力验证，另外动物饲料的营养成分的能力验证食品领域已安排，其认为没有必要重复。

[①] 实验室管理和技术方面的风险为：日常开展检测任务量的多少；技术人员变动情况；溯源是否得到保证，如标准物质/标准样品的可获得性；测量技术的稳定性；测量结果的重要程度，如司法鉴定结果要求较高的可信度；环境设施、仪器设备的变化情况。

2. 内审不符合项及导致后果描述

【不符合项】现场审核发现食品及饲料实验室未能提供参加食品药物残留和动物饲料营养成分子领域能力验证活动的计划和报告，不符合CNAS-RL02:2023《能力验证规则》条款4.3.1.1的要求。

【导致后果】可被认定为CNAS-RL02:2023《能力验证规则》条款5.7"对不能满足能力验证领域和频次要求，或虽参加了能力验证但结果不满意且未在180天（能力验证最终报告发布之日起计）内开展纠正措施及其验证活动的合格评定机构，CNAS可撤销其相应项目的认可资格"的情形。

3. 场景涉及内审技术要点

【要点一】实验室能力验证是否覆盖认可范围的全部子领域，是否满足能力验证规则的最低频次要求。

【要点二】在没有适当能力验证的领域活动，实验室是否通过强化其他质量保证手段来确保能力，如实验室间比对等。

4. 内审方法或技巧

该类型的不符合主要采用自上而下与自下而上相结合的方式，从信息集中部门（如质控部门）了解信息，到相关部门调查。可采用以下审核方式和技巧：

【现场问询法】向质控部门负责人员询问年度的质量控制计划及实施情况（2～3年内），包括质量控制的内外部年度计划编制和实施、质控评定的总体情况，问询过程中重点关注实验室检测对象、领域和子领域范围能力验证活动实施情况。

【记录核查法】查阅实验室外部质量控制计划（正常抽取3年内），查看子领域是否覆盖CNAS-RL02《能力验证规则》所规定的领域和频次，抽取相应的能力验证报告进行验证。另外查看在没有适当能力验证的领域活动，实验室是否组织或参加实验室间比对，并保留相关的记录。

5. 整改对策与途径

（1）纠正

① 实验室按照CNAS-RL02《能力验证规则》所规定的领域和频次，核查未覆盖要求的检查对象的子领域数量；

② 可在CNAS官网上获认可实验室"能力验证计划提供者"中寻找符合能力验证提供的机构，如机构提供能力验证计划已过期，可选择测量审核；

③ 制定能力验证计划并参加食品药物残留和动物饲料营养成分子领域能力验证活动。

（2）原因分析

发生此类不符合项的原因可能是：

① 实验室负责人对CNAS-RL02《能力验证规则》条款不清楚；

② 实验室没有结合CNAS-RL02《能力验证规则》和CNAS-GL002《能力验证结果的统计处理和能力评价指南》形成实验室管理体系文件或作业指引，导致理解和实施不到位。

（3）供参考的纠正措施

① 实验室结合本节第一点和CNAS-RL02《能力验证规则》、CNAS-GL002《能力验证结果的统计处理和能力评价指南》，及CNAS-CL01:2018《检测和校准实验室能力认可准则》条款7.7.2的要求等制定实验室管理体系文件或作业指引，对内外部质量控制做出相应的规定和实施要求；

② 实验室对管理体系文件或作业指引进行宣贯培训，关注培训效果评价，确保人员均已理解；

③ 实验室结合管理和技术方面（如检测任务量、人员变动、设备管理和溯源、场地和环境变化、客户反馈投诉等）的风险情况对能力验证的领域活动进行调整和复核，防止类似问题出现。

（二）检测结果的质量控制内部审核实务案例二

1. 场景描述

某检测机构内审活动中，内审员查阅化妆品实验室2024年质量控制方案，发现方案没有明确质量控制方式（如质控样品核查、人员比对、设备比对、留样复测、质控图等）及评价方法，且没有规定临界及超出规定限值时应采取的措施。质控部门的负责人员说不清楚质量控制的方式和评价方法。

2. 不符合项及导致后果描述

【不符合项】查阅化妆品实验室2024年质量控制方案，没有明确质量控制方式（如人员比对、设备比对、留样再测、盲样考核、质控图等）及评价方法，且没有规定出临界及超出规定限值时应采取的措施，不符合CNAS-CL01：2018 条款7.7.1、《评审准则》附件4 2.12.9的要求。

【导致后果】可导致实验室没法识别测量系统的偏离，无法证明其测量数据的可靠性和溯源性，无法识别自身管理和技术上存在的问题，无法确保检测结果的有效性，在管理部门、认可机构、客户和其他利益相关方那里失去公信力。

3. 场景涉及内审技术要点

【要点】实验室是否编制质量控制方案及计划，质量控制方案及计划是否满足以下要求：

① 覆盖全部能力和活动范围（关注新扩项领域）；
② 采用合适的质控方式（如人员比对、设备比对、留样再测、盲样考核）；
③ 制定质控结果评价依据；
④ 针对结果偏离采取有效措施。

4. 内审方法或技巧

该类型的不符合主要采用自上而下的方式，从信息集中部门（如质控部门）了解信息，到相关部门调查，可采用以下审核方式和技巧。

【记录核查法】查阅实验室内部质量控制方案或计划和实施的记录，方案或计划及记录是否覆盖全部能力和活动范围、项目参数、方法依据、人员、监控方式及频次、结果评价、偏离后采取的措施等内容。

5. 整改对策与途径

（1）纠正

① 实验室按照文件修订流程，修订年度质量控制方案及计划和记录表格内容，增加对应缺少监控方式及频次、结果评价、偏离后采取措施等信息（见表6-4）。

表6-4 年度内部质量监控方案

序号	实验室	检测对象	项目/参数	方法依据	使用设备（编号）	检测人员	监控方式	实施时间	结果评价	监控结果	偏离采取措施

备注：
监控方式指：a）加标回收；b）有证标样；c）人员比对；d）仪器比对；e）方法比对；f）留样再测；g）质控图；h）期间核查；i）盲样测试；j）其他。
检测人员指参加监控活动的人员。
结果评价指预先确定的依据方法和无数据目标值（可用绝对误差、相对误差等表示）。
实验室根据不同质控手段的特点，对质量监控结果（包括人员能力监控结果）的合格评价指标、监控结果偏离/不满意时拟采取的措施。

② 对实验室质量管理开展的质量控制项目，可进行复核和验证，补充对应的信息和实施记录。

（2）原因分析

发生此类不符合项的原因可能是：

① 实验室未将CNAS-CL01:2018《检测和校准实验室能力认可准则》条款7.7.1～7.7.3等条款要求转化为实验室管理流程和实施要求；

② 实验室人员不清楚检测结果的验证方式选择和实施流程，未考虑到监控方式及频次、结果评价、偏离后采取的措施。

（3）供参考的纠正措施

① 对实验室质量控制的管理文件、修订后的年度质量控制方案和记录表格内容进行宣贯，通过案例分析强调监控方式及频次、结果评价、偏离后采取的措施等内容，提升实验室人员的管理意识，加强其对技术的理解；

② 实验室监督人员定期复核和评估质量控制方案及计划开展情况，识别偏离并采取有效的措施。

（三）检测结果的质量控制内部审核实务案例三

1. 场景描述

某检测机构年度内审活动中，内审员抽查环境和食品实验室报告发现：

① 土壤石油烃质控缺少空白加标，不符合分析标准HJ 1021—2019的质控要求；

② 甲拌磷（GB 23200.113—2018）、甲醛次硫酸氢钠（GB/T 21126—2007）、脱氢乙酸（GB 5009.121—2016）、地虫硫磷（GB 23200.8—2016）、植物源性食品中农药及其代谢物残留量的测定（GB 23200.121—2021）等未按要求进行平行测试；

③ 实验室依据《土壤和沉积物 有机氯农药的测定 气相色谱-质谱法》（HJ 835—2017）检测土壤中有机氯农药时，使用提取试剂做空白，不满足标准中使用石英砂做空白的要求。

2. 内审不符合项及导致后果描述

【不符合项】内审员现场抽取报告：

① 环境实验室检测项目土壤石油烃质控缺少空白加标，不符合分析标准HJ 1021—2019的质控要求；土壤中有机氯农药，使用提取试剂做空白，不符合《土壤和沉积物 有机氯农药的测定 气相色谱-质谱法》（HJ 835—2017）标准中使用石英砂做空白的要求。

② 食品实验室检测项目甲拌磷（GB 23200.113—2018）、甲醛次硫酸氢钠（GB/T 21126—2007）、脱氢乙酸（GB 5009.121—2016）、地虫硫磷（GB 23200.8—2016）、植物源性食品中农药及其代谢物残留量的测定（GB 23200.121—2021）等不符合标准方法进行平行样测试的要求。

【导致后果】可被认定为39号令第十三条第（三）款"违反国家有关强制性规定的检验检测规程或者方法的"的不实报告。

3. 场景涉及内审技术要点

【要点】实验室执行的检测项目是否满足标准方法的质控要求。

4. 内审方法或技巧

该类型的不符合主要采用逆向追溯、抽样与风险相结合的审核方法，可采用以下审核方式和技巧。

【记录核查法】首先，在审核过程中可重点梳理有质控要求的标准方法清单，通过清单重点抽取外部监督检查涉及处罚或通报的方法；其次，基于风险的思维，特别注意是否满足强制性标准中对质控方式、质控频次、质控结果等的要求；最后，在审核这部分内容时，内审员可以通过抽查检测报告和记录的方式倒查检测活动是否满足质控要求，比如是否有全程序空白或分析空白，是否按照标准规定进行平行测试，平行测试的次数/频次是否满足等。

5. 整改对策与途径

（1）纠正

① 对已完成但未发出的报告，扣发检测报告，按标准方法的质控要求进行检测，核对质控数据的有效性并出具检测报告；

② 对已发出的报告，实验室组织留样复测，按照标准方法质控要求确认检测结果的准确性，如发现检测结果失实，立即通知客户，追回报告。

（2）原因分析

发生此类不符合项的原因可能是：

① 实验室原始记录信息设计不够充分、具体，缺少质控对应的数据填报端口；

② 人员能力不足，不熟悉检测标准要求，对相关检测标准中的质控要求理解不到位，在具体的检测活动中未能按照检测方法的要求实施质控。

（3）纠正措施

修订相应的检测记录表单并进行宣贯，要求检测人员按照方法进行检测并填写记录，将质控方式和频次填报清晰。

① 梳理实验室检测项目，组织相关人员学习具体的标准方法中的质控要求，如本案例中的标准HJ 1021—2019、GB 23200.113—2018、GB/T 21126—2007、GB 5009.121—2016、GB 23200.8—2016、GB 23200.121—2021、HJ 835—2017中的相应要求。对执行检测方法类有质控要求的，核查质量控制是否覆盖，如没有进行留样复测，按照标准方法质控要求确认检测结果的准确性，如发现检测结果失实，立即通知客户，追回检测报告。

② 建立实验室质量控制存在风险清单，每月可定期抽查对应报告，核查质控措施是否有效。

综上所述，质量控制的目的是控制最终检测数据或报告的质量，质量控制手段是检测结果质量的保证，所以有效实施质控计划，保证质控活动的实施效果是避免出现不实报告、降低实验室内外部管理和技术上的风险、增强市场竞争力的有效手段。

第五节　合同评审

一、扩展基本概念与知识

（一）合同评审的定义

1. 合同（GB/T 19001—2016 3.4.7）

合同是有约束力的协议。

2. 评审（GB/T 19001—2016 3.11.2）

评审是指对客体实现所规定目标的适宜性、充分性或有效性的确定。

3. 合同评审

合同评审是指合同签订前，为了确保质量要求合理、明确并形成文件，且供方能实现，由供方所进行的系统的活动。

检测合同是实验室开展委托检测工作的前提和依据。合同评审是在合同签订前，实验室与客户就检验活动的过程进行说明、沟通的过程。通过评审，实验室在充分识别出客户要求的基础上，对自身的能力（不限于资质情况、检测/校准/抽样能力、人员能力等方面）和资源（不限于场地、设备、物料、信息、环境等）进行评审，以确定满足客户的要求，并争取超过客户的期望。基于风险的思维，实验室在合同评审后，应采取积极有效的风险应对措施,可减少双方在实施过程中产生的误解和纠纷,规避在操作上和交付后产生争议的风险,保证检验检测工作的科学性和准确性。

(二)合同评审的关键与风险控制

1. 合同评审人员

合同评审人员应具备较高的综合素质能力,对其进行培训考核,确定其能力,经授权后开展合同评审工作。

① 合同评审人员应掌握检验检测行业法律法规,并具备扎实的基础知识和较高的专业技能,熟悉检测流程、检测项目、检测方法等,确保合同评审的合法、准确、有效。当客户对检测结果提出异议时,评审人员要对数据、结果进行分析、解释,对客户运用数据和结果提供指导,这要求人员具备一定专业分析判断能力。

② 合同评审人员是实验室与客户建立良好关系的纽带,需要具备良好的服务意识,以及沟通协调能力,通过与客户有效沟通,充分获取和理解客户的需求和期望。

风险应对措施:合同评审人员的专业素质是合同评审中的风险点,实验室要对合同评审人员进行持续的专业培训,建立一支高素质的合同评审人员队伍。

2. 法律法规的要求

实验室作为提供技术服务,对社会出具公正数据结果的第三方机构,应在资质认定的范围内依法开展检验工作。合同评审涉及的内容应符合国家法律法规、行业相关规定,遵循资质认定、实验室认可的要求,确保检验检测活动的有效性和一致性。

风险应对措施:实验室及时关注外部政策的变化,并将有关法律责任的评审内容固定在合同中,必要时增加免责声明或其他双方约定的内容。

3. 客户要求的评审

(1)客户信息

客户信息包括委托单位、生产单位、联系方式、产品名称、样品规格、样品数量等。此信息由委托方提供,委托方要保证信息真实有效,必要时提供材料依据。由实验室现场取样的,双方也应该在现场签字确认,必要时可以作为电子资料留存。

风险应对措施:客户信息需要客户签字确认;客户信息的变更也需要得到客户的确认,并保留相关的记录。

(2)检测目的

合同评审人员首先要了解客户送检的目的。政府客户通常以实验室为依法行政的技术支持,依托实验室实施产品的国家监督抽查、强制性产品认证、质量鉴定、质量仲裁等。实验室必须根据国家监督抽查计划的目的,按照任务要求实施检测。被委托的实验室具备法定资质,提供的检测结果权威、公正、科学,服务及时,服务过程符合管理规定。制造商、销售商、消费者等客户,通常是为产品研究提供验证,为产品符合规定要求提供证明,为质量争议提供仲裁的技术依据。委托客户要求实验室能够提供准确可靠的结果、公正而便捷的服务、合理的费用和良好的服务态度。

风险应对措施:识别不同的客户类型或按照检测目的对客户进行分类管理。

（3）检测项目和检测标准

① 客户应明确检测标准和检测项目并形成文件。如果客户指定检测标准和检测项目，则要评审客户指定方法和项目的有效性和适用性；如果客户未指定检测标准和检测项目，则实验室应优先使用以国际、区域或国家标准发布的方法。同时，根据客户检测的目的推荐所需的检测项目。

② 当客户要求的方法不合适或过期时，实验室应有风险意识，及时通知客户，建议采用现行有效的检测方法，并保留修改记录。若客户坚持用过期的方法标准时，应在合同中注明，说明该方法由客户提供或指定，以降低或规避实验室风险。在使用非标准方法时，应征得客户的同意，并告知客户相关方法可能存在的风险。客户要求的方法属于合同评审中的方法风险点。

风险应对措施：合同中应明确检测标准和检测项目，并形成文件，着重评审检测标准和检测项目的有效性和适用性；客户使用的方法不适应或过期时，应告知客户，若客户坚持使用，则在合同中注明该方法为客户提供或指定。

（4）客户要求的偏离

客户要求的偏离不应影响实验室的诚信或结果的有效性。合同评审时，当客户提出的要求与规范、程序有偏离时，应考虑要求所带来的风险。比如，客户送检一份产品进行多个项目检测，检测结果中，有的满足规范要求，有的不满足，在出报告时，客户要求就合格项目出一份报告，就不合格项目另出一份报告，这种影响实验公正和诚信的偏离，应当杜绝。客户要求的偏离属于合同评审中偏离风险点。

风险应对措施：识别客户要求的偏离，并对偏离的公正性、规范性、合法合规性进行系统评审。

4. 实验室能力的评审

在与客户充分沟通的基础上，了解客户需求，为确保实验室自身能力和资源满足客户要求，实验室应开展自身能力和资源评审，主要内容如下。

（1）检测能力的配备

实验室已通过资质认定的项目或参数是否满足客户的委托要求，或者客户提出的检测项目和参数是否超出了实验室的资质认定能力范围；若超出资质能力范围出具报告或证书，实验室将面临停业整顿甚至被取消资质的风险。资质认定范围属于合同评审中检测能力风险点。

风险应对措施：将客户委托的检测项目或参数与资质认定参数附表和行业资质授权项目进行核对，确定在能力范围内的参数，具有相应的检测能力，否则应考虑分包。

（2）仪器设备的配置

实验室应配备满足检验检测要求的仪器设备。拟使用的设备应处于完好状态，仪器设备量程、精度应满足标准规范要求，需要检定／校准的设备应处于检定／校准的有效期内，并能正常使用。仪器设备性能属于合同评审中仪器设备风险点。

风险应对措施：对合同中涉及的仪器设备性能进行评审；如果不满足要求，考虑新购或租赁仪器设备。

（3）设施环境条件

实验室的设施环境条件是开展实验室活动的必要条件，是抽样、检测、校准数据结果准确可靠的保障。对于环境设施有特殊要求的检测项目，如温湿度、电磁屏蔽等要求，实验室应确保满足测试方法的要求。

风险应对措施：实验室的设施环境条件应与从事的检测工作相适应，确保不会对结果产生不利影响；如果设施环境无法满足要求，应考虑分包。

（4）人力资源

试验人员包括抽样、样品制备、检测、出具检测报告的人员，其专业技能水平是影响检测结果的准确性和可靠性的关键因素。试验人员的专业配备、能力、技术水平将直接影响检测质量和检测任务的顺利进行。

风险应对措施：对试验人员能力进行评审，选择满足合同要求的试验人员，强化人员技能培训，重视人员能力考核，建立岗位责任制和诚信档案。

（5）检测方案

根据客户要求制定的检测方案应具有实用性、可行性。检测方案是合同的一部分，一旦双方签字盖章即具有法律效力，实验室要严格按照检测方案开展工作，若方案在实施过程中需要调整，应在双方协商一致的基础上重新确认。

风险应对措施：对检测方案的可行性进行评审，评审后的检测方案须双方签字确认，与合同一并保存，检测过程严格按照检测方案进行。

（6）检测周期

在合同规定的有效期内，应保质保量地完成检测任务。若有特殊原因，检测任务不能按时完成，应及时通知客户，征得客户的同意后，进行延期。

风险应对措施：以检测项目的标准试验周期为核算依据，结合工作量和完成能力进行评估，对完成时间进行系统评审。

（7）分包

由于种种原因，实验室可能涉及检测项目分包；如果有，需要在合同里明确哪些样品的哪些项目交给哪个分包方来做。实验室应事先了解拟分包的实验室是否有能力完成分包，优先选择具有资质的实验室进行分包，收集分包实验室的资质证书及附表并通知客户。将分包实验室告知客户并获得客户同意确认后再实施分包，并在报告页中明确分包的项目和分包实验室的信息。

风险应对措施：分包需要征得客户书面同意；检测机构对分包方满足分包项目的资质和能力进行考察，并签订分包合同，相关资料信息需要留存。

（8）判定规则

在合同评审阶段，实验室应在合同中对判定规则予以明确。当客户要求出具的报告中包含对标准或规范的符合性声明（如合格或不合格）时，实验室应有相应的判定规则。若标准或规范未包含判定规则内容，实验室应对判定规则进行合理选择，与客户充分沟通，并取得客户的同意。当不确定度与检测结果的有效性或应用有关时，或客户的指令中有要求时，或当测量不确定度影响对规范限度的符合性时，检测报告中还需要包括不确定度的信息。

风险应对措施：当客户要求针对检测结果做出与规范或标准符合性的声明时，规范或标准以及判定规则应在合同中明确，并得到客户同意。

5. 样品的评审

样品信息、样品包装、样品储运、样品量、样品的运输、抽样（如有）等与检测数据息息相关，应满足检测要求。如食品、环境检测对样品的保存温度，是否需要避光保存等有要求；珠宝等贵重样品对安全保存有要求；不相容的样品之间会有空间隔离的要求。合同评审人员应对样品保存的要求非常熟悉，与客户沟通，并按规定保存。对于客户送样，如果样品量不满足标准要求，也要予以声明。

另外，测试余样和备样的保存期限和退回方式也应该在合同评审环节予以明确约定。对于家电等破坏产品进行检验的样品，如果涉及检验后样品的退还，也应提前明确。

风险应对措施：合同评审人员应熟悉检测项目对样品的要求，在接收样品时仔细核对，确保样品与合同描述相符，并满足检测要求；如样品存在异常情况或不符合检测要求，应及时联系客户并说明，记录询问结果，当客户了解样品偏离时，仍进行检测，实验室应在报告中做出免责声明，并指出偏离可能造成的影响。

6. 合同的变更

合同生效后，由于客户或实验室原因提出对合同内容进行变更，应当对合同变更内容重新开展评审，双方协商并达成共识后，重新签署合同或补充文件，并将所有修改内容通知到所有受到影响的人员，防止出现变更内容未及时传达而造成不必要风险，并保留相关记录。比如，客户要求增加检测项目，实验室要对增加的检测项目进行重新评审，核查在人、机、料、法、环、测等方面是否满足要求，并将变更内容作为合同附件，通知客户及所有相关人员，并在工作中正确实施运用。合同变更内容属于合同评审中的变更风险点。

风险应对措施：对于合同的任何变更均要进行评审，考虑变更内容对原合同要求的检测周期、检测能力和资源等方面的影响程度，形成书面材料，双方签字盖章后保存，并通知所有相关人员获悉合同变更内容，在检测过程中正确运用。

7. 其他评审

合同的交付时间、交付方式，双方的权利和义务、异议复议期、违约处置、检测费用以及费用支付方式、保护双方机密等必要的声明和承诺，对于可能发生的不可抗力导致的违约也应提前明确原因、责任、赔付等细节。

如果客户有观摩的要求，也应允许其适当进入实验室相关区域，在实验室人员陪同下，见证与其相关的实验室活动。若涉及实验室隐私的，还应签订保密条款。

二、合同评审内部审核实务

（一）合同评审内部审核实务案例一

1. 场景描述

内审员在抽查某实验室检测委托单时，发现编号为×××的检验检测委托单中未包括取样方法、检测服务周期、样品处置、结果报告的发送方式、法律责任等内容。业务人员解释道："此客户是我们的长期合作单位，每两周送一次样，每次的检测项目和依据的标准都是一样的，实验室的检测人员也清楚要做哪些项目，所以没在委托单上填写。"

2. 内审不符合项及导致后果描述

【不符合项】检验检测委托单缺少取样方法、检测服务周期、样品处置、结果报告的发送方式、法律责任等内容，不符合CNAS-CL01：2018条款 7.1.1 d）、《评审准则》附件4 2.12.2 30）。

【导致后果】检测委托单（或其他称谓）信息不全，对客户的要求和实验室需要了解的详细信息，未在与客户签署的文件中明确，可能造成合同履行困难，影响检测服务质量，引起争议并导致客户投诉。

3. 场景涉及内审技术要点

【要点一】实验室的管理体系是否包含合同评审的规定，测试委托单或合同中客户要求是否完整［包括取样方法、样品处置（返还或销毁）要求、分包要求、资质要求、检测服务周期的约定等］。

【要点二】实验室是否与客户充分沟通，了解客户需求，是否对自身的技术能力、资质情况能否满足客户要求进行了评审，测试委托单或合同是否有客户确认记录。

4. 内审方法或技巧

该类型的不符合主要采用正向逆向相结合、抽样与风险相结合的审核方法，可采用以下审核方式和技巧。

【现场问询法】向合同评审人员询问日常的合同评审实施情况，包括评审的流程、评审的内容。在交谈过程中了解合同偏离或更改等情况，了解实验室是如何处理的，从而有针对性地抽取相关记录，进一步实施审核。

【记录核查法】抽取不同类型客户的合同评审记录，查看记录中委托单信息是否完整，确定合同评审人员的执行情况。内部客户或例行客户，即使要求相对固定，也应有合同评审或简化的评审记录。

5. 整改对策与途径

当发生该项不符合时，实验室可采取以下方式进行应对。

（1）纠正

① 收集与客户沟通的记录，确保合同评审的充分性，查看是否有其他记录，证明客户了解并同意合同评审缺失信息；

② 如缺少，与客户签订补充协议。

（2）原因分析

发生此类不符合项的原因可能是：

① 合同评审程序规定不完善或不适用，检测委托单包含的信息不完整；

② 合同评审人员不了解合同评审要求，客户信息填写不完整时，未能与客户确认并记录，默认按照实验室常规操作流程执行。

（3）供参考的纠正措施

① 制定或修改合同评审相关体系文件，规范合同评审的流程，明确合同评审的具体要求，同时优化检测委托单，确保表单信息完整、适用；

② 对合同评审人员进行培训，确保合同评审实施到位；

③ 加强合同评审过程的监督。

（二）合同评审内部审核实务案例二

1. 场景描述

内审员在抽查某实验室检测委托单时，编号为××××的检验检测委托单中并没有就分包的项目和分包机构与客户确认的记录，实验室人员解释："分包为实验室自己分包，客户也不懂，无须跟客户确认。"

2. 内审不符合项及导致后果描述

【不符合项】涉及分包的合同中，缺少分包信息以及客户对分包项目及拟承担分包机构的确认信息。不符合CNAS-CL01：2018条款7.1.1 c）、《评审准则》附件4 2.12.2 31）。

【导致后果】可被认定为违反39号令第十条"需要分包检验检测项目的，检验检测机构应当分包给具备相应条件和能力的检验检测机构，并事先取得委托人对分包的检验检测项目以及拟承担分包项目的检验检测机构的同意"，由县级以上市场监督管理部门责令限期改正，逾期未改正或者改正后仍不符合要求的，处3万元以下罚款。

3. 场景涉及内审技术要点

【要点一】实验室的管理体系是否包含分包的相关规定，实验室是否就分包情况与客户充分沟通。

【要点二】随机抽查分包检测委托单和报告，查证分包项目和拟承担分包的机构是否事先取得客户的同意，拟承担分包的机构是否具备相应条件和能力。

【要点三】实验室是否将法律法规、技术标准等文件禁止分包的项目实施分包。

4. 内审方法或技巧

该类型的不符合主要采用正向逆向相结合、抽样与风险相结合的审核方法，可采用以下审核方式和技巧。

【现场问询法】询问合同评审人员，实验室是否有分包，管理体系对分包的要求，分包执行要点，从而有针对性地抽取相关记录，进一步实施审核。

【记录核查法】抽查分包报告及相应的检测委托单，分包项目和拟承担分包项目的机构是否事先取得客户的同意，分包机构是否具备相应条件和能力；实验室是否存在违规分包的情况。

5. 整改对策与途径

当发生该项不符合时，实验室可采取以下方式进行应对：

（1）纠正

① 收集与客户沟通的记录，是否有关于分包的确认记录，证明客户了解并同意分包信息；

② 如缺少，与客户签订分包补充协议。

（2）原因分析

发生此类不符合项的原因可能是：

① 体系文件中分包的相关规定不完善或不适用；

② 合同评审人员不了解分包要求，错误地认为分包只是实验室的事情，不需要取得客户和拟承担分包机构的确认同意。

（3）供参考的纠正措施

① 制定或修改分包相关体系文件，规范分包的流程，明确分包的具体要求；

② 对负责分包的人员进行培训，确保分包实施到位；

③ 加强对分包过程的监督。

（三）合同评审内部审核实务案例三

1. 场景描述

内审员抽查2021年11月30日出具的报告编号为××××-03的检测报告时发现，报告结论为"该样品按照上述方法检测，按照委托方提供的技术指标文件判定，所检项目结果为合格"。核查实验室提供的2021年11月23日该检测样品检测委托单，并没有与客户约定明确的判定规则信息。

2. 不符合项及导致后果描述

【不符合项】当客户要求出具的检验检测报告或证书中，测试标准或规范不包含判定规则时，实验室没有与客户明确使用判定规则的相关规定，不符合CNAS-CL01：2018 条款7.1.3、《评审准则》附件4 2.12.2 31）。

【导致后果】客户要求进行符合性声明时，测试标准或规范不包含判定规则，实验室也没有与客户明确相应的判定规则，可能造成结论错误，引起争议并导致客户投诉。

3. 场景涉及内审技术要点

【要点一】实验室的管理体系是否对符合性声明及判定规则做出了相关规定，合同评审人员是否了解相关要求并执行。

【要点二】当客户要求进行符合性声明时，测试标准或规范不包含判定规则，实验室是否与客户明确相应的判定规则，并得到客户的同意。

4. 内审方法或技巧

该类型的不符合主要采用正向逆向相结合、抽样与风险相结合的审核方法，可采用以下审核方式和技巧。

【现场问询法】询问合同评审人员，实验室是否出具符合性声明，管理体系对符合性声明的规定，符合性声明与判定规则的区别等，考核实验室人员是否理解判定规则，从而有针对性地抽取相关记录，进一步实施审核。

【记录核查法】抽查进行符合性声明的报告及相应的检测委托单，如果测试标准或规范不包含判定规则，实验室选择判定规则是否与客户沟通并取得客户的同意。

5. 整改对策与途径

当发生该项不符合时，实验室可采取以下方式进行应对：

（1）纠正

① 收集与客户沟通的记录，是否有关于判定规则的确认记录，证明客户了解并同意实验室选择的判定规则；

② 如缺少，与客户签订判定规则的补充协议。

（2）原因分析

发生此类不符合项的原因可能是：

① 体系文件中符合性声明和判定规则的相关规定不完善或不适用；

② 合同评审人员不了解符合性声明和判定规则的要求，错误地理解符合性声明和判定规则。

（3）供参考的纠正措施

① 制定或修改判定规则相关体系文件，规范判定规则的具体要求；

② 对负责合同评审的人员进行培训，确保判定规则的要求实施到位；

③ 加强合同评审过程的监督。

（四）合同评审内部审核实务案例四

1. 场景描述

内审员抽查编号为×××的检测委托单，发现测试委托单上客户要求做低温试验、高温试验、外壳防护等级3个检测项目，但出具的报告上只有高温试验、低温试验2个检测项目，合同要求的检测项目与报告结果中的项目不一致。经询问，实验室解释："客户提出了合同变更。"随后内审员查询检测活动相关记录，并未发现变更记录以及实验室确认项目变更的记录。

2. 内审不符合项及导致后果描述

【不符合项】合同执行期间因客户的要求需要修改合同时，未重新进行合同评审，对于修改内容也未保留相关记录，不符合CNAS-CL01：2018条款7.1.6、《评审准则》附件4 2.12.2 30）。

【导致后果】可被认定为39号令第十四条（三）"减少、遗漏或者变更标准等规定的应当检验检测的项目，或者改变关键检验检测条件的虚假报告"的不虚假报告，导致被撤销、吊销、取消检验检测资质或由县级以上市场监督管理部门责令限期改正，处3万元罚款。

3. 场景涉及内审技术要点

【要点一】实验室的管理体系是否对合同变更做出了相关规定，合同评审人员是否了解相关要求，并执行。

【要点二】合同变更后，实验室是否重新进行合同评审，合同变更是否得到客户的同意（如涉及客户提出的变更），是否获得实验室授权人员的同意和确认，是否及时通知所有受影响的部门和人员。

【要点三】合同的变更不应影响实验室的诚信或结果的有效性。

4. 内审方法或技巧

该类型的不符合主要采用正向逆向相结合、抽样与风险相结合的审核方法，可采用以下审核方式和技巧：

【现场问询法】询问合同评审人员管理体系对合同变更的规定，了解实验室合同变更的情况，从而有针对性地抽取相关记录，进一步实施审核。

【记录核查法】随机抽查发生合同变更的相关记录，查看是否重新进行了合同评审，合同的变更是否取得客户同意，修改的相关信息是否及时通知所有受影响的部门和人员。

5. 整改对策与途径

当发生该项不符合时，实验室可采取以下方式进行应对：

（1）纠正

① 收集与客户沟通的记录，证明合同变更已与客户充分沟通，并取得客户同意；查看实验室内部沟通记录，证明合同变更后实验室内部曾进行合同评审，并及时通知所有受影响的部门和人员。

② 如缺少，与客户签订合同变更的补充协议。

（2）原因分析

发生此类不符合项的原因可能是：

① 体系文件中合同变更相关规定不完善或不适用；

② 合同评审人员不了解合同变更的要求，没有保留与客户沟通、确认合同变更的记录；

③ 迫于压力，修改了检测项目，此类情形影响到实验室的诚信或结果的有效性，实验室应坚决杜绝。

（3）供参考的纠正措施

① 制定或修改合同变更相关体系文件，规范合同变更的流程，明确合同变更的具体要求；

② 对负责合同评审的人员进行培训，应保留合同变更的所有记录，即使客户是口头提出修改合同，实验室也应记录，并按要求重新进行合同评审；

③ 加强合同评审过程的监督，如果客户提出修改的内容影响到实验室的诚信或结果的有效性，实验室应拒绝。

附录

附录一 法律法规及相关资料清单

一、检验检测机构通用法律法规及相关资料清单

（一）通用法律法规	
1	《中华人民共和国行政许可法》
2	《中华人民共和国标准化法》
3	《中华人民共和国标准化法实施条例》
4	《中华人民共和国计量法》
5	《中华人民共和国计量法实施细则》
6	《中华人民共和国认证认可条例》
7	《中华人民共和国产品质量法》
8	《产品质量监督抽查管理暂行办法》
（二）资质认定	
1	《检验检测机构资质认定评审准则》及条文释义
2	《市场监管总局关于进一步推进检验检测机构资质认定改革工作的意见》及附件《检验检测机构资质认定告知承诺实施办法（试行）》
3	《国家认监委关于印发检验检测机构资质认定配套工作程序和技术要求的通知》
4	《检验检测机构资质认定管理办法》（163号令）
5	《检验检测机构监督管理办法》（39号令）
6	《产品质量监督抽查管理暂行办法》
（三）实验室认可	
1	CNAS-CL01:2018《检测和校准实验室能力认可准则》
2	CNAS R01《认可标识使用和认可状态声明规则》
3	CNAS RL01《实验室认可规则》
4	CNAS RL02《能力验证规则》

二、重点行业法律法规及相关资料清单

（一）食品	
1	《中华人民共和国食品安全法》
2	《中华人民共和国食品安全法实施条例》
3	《国务院关于加强食品等产品安全 监督管理的特别规定》
4	《食品检验机构资质认定条件》《食品检验工作规范》

（二）绿色食品	
1	《绿色食品标志管理办法》
2	《无公害农产品、绿色食品、农产品地理标志定点检测机构管理办法》
3	《无公害农产品管理办法》
4	《无公害农产品定点检测机构检测工作质量考评办法》
（三）农产品	
1	《中华人民共和国农产品质量安全法》
2	《农业部产品质量监督检验测试机构管理办法》
3	《农产品质量安全检测机构考核办法》
4	《农产品质量安全检测机构考核评审细则》
（四）环境	
1	《中华人民共和国环境保护法》
2	《环境监测数据弄虚作假行为判定及处理办法》
3	《检验检测机构资质认定 生态环境监测机构评审补充要求》

附录二　不符合案例集

一、通用要求

案例1

【场景】

某校准实验室规定校准人员可同时从事被校设备的维修活动，并且将维修费用的2%作为维修人员的奖金补贴，不能提供相关公正性风险识别和处理的记录。

【条款判断】

不符合条款号：CNAS-CL01:2018 4.1.1、《评审准则》附件4 2.8.3 6）。

【分析】

校准人员可同时从事维修，以及给予维修人员奖金补贴的管理制度可能对实验室校准活动公正性带来风险，实验室应能证明已最大程度降低风险。

案例2

【场景】

某军工厂生产的部分零部件由实验室测试组人员王某进行检测，王某的儿子2022年大学毕业后进入该军工厂工作。查阅实验室近三年的公正性风险识别记录，未识别和处理任何风险，实验室负责人表示仅在2019年实验室刚成立时开展了一次公正性风险识别活动。

【条款判断】

不符合条款号：CNAS-CL01:2018 4.1.4、《评审准则》附件4 2.8.3 6）。

【分析】

实验室未持续识别公正性风险，包括由实验室的各种关系或者实验室人员的关系而引发的风险。

案例3

【场景】

某玩具厂为知名电商平台的供应商，电商平台推荐其将玩具产品送某实验室进行检测，实验室检测后将出具的检测报告直接发给了该电商平台。

【条款判断】

不符合条款号：CNAS-CL01:2018 4.2.1、《评审准则》附件4 2.8.4 7）。

【分析】

玩具厂是实验室的客户，检测报告为玩具厂的专有信息，实验室应承担管理责任，未经其授权不应将报告公开给任何第三方。

案例4

【场景】

某实验室与客户签订的检测合同中约定实验室可将检测报告以及相关情况提供给客户的相关买家，但实验室在2023年9月13日向客户的买家提供信息时，未通知客户。

【条款判断】

不符合条款号：CNAS-CL01:2018 4.2.2、《评审准则》附件4 2.8.4 7）。

【分析】

实验室按照合同授权透露保密信息时，应将所提供的信息通知客户，除非法律禁止。

案例5

【场景】

某实验室收到市场监管局的通知，经其检测的某品牌儿童餐椅被消费者投诉承重有问题，将上门调取与该儿童餐椅相关的检测记录。实验室随即将这一情况告知了客户。

【条款判断】

不符合条款号：CNAS-CL01:2018 4.2.3、《评审准则》附件4 2.8.4 7）。

【分析】

实验室从市场监管局获取有关客户的信息时应在客户和实验室间保密。除非市场监管局已同意，实验室应为其保密，且不应告知客户。

案例6

【场景】

业务人员在未与实验室负责人沟通的情况下，直接将客户带至实验室内参观。

【条款判断】

不符合条款号：CNAS-CL01:2018 4.2.4、《评审准则》附件4 2.8.4 7）。

【分析】

未采取任何措施将客户带至实验室内参观，可能泄露其他客户的相关信息，给其他客户信息的保密性带来风险。

二、结构要求

案例7

【场景】

实验室的仪器设备采购由其母体组织某集团的采购部负责实施，实验室的组织机构图中未明确其母体组织及这一关系。

【条款判断】

不符合条款号：CNAS-CL01:2018 5.5a）。

【分析】

实验室应确定其在母体组织中的位置，以及母体组织为其提供的采购支持服务。

案例8

【场景】

实验室授权王某为报告签发人，但未能提供该岗位的职责说明文件。经与王某沟通，他表示对报告签发人的职责、权限以及和其他岗位的相互关系也不是很清楚。

【条款判断】

不符合条款号：CNAS-CL01:2018 5.5 b）、《评审准则》附件4 2.9.2 13）。

【分析】

实验室要规定对实验室活动结果有影响的所有管理人员、操作人员或验证人员的职责、权限和相互关系。

案例9

【场景】

公司管理手册中缺少对管理、技术运作和支持服务间的关系的描述。

【条款判断】

不符合条款号：CNAS-CL01：2018 5.5a）。

【分析】

质量管理部编制《管理手册》附录"组织机构图"的人员未充分理解CNAS-CL01：2018 5.5a）的要求，不清楚"管理、技术运作和支持服务间的关系"如何呈现，未在组织机构图中明确。

案例10

【场景】

《管理手册》5.9"部门／岗位职责"中没有明确生物安全监督员的岗位职责，也未对生物安全监督员进行授权。

【条款判断】

不符合条款号：CNAS-CL01-A001：2018 5.5.1。

【分析】

编制《管理手册》时相关人员对CNAS-CL01-A001:2018 5.5.1条款要求理解不到位，未详细规定生物安全监督员的岗位职责，实验室也未对生物安全监督员进行授权。

三、资源要求

案例11

【场景】

实验室未制定食品检测领域质量监督员的任职要求。

【条款判断】

不符合条款号：CNAS-CL01:2018 6.2.2、《评审准则》附件4 2.12.1 29）。

【分析】

实验室人员误以为只需要对QA、分包、设备管理等人员编制任职要求，未充分认识到对监督员应规定任职要求，从而导致出现上述问题。

案例12

【场景】

某市场监督管理局在食品监督抽检任务中发现，实验室抽样人员郭某的人员技术档案缺少《2023年食品安全监督抽检实施细则》的培训记录。

【条款判断】

不符合条款号：CNAS-CL01：2018 6.2.5c）、《评审准则》附件4 2.12.1 29）。

【分析】

食品采样组相关人员对CNAS-CL01：2018 6.2.5c）、评审准则2.12.1 29）及实验室《人员培训管理办法》关于人员培训的要求执行不到位；2023年1月编制了人员培训计划，但未按照计划对从事食品抽样的人员实施《2023年食品安全监督抽检实施细则》培训并保留培训考核记录。

案例13

【场景】

从事水质有机氯和氯苯监测的吴某的人员能力确认材料中缺少理论培训及操作技能考核的内容。

【条款判断】

不符合条款号：《检验检测机构资质认定 生态环境监测机构评审补充要求》第十条（二）。

【分析】

实验室对于人员能力的确认内容未进行文件化规定，导致进行能力确认时缺少关键内容。

案例14

【场景】

实验室未在文件中对授权签字人的资格和能力要求做出规定。

【条款判断】

不符合条款号：CNAS-CL01:2018 6.2.2、《评审准则》附件4 2.9.2 13）。

【分析】

实验室应在体系文件中规定对实验室活动结果有影响的所有人员的职责、权限和相互关系，对人员岗位的职能要求做出规定，明确专业、学历、职称、工作经历、技能等条件。

案例15

【场景】

实验室未对在岗检测人员刘某进行授权。

【条款判断】

不符合条款号：CNAS-CL01:2018 6.2.6、《评审准则》附件4 2.12.1 29）。

【分析】

实验室应根据培训效果、人员监督结果等对选择的人员进行综合评价，对具备能力和符合要求的人员进行授权。

案例16

【场景】

实验室不能提供对抽样人员陈某进行监督的记录。

【条款判断】

不符合条款号：CNAS-CL01:2018 6.2.5d）、《评审准则》附件4 2.12.1 29）。

【分析】

实验室应在人员上岗前进行人员监督，将人员监督结果作为上岗人员授权的依据，并保留监督记录。

案例17

【场景】

内审员查食品实验室报告编号为×××的报告及其原始记录，检测人员为张三，实验室不能提供张三的人员技术档案，经询问，张三不是本公司的检测人员，为同一集团下另一子公司的检测人员（两个子公司均为独立法人单位）。

【条款判断】

不符合条款号：CNAS-RL01：2019 7.7、《检验检测机构监督管理办法》第七条。

【分析】

食品实验室对CNAS-RL01：2019 7.7和《检验检测机构监督管理办法》第七条理解不正确，误认为同一个集团的检测人员可以在集团内各子公司从事检测工作。

案例18

【场景】

饲料制样和留样区与食品、农产品没有进行有效隔离。

【条款判断】

不符合条款号：CNAS-CL01：2018 6.3.4c）、《评审准则》附件4 2.10.2 19）。

【分析】

实验室相关人员对CNAS-CL01：2018 6.3.4c）、《评审准则》2.10.2 19）和公司《样品管理程序》关于有效隔离不相容活动区域的要求未执行到位，在食品制样与留样区域内划分了饲料制样与留样区域，但是未认识到现有的隔离措施无法完全防止饲料和食品、农产品的交叉污染，未做到更有效的物理隔离。

案例19

【场景】

转基因实验室各个功能区域未配备单独的实验服，不能有效防止不同区域间的交叉污染。

【条款判断】

不符合条款号：CNAS-CL01-A024:2018 6.3.4b）、《评审准则》附件4 2.10.2 19）。

【分析】

试验人员对转基因实验室各个功能区域之间交叉污染的风险认识不到位，未认识到各个功能区域需要配备单独的实验服。

案例20

【场景】

实验室的电子天平与另一台会产生振动的离心机放置在同一工作台面上。

【条款判断】

不符合条款号：CNAS-CL01:2018 6.3.4 c）、《评审准则》附件4 2.10.2 19）。

【分析】

在相邻区域的实验室活动相互干扰、相互影响或存在安全隐患时、实验室应当对相关设备/区域进行有效隔离，采取有效措施消除影响。

案例21

【场景】

微生物检测实验室没有温度监控记录。

【条款判断】

不符合条款号：CNAS-CL01:2018 6.3.3、《评审准则》附件4 2.10.2 19）。

【分析】

当环境条件影响结果的有效性时，实验室应按规定对环境条件进行监测和控制，并做好记录。

案例22

【场景】

实验室未将恒温恒湿检测区域的环境要求形成文件。

【条款判断】

不符合条款号：CNAS-CL01:2018 6.3.2。

【分析】

当设施和环境条件对结果有影响时，实验室应编写必要的说明设施和环境条件控制要求的文件，以确保检测结果的有效性。

案例23

【场景】

液氮气瓶直接放置在实验室门口，且未进行固定。

【条款判断】

不符合条款号：《评审准则》附件4 2.10.2 20）。

【分析】

实验室相关人员对评审准则2.10.2 20）条款和实验室《气瓶安全管理办法》相关要求执行不到位，使用液氮时未能充分考虑到液氮气瓶使用的安全问题，将液氮气瓶直接放置在实验室门口，且未及时对其进行固定。

案例24

【场景】

实验室未能提供设备编号为BSC12443的十万分之一天平的期间核查记录。

【条款判断】

不符合条款号：CNAS-CL01:2018 6.4.10、《评审准则》附件4 2.11.2 23）。

【分析】

公司发布的《实验室设备管理作业指导书》要求定期对设备进行期间核查，因实验室人员对设备期间核查相关要求执行不到位和管理不善，导致未按照要求对设备进行期间核查。

案例25

【场景】

某环境实验室采样仪器室用于监测非甲烷总烃的监测仪未粘贴设备校准状态标识。

【条款判断】

不符合条款号：CNAS-CL01:2018 6.4.8、《评审准则》附件4 2.11.2 24）。

【分析】

设备管理员未严格执行CNAS-CL01:2018 6.4.8、《评审准则》2.11.2 24）和实验室设备管理程序相关要求，获取校准证书后未及时对设备校准结果进行确认，并粘贴设备校准状态标识。

案例26

【场景】

实验室用于洁净室检测的声级计没有出入库核查记录。

【条款判断】

不符合条款号：CNAS-CL01：2018 6.4.3、《评审准则》附件4 2.11.2 23）。

【分析】

实验室洁净室检测相关人员和设备管理员对CNAS-CL01:2018 6.4.3、《评审准则》2.11.2 23）和实验室设备管理程序中外携检测设备管理相关要求理解和执行不到位，未对用于洁净室检测的外携设备进行出入库核查并保留记录。

案例27

【场景】

实验室某恒温箱的说明书介绍，该型号恒温箱的温度范围为2℃~48℃，温度波动度为±2℃，温度均匀度为±2℃；最近一次校准证书显示，在30℃时设备温度波动度为1.2℃，而相关的检测方法对恒温箱的温度要求为30℃±1℃。

【条款判断】

不符合条款号：CNAS-CL01:2018 6.4.5、《评审准则》附件4 2.11.2 24）。

【分析】

设备应能达到相关实验室活动所需的测量准确度，以提供有效结果。

案例28

【场景】

实验室某温度计用于监测人造板甲醛释放量干燥器法测试的温度，其校准方案为在20℃的校准结果可以接受±2℃以内的偏差，而相关的检测标准GB/T 17657—2013对检测温度的要求为20℃±0.5℃。实验室人员表示，该温度计的校准方案是在2010年建立的，当时标准的上一个版本GB/T 17657—1999对检测温度的要求为20℃±2℃，2013年标准更新后温度范围变窄了,但实验室未调整校准方案。

【条款判断】

不符合条款号:CNAS-CL01:2018 6.4.7、《评审准则》附件4 2.11.2 23)。

【分析】

实验室应制定校准方案,并应进行复核和必要的调整,以保持对校准状态的可信度。

案例29

【场景】

标准QC/T 468—2010要求耐高温性能项目试验温度应为130℃±5℃。实验室不能提供测试该项目使用的高低温交变试验箱的校准证书。

【条款判断】

不符合条款号:CNAS-CL01:2018 6.4.6、《评审准则》附件4 2.11.2 23)。

【分析】

当设备的测量准确度影响报告结果的有效性时,应进行校准。

案例30

【场景】

葡萄糖标准溶液没有张贴溶液标签。

【条款判断】

不符合条款号:CNAS-CL01:2018 6.4.8、《评审准则》附件4 2.11.2 24)。

【分析】

实验室所有需要校准或具有规定有效期的设备(标准溶液也属于设备),均应按文件规定的方式使用标签、编码等标识,以便设备使用人能够准确识别校准状态和有效期。

案例31

【场景】

实验室对校准完返回实验室的漏电流测试仪未进行校准结果确认,直接用于检测。

【条款判断】

不符合条款号:CNAS-CL01:2018 6.4.4、《评审准则》附件4 2.11.2 24)。

【分析】

设备脱离实验室(如设备搬迁、设备送外校准),在重新投入使用前应验证其是否符合规定要求。

案例32

【场景】

实验室某电感耦合等离子体质谱仪相关的设备记录中未包含设备的软件和固件版本、当前的位置信息以及维修历史。

【条款判断】

不符合条款号:CNAS-CL01:2018 6.4.13 a)d)h)、《评审准则》附件4 2.11.2 23)。

【分析】

设备记录应包含软件和固件版本、当前的位置、维修情况以及CNAS-CL01:2018 6.4.13中提及的其他信息。

案例33

【场景】

食品感官检验室没有对照度进行检测。

【条款判断】

不符合条款号：《评审准则》附件4 2.11.2 23）、《食品检测机构资质认定条件》第二十条（一）。

【分析】

实验室感官检测相关人员没有识别到CNAS-GL014:2018、GB/T 13868—2009、GB/T 21172—2007对感官品评室照度的要求，导致未对感官品评室照度进行检测和验证。

案例34

【场景】

实验室未将检测设备（包括标准物质、参考物质等）的计量溯源性管理要求形成文件。

【条款判断】

不符合条款号：CNAS-CL01:2018 6.5.1、《评审准则》附件4 2.11.2 23）。

【分析】

实验室应将计量溯源性的管理和控制要求形成文件，如计量溯源性程序，规定实验室的计量溯源方法和途径，确保使用的仪器设备的量值能够溯源到相关基准和单位，以保证相关检测／校准结果的计量溯源性。

案例35

【场景】

实验室按照GB/T 5009.5—2003测定食品中的蛋白质，不能提供任何用于建立结果计量溯源性的比对记录。

【条款判断】

不符合条款号：CNAS-CL01:2018 6.5.3 b）、《评审准则》附件4 2.11.2 24）。

【分析】

因为蛋白质含量的测定不存在可用的有证标准物质（CRM），实验室应证明可计量溯源至描述清晰的参考测量程序的结果，并通过适当比对予以保证。

案例36

【场景】

查报告编号为××××的报告，其中细菌菌落总数检测分包至上海某检测机构，实验室未能提供该分包方的评价记录。

【条款判断】

不符合条款号：CNAS-CL01:2018 6.6.2d）、《评审准则》附件4 2.12.3 32）。

【分析】

分包管理员对CNAS-CL01:2018 6.6.2d）、《评审准则》2.12.3 32）和实验室《分包管理程序》分包方评价相关要求执行不到位，未能及时对分包方（上海某检测机构）进行评价并保留相关记录。

案例37

【场景】

转基因实验室未对××生物工程股份有限公司合成的基因片段pCaMV35S、GOS等进行性能验证。

【条款判断】

不符合条款号：CNAS-CL01：2018 6.6.2c）、《评审准则》附件4 2.12.3 32）。

【分析】

试验人员对其他合成的基因片段进行了性能验证，由于基因片段pCaMV35S、GOS到货不久，试验人员未及时进行验收。

案例38

【场景】

实验室不能提供测定生活饮用水中苯并[a]芘所需的用于样品前处理中萃取液净化的氧化铝柱的符合性技术验收记录。

【条款判断】

不符合条款号：CNAS-CL01-A002:2020 6.6.2 c）、《评审准则》附件4 2.12.3 32）。

【分析】

一是实验室未识别出标准要求的氧化铝柱的符合性验收要求，需要文件化规定；二是实验员在实际工作中未执行到位，需要加强监督。

案例39

【场景】

试验室未对关键培养基血平板如何进行验收做出明确规定。

【条款判断】

不符合条款号：CNAS-CL01:2018 6.6.3 b）、《评审准则》附件4 2.12.3 32）。

【分析】

实验室在使用外部提供的产品和服务前需要明确满足要求的技术指标或条件、用途、验收准则和方法等。

案例40

【场景】

实验室未制定设备维修服务商的评价准则。

【条款判断】

不符合条款号：CNAS-CL01:2018 6.6.2b）、《评审准则》附件4 2.12.3 32）。

【分析】

CNAS-CL01-G001:2024《检测和校准实验室能力认可准则的应用要求》中规定，实验室应根据自身需求，对需要控制的产品和服务进行识别，并采取有效的控制措施。实验室涉及的产品和服务包括但不限于：①消耗品；②设备的购置和维护；③选择校准服务、标准物质和参考标准。本案例中的设备维修服务商属于上述3种类型产品和服务中的一种，实验室应制定设备维修服务商的评价准则，如评价表明设备维修服务方不能提供良好售后服务和设备维护时，实验室可考虑更换供应商。

案例41

【场景】

实验室未能提供外部供应商评价记录。

【条款判断】

不符合条款号：CNAS-CL01:2018 6.6.2 d）、《评审准则》附件4 2.12.3 32）。

【分析】

实验室应制定政策和程序，规定相关要求、准则和操作流程，保留对提供外部产品和服务的供应商进行评价、选择、监控和再次评价的结果及采取措施的记录。

四、过程要求

案例42

【场景】

实验室与客户签订的检测合同中未约定所有检测参数具体采用的检测方法。

【条款判断】

不符合条款号：CNAS-CL01:2018 7.1.1d）、《评审准则》附件4 2.12.2 30）。

【分析】

实验室应与客户充分沟通，了解客户需求，并对自身的技术能力和资质状况能否满足客户要求进行评审。

案例43

【场景】

实验室某报告显示废水监测频次为1次/天，与合同约定的3次/天的监测频次不符，实验室也不能提供客户同意偏离的沟通记录。

【条款判断】

不符合条款号：CNAS-CL01:2018 7.1.5、《评审准则》附件4 2.12.2 30）。

【分析】

与合同的任何偏离应通知客户，对合同的偏离、变更应征得客户同意并通知相关人员。

案例44

【场景】

合同中客户指定的环境空气正辛烷检测方法为室内空气质量标准（GB/T 18883），该标准不适用于环境空气的测定，实验室无法提供与客户的沟通检测方法的记录。

【条款判断】

不符合条款号：CNAS-CL01:2018 7.1.2、《评审准则》附件4 2.12.2 30）。

【分析】

实验室在合同评审时应选择适当的方法或程序，当客户要求的方法不适合时，实验室应通知客户。

案例45

【场景】

某客户委托实验室按照ISO 14184-1:2011对寄送的纺织品样品进行检测，并提供了限值要求进行符合性判定，但委托检测合同中未约定判定规则，标准ISO 14184-1:2011中也不包含判定规则。

【条款判断】

不符合条款号：CNAS-CL01:2018 7.1.3、《评审准则》附件4 2.12.2 31）。

【分析】

当客户要求针对检测或校准做出符合性的声明时，应明确判定规则。判定规则应通知客户并得到同意，除非规范或标准本身已包含判定规则。

案例46

【场景】

实验室未就GB/T 20770—2008《粮谷中486种农药及相关化学品残留量的测定 液相色谱-串联质谱法》中灭草松测定的凝胶渗透色谱净化条件制定作业指导书。

【条款判断】

不符合条款号：CNAS-CL01:2018 7.2.1.3、《评审准则》附件4 2.12.4* 34）。

【分析】

实验室相关人员对CNAS-CL01:2018 7.2.1.3、《评审准则》附件4 2.12.4* 34）和实验室《方法确认与验证控制程序》相关要求理解不充分，对GB/T 20770—2008《粮谷中486种农药及相关化学品残留量的测定 液相色谱-串联质谱法》标准要求进行方法验证后，未对其凝胶渗透色谱净化条件制定作业指导书。

案例47

【场景】

某测试标准方法验证报告缺少具体采样和分析人员、样品采集和样品来源及样品编号相关内容，对测试环境条件要求描述错误。

【条款判断】

不符合条款号：CNAS-CL01:2018 7.2.1.5、《评审准则》附件4 2.12.4* 33）。

【分析】

方法验证人员未充分理解HJ 168—2020标准中的验证要求，在方法验证报告中使用空白加标样代替了实际样品进行验证；方法验证人员对T／CSTM 00563—2022标准中环境条件要求不明确,导致方法验证报告中环境条件验证错误。

案例48
【场景】

环境实验室《室内空气质量标准》附录F《可吸入颗粒物和细颗粒物的测定 撞击式-称量法》GB/T 18883—2022方法验证报告缺少实际采样过程描述内容。

【条款判断】

不符合条款号:CNAS-CL01:2018 7.2.1.5、《评审准则》附件4 2.12.4* 33)、《检验检测机构资质认定 生态环境监测机构评审补充要求》第十七条。

【分析】

方法验证人员对CNAS-CL01:2018 7.2.1.5、《评审准则》附件4 2.12.4* 33)、《检验检测机构资质认定 生态环境监测机构评审补充要求》第十七条及实验室《方法确认与验证控制程序》实际样品采样相关要求理解不全面,仅体现了数据和结果,未简要描述采样过程。

案例49
【场景】

GB 31658.23—2022《食品安全国家标准 动物性食品中硝基咪唑类药物残留量的测定 液相色谱-串联质谱法》方法验证材料缺少对硝基咪唑类定量限的正确度和精密度进行验证的记录。

【条款判断】

不符合条款号:CNAS-CL01:2018 7.2.1.5、《评审准则》附件4 2.12.4* 33)。

【分析】

方法验证人员对CNAS-CL01:2018 7.2.1.5、《评审准则》附件4 2.12.4* 33)中方法验证相关要求理解不到位,在进行方法验证时选择需验证的浓度点时,未按照实验室《方法验证与确认作业指导书》要求对定量限浓度水平进行验证,只是在方法线性范围内选取了低、中、高三种浓度水平进行了验证。

案例50
【场景】

原始记录中水中甲苯、二甲苯检测依据的方法标准为GB/T 11890—1989,该方法标准已被HJ 1067—2019替代,机构能力表中的方法为HJ 1067—2019。

【条款判断】

不符合条款号:CNAS-CL01:2018 7.2.1.3、《评审准则》附件4 2.12.4* 35)。

【分析】

实验室应确保使用最新有效版本的标准。

案例51
【场景】

询问实验室前处理人员日常如何查阅检测标准,回答说前处理室没有存放标准文本,也没有配置电脑,需要去办公区的公共电脑上登录公司的知识管理系统进行查阅,平时使用手机在百度上搜索，一般也可以找到标准文本资源。

【条款判断】

不符合条款号：CNAS-CL01:2018 7.2.1.2。

【分析】

实验室活动相关的指导书、标准等应保持现行有效并易于取阅。

案例52

【场景】

实验室地表水采样原始记录缺少采样点位图、样品保存剂、采样瓶等信息，缺少地表水样品现场沉降30分钟、重金属样品现场过滤和总磷采样应现场测定浊度的记录。

【条款判断】

不符合条款号：CNAS-CL01:2018 7.3.3g）f）、《评审准则》附件4 2.12.1 28）e）。

【分析】

应及时记录样品采集、现场测试样品运输和保存、样品制备等监测全过程的技术活动，保证记录信息的充分性、原始性和规范性，能够再现监测全过程。

案例53

【场景】

噪声采样原始记录缺少采样人员签名。

【条款判断】

不符合条款号：CNAS-CL01:2018 7.3.3d）、《评审准则》附件4 2.12.1 28）e）。

【分析】

记录应包括抽样人的识别，实验室应将抽样数据作为检测工作记录的一部分予以保存，保证现场测试或采样过程客观、真实和可追溯。现场测试和采样应至少有2名监测人员在场。

案例54

【场景】

实验室土壤晾干室中有若干土壤样品，标识不规范。

【条款判断】

不符合条款号：CNAS-CL01：2018 7.4.2、《评审准则》附件4 2.12.1 28）e）。

【分析】

实验室样品管理人员对CNAS-CL01：2018 7.4.2、《评审准则》附件4 2.12.1 28）e）和实验室《样品管理程序》中样品标识管理的要求理解不透彻，在对土壤样品进行晾晒时，未将已编号的完整的样品标签粘贴于样品风干盘上，而是使用了简单的数字编号区分样品，未意识到有样品混淆的风险。

案例55

【场景】

内审检查组现场观察发现，环境实验室样品交接室样品冷藏冰箱（编号：B003）温度显示10℃，超出实验室文件规定的温度范围（0~4℃）。

【条款判断】

不符合条款号：CNAS-CL01:2018 7.4.1、《评审准则》附件4 2.12.1 28）e）。

【分析】

实验室样品管理人员对CNAS-CL01:2018 7.4.1、《评审准则》附件4 2.12.1 28）e）和实验室《样品管理程序》关于样品储存环境条件的要求执行不到位，未及时发现样品冷藏冰箱（编号：B003）故障并及时采取措施避免样品变质。

案例56

【场景】

查报告编号为×××的检测报告，样品为客户送样，样品分析参数中有粪大肠菌群数值，接样及检测相关记录表明样品超出分析时效，送样记录中未注明样品超期。

【条款判断】

不符合条款号：CNAS-CL01:2018 7.4.3、《评审准则》附件4 2.12.1 28）e）。

【分析】

客服人员对CNAS-CL01:2018 7.4.3、《评审准则》附件4 2.12.1 28）e）和实验室《样品管理程序》要求执行不到位，且对HJ 347.2—2018不熟悉，未识别出HJ 347.2—2018规定粪大肠菌群应在2h内完成测试，在接收样品时，未记录样品的异常情况或记录对检测方法的偏离。

案例57

【场景】

内审员在现场检查时发现食品样品室冰箱内有几袋样品编号为×××的豆制品，无样品状态标识，且已经超过保质期半年。

【条款判断】

不符合条款号：CNAS-CL01:2018 7.4.2、《评审准则》附件4 2.12.1 28）e）。

【分析】

实验室样品管理人员对CNAS-CL01:2018 7.4.2和评审准则2.12.1 28）e）内容理解不到位，实验室《样品管理程序》未对样品的保存期限和处置做出具体规定。样品管理员误认为这个样品的检测报告早已经发出了，只是用于复测的留样，还没顾得上处理。

案例58

【场景】

水质五日生化需氧量样品，初始测定的溶解氧数据记录在未受控的空白纸上；培养箱中样品没有样品编号或转录号，与空白纸上记录的内容也无对应关系。

【条款判断】

不符合条款号：CNAS-CL01:2018 7.4.2、《评审准则》附件4 2.12.1 28）e）。

【分析】

环境样品在制备、前处理和分析过程中注意保持样品标识的可追溯性。

案例59

【场景】

实验室原始记录中,水质粪大肠菌群采样时间为2023年1月4日8:00—8:20,接样时间为当日12:06,机构未能提供样品接样前在10℃下保存的温度确认记录。

【条款判断】

不符合条款号:CNAS-CL01:2018 7.4.1、《评审准则》附件4 2.12.1 28)e)。

【分析】

HJ 347.2—2018 8.2要求采样后应在2h内检测,否则应在10℃以下冷藏但不得超过6h。实验室接样后,不能立即开展检测的,将样品于4℃以下冷藏并在2h内检测。

案例60

【场景】

实验室某日收到客户用于ASTM D6007—2014测试的人造板,记录显示包装损坏,损坏处样品边缘有轻微浸水痕迹,不符合标准对样品的保护要求,但实验室不能提供针对该问题询问客户的记录。

【条款判断】

不符合条款号:CNAS-CL01:2018 7.4.3、《评审准则》附件4 2.12.1 28)e)。

【分析】

检测物品有偏离或其他问题时,实验室应在开始工作之前询问客户,以得到进一步的说明,并记录询问的结果。

案例61

【场景】

按照某委托检测合同,客户要求实验室按照ISO 17075-1:2017对寄送的皮革样品进行六价铬含量的检测,检测前应将样品放置在温度为80℃、相对湿度低于5%的环境下调置24h。但实验室不能提供该样品调置时的环境监控记录。

【条款判断】

不符合条款号:CNAS-CL01:2018 7.4.4、《评审准则》附件4 2.12.1 28)e)。

【分析】

如物品需要在规定环境条件下储存或调置时,应保持、监控和记录这些环境条件。

案例62

【场景】

某微生物实验室2023.5.10肠杆菌科检测原始记录表中显示VRBGA培养基的培养时间为24h,但未记录具体的培养起止时间。

【条款判断】

不符合条款号:CNAS-CL01:2018 7.5.1、《评审准则》附件4 2.12.7 42)。

【分析】

试验人员填写表单时未能正确理解CNAS-CL01:2018 7.5.1、《评审准则》附件4 2.12.7

42)和公司《记录控制程序》对于记录控制的要求，培养基的培养时间信息填写不规范，未能体现实际的培养起止时间。

案例63
【场景】

采样原始记录表总CODcr、总氮、氨氮的取样量500ml与实际取样量1000ml不符。

【条款判断】

不符合条款号：CNAS-CL01：2018 7.5.1、《评审准则》附件4 2.12.7 42）。

【分析】

采样员在录入系统时，未按照实际的取样量录入，而是为了方便统一按照标准要求设定的体积录入，不符合技术记录要求，实验室应确保每一项实验室活动的技术记录包含结果、报告和足够的信息，以便在可能时识别影响测量结果及其测量不确定度的因素，并确保能在尽可能接近原条件的情况下重复该实验室活动。

案例64
【场景】

某公司的年度监测报告中低浓度颗粒物采样依据不全，分析方法未明确，称重记录中无恒重信息。

【条款判断】

不符合条款号：CNAS-CL01:2018 7.5.1、《评审准则》附件4 2.12.7 42）。

【分析】

实验室应确保每一项实验室活动的技术记录包含结果、报告和足够的信息。

案例65
【场景】

实验室六价铬原始记录测得结果在电脑上计算，后誊抄在原始记录表上，原始记录表上出现誊抄错位的情况。

【条款判断】

不符合条款号：CNAS-CL01:2018 7.5.1、《评审准则》附件4 2.12.7 42）。

【分析】

分析：原始的观察结果、数据和计算应在观察或获得时予以记录。

案例66
【场景】

查《水质 铟的测定 石墨炉原子吸收分光光度法》（HJ 1193—2021）不确定度报告，容量瓶定容引入的不确定度没有选择三角分布，不确定度数值修约没有和结果小数点位数保持一致。

【条款判断】

不符合条款号：CNAS-CL01:2018 7.6.1。

【分析】

制定《水质 铟的测定 石墨炉原子吸收分光光度法》（HJ 1193—2021）不确定度评定报告的实验人员未能完全按照不确定评估的规则进行合理的评定；缺少核查实验室测量不确定度报告步骤，不能保证测量不确定度的评定报告满足要求。

案例67

【场景】

空气中甲醛含量结果的不确定度评价报告，只考虑仪器对检测结果的影响，未考虑抽样环节不确定度分量对检测结果的影响。

【条款判断】

不符合条款号：CNAS-CL01:2018 7.6.1、《评审准则》附件4 2.12.5 36）。

【分析】

实验室应考虑各方面所有显著分量的贡献，包括来自抽样的贡献。

案例68

【场景】

评审组核查实验室近两年的能力验证计划，发现近两年实验室没有参加此次扩项涉及的建工建材领域有害物质项目的能力验证活动。

【条款判断】

不符合条款号：CNAS-RL02:2018 4.3.1.1。

【分析】

实验室制定能力验证计划时忽略了CNAS-RLO2:2018《能力验证规则》规定的参加能力验证的领域和频次的最低要求，能力验证计划未覆盖本次扩项涉及的建工建材领域有害物质的能力验证。

案例69

【场景】

实验室提供不出公共场所领域中空调系统净化消毒装置项目的质控计划和记录。

【条款判断】

不符合条款号：CNAS-CL01 7.7.1、《评审准则》附件4 2.12.9 49）。

【分析】

实验室近一年未开展此类项目，且实验室质量控制计划策划人员和实施人员对CNAS-CL01:2018《检测和校准实验室能力认可准则》中7.7.1的要求理解不透彻；内部作业指导书中缺失对不经常开展的项目制订质量控制计划的要求。

案例70

【场景】

检测非甲烷总烃时，运输空白的总烃测定结果高于方法检出限，不符合HJ 38—2017的质量控制要求，检测结果存疑。

【条款判断】

不符合条款号：CNAS-CL01:2018 7.7.3、《评审准则》附件4 2.12.9 50）。

【分析】

HJ 38—2017 11.4 要求运输空白样品总烃测定结果应低于本标准方法检出限。

案例71

【场景】

机构内部质量控制记录，未对GB/T 9286—1998色漆和清漆划格试验的结果有效性进行评价。

【条款判断】

不符合条款号：CNAS-CL01:2018 7.7.3、《评审准则》附件4 2.12.9 50）。

【分析】

实验室应分析监控活动的数据用于控制实验室活动，必要时实施改进。

案例72

【场景】

实验室于2023年参加了与某检验站之间噪声检测项目的比对活动，但未采取统计技术对结果加以审查。

【条款判断】

不符合条款号：CNAS-CL01:2018 7.7.3、《评审准则》附件4 2.12.9 50）。

【分析】

实验室应分析监控活动的数据用于控制实验室活动，必要时实施改进。

案例73

【场景】

内部审核时发现实验室保存的编号为A002的检测报告副本中的第3页有两张，且两张的内容除试验环境条件不同，其他内容均一样。实验室报告编制人员张某解释说："这份报告发给客户以后，实验室发现第3页"试验环境条件"打印错误，于是就直接进行了更改，也重新打印了第3页给客户。"

【条款判断】

不符合条款号：CNAS-CL01:2018 7.8.8.1。

【分析】

实验室新入职报告编制人员张某对CNAS-CL01:2018 7.8.8.1和实验室《结果报告程序》关于报告的修改的相关规定理解不透彻，执行不到位，未对更改后的报告予以唯一性标识并注明所替代的原报告。

案例74

【场景】

实验室已于2023年4月1日整体搬迁至新场所，并在通过CNAS和CMA搬迁评审后于4月15日获取新的实验室认可和资质认定证书，但2023年4月20日出具的送检报告中实验室地址仍为搬迁前的地址。

【条款判断】

不符合条款号：CNAS-CL01:2018 7.8.2.1b）、《评审准则》附件4 2.12.6 40）。

【分析】

分析：实验室出具的检测报告上的地址应与资质证书上的地址保持一致。

案例75

【场景】

送检样品共16pcs，实测8pcs，但报告中未体现样品的数量及唯一性标识。

【条款判断】

不符合条款号：CNAS-CL01:2018 7.8.2.1g）、《评审准则》附件4 2.12.6 40）。

【分析】

报告的信息应充分，应包含物品的描述、明确的标识以及必要时物品的状态（如物品某个测试部位或项目的名称、唯一性标识、接收状态、特征等的描述）。

案例76

【场景】

实验室实际使用氡检测仪检测室内空气中的氡，报告中检测依据为采用闪烁瓶法、活性炭盒法的GB 18883—2002。

【条款判断】

不符合条款号：CNAS-CL01:2018 7.8.2.1f）、《评审准则》附件4 2.12.6 40）。

【分析】

报告的信息应充分，应包含所用方法的识别（如检测／校准时所用的标准／规程／方法的名称、编号或客户指定方法的信息等，注意与合同、标书、原始记录的一致性）。

案例77

【场景】

"同轴隔离器"测试报告，RE102（200MHz~12GHz）项目极限值未采用GJB151A标准极限值要求，但变化的极限值要求在实验室检测委托书和报告检测要求中均没有说明。

【条款判断】

不符合条款号：CNAS-CL01:2018 7.8.2.1n）。

【分析】

报告中应包含对方法的补充、偏离或删减。

案例78

【场景】

实验室体系文件未对投诉的接收、评价、决定等过程进行规定。

【条款判断】

不符合条款号：CNAS-CL01:2018 7.9.1、《评审准则》附件4 2.12.1 28）b）。

【分析】

实验室应建立投诉相关的文件,对投诉的接收、受理确认、原因调查分析、决定处理措施及实施等过程进行规定。

案例79

【场景】

实验室收到某客户针对报告中检测结果的质疑后,未收集并验证所有必要的信息,便做出投诉无效的决定。

【条款判断】

不符合条款号:CNAS-CL01:2018 7.9.4、《评审准则》附件4 2.12.1 28)b)。

【分析】

对投诉是否有效的判定,应由实验室负责收集并验证所有必要的信息后做出。

案例80

【场景】

程序文件有要求,但实验室未能提供评价某不符合工作的严重性(包括对先前结果的影响)的记录。

【条款判断】

不符合条款号:CNAS-CL01:2018 7.10.2、《评审准则》附件4 2.12.1 28)c)。

【分析】

实验室应完整、妥善保存不符合工作相关的记录(7.10.1条款中b)~f)相关记录),便于跟踪验证。

案例81

【场景】

实验室针对2022年内部审核不符合"实验室未确认冷热冲击试验箱(编号为××)的校准结果是否能满足相关检测方法的要求",采取的措施仅为补充对校准结果的确认记录。

【条款判断】

不符合条款号:CNAS-CL01:2018 7.10.3、《评审准则》附件4 2.12.1 28)d)。

【分析】

经评审,如确认不符合工作可能再次发生,或该项不符合工作影响到实验室的运作与管理体系运作有效性时,应采取切实有效的纠正措施。

案例82

【场景】

某新开发的检测方法,实验室已通过LIMS向客户出具了数份报告。但该方法在投入使用前,未对LIMS从设备中抓取数据的过程,以及后续相关计算的过程进行检查和确认。

【条款判断】

不符合条款号:CNAS-CL01:2018 7.11.2、《评审准则》附件4 2.12.8 46)。

【分析】

通过LIMS进行管理的所有方法，在投入使用前须在LIMS界面适当运行，进行确认。

案例83

【场景】

实验室仪器分析室的公共电脑使用一个公共的用户名登录LIMS，不同的人员均可通过该用户名访问LIMS并输入或修改数据。

【条款判断】

不符合条款号：CNAS-CL01:2018 7.11.3 a）b）、《评审准则》附件4 2.12.8 45）。

【分析】

存在公共用户名使得未经授权的人员可能访问和修改LIMS，不符合安全要求。

五、管理体系要求

案例84

【场景】

实验室称量组人员张某不清楚实验室的质量方针和目标。

【条款判断】

不符合条款号：CNAS-CL01:2018 8.2.1。

【分析】

实验室管理层应确保各级人员理解和执行质量方针和目标。

案例85

【场景】

实验室的质量方针为"诚信、公平、公正"。

【条款判断】

不符合条款号：CNAS-CL01:2018 8.2.2。

【分析】

实验室的质量方针未体现实验室的能力。

案例86

【场景】

编号为×××的受控文件《内部审核程序》于2015年发布，已8年未更新，并引用了文件ISO/IEC 17025: 2005（当前已作废），实验室不能提供与该文件相关的定期审查记录。

【条款判断】

不符合条款号：CNAS-CL01:2018 8.3.2b）、《评审准则》附件4 2.12.1 28）a）。

【分析】

实验室应定期审查文件的适宜性，需要时更新。

案例87

【场景】

实验室所有文件的受控版本为电子版，因制样室没有电脑，制样组人员李某也未将相关的文件打印，需要时必须去办公区主管的电脑上查看相关文件。

【条款判断】

不符合条款号：CNAS-CL01:2018 8.3.2 d）、《评审准则》附件4 2.12.1 28）a）。

【分析】

不论是电子版还是纸质版文件，在其使用地点应可获得该文件的正确版本。

案例88

【场景】

实验室用于烘箱温度记录的文件"烘箱温度记录表"没有编号，仅有文件名。

【条款判断】

不符合条款号：CNAS-CL01:2018 8.3.2e）、《评审准则》附件4 2.12.1 28）a）。

【分析】

所有文件应有唯一性表示。

案例89

【场景】

微生物实验室发现一份加盖受控章的编号为×××的"标准菌株管理"文件，发布日期为2017年3月6日，下次审查日期为2018年3月5日，未见作废标识。而实验室文件控制系统上的最新版本发布于2023年2月24日。

【条款判断】

不符合条款号：CNAS-CL01:2018 8.3.2f）、《评审准则》附件4 2.12.1 28）a）。

【分析】

微生物实验室现场的纸质版文件已作废，应按规定返给文件管理员、销毁或适当标识，以防误用。

案例90

【场景】

实验室的档案室未安装空调对环境条件进行控制。现场查看一份2020年编号为×××的报告，其中手写的原始记录已模糊不清，无法辨识。

【条款判断】

不符合条款号：CNAS-CL01:2018 8.4.2、《评审准则》附件4 2.12.7 43）。

【分析】

实验室应对记录的存储实施所需的控制。

案例91

【场景】

实验室未能提供2019年（5年前）出具的编号为××××的有关的仪器数据的数据。实验室负责人表示公司程序文件有规定，记录至少保存6年，平时仪器数据保存在电脑中，但去年涉事电脑硬盘满了，工程师提前删除了部分数据，也未备份。

【条款判断】

不符合条款号：CNAS-CL01:2018 8.4.2、《评审准则》附件4 2.12.7 42）。

【分析】

报告和原始记录的保存期限通常不少于6年。

案例92

【场景】

实验室2022年上半年组织了识别风险和机遇的工作，但不能说明为应对相关风险而采取的措施。实验室负责人表示因日常工作繁忙，来不及对相关的风险应对进行策划。

【条款判断】

不符合条款号：CNAS-CL01:2018 8.5.2a）、《评审准则》附件4 2.12.1 28）d）。

【分析】

实验室应策划应对风险和机遇的措施。

案例93

【场景】

实验室针对质量风险"痕量分析用玻璃仪器被污染"采取的应对措施为对洗涤人员进行口头风险提示。

【条款判断】

不符合条款号：CNAS-CL01:2018 8.5.3、《评审准则》附件4 2.12.1 28）d）。

【分析】

应对风险和机遇的措施应与其对实验室结果有效性的潜在影响相适应。

案例94

【场景】

实验室未能提供向客户征求反馈的记录。

【条款判断】

不符合条款号：CNAS-CL01:2018 8.6.2。

【分析】

实验室应向客户征求反馈，无论是正面的还是负面的。应分析和利用这些反馈，以改进管理体系、实验室活动和客户服务。

案例95

【场景】

针对日常监督发现的不符合"编号为A的原始记录表###信息记录不全"，在原始记录表单设计有明显缺陷的前提下，实验室仅采取对记录表单填写进行培训的纠正措施，未对记录表单进行改正。

【条款判断】

不符合条款号：CNAS-CL01:2018 8.7.2、《评审准则》附件4 2.12.1 28）d）。

【分析】

实验室应选择并实施消除不符合发生的原因以防止其再次发生的纠正措施，纠正措施的力度须与不符合的严重性、覆盖范围、发生频次等相适应。

案例96

【场景】

查机构年度内部审核按计划于2022年11月12—14日开展。内部审核计划中覆盖公司最高管理者，各专业实验室及实验室技术负责人、质量负责人、质量管理部、行政综合部、人力资源部和财务部，但没有包含公司质量管理体系覆盖的业务部。

【条款判断】

不符合条款号：CNAS-CL01:2018 8.8.2b）、《评审准则》附件4 2.12.1 28）f）。

【分析】

质量管理部对CNAS-CL01:2018 8.8.2b）、《评审准则》附件4 2.12.1 28）f）理解不到位，在策划内部审核时没有对体系覆盖下的所有部门开展内部审核，内部审核计划中遗漏了业务部。

案例97

【场景】

CNAS-CL01-A001：2022《检测和校准实验室能力认可准则在微生物检测领域的应用说明》自2023年1月1日起实施，至2023年6月30日为过渡期。实验室2023年7月组织的内审活动仍依据CNAS-CL01-A001：2018进行审核。

【条款判断】

不符合条款号：CNAS-CL01:2018 8.8.2a）、《评审准则》附件4 2.12.1 28）f）。

【分析】

微生物检测领域的应用说明发生了变化，且已进入实施期，实验室应考虑"影响实验室的变化"，依据新的要求策划审核方案并进行审核。

案例98

【场景】

实验室下设环境检测室、食品检测室、质量部等6个部门，每个部门的负责人和总经理作为实验室的管理层，11月质量部组织实施了实验室所有部门的内部审核，12月初将所有审核结果形成一份审核报告并上报总经理。

【条款判断】

不符合条款号：CNAS-CL01:2018 8.8.2c）、《评审准则》附件4 2.12.1 28）f）。

【分析】

本次内部审核涉及实验室的所有部门，内审报告应上报给实验室的管理层，而不是只报告给总经理。

案例99

【场景】

实验室最近一次管理评审在2021年12月召开,计划于2022年12月份召开2022年度管理评审会议,但截至2023年4月尚未召开,质量负责人解释说,因为疫情影响还没有召开会议,但我们会尽快组织的。

【条款判断】

不符合条款号:CNAS-CL01:2018 8.9.1、《评审准则》附件4 2.12.1 28)g)。

【分析】

CNAS-CL01:2018中8.9.1条款规定实验室管理层应按照策划的时间间隔对管理体系进行评审,CNAS-CL01-G001:2024《检测和校准实验室能力认可准则的应用要求》中8.9.1"注1"建议管理评审周期为12个月。当计划有变时,应及时调整、重新策划管理评审的时间。

案例100

【场景】

实验室在2022年扩增了汽车检测室,查看2022年度实验室管理评审记录,在评审输入材料中未发现对相关信息的评审。

【条款判断】

不符合条款号:CNAS-CL01:2018 8.9.2h)、《评审准则》附件4 2.12.1 28)g)。

【分析】

实验室管理评审的输入信息应包含工作量和工作类型的变化或实验室活动范围的变化,对于新增部门应进行相应的评审。

附录三　内审员考核模拟试卷（A卷）

一、判断

1. 样品、客户的图纸、技术资料属于客户的财产，检验检测机构有义务保护客户财产的所有权，必要时，检验检测机构应与客户签订保密协议。（　）
2. 实验室在文件中规定符合认可准则的实验室活动范围，不应包括持续从外部获得的实验室活动。（　）
3. 检验检测机构检测工作的分包必然会带来一定的风险，检验检测机构应监控分包机构的工作质量，加强对分包机构的管理。（　）
4. 实验室应对发生的不符合工作的原因进行分析，对于不是偶发的、个案的问题，可以仅纠正发生的问题，不需要启动纠正措施。（　）
5. 开展涉及生态环境检测的现场检测或采样活动时，应根据任务要求确定检测方案或采样计划，方案或计划须符合行业技术规范的要求；用于判断样品是否可接受的参数也须记录，如pH值、氧化还原电位、浊度等，以确保过程客观、真实和可追溯。（　）
6. 管理评审无须考虑到管理和监督人员的报告以及员工的培训情况。（　）
7. 实验室应确保人员具备其负责的实验室活动的能力，以及评估偏离影响程度的能力。（　）
8. 实验室应该授权报告、审查和批准结果人员。（　）
9. 标准或者技术规范对开展检验检测活动的环境条件有要求，或者当环境条件影响检验检测结果质量时，检验检测机构应当对环境条件进行监测、控制和记录，使其持续符合标准或者技术规范要求。（　）
10. 某检验检测机构为新申请原料药的检测能力租赁了所在地高新技术开发区新药研发平台的X射线衍射仪，签订了设备租借协议，租赁期6年，机构人员可以随时到该平台进行原料药的检测。（　）
11. 并非实验室的每台设备都需要校准，实验室应评估该设备对结果有效性和计量溯源性的影响，合理地确定是否需要校准。（　）
12. 当发现实验室的检测工作结果不符合客户的要求时，必须马上停止工作，并立即通知客户。（　）
13. 对实验室活动方法的偏离，应事先将该偏离形成文件，做技术判断，获得实验室的授权，无须告知客户并写在合同里。（　）
14. 如果实际测试过程是由客户的技术人员操作，实验室只是目击了试验的过程并记录下测试数据和信息，报告应以清晰的方式在正文中注明是目击试验，可以使用认可标识或声明认可。（　）
15. 某检验检测机构在出具对外具有证明作用的数据和结果的报告时，将委托书中客户填写的样品取样地点信息同时录入了相应报告，并标注了CMA标志。（　）
16. 检验检测机构外部文件一般包括法律、行政法规、部门规章、标准、设备操作方法、

软件或系统操作手册、教科书、参考数据库（手册）或资料等。（　）
17. 具有中级及以上专业技术职称或同等能力，并经过检验检测机构授权后，才能签发带有CMA标志的检验检测报告。（　）
18. 如果使用未通过资质认定的检测方法，可以在检测报告中进行说明，然后出具加盖CMA标志的报告。（　）
19. 当标准方法发生变更涉及技术能力发生变化，如检测方法原理、仪器设备、环境设施、操作方法、方法适用范围等，需要通过技术验证重新证明正确运用新标准的能力。（　）
20. 检验检测机构向社会出具具有证明作用数据和结果的检验检测报告，可以根据客户的要求确定是否在报告上标注资质认定标志。（　）

二、选择

（一）单项选择

1. 下面关于公正性的描述正确的是（　）。
   A. 不接受相关方的馈赠
   B. 检测员可进行本机构之外的有偿检测工作
   C. 可与客户有亲属关系
   D. 上级行政管理人员可以干预质量和技术活动

2. 根据CNAS-CL01:2018的规定，以下关于保密性的说法中，不正确的是（　）。
   A. 除客户公开的信息或与客户有约定，其他所有信息都应予以保密
   B. 如有准备公开的信息应事先通知客户并取得客户同意
   C. 依据法律要求透露保密信息时，不应通知到相关客户或个人
   D. 在实施检测校准过程中获得或产生的所有信息都应予以保密

3. （　）在投入使用前应当进行检定或校准。
   A. 全部设备
   B. 价值昂贵的设备
   C. 操作步骤复杂的设备
   D. 对检验检测结果的准确性或有效性有显著影响的设备

4. 检验检测机构的合同评审应该在（　）进行。
   A. 内部审核后
   B. 管理评审前
   C. 合同签署前
   D. 合同履行后

5. 使用电子介质存储的报告和记录代替纸质文本存档的前提不包括以下哪一项？（　）
   A. 准确性
   B. 完整性

C. 可追溯

D. 安全性

6. 产品标准不但年号发生变化，检验方法、技术指标或参数要求也随之提高，实验室必须配备相应的仪器设备才能满足标准要求，实验室应（　　）。

    A. 办理变更手续

    B. 申请扩项评审

    C. 报主管部门批准

    D. 直接使用

7. 下列关于测量不确定度的正确说法是（　　）。

    A. 测量不确定度是客观存在的，与人的认识无关

    B. 测量不确定度与人们对被测量、影响量和测量过程的认识有关

    C. 可以用不确定度对测量结果进行修正

    D. 测量不确定度表明测量结果偏离真值的程度

8. 资质认定的检测实验室出具的报告应当使用（　　）。

    A. 国际单位制单位

    B. SI 基本单位和 SI 导出单位

    C. 国家法定计量单位

    D. 有效单位

9. 《检验检测机构监督管理办法》规定，检验检测机构应当对检验检测原始记录和报告进行归档留存，保存期限为（　　）。

    A. 长期

    B. 不少于3年

    C. 不少于6年

    D. 规定的适当时间

10. 依据CNAS-CL01-G001:2024《检测和校准实验室能力认可准则的应用要求》，内部审核的周期为（　　）。

    A. 组织策划的时间间隔

    B. 12个月

    C. 每年一次

    D. 每两年一次

（二）多项选择

11. 危及实验室公正性的关系可能基于（　　）管理、共享资源、财务、合同等。

    A. 人员

    B. 市场营销（包括品牌）

    C. 支付销售佣金

    D. 其他引荐新客户的奖酬

12. 授权签字人除满足学历要求外，还应当具有本专业中级以上（含中级）技术职称或同等能力，"同等能力"指须满足以下条件（　　）。

    A. 大专毕业后，从事专业技术工作8年及以上

    B. 大学本科毕业，从事相关专业5年及以上

    C. 硕士学位以上（含），从事相关专业3年及以上

    D. 博士学位以上（含），从事相关专业1年及以上

13. 承担生态环境监测工作前应经过必要的培训和能力确认，能力确认方式应包括（　　）。

    A. 基础理论

    B. 基本技能

    C. 样品分析的培训

    D. 样品考核

14. 量值溯源性的要求有（　　）。

    A. SI国际单位制基准

    B. 必须溯源到最高基准或标准

    C. 最好溯源到发达国家的标准

    D. 无法溯源到SI国际单位制基准时，应使用有证标准物质

15. 实验室接收样品时，应对样品的（　　）进行检查和记录，对不符合要求的样品可以拒收，或明确告知客户有关样品偏离情况，并在报告中注明。

    A. 时效性

    B. 完整性

    C. 保存条件

    D. 代表性

16. 下列情况，适用时，应在检测报告中报告测量结果的不确定度。（　　）

    A. 当不确定度与检测结果的有效性或应用有关时

    B. 当用户要求时

    C. 当测量不确定度影响到与规范限量的符合性时

    D. 当标准中有要求时

17. 检验检测机构有以下哪些情形时，责令限期改正，处3万元以下罚款？（　　）

    A. 出具的检验检测数据、结果失实的

    B. 减少、遗漏或者变更标准等规定的应当检验检测的项目的

    C. 伪造授权签字人签名或者签发时间的

    D. 无正当理由拒不接受、不配合监督检查的

18. 以下的组织中，可以申请检验检测机构资质认定的机构有（　　）。

    A. 取得工商行政机关颁发营业执照的企业法人分支机构

    B. 特殊普通合伙检验检测企业

    C. 生产企业内部的检验检测机构

D. 生产企业出资设立的具有独立法人资格的检验检测机构
19. 关于检验检测专用章的使用，下面表述正确的是（   ）。
    A. 检验检测专用章可以是检验检测机构的名称缩写
    B. 应建立检验检测专用章管理制度，以规范管理其使用
    C. 检验检测机构专用章表明检验检测机构对出具的数据、报告负责
    D. 检验检测机构在其出具的检验检测报告或者证书上均应加盖检验检测机构专用章或者公章
20. 获准认可机构可以将认可标识用在（   ）。
    A. 报告、证书
    B. 办公用品
    C. 报价单
    D. 宣传品

三、判标

1. 审核员评审时发现某检验检测公司是个非独立法人检验检测机构，但提供不出所在法人单位对检验检测机构的"独立开展检验检测活动，独立建立、实施和保持管理体系"的法人授权文件。不符合 _____

2. 某检验检测机构化工产品检验室有一批化肥样品急需检测。因化肥检验员张某外出学习，技术负责人临时决定让食品检验室的一名化工检测专业的检验员李某代替进行检验，以解燃眉之急。不符合 _____

3. 内审员在实验室现场观察时看到检测员尹某正在进行金属拉伸试验，在随后调阅检测人员技术档案时发现检测员尹某并没有相应能力确认和授权记录。不符合 _____

4. 抗合成血液穿透和防溅阻力项目检测要求的环境条件为温度21℃±5℃，相对湿度85%±10%。现场观察发现，实验室温湿度监控记录及温湿度表显示的相对湿度为30%~50%，实验室未能提供可保证湿度满足要求的装置设施。不符合 _____

5. 某纺织实验室在日常防护型口罩检测室中同时开展吸气阻力、呼气阻力、过滤效率和防护效果等项目检测，而过滤效率和防护效果检测（检测标准GB/T 32610—2016）环境温度要求为（25±5）℃，相对湿度为（30±10）%。现场检查发现，该检测室墙壁已起皮，使用空调和去湿机作为该检测室的温湿度控制装置，不能提供能持续满足温湿度控制要求的有效记录。不符合 _____

6. 某检测机构编号为GX-001的超高效液相色谱仪发生故障，该检测机构对其进行了全面维修，校准后即投入使用。不符合 _____

7. 环境空气颗粒物综合采样器（WKHJ-C003）的计量证书确认只是誊抄了计量证书的计量结果，未对计量结果是否满足检测方法进行确认。不符合 _____

8. 2023年3月18日审核组到某实验室进行内部审核，审核员查看现场发现编号为LB3587的材料试验机的校准状态标识显示校准有效期为2023年2月27日，询问实验室人员是否未及时校准，随后人员向审核员提供了该设备最近一次的校准证书，显示校准报告批准日期为2023年2月23日，并解释，因为工作太忙，已进行校准并于2023年2月26日确认设备状态，但忘记了更新标识。不符合 _____

9. 编号为A3018的釉面砖耐磨试验仪的最新校准证书显示设定转速为300r/min时，校准结果为312r/min，U=3.0r/min（k=2），方法要求转速为300r/min±10r/min，实验室提供不出对修正值进行更新和使用的记录。不符合 _____

10. 审核员查看用于金黄色葡萄球菌培养的编号为AB3313的恒温培养箱的校准证书，显示温度上偏差为+1.2℃，按照GB 4789.10—2016《食品安全国家标准 食品微生物学检测 金黄色葡萄球菌检验》的要求，恒温培养箱应为26℃±1℃，实验室对校准结果确认结论为符合要求，且使用该设备时未对温度进行修正。不符合 _____

11. 审核员在审核某检测机构时发现，编号为WT23005的检验检测委托单无具体的检测项目及依据标准信息，该检测机构业务中心人员解释道："此客户是我们的长期合作单位，每两周送一次样，每次的检测项目和依据的标准都是一样的，检测室的检测人员也清楚要做哪些项目，所以在委托单上就省略没填写。"不符合 _____

12. 某检验检测机构现场评审时，检验员提供的《湿漏电流试验作业指导书》（GL-ZY-01—2018）中规定溶液温度为22℃±3℃，与标准中的规定（22℃±2℃）不符。不符合 _____

13. 评审员在评审某检测机构时发现，该机构的合同评审程序文件并没有对合同更改进行程序规定。不符合 _____

14. 审核员在冷冻柜内发现10袋冷冻带鱼的样品，样品袋上无样品标签，样品管理员解释说放入样品时都有标签，可能是冷冻的原因，标签脱落了。审核员在冷冻柜底部发现了一些标签，来源于不同的客户，样品标签已无法与样品一一对应。不符合 _____

15. 实验室将甲醛释放量测试的人造板放置在恒温恒湿室中进行平衡预处理，该恒温恒湿室的环境条件用精密空调进行调控，但房间内现场没有经校准的温湿度计，也没有温湿度记录。不符合 _____

16. 现场评审某机动车检验机构，发现原始报告单编号为JC2020***的报告是一份货车整车制动复检报告，且报告注明是第三次复检合格，但该机构的检验记录仅保留了最后一次合格的检验报告。不符合 _____

17. 查看实验室3月份的一份内部质量监控活动记录，监控方式为人员比对，监控评价指标为两名作业人员的检测结果偏差不超过5%，监控记录显示两名比对人员检测结果的偏差为5.6%，结论为"不满意"，但未采取任何措施。不符合 _____

18. 检验检测机构出具的检验检测报告或证书有分包项目时，未标识分包方名称和分包项目。不符合 _____

19. 评审中发现某检测中心重新发布的试验报告（编号为N200505S02B）修改了试验实施过程中湿热试验的部分过程描述，与原报告编号相同，未注明所代替的报告原件。不符合 _____

20. 评审员对某食品检验机构进行现场评审时发现，该机构建立管理体系后第一次内部审核的记录中无对食品抽样活动审核的记录。不符合 _____

附录四 内审员考核模拟试卷（B卷）

一、判断

1. 初次申请CNAS认可的实验室，其管理体系至少运行3个月。（   ）
2. 检验检测机构要保持第三方公正地位，不得参与有损于检验检测判断的独立性和诚信度的活动，不得开展与检验检测能力有利益冲突的活动项目，如产品的设计、研发、制造、销售、维修和保养。（   ）
3. 法定代表人不担任检验检测机构最高管理者的，应当对检验检测机构的最高管理者进行授权，并明确法律责任。（   ）
4. 资质认定部门做出许可决定前，申请人有合理理由的，可以撤回告知承诺申请，撤回后可以再次提出告知承诺申请。（   ）
5. 检验检测机构为保护客户秘密和所有权，防止检验检测活动中有关国家秘密、商业秘密和技术秘密泄露，应禁止外来人员进入检验检测相关区域参观。（   ）
6. 检验检测机构应建立和保持人员管理程序，对人员培训、资格确认、任用、授权和能力保持等进行规范管理，也可以和人员培训合并为一个程序。（   ）
7. 检验检测机构的检测报告可以只有判定依据的标准号，无须所用方法的识别。（   ）
8. 每一次纠正措施实施后都应实施附加审核，才能验证纠正措施的有效性。（   ）
9. 检验检测机构编制的"内部审核检查表"内容应包括审核范围、审核方法及审核发现、审核结果等内容。（   ）
10. 实验室质量体系的管理评审每年不少于2次。（   ）
11. 实验室的监督人员对实验室进行检测／校准的正式员工进行监督，对在试用期的人员或临时聘用的人员可不必监督。（   ）
12. 检验检测报告授权签字人的授权文件明确规定授权签字人签字范围，授权签字人的工作经历和教育背景与授权文件规定的签发报告范围相适应，授权签字人的能力胜任所承担的工作。（   ）
13. 在实验室固定设施以外的场所进行抽样、检测或校准时，无须考虑环境条件影响。（   ）
14. 如果设备脱离了检验检测机构的直接控制，在该设备返回后、使用前，检验检测机构须对其功能和检定、校准状态进行核查，得到满意的结果后方可使用。（   ）
15. 认可准则要求对所有设备和参考标准器全部进行期间核查。（   ）
16. 为规范操作，检验检测机构对所有仪器设备的使用和操作、样品的处置和制备、检验检测工作等均应编制作业指导书。（   ）
17. 除检测方法、法律法规另有要求外，实验室应在同一份报告上出具特定样品不同检测项目的结果，如果检测项目覆盖了不同的专业技术领域，也不可分专业领域出具检测报告。（   ）
18. 如果实验室签订合同，可以在有检测或校准任务时临时使用其他机构的设施并出具认可标识报告。（   ）

19. 当检测报告包含了由外部提供者所出具的检测结果时，应对这些结果予以清晰标明。（　　）

20. 实验室的检测、校准场所应方便获取所需的技术文件的有效版本。（　　）

二、选择

（一）单项选择

1. 公司哪些人员有权监督制止违反公司独立性、公正性和诚实性的人和事，必要时应及时向有关负责人报告？（　　）

    A. 监督员

    B. 实验室负责人

    C. 所有人员

    D. 实验室QA

2. 检验检测机构在开展人员监督和人员能力监控活动中，下列说法正确的是（　　）。

    A. 人员监督仅针对新进员工

    B. 监督员轮流担任

    C. 为保证公正性，必须由外部门的人员来监督

    D. 由熟悉检测方法、程序、目的和结果评价的人员实施监督

3. 关于设备标识不正确的是（　　）。

    A. 使用粘贴标签的方式标识天平砝码

    B. 用编码的方式标识校准状态

    C. 对不易搬动的大型设备可在固定存放地点设置标识

    D. 可以用出厂编号作为设备的唯一性标识

4. 检验检测机构需分包检验检测项目时，最应分包给（　　）。

    A. 通过CNAS认可的检验检测机构

    B. 国家级产品质量监督检验中心

    C. 依法取得检验检测机构资质认定并有能力完成分包项目的检验检测机构

    D. 与自身关系比较密切的检验检测机构

5. 关于方法偏离的描述错误的是（　　）。

    A. 对实验室活动方法的偏离，应事先将该偏离形成文件，做技术判断，获得授权并被客户接受

    B. 客户接受偏离可以事先在合同中约定

    C. 技术验证通过后，应将方法偏离的具体内容文件化，使相关人员能够按照文件正确地执行偏离工作

    D. 推荐性标准不允许进行偏离

6. 对于测量不确定度，以下说法正确的是（　　）。

    A. 测量误差的 σ

B. 以真值为中心

C. 以测量结果为中心

D. 测量误差理论是以测量不确定度为基础的

7. 下列数值修约间隔为0.1，修约错误的是（　　）。

　　A. 1.050—1.0

　　B. 0.35—0.4

　　C. −2.15— −2.2

　　D. −0.050001— −0.0

8. 建立管理体系应当运用（　　）。

　　A. 内外部审核

　　B. 管理的系统方法

　　C. 过程方法

　　D. 管理评审

9. 公司向客户征求正面和负面反馈，这些意见应进行使用和分析，并用于（　　）。

　　A. 检测和校准活动

　　B. 客户服务

　　C. 客户满意度调查

　　D. 改进管理体系、检测和校准活动及客户服务

10. 监督评审中，CNAS对现场评审发现的严重不符合，整改期限为多久？（　　）对能力验证出现"不满意"的结果，整改期限为多久？（　　）

　　A. 两个月　180天

　　B. 一个月　180天

　　C. 两个月　90天

　　D. 一个月　90天

（二）多项选择

11. 各部门人员应在从事日常实验室活动的过程中有意识地、持续地识别是否存在公正性风险，应特别关注对于（　　）的风险识别。

　　A. 新实验室活动

　　B. 新客户

　　C. 新合同

　　D. 新要求

　　E. 新人员

12. CNAS通用要求中关于方法验证人员的要求，下列描述正确的是（　　）。

　　A. 具备相关专业本科以上学历

　　B. 应有1年以上有关检测经历

　　C. 具备相关专业大专以上学历，具备3年以上本专业领域的检测经历

D. 具备相关专业大专以上学历；如果学历或专业不满足要求，应有10年以上相关经历及3年以上本专业领域工作经历

13. 通常要对实验室内哪些人员进行监督？（　　）

    A. 在培员工

    B. 转岗员工

    C. 操作新设备人员

    D. 采用新方法的人员

14. 仪器设备曾经过载或处置不当、给出可疑结果，或（　　），均应停止使用。

    A. 已显示有缺陷

    B. 超出规定限度

    C. 不稳定

    D. 离开固定场所

15. 以下哪些是在合同评审过程中需要确认的信息和内容？（　　）

    A. 测试项目

    B. 实验室的能力和资源

    C. 分包要求

    D. 判定要求和判定规则

16. 当实验室选择参加获CNAS认可的PTP在其认可范围之外运行的能力验证计划时，需要对该机构的（　　）方面进行核查，以确保其组织的能力验证计划合理并能够满足实验室自身的预期目标。

    A. 能力验证计划中所用样品类型、测量范围和检测方法是否与实验室日常的检测尽量一致或相似

    B. 组织机构是否提供关于如何完成能力验证的详细说明文件，如作业指导书

    C. 组织机构是否提供有关样品均匀性、稳定性评估的必要说明，包括样品制备方式、均匀性和稳定性检测数据、取样方式和数量、测量方法、评价方式等

    D. 组织机构是否对参加者的能力做出评价，并提供结果报告

17. 当需要对报告或证书做出意见和解释时，检验检测机构应将意见和解释的依据形成文件，意见和解释应围绕（　　）进行。

    A. 检验检测结果的意见

    B. 合同的履行

    C. 使用结果的建议

    D. 改进的建议

18. 检验检测机构及其人员应当对其出具的检验检测报告负责，依法承担以下哪些法律责任？（　　）

    A. 民事

    B. 刑事

C. 经济

D. 行政

19. 检验检测机构的分包，其证书或报告应包括（　　）。

   A. 分包方的数据和结果

   B. 标注分包项目

   C. 分包机构名称

   D. 分包机构的资质情况

20. 检验检测机构的授权签字人在签发报告时须关注（　　）。

   A. 选用的方法有效，且适合检测对象

   B. 在本机构资质认定的能力范围内

   C. 报告中所有数据和结果均可溯源，且准确有效

   D. 客户提供的信息影响检验检测数据和结果时，要有免责声明

三、判标

1. 某实验室电气工程师张某从事无损检验项目，但实验室提供不出该工程师的无损探伤检验员证书。实验室主任解释说："张工在我们实验室从事电气及相关项目检测多年，我们认可他的技术能力，没有必要再对其进行技能考核了。"不符合 ＿＿＿＿＿＿＿

2. 内审员发现某检验检测机构制订了人员监督计划，计划内容多是对多项检测活动的监督，监督计划和监督实施记录内容都未明确被监督的人员。技术人员档案中也无人员的监督记录。不符合 ＿＿＿＿＿＿＿

3. 内审员现场查看环境实验室的检测员李某正在按照HJ 759—2023《环境空气65种挥发性有机物的测定 罐采样／气相色谱-质谱法》方法进行废气样品检测，调取其授权记录发现对李某的授权为HJ 759—2015方法，未对其进行新方法的授权，实验室负责人表示两个方法差异不大，所以忘记了再授权。不符合 ＿＿＿＿＿＿＿

4. 评审员发现某检验检测机构的工作用房是法定代表人好朋友的房屋。因为是多年的好朋友，所以没有签协议。不符合 ＿＿＿＿＿＿＿

5. 现场查看微生物检测室，实验室提供不出检测室内环境的洁净度检测记录。不符合 ＿＿＿＿＿＿＿

6. 某检测机构按照GB 13195—1991开展水质水温测定，所用温度计分度值为1℃，不能满足技术标准规定的温度计分度值为0.2℃的要求。不符合 ＿＿＿＿＿＿＿

7. 内审员抽查环境实验室采样设备档案，发现环境空气颗粒物综合采样器（编号：WKHJ-C003）的计量确认记录只是誊抄了校准证书的结果。不符合 ＿＿＿＿＿＿＿

8. 查编号为×××的报告，检测方法为FZ/T 50014—2008《纤维素化学纤维残硫量测定方法 直接碘量法》，依据方法要求应使用棕色微量滴定管进行滴定，但实验室未对棕色微量滴定管进行校准。不符合 ＿＿＿＿＿＿＿

9. 现场查看微生物检测实验室，发现大量金黄色葡萄球菌和β-溶血性链球菌标准菌株放置在常温环境的储物柜中，询问实验室人员是否对标准菌株进行了核查，人员回答菌株已进行了验收，在有效期内无须再核查。不符合 _____

10. 2023年6月6日，内审员现场查看实验室在用的氢氧化钠、盐酸试剂均由A公司提供，查该供应商档案发现实验室在2021年将其纳入合格供应商名录，此后未对其进行评价，实验室试剂管理员说："这家供应商的产品比较稳定，所以这些年一直从他家采购，还需要再评价一下吗？"不符合 _____

11. 内审员现场观察检测员小李和小王进行人员比对的试验过程，发现二人对样品的前处理掌握不一致，经进一步追问，二人回答："我们对样品的前处理过程一直就有分歧，标准没有详细的说明，所以各自按照自己的理解进行试验。"不符合 _____

12. 某食品检验检测机构在开展GB/T 21312—2007《动物源性食品中14种喹诺酮药物残留检测方法 液相色谱-质谱/质谱法》新项目能力扩项时，仅使用简单的样品完成了方法验证，未对牛奶、蛋等复杂基质样品进行分析，来证明方法适用于本机构开展强干扰样品的检测。不符合 _____

13. 内审员现场查看发现样品管理员正将带有客户信息标签的样品扔到垃圾桶内，样品管理员说我们正在销毁超出留样期的样品。内审员查看该实验室的样品管理制度文件，发现该制度对样品的处置仅规定"超出留样期的样品应及时销毁"。不符合 _____

14. 某食品实验室样品室冰箱内有几袋样品编号为2022-S0023的豆制品，无样品状态标识，且已经超过保质期半年。不符合 _____

15. 内审员查看编号为NC02919051的报告的原始记录时，发现鸡新城疫血凝测试项目的生理盐水加入量记录缺失，按照SN/T 0764—1999《出口家禽新城疫病毒检验方法》的规定，进行鸡新城疫血凝试验时，在96孔V型微量血凝反应板中应加入50 μl生理盐水。询问检测人员是否清楚这一规定，检测人员回复："有规定，可能当时测试过程忘了填写该项记录。"不符合 _____

16. 内审员查某实验室检测原始记录档案发现，2023年2月1日至2月14日的10份编号为QR11-QR20的原始记录有涂改，其中编号QR-13的记录被涂黑，也无涂改日期和涂改人员签字。不符合 _____

17. 某检验检测机构固化的检测报告模板中"菌落总数"项目单位错误，与检测原始记录中数值相同，但是单位不同，导致全部检测结果与原始记录中数据差100倍。不符合 _____

18. 内审员检查某检验机构资质认定证书"检测能力"附表发现，"标签"检验检测能力进行了限制——"不做内容真实性鉴定"，随后抽查机构对外出具的该项目相关的检测报告，发现编号为A230528001的检测报告中未注明标签检验检测结果"不做内容真实性鉴定"或类似描述。不符合 _____

19. 内审员现场发现一名检测员正在操作刚刚上线的LIMS实验室信息管理系统，操作略显生疏，内审员问是否有系统的说明书或操作手册，检测员说："实验室主管那里有一份，不麻烦领导了，我回忆一下就好了，培训时都讲过，只是新系统不太熟悉而已。"不符合 _____

20. 内审员抽查实验室2022年度管理评审记录，发现管理评审的输入信息中缺少客户和员工的反馈、投诉内容，实验室负责人解释道："实验室运作良好，未收到客户和员工的投诉，所以管理评审输入'无相关记录'。"不符合 _____

模拟试卷参考答案

内审员考核模拟试卷（A卷）

一、判断

1. √；2. √；3. √；4. ×；5. √；6. ×；7. √；8. √；9. √；10. ×；11. √；12. √；13. ×；14. ×；15. ×；16. √；17. ×；18. ×；19. √；20. ×。

二、选择

1. A；2. C；3. D；4. C；5. A；6. B；7. B；8. C；9. C；10. B；11. ABCD；12. ABCD；13. ABCD；14. AD；15. ABC；16. ABCD；17. ABC；18. ABD；19. BCD；20. ABD。

三、判标

1. CNAS-CL01:2018，5.1；《评审准则》附件4 2.8.1* 4）
2. CNAS-CL01:2018，6.2.3；《评审准则》附件4 2.9.2 10）
3. CNAS-CL01:2018，6.2.5e）；《评审准则》附件4 2.9.2 10）
4. CNAS-CL01:2018，6.3.1；《评审准则》附件4 2.10.2 19）
5. CNAS-CL01:2018，6.3.3；《评审准则》附件4 2.10.2 19）
6. CNAS-CL01:2018，6.4.4；《评审准则》附件4 2.11.2 24）
7. CNAS-CL01:2018，6.4.5；《评审准则》附件4 2.11.2 24）
8. CNAS-CL01:2018，6.4.8；《评审准则》附件4 2.11.2 24）
9. CNAS-CL01:2018，6.4.11；《评审准则》附件4 2.11.2 24）
10. CNAS-CL01:2018，6.4.11；《评审准则》附件4 2.11.2 24）
11. CNAS-CL01:2018，7.1.1d）；《评审准则》附件4 2.12.2 30）
12. CNAS-CL01:2018，7.2.1.3；《评审准则》附件4 2.12.4* 34）
13. CNAS-CL01:2018，7.1.6；《评审准则》附件4 2.12.2 30）
14. CNAS-CL01:2018，7.4.2；《评审准则》附件4 2.12.1 28）e）
15. CNAS-CL01:2018，7.4.4；《评审准则》附件4 2.10.2 19）
16. CNAS-CL01:2018，7.5.1；《评审准则》附件4 2.12.7 42）
17. CNAS-CL01:2018，7.7.3；《评审准则》附件4 2.12.9 50）
18. CNAS-CL01:2018，7.8.2.1p）；《评审准则》附件4 2.12.6 40）
19. CNAS-CL01:2018，7.8.8.3
20. CNAS-CL01:2018，8.8.2b）；《评审准则》附件4 2.12.1 28）f）

内审员考核模拟试卷（B卷）

一、判断

1. ×；2. √；3. √；4. ×；5. ×；6. √；7. ×；8. ×；9. √；10. ×；11. ×；12. √；

13. ×；14. √；15. ×；16. ×；17. ×；18. ×；19. √；20. √。

二、选择

1. C；2. D；3. A；4. C；5. D；6. C；7. D；8. C；9. D；10. B；11. ABCDE；12. CD；13. ABCD；14. ABC；15. ABCD；16. ABCD；17. ABCD；18. ABD；19. ABCD；20. ABCD。

三、判标

1. CNAS-CL01:2018，6.2.3；《评审准则》附件4 2.9.1* 8）

2. CNAS-CL01:2018，6.2.5d）；《评审准则》附件4 2.12.1 29）

3. CNAS-CL01:2018，6.2.5e），《评审准则》附件4 2.12.1 29）

4. CNAS-CL01-G001:2024，6.3.1；《评审准则》附件4 2.10.1* 17）

5. CNAS-CL01:2018，6.3.3；《评审准则》附件4 2.10.2 19）

6. CNAS-CL01:2018，6.4.1；《评审准则》附件4 2.11.1* 21）

7. CNAS-CL01:2018，6.4.4；《评审准则》附件4 2.11.2 24）

8. CNAS-CL01:2018，6.4.6；《评审准则》附件4 2.11.2 23）

9. CNAS-CL01:2018，6.4.10；《评审准则》附件4 2.11.2 23）

10. CNAS-CL01:2018，6.6.2b）；《评审准则》附件4 2.12.3 32）

11. CNAS-CL01:2018，7.2.1.3；《评审准则》附件4 2.12.4* 34）

12. CNAS-CL01:2018，7.2.1.5；《评审准则》附件4 2.12.4* 33）

13. CNAS-CL01:2018，7.4.1；《评审准则》附件4 2.12.1 28）e）

14. CNAS-CL01:2018，7.4.2；《评审准则》附件4 2.12.1 28）e）

15. CNAS-CL01:2018，7.5.1；《评审准则》附件4 2.12.7 42）

16. CNAS-CL01:2018，7.5.2；《评审准则》附件4 2.12.7 42）

17. CNAS-CL01:2018，7.8.2.1m）；《评审准则》附件4 2.12.6 38）

18. CNAS-CL01:2018，7.8.3.1e）；

19. CNAS-CL01:2018，7.11.5；《评审准则》附件4 2.12.1 28）a）

20. CNAS-CL01:2018，8.9.2i）j）；《评审准则》附件4 2.12.1 28）g）

参考资料

[1] 岳鑫敏. CNAS-CL01：2018 与 RB/T 214—2017 标准的比较分析 [J]. 中国检验检测，2019（5）：53-55.

[2] 陆渭林. ISO/IEC 17025：2017《检测和校准实验室能力的通用要求》理解与实施 [M]. 北京：机械工业出版社，2020.

[3] 杨克军. 供应链质量管理：概念、战略及方法 [M]. 北京：中国标准出版社，2019.

[4] 杨克军. 实验室风险管理理论与实践 [M]. 北京：企业管理出版社，2022.

[5] 李在卿. ISO 45001：2018《职业健康安全管理体系要求及使用指南》的应用指南 [M]. 北京：中国标准出版社，2019.

[6] 中国国家标准化管理委员会. 质量管理体系 基础和术语：GB/T 19000—2016 [S]. 北京：中国标准出版社，2016.

[7] 中国认证认可协会. 审核概论 [M]. 北京：高等教育出版社，2019.

[8] 认证认可技术研究中心. 检验检测机构资质认定和认可内审员培训教程 [M]. 市场监管总局，2019.

[9] 国家质量监督检验检疫总局计量司. 中华人民共和国国家计量技术规范汇编：通用计量术语及定义 [S]. 北京：中国质检出版社，2012.

[10] 中国合格评定国家认可委员会. 测量结果的计量溯源性要求：CNAS-CL01-G002:2021.

[11] 中国合格评定国家认可委员会. 内部校准要求：CNAS-CL01-G004：2023.

[12] 中国合格评定国家认可委员会. 测量设备校准周期的确定和调整方法指南：CNAS-GL054：2023.

[13] 国家认证认可监督管理委员会. 测量设备校准周期的确定和调整方法指南：RB/T 034—2020 [S]. 北京：中国标准出版社. 2020.

[14] 国家质量监督检验检疫总局. 计量器具检定周期确认原则和办法:JJF 1139—2005 [S]. 北京：中国计量出版社，2006.

[15] 李东升, 计量学基础 [M]. 北京：机械工业出版社，2014.

[16] 中国国家标准化管理委员会. 合格评定 化学分析方法确认和验证指南：GB/T 27417—2017 [S]. 北京：中国标准出版社，2017.

[17] 中华人民共和国生态环境部. 环境监测分析方法标准制订技术导则：HJ 168—2020 [S]. 北京：中国环境科学出版社，2020.

[18] 中国国家标准化管理委员会. 实验室质量控制规范 食品理化检测：GB/T 27404—2008 [S]. 北京：中国标准出版社，2008.

[19] 国家认证认可监督管理委员会. 检验检测机构资质认定评审员教程 [M]. 北京：中国标准出版社，20018.

[20] 陈延青，周婕. ISO/IEC17025现场评审常见不符合分析（八）[EB/OL]. https://mp. weixin. qq. com/s/S-pHtCigbBAJY1qZ0Hr66w，2020-04-30.

[21] 中国合格评定国家认可委员会. 测量不确定度的要求：CNAS-CL01-G003：2021.

[22] 中国合格评定国家认可委员会. 判定规则和符合性声明指南：CNAS-GL015：2022.

[23] 中国合格评定国家认可委员会. 测量不确定度在符合性判定中的应用：CNAS-TRL-010：2019.

[24] 全国法制计量技术委员会. 测量仪器特性评定：JJF 1094—2002 [S]. 北京：中国计量出版社，2002.

[25] 全国法制计量管理计量技术委员会. 测量不确定度评定与表示：JJF 1059. 1—2012 [S]. 北京：中国质检出版社，2012.

[26] 顾业青. 测量不确定度在测量结果合格评定中的应用分析 [J]. 内燃机与配件，2013（9）：50-51.

[27] 安平. 检测实验室测量不确定度评定与应用现状 [J]. 中国检验检测，2018（6）：60-63.

[28] 苗丛伟，杨克军. 实验室如何通过检测结果的验证确保结果的有效性 [J]. 中国认证认可，2023（7）.

[29] 全国质量监督重点产品检验方法标准化技术委员会. 化学分析方法验证确认和内部质量控制要求:GB/T 32465—2015 [S]. 北京：中国标准出版社，2016.

[30] 国家认证认可监督管理委员会. 化学实验室内部质量控制 比对试验：RB/T 208—2016 [S]. 北京：中国标准出版社，2017.

[31] 胡晓曼. 基于风险思维的检验检测实验室合同评审 [J]. 江淮水利科技，2021（6）：9-10.

[32] 徐辉. 如何做好检验检测工作中的合同评审 [J]. 品牌与标准化，2023（2）：154-156.

[33] 李建丽，冯春艳. 浅谈食品检验检测机构如何做好政府委托检验任务的合同评审 [J]. 食品安全质量检测学报，2017（8）：3263-3267.

[34] 智建宁. 检测实验室合同评审的管理要点解析 [J]. 现代测量与实验室管理，2015（4）：59-60.

[35] 裘剑敏，张红雨，裘霞敏. 实验室合同评审要点分析 [J]. 质量与认证，2021（9）：73-74.

[36] 曹娟娟. 实验室的检测合同评审 [J]. 现代测量与实验室管理，2014（4）：43-44，30.

[37] 中华人民共和国计量法实施细则（根据2022年3月29日《国务院关于修改和废止部分行政法规的决定》第四次修订）.

[38] 中国合格评定国家认可委员会. 能力验证规则：CNAS-RL02：2023.

[39] 中国合格评定国家认可委员会. 能力验证结果的统计处理和能力评价指南：CNAS-GL002：2018.

[40] 中国合格评定国家认可委员会. 化学分析实验室内部质量控制指南——控制图的应用：CNAS-GL027：2023.